中国近代思想家文库

◎

张慰慈卷

李源 编

中国人民大学出版社
·北京·

《中国近代思想家文库》编纂委员会名单

张慰慈像

张慰慈与家人合影（前排左一为张慰慈孙女张旦悦，前排中间为张慰慈，前排右一为张慰慈孙子张旦初，后排左一为张慰慈儿媳瞿鸿琮，后排右一为张慰慈长子张泽群）

总 序

对于近代的理解，虽不见得所有人都是一致的，但总的说来，对于近代这个词所涵的基本意义，人们还是有共识的。一个国家、一个民族走入近代，就意味着以工业化为主导的经济取代了以地主经济、领主经济或自然经济为主导的中世纪的经济形态，也还意味着，它不再是孤立的或是封闭与半封闭的，而是以某种形式加入到世界总的发展进程。尤其重要的是，它以某种形式的民主制度取代君主专制或其他不同形式的专制制度。中国是个幅员广大、人口众多、历史悠久的多民族国家，由于长期历史发展是自成一体的，与外界的交往比较有限，其生产方式的代谢迟缓了一些。如果说，世界的近代是从 17 世纪开始的，那么中国的近代则是从 19 世纪中期才开始的。现在国内学界比较一致的认识，是把 1840 年到 1949 年视为中国的近代。

中国的近代起始的标志是 1840 年的鸦片战争。原来相对封闭的国门被拥有近代种种优势的英帝国以军舰、大炮再加上种种卑鄙的欺诈打开了。从此，中国不情愿地加入到世界秩序中，沦为半殖民地。原来独立的大一统的中央集权的君主专制国家，如今独立已经极大地被限制，大一统也逐渐残缺不全，中央集权因列强的侵夺也不完全名实相符了。后来因太平天国运动，地方军政势力崛起，形成内轻外重的形势，也使中央集权被弱化。经历第二次鸦片战争、中法战争、甲午战争、八国联军入侵的战争以及辛亥革命后的多次内外战争，直至日本全面侵略中国的战争，致使中国的经济、政治、教育、文化，都无法顺利走上近代发展的轨道。古今之间，新旧之间，中外之间，混杂、矛盾、冲突。总之，鸦片战争后的中国，既未能成为近代国家，更不能维持原有的统治秩序。而外患内忧咄咄逼人，人们都有某种程度“国将不国”的忧虑。

“天下兴亡，匹夫有责”，读书明理的士大夫，或今所谓知识分子，尤为敏感，在空前的危机与挑战面前，皆思有所献替。于是发生种种救亡图存的思想与主张。有的从所能见及的西方国家发展的经验中借鉴某些东西，形成自己的改革方案；有的从历史回忆中拾取某些智慧，形成某种民族复兴的设想；有的则力图把西方的和中国所固有的一些东西加以调和或结合，形成某种救亡图强的主张。这些方案、设想、主张，从世界上“最先进的”，到“最落后的”，几乎样样都有。就提出这些方案、设想、主张者的初衷而言，绝大多数都含着几分救国的意愿。其先进与落后，是否可行，能否成功，尽可充分讨论，但可不必过为诛心之论。显而易见，既然救国的问题最为紧迫，人们所心营目注者自然是种种与救国的方案直接相关的思想学说，而作为产生这些学说的更基础性的理论，及其他各种知识、思想，则关注者少。

围绕着救国、强国的大议题，知识精英们参考世界上种种思想学说，加以研究、选择，认为其中比较适用的思想学说，拿来向国人宣传，并赢得一部分人的认可。于是互相推引，互相激励，更加发挥，演而成潮。在近代中国，曾经得到比较广泛的传播的思想学说，或者够得上潮的，主要有以下几种：

（一）进化论　近代西方思想较早被引介到中国，而又发生绝大影响的，要属进化论。中国人逐渐相信，进化是宇宙之铁则，不进化就必遭淘汰。以此思想警醒国人，颇曾有助于振作民族精神。但随后不久，社会达尔文主义伴随而来，不免发生一些负面的影响。人们对进化的了解，也存在某些片面性，有时把进化理解为一条简单的直线。辩证法思想帮助人们形成内容更丰富和更加符合实际的发展观念，减少或避免片面性的进化观念的某些负面影响。

（二）民族主义　中国古代的民族主义思想，其核心是“非我族类，其心必异”，所以最重“华夷之辨”。鸦片战争前后一段时期，中国人的民族思想，大体仍是如此。后来渐渐认识到“今之夷狄，非古之夷狄”，“西人治国有法度，不得以古旧之夷狄视之”。但当时中国正遭受西方列强的侵略和掠夺，追求民族独立是民族主义之第一义。20世纪初，中国知识精英开始有了“中华民族”的概念。于是，渐渐形成以建立近代民族国家为核心的近代民族主义。结束清朝君主专制，创立中华民国，是这一思想的初步实现。第一次世界大战爆发，中国加入“协约国”，第一次以主动的姿态参与世界事务，接着俄国十月革命爆发，这两件事对近代中国的发展历程造成绝大影响。同时也将中国人的民族主义提升到一个新的层次，即与国际主义（或世界主义）发生紧密联系。也可以说，中国人更加自觉地用世界的眼光来观察中国的问题。新生的中国共产党和改组后的国民党都是如此。民族主义成为中国的知识精英用来应对近代中国所面临的种种危机和种种挑战的一个重要的思想武器。

（三）社会主义　社会主义作为一种模糊的理想是早在古代就有的，而且不论东方和西方都曾有过。但作为近代思潮，它是于19世纪在批判近代资本主义的基础上产生的。起初仍带有空想的性质，直到马克思和恩格斯才创立起科学社会主义。20世纪初期，社会主义开始传入中国。当时的传播者不太了解科学社会主义与以往的社会主义学说的本质区别。有一部分人，明显地受到无政府主义的强烈影响，更远离科学社会主义。直到五四新文化运动兴起之后，中国人始较严格地引介、宣传科学社会主义。但有一段时间，无政府主义仍是一股很大的思想潮流。中国共产党的成立，从思想上说，是战胜无政府主义的结果。中国共产党把在中国实现社会主义乃至共产主义作为自己的奋斗目标。此后，社会主义者，多次同各种非科学社会主义思想的信仰者进行论争并不断克服种种非科学社会主义思想的影响。

（四）自由主义　自由主义也是从清末就被介绍到中国来，只是信从者一直寥寥。直到五四新文化运动兴起，具有欧美教育背景的知识精英的数量渐渐多起来，自由主义始渐渐形成一股思想潮流。自由主义强调个性解放、意志自由和自己承担责任，在政治上反对一切专制主义。在中国的社会条件下，自由主义缺乏社会基础。在政治激烈动荡的时候，自由主义者很难凝聚成一股有组织的力量；在稍稍平和的时候，他们往往更多沉浸在自己的专业中。所以，在中国近代史上，自由主义不曾有，也不可能有大的作为。

（五）激进主义与保守主义　处于转型期的社会，旧的东西尚未完全退出舞台，新的东西也还未能巩固地树立起来，新旧冲突往往要持续很长的时间，有时甚至达到很激烈的程度。凡助推新东西成长的，人们便视为进步的；凡帮助旧东西排斥新东西的，人们便视为保守的。其实，与保守主义对应的，应是进步主义；与顽固主义相对的则应是激进主义。不过在通常话语环境中人们不太严格加以区分。中国历史悠久，特别是君主专制制度持续两千余年，旧东西积累异常丰富，社会转型极其不易。而世界的发展却进步甚速。中国的一部分精英分子往往特别急切地想改造中国社会，总想找出最厉害的手段，选一条最捷近的路，以最快的速度实现全盘改造。这类思想、主张及其采取的行动，皆属激进主义。在中共党史上，它表现为“左”倾或极左的机会主义。从极端的激进主义到极端的顽固主义，中间有着各种程度的进步与保守的流派。社会的稳定，或社会和平改革的成功，都依赖有一个实力雄厚的中间力量。但因种种原因，中国社会的中间力量一直未能成长到足够的程度。进步主义与保守主义，以及激进主义与顽固主义，不断进行斗争，而实际所获进步不大。

（六）革命与和平改革　中国近代史上，革命运动与和平改革运动交替进行，有时又是平行发展。两者的宗旨都是为改变原有的君主专制制度而代之以某种形式的近代民主制度。有很长一个时期，有两种错误的观念，一是把革命理解为仅仅是指以暴力取得政权的行动，二是与此相关联，把暴力革命与和平改革对立起来，认为革命是推动历史进步的，而改革是维护旧有统治秩序的。这两种论调既无理论根据，也不合历史实际。凡是有助于改变君主专制制度的探索，无论暴力的或和平的改革都是应予肯定的。

中国近代揭幕之时，西方列强正在疯狂地侵略与掠夺殖民地和半殖民地，中国是它们互相争夺的最后一块、也是最大的资源地。而这时的中国，沿袭了两千年的君主专制制度已到了奄奄一息的末日，统治当局腐朽无能，对外不足以御侮，对内不足以言治，其统治的合法性和统治的能力均招致怀疑。革命运动与改革的呼声，以及自发的民变接连不断。国家、民族的命运真的到了千钧一发之际，危机极端紧迫。先觉分子救国之心切，每遇稍具新意义的思想学说便急不可待地学习引介。于是西方思想学说纷纷涌进中国，各阶层、各领域，凡能读书读报者，受其影响，各依其家庭、职业、教育之不同背景而选择自以为不错的一种，接受之，信仰之，传播之。于是西方几百年里相继风行的思想学说，在短时期内纷纷涌进中国。在清末最后的十几年里是这样，五四时期在较高的水准上重复出现这种情况。

这种情况直接造成两个重要的历史现象：一个是中国社会的实际代谢过程（亦即社会转型过程）相对迟缓，而思想的代谢过程却来得格外神速。另一个是在西方原是差不多三百年的历史中渐次出现的各种思想学说，集中在几年或十几年的时间里狂泻而来，人们不及深入研究、审慎抉择，便匆忙引介、传播，引介者、传播者、听闻者，都难免有些消化不良。其实，这种情况在清末，在五四时期，都已有人觉察。我们现在指出这些问题并非苛求前人，而是要引为教训。

同时我们也看到，中国近代思想无比的多样性与复杂性呈现出绚丽多彩的姿态，各种思想持续不断地展开论争，这又构成中国近代思想史的一个突出特点。有些论争为我们留下了非常丰富的思想资料。如兴洋务与反洋务之争，变法与反变法之争，革命与改良之争，共和与立宪之争，东西文化之争，文言与白话之争，新旧伦理之争，科学与人生观之争，中国社会性质的论争，社会史的论争，人权与约法之争，全盘西化与本位文化之争，民主与独裁之争，等等。这些争论都不同程度地关联着一直影响甚至困扰着中国人的几个核心问题，即所谓中西问题、古今问题与心物关系问题。

中国近代思想的光谱虽比较齐全，但各种思想的存在状态及其影响力是很不平衡的。有些思想信从者多，言论著作亦多，且略成系统；有些可能只有很少的人做过介绍或略加研究；有的还可能因种种原因，只存在私人载记中，当时未及面世。然这些思想，其中有很多并不因时间久远而失去其价值。因为就总的情况说，我们还没有完成社会的近代转型，所以先贤们对某些问题的思考，在今天对我们仍有参考借鉴的价值。我们编辑这套《中国近代思想家文库》，希望尽可能全面地、系统地整理出近代中国思想家的思想成果，一则借以保存这份珍贵遗产，再则为研究思想史提供方便，三则为有心于中国思想文化建设者提供参考借鉴的便利。

考虑到中国近代思想的上述诸特点，我们编辑本《文库》时，对于思想家不取太严格的界定，凡在某一学科、某一领域，有其独立思考、提出特别见解和主张者，都尽量收入。虽然其中有些主张与表述有时代和个人的局限，但为反映近代思想发展的轨迹，以供今人参考，我们亦保留其原貌。所以本《文库》实为“中国近代思想集成”。

本《文库》入选的思想家，主要是活跃在1840年至1949年之间的思想人物。但中共领袖人物，因有较为丰富的研究著述，本《文库》则未收入。

编辑如此规模的《文库》，对象范围的确定，材料的搜集，版本的比勘，体例的斟酌，在在皆非易事。限于我们的水平，容有瑕隙，敬请方家指正。

《中国近代思想家文库》编纂委员会

目 录

导 言

张慰慈（1890—1976），字祖训，江苏吴江人，是民国时期重要的政治学家、教育家，同时也是治国专家。

张慰慈早年就读于上海澄衷学堂、复旦公学，后于美国艾奥瓦大学获政治学博士学位，曾任北京大学、法政大学、上海东吴大学法律学院、中国公学政治学教授和安徽大学图书馆馆长等职。张慰慈所参与教学的主要内容包含政治思想史、法学等社会科学，为社会科学普及做出非常大的贡献。中国的政治学研究诞生于辛亥革命后，尤其是在 1920 年代的北京大学，当时北京大学的许多教授都是从欧美留学归来的学者专家，包括陶孟和、王世杰、周鲠生、陈启修等人；还有很多人是接受北洋的新式教育，之后在各个大学政治系任教。

从研究阵地看，20 世纪中国政治学的研究阵地在 20 年代主要是北京大学，30 年代主要是清华大学，抗战开始后转移到西南联合大学。张慰慈所主要活动与著述的年代，正是北京大学政治学开创并突飞猛进的时代，张慰慈的主要代表作《政治制度浅说》《政治学大纲》与《宪法》，以及其所翻译的美国政治学家布赖斯的《现代民治政体》，不仅是重要的教学范本，同时也蕴含着丰富的思想内涵，值得我们今天重新整理与阅读。

张慰慈最主要的著作完成于 1919—1931 年这 13 年间，多是其在北京大学任教期间编写的著作与教材，其中包括《市政制度》《宪法》《政治学大纲》等开创性研究著作。20 世纪 20 年代的民国政治学大约可以分成几个流派，以胡适及其学术—朋友圈为代表的政治学家群体是自由主义政治学的代表，深受英美政治学传统影响，强调权力分立制衡、契约主权、政党、议会、宪政与国家—社会分立等学说。作为北大政治学界的代表人物，张慰慈的论著堪称 20 世纪 20 年代中国自由主义政治学研究的高峰。

张慰慈是胡适的学人圈子中与胡适关系最为紧密的一位。十四五岁的时候，张慰慈和胡适就是上海澄衷学堂的同学。张慰慈与胡适始终保持良好的关系，后胡适每次到上海，时常住在上海绍兴路 96 弄的张慰慈家里。

1915 年《青年杂志》创刊（1916 年改名为《新青年》），张慰慈就曾与胡适共同参与，并连载文章。张慰慈曾参与胡适在北京组织的多数重大学术活动，并曾协助胡适创办过大量杂志、刊物。张慰慈性格温和，不爱争强，与胡适的关系始终很融洽。

目前能够搜集到张慰慈最早的一篇理论文章发表在《每周评论》上。《每周评论》由陈独秀、刘半农和张申府合办，作为“不谈政治”的《新青年》关于政论的补充。1920 年胡适接替陈独秀担任过一段时间主笔，这期间张慰慈发表了一系列文章，介绍俄国革命，宣扬妇女解放。张慰慈用满怀热情的笔调，介绍俄国革命，同时强调俄国革命对于当时中国社会进行民主实验的重要作用。

后来胡适又创办了《努力周报》，在《努力周报》的主编人员中，除了核心成员胡适、丁文江之外，张慰慈也是重要参与者。《努力周报》是胡适和几位朋友自筹经费所办，不发稿费，写稿、投稿也都是出于友谊，发行部的人也没薪水。在这样的情况下，张慰慈与高一涵也曾在胡适不在京期间担任过一年多的主笔。在此期间张慰慈还积极参与了胡适组织的 20 人茶话会，参与制定了《我们的政治主张》。1923 年胡适南下养病，张慰慈与高一涵成为刊物的主笔，这段时间，胡适与张慰慈、高一涵互通了许多书信，讨论《努力周报》的经费问题。

1923—1925 年间，张慰慈完成了他的几部重要著作：《英国选举制度史》（1923）、《英国政府纲要》（1924）、《市政制度》（1925）。后胡适滞留上海不归，张慰慈与徐志摩等人合办《晨报副刊》，发表了大量关于妇女、婚姻、家庭及批判苏联的文章。张慰慈所发表的关于妇女的文章，引发了热烈讨论。尤其是其所翻译的叔本华的《妇女论》。叔本华对于女权的批判，在欧美学界独树一帜，他对女性存在很多歧视性看法，一直是女权主义者攻击的对象，颇受争议。但其观点尚未引起国内关注。张慰慈译介此篇文章后，引发了大量讨论，也包括谴责，鲁迅先生也曾参与讨论。

张慰慈的《英国选举制度史》与《英国政府纲要》是中国较早系统地介绍英国政府与选举制度的专著。《英国选举制度史》用大量篇幅描述英国选举制度的细节，并分析了英国选举制度的由来与问题，对于今天的英国选举制度研究仍有重要参考价值。《英国政府纲要》更为全面地分析了英国政体的特点，并有大量篇幅描述英国选举制度对于民国政体的借鉴意义。完成这两部经验研究著作，对于张慰慈之后对自由主义政体的判断产生了影响。

《市政制度》是张慰慈的代表作之一。市政研究是民国时期的重要研究领域，当代学界对此已有部分研究，但仍有更多挖掘价值。20 世纪 20 年代，北洋政府与广东国民政府对于城市改造问题非常重视，因而也使得市政专家能有很多施展才华的空间。相对于 30 年代的重要市政专家董修甲等人，张慰慈的《市政制度》完成最早，而且其所建立的分析框架，一直为之后的学者沿用。张慰慈不仅强调民治必须从城市市民的自治运动开始，与当时大批主张农村自治的学者形成鲜明对比，而且他提出的城市自治的许多具体实践方式，也是同时期研究者根本没有企及的地方。历史经验表明，城镇化是工业化的必要步骤，甚至伴随工业化的进行，实现城镇化是必然结果也是必要条件。张慰慈是中国最早发出城市化先于农村治理呼声的专家学者之一。《市政制度》对于今天我们理解城市化、市政管理，仍有重要意义。

1929—1931 年是张慰慈学术的成熟期与总结期，他不仅翻译了布赖斯的《现代民治政体》，也完成了其系统阐释政治思想最重要的三部代表性专著，分别是《宪法》(1930)、《政治制度浅说》(1930) 和《政治学大纲》(1930)。这三部著作系统地总结了 20 年代张慰慈政治思想的精华，是理解张慰慈政治思想最重要的文本。

《宪法》的初版由商务印书馆出版，收在“小百科系列丛书”之中，共分 6 章。《政治制度浅说》初版于 1930 年 3 月，由上海神州国光社出版，共 25 章。《政治学大纲》的初版也是完成于 1930 年，共 18 章，在《政治制度浅说》基础上，扩增了大量内容，补充进“政治学的性质”“研究政治学的方法”等内容。①

张慰慈集中出版三部专著，是因为 1930 年，安徽大学聘任杨亮功为校长。杨亮功上任后，立即在文学院、法学院、理学院延聘各领域专

---

① 1930 年 4 月，张慰慈合并后两本著作，出版精华本，名为《政治学》，共 10 章，由商务印书馆出版。

家学者任职，提高教学质量，提升安徽大学影响力，其中就包括王陆一、张慰慈、丁绪贤等人，此外还延聘了知名学者，包括陆侃如等任各系主任。[①]《政治制度浅说》的初稿，张慰慈在北京大学授课期间应该已经基本完成，作为张慰慈在北大授课时所用的教本，借此机遇出版，用于在安徽大学法学院授课。

《政治学大纲》一书是在《政治制度浅说》基础上增订而成，增加了很多对时政问题的讨论。如第 11 章论宪法，补充第 2 节“中华民国成文宪法运动史”作结。第 15 章论政党，补充第 2 节“中国国民党及其组织”作结。第 16 章论选举权与罢免权，最后以“选举费用与选举舞弊法律”作结。第 18 章论“政府职务及其分配”，专门讨论了国民政府的五权宪法。

从《政治学大纲》一书的章节设计与结构中，可以看出张慰慈在这一阶段大量出书，不乏资政之意。1928 年 6 月 3 日，胡汉民在国民政府结束二次北伐、形式上统一中国前夕，抛出了《训政大纲》，口不离党，明确表示蒋介石应该放下军权，由党来领导军队，同时全国人民接受国民党“训政”。在他看来，国民政府的政权应该完全由国民党把控。胡汉民之所以如此强调党权，是为了与控制军权的蒋介石争夺最高统治权。8 月 8 日，胡汉民将提纲提交国民党二届五中全会，同时到处宣讲，希望国民党代表接受提案。虽然 10 月 3 日国民党中常会通过《训政纲领》与《国民政府组织法》，形式上标志“训政阶段”的开始，但是党权与政权谁高谁低的问题，依旧没有解决。胡汉民所构想出的党统治国家，引领“训政”，主要是希望党的决策通过立法院实现，因而他牢牢握着立法院，希望将立法院凌驾于国民政府之上。而蒋介石和政学系则针锋相对，强调约法高于党权。蒋胡双方明里讨论意识形态，背地里却搞权力斗争，为此引发了学界和政界关于“如何训政”问题的大讨论。

张慰慈出版《政治学大纲》《政治制度浅说》与《宪法》等总结性著作，对于讨论“如何训政”这一问题的意图也十分明显。尤其是在增删《政治制度浅说》基础上完成的《政治学大纲》，有明显的资政之意。他在书中不仅重新梳理了孙中山的“训政”理论，而且试图在蒋胡之争的讨论之外，找到一个新的维度，分析中国到底应该是要“约法之治”

---

① 张慰慈后还当过该校图书馆馆长，直到 1932 年改任国民政府铁道部参事。

还是“党统治国家”的问题。同时，张慰慈这三部著作，也是他在20年代各处发表的文章与论著的总结之作，从三部著作入手，也更有助于理解张慰慈思想的整体脉络。

张慰慈还是民国时期重要的治国专家。在北洋政府时期，他就曾参与过许多重要的政治事件。1925年，张慰慈曾作为代表参加过欧洲的国际劳工会议，并针对当时重要的谈判与胡适进行过书信沟通，同时也与教育总长汤尔和、财政总长罗钧任等保持密切联系，还与蔡元培、王宠惠等人联合发表过《争自由的宣言》《我们的政治主张》等自由派学人的重要宣言文章。

从1930年开始，一大批自由派学人，尤其是政治学家纷纷加入蒋介石政府，充当治国专家，利用自己的学术研究成果治理国家。1932年之后，张慰慈弃学从政，先是南下加入国民政府铁道部，后加入翁文灏的资源委员会，这期间也与胡适在上海有多次会晤。此后张慰慈再未发表过专论或文章，只是与胡适有书信往来。1932年张慰慈还参与创办了中国政治学会，成为南京国民政府的重要幕僚。该会是由杭立武、高一涵等人主张，一批政治学家在国民政府之下组织的学术与政治参与并举的机构，也是民国历史上最重要的政治学社团。政治学会创始人共有45人，张慰慈名列其中。[①] 张慰慈连任前几届干事和理事，为政治学会的历届年会做出了重要贡献。

从1933年12月开始，张慰慈进入铁道部担任参事，其间到处奔走，疏通铁路事宜。抗战之后，在翁文灏的邀请下，张慰慈加入资源委员会，继续为国民政府做事，奔走于上海、香港、重庆之间，甚至还出行越南和菲律宾。胡适对张慰慈参政非常赞同，多有书信往来。新中国成立后，张慰慈一直从事出版文化工作，为新中国现代化建设事业做出过巨大贡献。

在民国政治学家群体中，张慰慈的政治学研究起步相对较早，且成果极为丰富，在自由主义政治学的谱系中一度扮演了领军人物的角色。由于张慰慈的政治学研究专攻比较政治制度研究，相较于同时期自由派思想家的思想体系，别具特色，在讨论具体问题时常提出很不同的见解。张慰慈更兼有治国专家的经验，深入理解其政治学研究中的政治思

---

① 关于中国政治学会的研究，具体细节见魏镛：《中国政治学会之成立及其初期学术活动》，载《政治学报》（台北），1992（20）；孙宏云：《中国现代政治学的展开：清华政治学系的早期发展》，286页，北京，生活·读书·新知三联书店，2005。

想价值，有助于我们在传统的自由派知识分子研究领域获得新的视角，发现新的问题。

除了著作之外，张慰慈发表的大量文章也具有重要参考价值。张慰慈的文章所涉及主要有三个方面的内容：市政研究、政体研究与时政评论。

张慰慈的市政研究文章多发表在《新青年》《东方杂志》《努力周报》等当时颇有影响力的杂志上，有很大一部分收录在《市政制度》一书之中。北洋政府统治下的北京市政府，十分重视城市规划，其中大量成果与当时的市政专家群体建言献策有很大关系。张慰慈在美国期间参阅了大量关于欧美尤其是美国城市化的文章，他的研究多建立在扎实的经验研究之上。张慰慈较为欣赏美国城市化的进程，尤其对于市民自治情有独钟。在其看来，美国公民之所以能有强大的自治习惯与能力，和他们较早城市化有关；而美国城市发展能够如此迅速、高效，也与城市自治传统有密切关系。美国市民有能力自发组织抵制、罢工等社会运动，这在他看来，是中国时下所缺少的。

张慰慈身在北京，对于国民革命军的北伐十分恐惧，认为革命将会造成流血牺牲与“革命恐怖”。在其看来，缺少具有自治能力的中间阶层，是中国与俄国这些专制国家在危急关头时常发生革命的重要原因。俄国由于贵族阶层和资产阶级较为软弱，才会引发革命。而早已结束了皇权的中国，时下也缺少一个具备自治能力的中间阶层，因而不足以抵抗“赤化”。这种观点在当时北京的知识分子中间也颇有响应。胡适也曾因此与他在书信中有热烈讨论。

张慰慈的市政研究同时也涉及大量的细节与案例。在张慰慈看来，城市自治过程中最重要的有三点：第一，有智识的市民；第二，适用的市公约；第三，有统系的行政组织。针对每一项，他都有专门文章讨论。尤其是关于欧美自治城市约章的研究，在民国学界当中并不多见，研究价值很高。城市自治是欧洲自中世纪以来就有的传统，对此当时的学术界研究者并不多。张慰慈曾系统地梳理欧洲城市自治运动与美国城市约章的历史，对于今天的中国也有参考价值。胡适也十分重视张慰慈的市政研究，亲自为《市政制度》作序。

张慰慈关于政体的研究涉及他对中国政治体制的理解，也包含他对于时局的理解。在 1927 年之前，张慰慈的政体研究多涉及东欧和俄国。在其看来，革命政体是一次重要的政治实验，中国缺少这样的政治实验，因而也需要敢于实验。

张慰慈与胡适接触最多，因深受胡适实验主义的影响，张慰慈的宪法观念里就有浓厚的实验主义倾向。他认为，人类的宪法史，就是宪法进化的历史，就是根据实际情况逐渐适应的历史。在他看来，宪法更需要生长，不能把制度规定得一成不变。他所主张的好宪法，就是那种可以“不断进化”的宪法，而不是经常因为革命而变来变去的宪法。张慰慈还提出了良好宪法的三种标准：“（一）意义广阔，（二）文字简单，（三）界限明确。”提出“简单而不含糊”的标准，目的就是让宪法可以适应时代变化，之所以写得简单，正是为了适应环境，可以不断地修补，使之进化。在制定宪法过程中，也要留出足够的余地，保证宪法可以逐渐适应时代进步，完成“进化”。

由于张慰慈所主张的思维方式是欧美自由主义，所以在不久之后，张慰慈转而猛烈批判革命。1925 年之后，张慰慈在《东方杂志》等刊物发表文章批判苏维埃制度，开始思考在民治与党治之间寻求中间道路。他一方面全面地批判苏联制度，另一方面也对民治政府的缺陷进行理论与经验分析，从而寻找适合中国的政体形式。尽管其中不乏偏激之处，对于今天的读者，仍是理解北伐期间北京的自由派知识分子思考问题的角度之一。反对割裂传统的政治实验，但这不等于拒绝一切创新进步，而是主张有步骤有选择，结合国情借鉴外国的传统。

张慰慈在著作与文章中，对比了大量的政体与政府结构，从历史经验与具体国家的国情出发，鲜明地刻着英美经验主义分析方法的烙印。张慰慈在《政治学大纲》里面曾专门总结过自己的治学方法：“我以为应用的政治学，应该把人看作国家的主体，把一切政治看作人类心理作用的表征，用历史的研究法，把政治现象变迁进步的因果探求出来，抽出进化的原因，找到进化的路线，更把各国各时各种制度各种学说，用比较的方法研究其长短优劣，拿来做我们现在的人研究现在政治现象的政治制度的工具，做指导现在的人应付现在环境的方针。”张慰慈在书中共列举了五种政治学的研究方法，包括生物学的方法、比较的方法、实验的方法、历史的方法与心理学的方法。他对于孔德、斯宾塞等社会学家的将人类社会比附作生物体的做法并不欣赏；对于比较政治学研究方法也不欣赏，因为其不分析具体的政治环境，只是单纯比较，“把特别环境看得太轻，把现有制度看作无根之果，确是一桩很危险的事。”

在1920年前后，张慰慈在《新青年》上发表《最近德国政治变迁》等文章，介绍魏玛共和国的制度创新。就在同时期，张君劢也在上海的研究系刊物《解放与改造》上发表文章，介绍魏玛宪法，最著名的是1920年7月14日发表的《中国之前途：德国乎？俄国乎?》，其所讨论的问题与张慰慈十分相近，在比较俄国与德国政治变革的过程中，反思中国的未来，二人成为当时介绍德国政体的最重要的两位学者。学界过去一般更强调张君劢的学术意义，往往忽视了张慰慈对于介绍魏玛宪法和魏玛制度创新的重要贡献，这是不够的。

张慰慈非常关注德国革命以来社会阶层的变化，尤其是德国制度建设中的新现象。在分析德国政体的时候，张慰慈非常推崇职业代议制和经济议会制度。德国的经济议会是一种职业代表组成的机关，全国经济议会由资本家代表和工会代表联合组成，但凡经济上的提案，政府必须交给该经济会议讨论，其等于是重要的附属于立法机关的参议机关。张慰慈主张借鉴德国采用的各式经济议会，包括工人的议会等，尤其是其中最重要的全国经济议会。

实际上，经济议会在魏玛德国的政体中并没有太大的意义，只有参政权，没有决策权。张慰慈之所以对其如此推崇，和他的专家治国情结有很大关系。在张慰慈看来，议会结构中，最需要配备专家组成的议会，因为他们对于时政有更专业的经验和治国能力。相对于官僚政治和政客议会政治，专家政治是解决诸多问题的关键。

张慰慈的政体观念主要来自布赖斯的《现代民治政体》，他的许多关于民治与专家治国的观点深受其影响。张慰慈最早引用布赖斯的观点，是在1920年《新青年》上发表的《美国委员式和经理式的城市政府》一文，谈到“美国城市是民治主义的大失败”。张慰慈在《宪法》一书中，也曾引用布赖斯的《现代民治政体》。后在1931年张慰慈将《现代民治政体》翻译出版。张慰慈对此书十分钟情，在给该书所写的译者序中，认为“关于民治政府的主义和实际情形，这一部书要算是最重要的、最完备的”，甚至认为布赖斯是“美国政治学者的领袖”。《现代民治政体》出版于1920年，此前布赖斯曾完成过《美国平民政治》《神圣罗马帝国史》等政治学专著，《现代民治政体》不仅结合了作者大量的实地考察经验，而且也在比较政治体研究中得出了许多重要的结论。胡适也受到布赖斯的影响，在《我们什么时候才可有宪法》一文中，曾引述布赖斯的《美国平民政治》，将其译作《美洲民主国》。①

张慰慈认为好的行政机关不一定就是民选的，多数政治应该由专家来治理。利用专门人员立法，制定具体政策，是张慰慈政治主张中有鲜明特色的部分。在张慰慈看来，一个好的民治国家，必须能选出优秀的人才来治理国家。张慰慈在介绍英国政体的文章中，也充分肯定了英国文官制度中让政务官与事务官分开的制度。英国的事务官就是一般的文官，是脱离党派的常务公务员，他们对一个方面的问题很为熟悉。实际上也是基于专家治国的理念，张慰慈认为这样的制度可以有效地防止行政首领完全不会处理实际事务的问题。

张慰慈在比较了大量欧美政体之后，最为欣赏瑞士的委员会制度（合议制），希望中国能够采用和借鉴。瑞士的委员会是由瑞士联邦的议会选举出七个代表，组成一个委员会，这个委员会里面的七个人分别负责行政部门的七个部门，由议会对七个人进行监督。在张慰慈看来，这套制度不仅能像美国那样避免欧洲比例代议制的立法机关与责任内阁制的行政机关那种被政党“扰乱”的乱局，又可以避免美国那种分权政府中立法机关与行政机关的相互扯皮。在张慰慈看来，这样的制度实在是最理想的政体，不仅效率极高，而且把一个本来四分五裂的联邦制的瑞士整合成了一个民众不仅爱国，而且可以实行有效民治的国家。

可见张慰慈与自由派知识分子之间存在某些差异，尤其是他对于民治问题的看法，相对要更为保守。例如他对于“训政”的看法，就与胡适有很大的不同。胡适坚持认为“训政时期”必须先制定宪法，行宪政，否则就不是“训政”，用胡适的比方来说，民治“犹幼童之当入塾读书也”，民众在宪法之下自我管理，训练自治能力本身就是一种学习，不需要天纵圣明引领、训导。在20世纪30年代前期，胡适反复主张上述观点，并在《政制改革的大路》和《从一党到无党的政治》等文章中批判国民党的“训政”理论以及“以党治国”的主张。

张慰慈的观点实际上更接近30年代的政治学家，主张先进行“训政”，后立宪。例如，萧公权曾就写过专文批判“训政阶段”不应鼓励民治这一说法之荒诞。但萧公权对宪政本身并不十分乐观，认为有了宪政也不等于民治。张慰慈、萧公权、陈之迈等政治学家与胡适最大的不同在于他们是经验研究者，许多观念都是基于大量针对政体的实证研究

---

① 参见胡适：《我们什么时候才可有宪法》，载《新月》，1929年第2卷第4号。

得出的，对于民治问题抱着相对保守的观点，认为民智未开的情况下，有宪法也不会有宪政，此前需要一个“训政”阶段。而从政治思想出发的胡适，自然与他们不同。这也是张慰慈对于30年代政治学研究的启发意义所在。今天我们重新阅读与理解张慰慈，反而可以找到一个新的视角，深入到自由主义者内部，去把握其对于现实政治问题分析存在分歧的源头所在。

此外，张慰慈还发表了大量的时政评论，多发表于《东方杂志》，对于当时国人理解西方政治动向有很大帮助。20年代的中国，革命形势发展迅猛，而当时的欧洲更是新现象层出不穷，法西斯主义、苏维埃政权与议会政治并行于欧洲，各自发挥政体优势进行国际角逐。

如前述张慰慈对于德国政体的介绍中所提到的那样，张慰慈对于欧洲新政体的变迁有着敏锐的觉知力，善于从中寻找到优秀的政体介绍给国人，希望为我所用。张慰慈在俄国革命前后，就撰写过《俄国的新宪法》《俄国的土地法》《俄国的婚姻制度》《俄国遗产制度之废止》《俄国的新银行法》论证苏维埃政权银行制度的变迁、土地国有化等问题的意义与局限。在魏玛共和国制宪运动结束之后，又在《新青年》等杂志上，发表大量文章论证魏玛制度的优劣，各政治党派的主张，各自的局限和发展形势。在今天看来，这些文章不仅是研究德国、俄国历史的重要参考，也为我们分析民国思想家的思维方式与当时社会的主要矛盾提供了较为直接的文献。

张慰慈不仅善于总结和比较欧洲政体，同时也善于分析欧洲的社会变迁。张慰慈很早便留意于欧洲社会结构的变化，在《战后的欧洲劳工阶级》《战后的欧洲中等阶级》《战后的欧洲农民——绿色国际》《欧战前后国家政治》《国际劳工组织》等发表于《东方杂志》的文章中，敏锐地把握了欧洲的情况。张慰慈曾亲赴欧洲参加国际劳工会议，在此期间也与胡适有许多书信往来。在20年代中期，法西斯先从意大利起源，逐渐被德国、西班牙等国家吸收，演变成了法西斯国家联盟的格局。张慰慈对于法西斯国家的社会起源——中等阶级的软弱无能——的分析，在今天看来，仍有重要参考意义。

张慰慈对于民治与优秀政体的许多思考，在当时的国际国内环境下，缺少实践的土壤。在1931年之后，张慰慈希望通过参与政治实践改变中国，并得到了胡适的鼓励与支持。可在矛盾重重的国民党政权内部，他根本不可能得到重用，甚至与志同道合的好友资源委员会主任翁文灏也相处并不愉快，最终不欢而散。但在今天的大环境下，重新发掘张慰慈思想的闪光之处，不仅是理解民国政治学人的一扇窗户，同时也不乏在现实政治中的借鉴意义。

民国政治学在今天的民国研究界越来越受到重视，在此之际，整理和出版张慰慈的文集，总结与反思张慰慈的思想，也是深入探究民国政治思想、整理民国优秀思想遗产的重要工作之一。

编者对选文进行加工处理时，尽量保持其原貌，仅做一些文字上的必要订正，凡原文笔误或排印错误者，用〔 〕标明正字；原文脱字漏字者，用〈 〉增补；缺损或不可辨识处，用□标示；衍字用【 】标记。

俄国的新宪法
(1919)

近来大战以后，欧洲产生了许多新宪法，其中有旧国家重组团体而改用新宪法的，如德国与俄国；也有新组织成的新国家的新宪法，如波兰、斯拉夫共和国。此数种新宪法之中，俄国的宪法最有研究的价值，因为此宪法根据于许多最新政府组织法及政治哲学的最新思潮。该宪法原名为《俄国社会联合共和国的根本法律》，是一千九百十八年七月十号第五次全俄国大会议议决的。俄国宪法共分六编、十七章、九十节，其编目如下：

（一）劳工与被侵夺的人民的权利宣言。

（二）总则（关系财产、劳工、教育、教堂，与公民）。

（三）“会议”（Soviet）权限的组织（就是中央与地方政府的组织）。

（四）选举权利。

（五）预算表。

（六）国章与国旗。

差不多全宪法的三分之一，是讲判这称为“会议共和国”所根据的主义。就此一层，俄国总算是在政治史上开一破天荒的事业。宪法上规定，把私人所有土地、森林、矿产、水力、农器、银行，完全收归国有。所有制造及运输等事，归工人直接管理；他们俄国人想这样才可以把所有的公用权利（Public Utilities，即运输、交通、交易，及一切关系人民公共生活的事业）归工人自己管理。无论什么人，必须要工作，工作者须有当兵义务，不工作的人，不能用军器，免得他们出来复回资本家的制度。

俄国宪法有一最特别的地方，就是关系外交上的规定。各国的宪法关于外交问题，说得非常简单，俄国宪法关于此问题，说得很详。今将该宪法所主张者列举于下：

（一）反对秘密条约。

（二）主张和平条约，不能有赔款及并吞土地。

（三）不承认侵夺属地人民。

（四）赞成芬兰独立，撤退驻在波斯的外国兵。

（五）主张取消外债。

（六）所有条约须由“全俄会议”赞同。

俄国的新国家，是一种最散漫的联邦政体，差不多是多数“地方共和国”组织成的一个邦联国。每一个地方会议，无论是城镇的或乡村的，均可照地方情形，随意组织、同邻居地方合并，成独立的区域团体，或自决是否能加入联邦团体。所以俄国各地方的权非常之大，为别的联邦国所未曾有过的。在美国瑞士等联邦国，为中央政府与地方机关有所争执的时候，其判断权属于中央政府的机关；并且在各该国，各州各邦如何才可以加入联邦是由中央政府规定的。但是在俄国，宗主权在于地方会议，或在于地方上工业、军务，与别的职业所举的代表委员会。各地方并且可以随时与中央政府脱离关系。

大凡政治学者，讨论一国宪法，所最注意的，就是下列的几条：

（一）这条宪法是什么样发生?

（二）修改宪法的法子。

（三）政府的组织（包括三权分立及中央与地方分权）。

（四）政府各机关的权限。

（五）人民自由权为宪法所保护而政府不能侵犯的。

（六）公民的资格。

（七）选举权。

如果我们把俄国的宪法，照上列的几条研究起来，所得的结果如下：

一、俄国的宪法是由地方委员会的代表所组织成的一个大“会议”制定的。这宪法不是一个皇帝给百姓的，不是由各地方会议通过的，也不是由人民直接认可的。制造这宪法的国会是一种革命机关。

二、该宪法第五十一节规定修改这宪法的权在于“全俄会议”，就是原来制造这宪法的机关。

三、这宪法所规定的政府组织，尚属简单。做工的人举代表到地方会议，代表的数目与人数为比例。例如在城里，每一千人举出一个代表；在较小的地方，每百人举出一个代表。这种地方会议，每星期或两星期开会一次，其职务就是举出一个执行委员会，执行地方上的事情，及举代表到区域较广的会议，例如县会议、州会议，及省会议。此外还有区域的会议，由城市，及州会议派出的代表组织的。最高的机关就是“全俄会议”，又名“会议之会议”，是由城市会议，或省会议的代表组织成的。所须注意者，乡村在“全俄会议”的代表是间接举出的；城镇非但直接举代表到“全俄会议”，并且在省会议也有代表。

“全俄会议”，每年至少须开会两次。在大会议之中，每一代表代表十二万五千人民，一共有一千四百个代表，实在太多一些，议事非常不方便，所以由大会议从代表之中再举出一个不过二百个人的执行委员会，在大会议闭会后，下次大会议未开之前，行使俄国国家的一切主权例如指导地方会议，通过法律，任命及管理兵□总□与行政部长。关于司法一层，宪法未曾提及。照此看起来俄国的政制是一种内阁制，但是没有一个国务总理。内阁对于“全俄执行委员会”负责，全俄执行委员会又对于“全俄会议”负责。

四、中央与地方政府的权限，分得也还清楚。属于中央方面者，为外交、疆界（国外与国内）割让土地、新邦的加入或旧邦脱离、秤量、尺度、币制、借□与商务条约、租税与预算、军务、法制组织与诉讼手续，及公民资格。地方会议可以实行上级机关的训令，提高人民的文化与生活程度，及行使所有一切关于地方上的事。至于财政一事，地方会议可收一种地方税，如有不得已的时候，可向中央请领津贴金。地方上的预算案须中央政府的同意，从中央政府领得之款，只能用在领款时所指明的项下。租税的限制，与中央与地方分权的地方，均由“全俄会议”定之。

五、人民自由权为宪法所规定的，有教堂与国家分离，教堂与学堂分离；信仰自由，言论自由（包括把印刷品作为社会的，与自由散布各种各样的印刷品），集会自由（包括会场、灯光、热气，须由政府供给）；农民与工人可以借政府的力量，组织起来；人民有受义务教育的权利；工人有带军器的权利；外国人可以来避政治及宗教上的压制，并可得俄国政府的保护；除弃所有一切种族上及阶级上的种种区别。俄国人民的自由权包括甚广，不过对于现在欧美各立宪国所注意的，如出庭状、裁判及□罚的种种方法与私人财产的保护法均没有明文的规定。

六、地方会议有权承认无论什么做工的人为俄国国民。

七、无论何人，不分男女，年及十八岁，现做生产的并与社会有益的工，或在“会议”海军或陆军服务的，或因受伤不能工作的，均有选举权与被选权。居留在俄国的外国人，如是工人也能享政治上各种权利。但是下列几项人民不得有选举权：

（一）利用他人工作的人。

（二）不做工而有进款的人。

（三）商人。

（四）警察的差配人。

（五）从前皇族的子孙。

（六）被保护的人。

（七）有神经病的人。

（八）政治权利暂时为“会议”夺去的人。

选举的时候由会议决定，举出的代表随时可以由会议撤回，撤回后须另外召集一选举会。所以举出的代表只能照会议的意思行事，不能自出主意。

（原载《每周评论》，1919 年 6 月 29 日）

俄国的土地法
(1919)

大多数的人，听见“俄国”这两个字，就觉得非常的害怕，因为俄国是“布尔塞维克”主义出产的地方，恐怕这种主义传出来扰乱世界。大家差不多把俄国看作世界人民的公敌。至于俄国内里究竟是什么样一种情形，布尔塞维克究竟是什么样一种主义，十个人之中恐没有一人能彀懂得明白。

上一期的本报已经把俄国的新宪法，约略记述出来，使大家知道俄国并不是在一个无政府的地位，并且他的宪法之中，实在有几种最新式的政治组织法，如果能彀试验有效，将来也许有别国摹仿。例如政治权利限于工作的人民，和把工业团体作为代议的根据，这两条就有大可研究的价值。这两条的重要之处，是（一）承认现今国家的经济根本在于劳动；（二）想把政治的组织与实在的社会组织相应合。各国的工党在政治上活动的宗旨都不过是想实行这两条主义。无论我们是否赞成这种主义，我们不能不承认这种新式的政治思想应该使我们把从前的政治思想再来估一估价，看究竟还有没有价值。

俄国现在的新法律，最重要的是土地收归国有的法律。这法律是从一千九百十八年九月实行。土地究竟应该公有或私有，是另外一问题，出于本篇范围之外。本篇不过记述俄国怎样置处这个在别国尚没有解决的土地问题。

俄国的新土地法起首就说：“所有在俄国境内的土地、矿产、水、树林，与各种天然物的私产权，一概取消。”接下去又说：“所有土地供全国工作人民之用，从前的地主，不得要求赔偿。”这样的白纸上写了黑字之后，俄国就把数千年传下来神圣不可侵犯的私产制度完全取消。但是取消私产制度，并不能就算把这土地问题解决了。他们所最信任的公产制度或集产制度，也不是容易实行的。内里有许多问题必须先行解决之后，才可把这制度实行。例如土地收归国有之后，什么样的人可以用俄国的土地？用土地的权利，怎样才可以得到？国家的土地是怎样分配于人民的？用土地的权利怎样可以取消？这几条是实行公产或集产制度的几个最难解决的问题。这新制度究竟能通行与否，全在乎用什么法子去实行。因为土地归了国有之后，国家不过是一种无形的观念，至于耕种土地的事，仍须人民去做。我们可以把俄国土地法里边关于解决这几条问题记出来，看他想用什么法子去实行公产主义。

（A）什么样的人可以用俄国的土地？

我们须时时记牢俄国土地的所有权是属于全体人民的，但是各机关团体或个人，为能于法律无侵犯，须用土地的时候，可以向政府的土地部请领暂时用土地的权利。第二十条说明：

> 如有下列各项社会的或私人的需要，下列各种机关团体，或个人可以用俄国的土地：
>
> （甲）为文化的与教育的
>
> 一、国家（就是中央、区域、省、县、乡“会议”的机关）
>
> 二、社会的团体，为地方“会议”所核准及管理者。
>
> （乙）为农事的
>
> 三、农业的村庄。
>
> 四、农业的团体。
>
> 五、乡村上的机关。
>
> 六、个人或家族。
>
> （丙）为建筑的
>
> 七、各“会议”的机关。
>
> 八、社会的团体、个人或家族（为该建筑不为营利起见）。
>
> 九、工业、商业、运输的事业（为“会议”所特别核准及管理者）。
>
> （丁）为建筑交通道路的
>
> 十、中央、区域、省县、乡“会议”的各机关，照路之紧要与否，定建筑之次序。

以上所规定的，指明什么样的机关、团体、个人为什么样的事，可以有权利用俄国国家所有的土地。但是立法的人恐怕还有人要用土地的时候，不能得到，所以在第八节第三十七条又说明为什么样的事可以有权利用俄国的土地。该一条所包括的如下：

甲、为教育的事（须于社会有用的）。

乙、为农业的事（须个人工作的）。

丙、为建造的事（一）社会的建筑物，（二）住房，（三）为住□所须要的。

丁、为造道路的（须公众所急需的）。

(B) 国家的土地是怎样分配于人民的?

规定什么样的人，为什么样的事，可以有用土地的权利以后，第二个问题是国家的土地用什么样的法子分配于人民。因为上列的几项的事，缓急不同，必须有一机关有权决定什么样的事是最紧要的，什么样的事是次要的，并且可以照此次序以分配土地。在俄国这机关是附属于“会议”的一个土地部。该部的重要职务，是平均分配土地于农民，及善用天然物产。分配的法子是根据于个人的耕种能力，使每人尽其力之所能，作有用之工作，但同时不得使各人有所缺需。至于不能工作的农民及其众族，则可由“会议”机关给与供餐。关于用土地权利的次序，法律的规定如下：

（一）〈土〉地必须给那些为社会而工作的，并不是为私利而工作的人。

（二）为个人农业所须的土地，其发给次序如下：

（甲）地方上的农民以前没有得到土地或只得到小部份而不够用者；

（乙）土地收为国有后，新迁来的农民；

（丙）除农民之外，其余各级人等所需用的土地，须照他们在土地部挂号的次序，先后发给。

（三）为种植、渔牧、森林的事，只有下列几种土地，可以发给：

（甲）不能耕种的土地。

（乙）能耕种的土地，惟因其所处的地位不便之故，不宜用于耕种的。

（四）为建筑事须用的土地，其发给次序由地方“会议”决定。

个人分得的土地，以彀食用为限，但是不能过一定的标准。这标准的计算法，第一步先把全俄国分作若干区，每区又分作若干部份，每部份的田地数目及种类，以亩计算。第二步再算每区域内的人民多少。人民分作两种：第一种是不能工作的，第二种是能工作的。不能工作的人民包括：

（一）女孩子，十二岁以下的。

（二）男孩子，十二岁以下的。

（三）男人，六十岁以上的。

（四）女人，六十岁以上的。

其余因废疾或神经病而不能工作者须另外登□。

能工作的人包括：

（一）男子，从十八岁至六十岁，他们工作的能力作为一个单位。

（二）女子，从十八岁至六十岁，〇．八单位。

（三）男孩，从十二岁至十六岁，〇．五单位。

（四）女孩，从十二岁至十六岁，〇．五单位。

（五）男孩，从十六岁至十八岁，〇．七五单位。

（六）女孩，从十六岁至十八岁，〇．六单位。

把一区内的工作的单位去除区内的田地，其结果就作为该区内每工作单位应得田地的亩数。

（C）用土地的权利怎样可以取消？

俄国的土地，是不能由买卖、租借、遗传，或别种私人交际的关系，得到的。土地为国家所有，人民只能得国家的许可，暂时有权利耕种或利用一块土地。但是这种权利，国家随时可以收回。俄国法律规定如犯下列各项事情，用土地的权利须立即取消：

（一）用土地的机关之宗旨不合法律。

（二）用土地的机关、团体，等已经解散。

（三）用土地的个人不能耕种该块土地或该个人同时无须靠耕种生活，例如得到一种□金之类。

（四）用土地的个人已死或他的自由权被法庭剥夺了。

（五）用土地的人民正式宣言不要用了。

（六）用土地的人不愿意耕种。

（七）把土地作为不正当的用度。

（八）利用土地作营业的事。

（九）与他人有妨害的事。

以上所述，不过是俄国新土地法的大概。这种的法律究竟是好是歹，一时不能下断语，须俟该法律试验出来的结果究竟是什么样，才可以说句公道话。但是我们要明白世界上最没有公道的事就是这种神圣不可侵犯的私产制度。为什么生在穷的人家的子弟，须一世为人牛马，尚不能得一饱暖？为什么生在富的人家的子弟，就可以不工作，一生吃不尽用不完呢？其中不公平的事，平常的人往往不张开眼来看一看，想一想，他们以为别人的苦处，他们看惯了，以为都是自然应有的。俄国的土地法，里边不妥当的地方，自然狠多，不过狠可以使大多数的人细细儿想一想现在社会上的制度，我们还是要维持种种不公平的事，还是想一个法子来改良改良呢？

（原载《每周评论》，1919 年 7 月 6 日）

俄国的婚姻制度
(1919)

(A) 结婚法

俄国的结婚法非常简单，一共只有六条。其中也没有新奇的法则，不过所规定的手续与各国通行的稍有些不同而已。在欧美各国，结婚礼式大半是在教堂举行，就是不在教堂举行，行礼时也必定有牧师在场做证婚人。这样的结婚礼式，可以叫做宗教的结婚。俄国未革命之前，也通行这种宗教的结婚。不过革命以后，教堂的势力完全扫地。这结婚一事，以前非经过教士的手不成，现在完全用不到教士了。新法律第一条就说："从今以后，俄罗斯共和国只承认民事的结婚。"宗教式的结婚虽不禁止，各人仍旧可以随意举用，但是结婚要有法律上的效力，非经过民事的结婚式不可。

愿意结婚的男女，须到他们所住地方的"结婚与生育注册部"声明他们的意思，双方签字。由该部部长注册后，该婚姻在法律上，即发生效力。惟下列各人不能自由结婚：

(一) 十八岁以下的男子，与十六岁以下的女子。

(二) 有血统关系的男女，如兄妹之类，完全的或一半的。

(三) 已成婚的人。

(四) 有神经病的人。

如这些人等故意犯法，须照法律惩办，他们的婚约作为无效。

俄国法律与别国法律不同的第二层是关系私生子问题。现今各国的法律，除日本外，均不承认私生子在法律上有享受各种利益的权。大家以为私生子是在被斥逐的地位，不能与别人同等享受社会上法律上种种权利。我们要晓得这是一件最不公平最不道德的事。私生子的父母虽做了社会上所谓不规则的事，与私生子本人有什么相关？他并没有犯罪，并没有做了不道德的事，为什么要把他逐出社会之外呢？所以俄国的法律内有一条说："私生子对于父母，父母对于私生子，的义务与权利，须与非私生子，一律看待。"

（B）离婚法

俄国离婚法与别国的离婚法，比较起来，俄国的离婚手续是比较容易得许多。因为这法律没有规定为什么样的事才可离婚，为什么样的事是不能离婚的。照俄国的法律，只要双方同意，或一方面愿意离婚，就可到地方法庭去陈请，由地方法官择日传集两方面的人，或他们的代表讯问。如地方法官确信这离婚请愿书是出于双方或一方面自己的意思，就可以判断离婚，并出一离婚证书。离婚后的种种问题，如子女分派，子女的费用及教育费由何人担任，妇人是否由男子给养等，如双方已经商议妥当，则法官判决离婚时，可以同时判定；如双方未曾议定，则此种问题须由民事法庭判决。

这两条法律是列宁政府成立以后宣布的。可看得外边所传说的俄国妇女国有制度完全是无据之谈。

（原载《每周评论》，1919 年 7 月 13 日）

俄国遗产制度之废止 (1919)

俄国实行土地国有，取消私产制度之后，这遗产制度当然不能存在。一千九百十八年四月二十七号，俄国政府就宣布了一条法律，把这遗产制度完全废止。

“遗产制度，无论照法律或照遗嘱所规定的，均一概废止。产主死了之后，所有一切财产，无论是动产或不动产，均为俄国政府所有。”这是俄国废止遗产制度法律的第一条，这就是该法律所规定的常则。但是照这法律所规定的死板板实行起来，是万万办不到的。产主死了之后，他的家里也许有许多人不能工作度日的，例如未成年的子女，及年老的父母或妻子。如果因为产主死了，把他们日常依靠吃饭的产业充公，叫他们一班人怎样过活呢？俄国立法的人也明白其中种种困难情形，所以虽规定遗产制度之废止，同时立了许多例外。

该法律第二条就说“产主的亲属如兄妹妻之类，如没有最低度之养活费用并不能工作者，可以从遗产之中，取得费用”。至于数目的多少，由政府里边的社会事部决定之；在莫斯科与彼得堡，由工人与农人“会议”，会同各该亲族，决定之。如他们不能同意，可由地方法庭决定之。

如遗产不够养活妻子及所有亲戚，则最穷困者必须最先供给。如遗产不过一千罗布，或只不过一间农房，平常器具，及工具之类（在城或在乡），则妻子与亲族可以直接管理。至于怎样分配，可由妻子与亲族两方协定。他们不能同意的时候，由法庭处置。

所有遗产，除分配于妻子与亲族，作为养活费用之外，其余一切产业，均归地方“会议”管理。至于分配遗产的次序，该法律规定如下：第一，关于管理此项财产的费用，必须最先提出。第二，妻子与亲族的养活费用。第三，债主的款项。

这是俄国拟定的解决遗产问题的法子。我们要晓得近来欧美各国大多数的经济学家政治家均以为承继遗产制度是一种极不公平的制度。欧战以前，就有许多学者讨论废止这种制度，不过当时大多数的人，总以为这样主张未免太激烈一些，一时万难实行。以后有许多人想了一个执中的法子，暂时试用，这个法子就是遗产税。现在大多数的欧美各国均有这样一项的税。这种税的用意是要想把贫民对于国家担负减轻，同时把富人的担负加重。照现在各国通行的法子，遗产愈多，抽税愈重；承继人的血统愈远，税亦加重。所以遗产税的宗旨，虽则不是把遗产完全充公，也要想拿一部份的遗产，归入公家。

我们时常听见人家说，这种废止遗产制度的结果，必致全国人民没有一个肯工作生产。他们的意思以为一个人，专为子孙工作的，专为子孙积蓄金钱的，如果一个人死了之后，他的子孙不能承继他所积蓄的钱，他是一定不肯工作，一定不肯积蓄金钱的。这个意思，大多数的人以为很对的，不过细细想一想，是差谬极了。人家工作的原动力是非常复杂的。有许多人不工作就没有饭吃，所以他们不得不工作。还有许多人觉得工作之中，有许多乐处，他们工作就是他们的一种消遣法子，例如画工、发明家、学者等。这种人如果叫他们吃饭不做事，是万万不能的，他们有一种天然的才能，非做出一些事业来不可。还有一种好名的人，叫他们坐在家里，过空闲日子，也是做不到的，他们觉得既经做了一个人，一定要做出一些事业出来，使大家晓得在世界上有他这样一个人，万不能同一只猫一只狗吃了一世，死了就算了。世界上有许多大商家、大实业家，他们的金钱已经积蓄了不少，但是他们依旧工作，不想停止，为什么呢？有几个是没有子孙的，难道为子孙么？他们所想的，不过是一种从作事中所能得到的快乐而已。至于专为子孙而作事作工的人，全人群之中，居一极少的数目。这一部少数人的思想，将来是很容易改变的。

可见得普通人反对废弃遗产制度的议论是极容易打破的。这承继遗产制度，其中不公平的情形，早为学者所承认，不过大家没有这胆子去完全废止他，所以用了抽税的法子，想渐渐儿减少这制度的害处。此次俄国的革命，完全是一种社会革命，他们的宗旨是想把现在社会上种种不公平不道德的事，完全废弃，重新改造一个新社会。这承继遗产制度，当然在废弃之列。此刻俄国是一个极好的政治试验场，看他这种新法子试验出来结果何如。

（原载《每周评论》，1919 年 7 月 20 日）

俄国的新银行法
(1919)

俄国新政府成立以后，就宣布一条法律，把银行事业改为国家专利。所有一切私立银行并合于国家银行，他们的财产收没于国家银行，他们的债务也由国家银行担负。所以俄国的银行事务充全集中于一个国家银行。照这法律所说，设立这国家银行的宗旨，是为全俄人民及一班贫穷百姓的利益起见，同时并想把从前私人银行所做的种种弊端——例如投机事业及剥削小民之类——都一齐除尽。

银行的东家自然是大资本家，他们平时作孽也作够了，钱也积得不少了，此刻把他们的事业收为国家专利，把他们的不动产充公，他们仍旧可以逃到外国去做富家翁。但是一个银行里，总有无数的小款存户，他们是全靠这几个钱过日子的，如果把他们的钱也□带充公，岂不是使他们不能过活吗？俄国的立法人，也想到这一层，所以说银行的债务，由国家银行担任，并且法律的末了一条又特别声明“小款存户的利益须特别保护”。我们要晓得银行事业与人民生计有绝大的关系，因为此刻大多数人均与银行有直接或间接的关系。但是银行家的宗旨完全是一种营利的性质，他们不管人民的利益怎样，只晓得他们自己怎样才可多赚几个钱，为他们自己的利益起见，所以他们想做的事，往往与社会的利益相反。因为这种种的关系，政府不能完全听他们自由行动，使人民受种种经济上的痛苦，所以各国均有极详细的法律，监督银行的营业，保护存户的利益。俄国新银行法更进一步想一个根本解决的方法，把银行变为国家的机关，为全国人民谋幸福，并不为一二个资本家谋私利。

（原载《每周评论》，1919 年 7 月 20 日）

女子解放与家庭改组（1919）

女子这两个字包括一段极长的悲哀历史。数千年来，无论在中国，在外国，女子受了社会上法律上经济上种种的拘束，完全依靠男人，服从男人。我们中国关于女子的法律与习惯，是大家知道清楚的，可以不用多讲。不过就是在向来所谓尊敬妇女的欧洲各国，他们的法律对于女子，也是很不公平的。照罗马法，女子是完全依靠男子，嫁人之后，伊就变了丈夫的财产。未嫁之前，伊是完全在伊父亲的势力范围之下。父死之后，归伊的最近亲族管理，如果没有近亲，伊就变成了全族的公共管理物。所有一切法律上的权利，一些也轮不到伊有份。照英国的习惯法女子是没有承继遗产的权利。已嫁的女子同伊的丈夫只能够算一个人，可见得女子是没有法人资格。其余种种不公平的事，写不胜写，我是不过选择几条最不要紧的罢了。

我们中国是讲纲常名教的礼义之邦，关于怎样去限制女子的自由，怎样去使得女子不能发展他们的能力，同时剥夺他们人格的种种法子，总算完备极了。我们的女子受了数千年传下来的遗毒，就失了他们的知觉，变成男子的一种极妙玩物。其中有几个最为社会所称扬的，也不过晓得怎样去做男子的“贤妻良母”罢了。这样的制度，行了数千年，没有人觉得不合理，大家反而以为是“天经地义”的制度。但是近来有一部份的人得了一些新智识，就发生一种新思想，觉得这旧制对待女子的方法，非但没有人道，男子一方面也受许多连带的痛苦（例如婚姻的痛苦，家庭的痛苦），社会上也受了狠大的影响（例如经济上的损失由于女子无职业）。再加上西洋的思想输入，他们更加有了比较，起了反想。渐渐的“女子”就成了问题。女子所以成了问题，就是因为照习惯和法律，女子与男子在社会上所受的种种待遇，太不公平，女子到处受检束，到处不自由。所以照大多数人的意思看起来，解放女子就是解决女子问题的方法。所以女子解放问题就变了女子问题的重要部份。

但是女子解放问题是狠容易解决的。《上海星期评论》提出“女子解放那里做起?”一个问题，征集了许多意见。我的朋友胡适之的答案是：“女子解放当从女子解放做起，此外更无别法。”如女子只要解放，如女子所须的不过权利（包括工作权利、选举权利、对于父亲丈夫的自由权利），那么这女子问题是一个最容易解决的问题。此刻虽然还有许多人极力反对女权伸张，但是无论如何，这几种极普通的权利总不能给他们。在此刻的时候，再要把习惯风俗来限制女子的自由，把他们关在家里，是万万做不到的。如果说女子一定要在家长的权力之下，那是不能的，因为家长的权力已经变了历史上的事实。即使说女子的职务是在家里，那所谓家，是一种最新式的家庭，与从前和现在的家庭完全不同。

所以女子解放是极容易并且一定要做到的。不过女子解放后，这女子问题仍旧没有完全解决。美国总统林肯能宣布一条命令释放南方几邦所有的黑奴，俄国皇帝亚历山大第二能写一道上谕把数百年世袭的奴隶脱离奴籍。但是美国至今仍旧有黑人问题，俄国的农夫问题与土地问题为此次社会革命的一个大原因。

照我的意见看起来，女子问题最困难的一部份，就是解放以后怎样能够使他们的地位适宜于新式的社会。向来的女子，人家给他们什么，就有什么；解放的女子须自己去寻自己所须的东西。向来的女子是永远在人家势力范围之下，所谓在家从父，出嫁从夫；解放后的女子须自己去管理自己。向来的女子是在一个最小的世界，人家保护他，养活他；解放后的女子就要闯入一个最大的世界，没有人保护，又没有人养活。这大世界的种种情形，他懂得很少，他与这大世界的关系，连男子多没有懂得清楚。总而言之，这女子问题，同社会种种的改良问题一个样的，先解放后建设，在解放与建设的中间，有一条大沟，这条大沟可叫做放任时期：一个漂流与无定的过渡时代。欧美的女子此刻正在这一个时代。我们中国的女子不久也要到这地步了。

有许多人说，女子解放后，就与男子平等，男子做什么，他们可做什么。他们可以把男子的行动来做他们的模范。但是女子总是女子，这模仿男子的法子是做不到的。关于爱情，对于孩儿，女子的状态并不是男子的状态。女子万不能因为要学做男人，就禁止使用他们天生的特别性情。即使做得到，也是一件极蠢的事，因为这世界上的男子，已经够多了。

我的意思以为将来大部份女子的工作在于用艺术与科学的方法重新组织家庭。这种工作的范围并不是狭小，这样的办法，并不是要女子恢复未解放以前的原状。在将来的家庭之中，各种的天生能力多有发展的机会，各样的利益，女子多能享受。女子必须加入政治运动，因为家庭与各级的政府机关，如市政府、省政府、中央政府，均有种种的密切关系。至于教育一层，差不多也在女子手里，包括小学以上的教育，及现今所认为最紧要的教育时期，就是从婴儿的时代到初进学堂的时候。将来女子在家里的职务虽则是这样的多，他们可以不必每样有份，每样去做。女子的职务，可以用分工的法子，使每人都有一项专门的职业。此刻有许多的事务是各家各自管各的，但是将来这许多事务，可以由数家或数十家组织一个公共的团体，公共管理。此刻的家庭是完全根据于一种"个人主义"，所以每家有每家的厨房，每家洗自己的衣服，每家养大他们自己的小孩子。但是多数人家的家妇，关于种种家务的详细情形，一些也不晓得，只得糊里糊涂，乱七八糟的过日子，其中经济上的损失，实在算不清楚。我说的公共管理家务，并不是一种乌托邦所有的制度，此刻已经有了成例。从前没有学堂的时候，各人各教他的孩儿，家里就是学堂，从成立学堂以后，没有人不把孩儿送入学堂里去，因为个人的家塾万不能与公家的学堂相比。还有医院，也是这样的。我以为家里其余的事务，尽可照教育医病两件事一样的办理。

如能把这"个人主义"完全打破，用分工的法子把家务一项一项的分开来，各项由专门公共家管理，那么大多数的女子就可以有一个职业。女子之中，有了分工，他们就能得到工资。女子不做家里所有的工，才能得金钱的工作代价。如把工作分开，各人做各人的工，每人必须要出金钱的代价，方能享旁人工作的利益。一个女子自己烧自己的饭，是没有工资的；如果伊代旁人烧饭，伊就能得工资。所以女子把分工的原理与团体的组织介绍到家庭工作一方面，他们就能得工资，就能得经济上的独立。

这样的做法，才是真真的女子解放。照此刻的情形，女子必须做家里所有的工，不但没有一样是专门的，他们一定要等到自己有一个家庭，才能显出他们的才艺。他们一定要等寻到一个爱他们的人，才能发展他们一知半解的本领。但是他们有了专门本领能做一件专长的事，他们就可在未嫁之前，管理家务。一个幼稚园的教习不必要生产之后才能教育孩儿。照这样办法女子才能在这世界上有一个位置、一个职业。他们的人格，他们的自尊心，也抬高了很多，因为他们实在能做一些很有用的事。他们可以为爱情而结婚，也许因为他们要有自己的孩儿，也许因为他们要得家庭的幸福，并不是因为他们不嫁人就成了一种没有意识的女子。

我们此刻已经认定女子的偏狭心理，为进化的大阻力，女子的“个人主义”，为团体生活的障碍物。为什么有许多人总是踌躇不决的，有许多人总是要离弃公众而单独行动的，这缘故就是因为他们受家里的几个女人的感化，这种女人的眼光如豆，只晓得他们自己的目前利益。至于小孩子，受他们感动更大，小孩子在最能教育的时期，就天天被孤独的家庭模范围住，久而久之，他们以为人生最大的职务是对于家庭，不是在于家庭以外。民治政制所以这样的难以实行，就是因为我们大家是在我们各人的最小世界生长的。

从女子的经济上与精神上的服从小孩儿就得到男女关系的观念。大众总知道父母对于小孩的影响。这样影响往往不是我们所想得到的。一个小孩也总能够得到他父亲所有的性情，同时也能吸收他父亲贱视女小的心理，他父亲在家庭作威作福的能力，小女孩在家里只有学习怎样服从，怎样伺候“尊贵”的男子，同时觉得他们与世界的关系，实在是毫无紧要。这样的情形就生出我们现在的人民，不晓得民治制度的真义，一天到晚只计算他们自己的利益。

所以女子问题的解决办法，必须要把家庭作为社会的。女子要有职业，他们必先有一种专长。女子有了专长的本领，他们一定要协力合作。旧家庭的“个人主义”非弃绝不可。新家庭的事务非多数家庭组织团体，同力合办不可。

（原载《每周评论》，1919 年 8 月 10 日）

德国新宪法中的联邦制度 (1919)

德国是一个联邦国，在欧战之前，联邦中的各邦是叫做“邦”(States)。新宪法把各邦的名称改做“Länder”。德文中“Länd”这一个字是包有地理的和人种的意义，但是没有政治的意义，英文中和此字的意义最相近的是“Territory”这一个字，可以译作“地方”。

德国各邦的名称改了，他们的地位也因之更改。在从前的联邦制度之下，各邦的地位是很稳固的，没有得到他们的同意，中央政府万不能把他们的土地分散或合并起来。照美国的制度，新邦加入，可由议会以法律通过，但是中央政府万不能用修改宪法的手续，来增加或减少各邦在上议院的代表数目。这就可以见得美国各邦的权利，万不能由中央政府随意减少。德国新宪法把划分各邦疆界的权，完全交给中央政府。中央政府可以用宪法修改案的程式提出议案，把各邦土地的界限重新划分。如与公共利益有关系的时候，只须得一邦的同意，中央政府就能用法律程式来更改两邦的疆界。

德国宪法中有这样一条，是由德国地理上和历史上的特别状况发生出来的。宪法起草员柏鲁士教授提出这宪法的时候，同时又提出一个意见书，内中曾说“如以后普鲁士不能再有从前的特殊地位，则普鲁士就无存在的余地”。在美国联邦之中，各邦也有种种的不平等，但是总没有一邦像普鲁士在德国联邦中所占的特殊地位。德国联邦成立的时候，普鲁士的特殊地位是大家所承认的，所以普鲁士国王同时做德意志皇帝，普鲁士对于全国海陆军事，财政和宪法修改议案，均有否决的特权。德意志各邦的权力和势力是非常不平等，所以普鲁士才有这样的特殊权利和特殊地位。德国联邦土地的分配是完全根据于各邦皇室的势力，此刻各邦的皇室均已废弃，各邦的土地当然必须重新划分。并且从德国地理方面说，从德国历史方面说，旧时各邦的疆界，万无继续存在的理由，所以新宪法把划分各地方界限的权，交给中央政府。

从前德国联邦的特别机关是联邦会议（Bundesrat），现在改作全国会议（Beichrat）。在组织方面，在职权方面，这全国会议和从前的联邦会议大不相同了。在这会议之中，各地方至少有一个代表，各大地方的代表是照人口分配的，每百万人口举出一个代表。普鲁士的代表不能过总额的五分之二。所以该议会中代表的数目，和从前的联邦会议差不多，并且各地方的代表也是由各地方政府任命的，不是民选的。在各委员会之中，各地方只能投一票。这全国会议的职务是通达中央政府和地方政府的意见，因为照德国的制度，中央政府的法律是由地方政府在各地方执行的，所以这样通达意见的机关是必不可少的。关于各地方执行中央法律时所遵守的规则，也是这全国会议制定的。

从前的联邦会议是以各邦代表团体为单位的，至于各代表的本身是没有政治性质的。这全国会议中的代表也是这样的。但是这全国会议的职权远不如从前了。照从前的制度，所有各种重要议案均由联邦会议提出，实在说起来，提出议案的权是差不多全由这会议霸持的。现在这全国会议也有提出议案的权，但是提出议案的时候，须得由阁员做一个中间人。但是阁员提出的议案，可以无须得全国会议的同意。所以将来的趋向必致使内阁霸持提议议案的权。

还有一层，旧时的联邦会议对于各种议案，均有否决权，现在的全国会议是没有这样的特权了。但是此刻的情形是很复杂的。若人民会议（下议院）通过一条议案，不能得全国议会的同意，该议案可以由人民议会二次提出二次通过。如议会以三分之二的票数通过原案，大总统须于一定期限内把该议案交给人民复决。如议会只以多数票数二次通过原案，该议案须由人民复决与否，由大总统定夺。如大总统于一定期限内不召集一个人民复决投票大会，该议案即作为消灭。全国会议职权的减轻，就可以见得各地方职权的减轻。

当北部日耳曼联邦在一千八百六十七年成立的时候，政府的组织是仿照美国的宪法。当时美国宪法已经成立八十年，在这八十年之中，政治的大势是从分权方面趋向到集权方面，集权主义已经战胜联邦主义。美国土地推广，人口增加后，中央政府的职权就觉得不够；如果美国的法庭没有把中央政府的职权，因时势的须要而推广出来，美国的状况就将不了。在德国宪法之中，中央政府职权的范围本来是很广的，加以德国宪法修改的手续又是简单；所以把中央政府的职权推广出来，也很容易。从一千八百七十三年以后，除了美国议会所有的职权之外，德国的中央议会还有管理下列种种事项的权力：民法，刑法，民事诉讼法，刑事诉讼法，工业，商务，铁路，银行，保险，卫生，出版，集会，法律编修计画，工业法律社会保险等。现在的新宪法把中央政府职权的范围又推广出来，除了上列的种种事项，又加上矿业，航务，渔业，救济贫人，保护幼年，汽车行路章程，戏馆，影戏馆等类。总结一句，这新宪法差不多把德国所有关于经济方面种种事务完全交给中央政府处理；在紧急的时候，中央政府有权处理所有关于公共幸福，秩序，和安宁的各种事务。

关于商业自由，德国新宪法规定凡各种天然的，和工业的出产品可以作为全国商务的商品，均可自由运入或运出各地方的疆界，但是中央政府另以法律规定的物品，作为例外。关于铁路事业，新宪法规定凡全国所有干路，均收为国有。关于水道，宪法上也有同样的条文。

德国中央政府的职权可以分做两种：一种职权，是中央政府专有的；另有一种职权，是中央政府和地方政府共同有的。中央政府专有的职权，范围并不甚广，只不过包括外交，国籍，移民，解送或引渡刑事犯，国防，货币，关税，邮政，电报和电话。德国政府的职权大半是中央政府和地方政府共同有的，所以中央政府和地方政府的关系，并不是分权问题，是行使职权时的关系问题。如果中央政府的法律，和地方政府同样的法律发生冲突，地方政府的法律即作为无效。这是各国联邦制度的通例，但是德国的制度有一种特点，为别国联邦制度所没有的。在德国，中央政府可以规定各种法律的大纲，所有详细节目，由各地方政府自行填补。所有关于宗教的，教育的，官制的，土地的，人口分配的，地方岁入款项的种种法律，均是这样的。各地方政府的法律是否处处和中央政府的法律适合，这问题交由法庭判决。照这样一种制度，中央政府的职务是设立一种立法方面的普通标准，地方政府可以照这标准填补各种详细规则。这制度较之美国宪法把中央政府的职权死版版的规定下来，似觉胜一些。

照德国从前的制度，立法方面是很集权的，但是行政方面取分权制度。德国中央政府在各地方不另设置官吏，所以中央政府的法律全由地方官吏在各地方上执行。现在的新宪法并没有改变这个制度。德国联邦制度和美国联邦制度不同的地方，就是在这一层。在美国，中央政府在各邦之中设置许多官吏，执行所有中央政府的法律。德国的制度是完全委托地方政府执行中央法律，这是有二种原因：（一）德国各地方的行政标准差不多是很统一的；（二）中央政府对于地方政府有一种极高的信任心。这两种特别情形，美国是没有的，所以美国不得不由中央政府任命官吏执行各种中央法律。但是在德国，因有上述的两种原因，中央政府虽可以委托地方政府执行各种法律，不过中央政府对于地方政府还得要有一种管理权，这种管理权大概是在法庭手里。照德国从前的制度，中央政府对于地方政府的管理权完全是行政的，或政治的，由国务总理和联邦会议执行，所以其中的详细情形，普通人民一概不得而知。这样的制度是很合宜于从前专制时代的德国，但是德国此刻改了共和国，一切政治均由人民直接监督，这种制度能否和从前时候发生同样的效果，还是一个问题。

德国的新制度，还有一种特点：除了行政方面的管理权，中央政府得了地方政府的同意，还能派出各种委员，监督各地方的官吏。无论什么时候，中央官吏和地方官吏如发生政见上的冲突，可用法律来解决。如中央政府要直接在各地方执行中央法律，中央政府大概须用本地方的人民来充任。这是和美国的习惯相同的。

总而言之，此刻的新宪法把各地方职权的范围缩得很小。各地方的独立权，只限于决定各该地方政府组织的权。就是在这一方面，也有种种的限制，照新宪法所规定，各地方政府必须采用民治宪法和议会政府，并且选民的资格也由中央宪法规定，各地方不得更改。所以在组织一方看起来，德国的联邦制度是差不多只有一个名目而已。

（原载《改造》，第3卷第5号）

美国城市自治的约章制度 (1920)

(一) 绪论

这篇所讨论的，是美国城市自治制度之一部份，英文叫做 Municipal Home Rule Charter System。Municipal 可以译作城市的；Home Rule 自治；但是 Charter 这一个，不是容易翻译的，其意义就是关系城市的一种根本法律，举凡城市与邦政府的关系，城市的权限，城市政府的组织等，均由此根本法律规定之。城市的这种根本法律，和国家的宪法，一样，简单一句话，Charter 就是城市的宪法。

在中国文字之中，想寻出一个字来把这 Charter 所包括的意义完全〈表〉达出来，是一件非常困难的事，不得已暂且把他译作约章。中国古时有所谓“吕氏乡约”，这“约”字就含有道德上和法律上的意义，差不多是一种政府的组织法。此刻我们中国的市政，本来没有一定的组织；有完全在乡董手里的，也有归官立市政公所管理的，也有属于警察厅的。城市须有一种根本法，凡城市政府的组织，城市的职权，须照这根本法执行，我们大多数的人民，还没有想到。这篇的宗旨，想把美国的自治约章制度叙述出来，供国内留心市政问题的人参考。

我们可以暂且先下一个定义：所谓城市约章，就是城市的根本法律。在往时的美国，此种法律是由邦议会制定的。邦议会可以细察各城市的特别情形，为各城市各立一种特别法律。不过在这种制度之下，城市的职权被邦议会剥夺殆尽，并且又发生出别的弊病；所以在十九世纪的中间，各邦宪法就有禁止特别法律的条文。于是各邦议会须立普通法律，凡邦内的城市的权限和组织均须照这普通法律所规定的；但是各城大小不一，情形不同，一条普通法律，万难适用于一邦内所有的城市。所以就有一种变通办法，一方面可以不犯宪法的禁令，又一方面可以免去普通法律的弊病，这办法就是把所有城市照人民的多寡，分做等级，凡在一个等级内的城市，须照一种普通法律去组织他的政府，规定他的权限。邦议会须为每等级的城市各立一种普通法律，例如一邦的城市分作三个等级，这邦必须有关于第一级城市的普通法律，第二级城市的普通法律，第三级城市的普通法律。但是此种城市分类法子，就是特别法律的变相，特别法律的流弊，一点也不能免去。因为这种种法子——特别法律，普通法律，城市分类——的失败，所以近来又通行一种新制度，这就是自治约章制度——人民可以照宪法或法律所规定，召集一个城市约章会议，制定城市的根本法律。如果要明白自治约章的确实性质，我们必须先明白城市自治的意义，和美国地方制度及所以发生这自治约章制度的缘故。

（二）城市自治的意义

"城市自治"这名词不是容易解释明白的，因为有两种原因：

第一，城市现在的地位与在历史上的地位完全不同。

第二，"自治"这两个字有好几种意义。

我们可以先讨论第一个原因。城市在历史上曾经过三个地位：

第一时期　城市国家

第二时期　作为行政区域的城市

第三时期　作为地方自治机关的城市

城市国家　欧洲在上古的时代，人民是聚集而居的；凡一族的人民，大概是崇拜一个神，信仰一种宗教；因为便于祀神起见，他们就聚集在一处，把庙宇祭坛等类造起来，组织一个城市。这种城市是完全独立的，现在的中央政府和地方政府，应尽之责务，应有之权力，均兼而有之，所以谓之城市国家。希腊罗马的城市，是属于这一类的。但是这类城市，此刻已经变了历史上的事实。现今所谓城市自治，并不是要城市脱离国家关系，完全独立；不过讨论城市自治的意义，我们必须晓得因时代的不同，这城市自治的意义亦因之而异；在历史上，城市曾有一完全独立的时期；但是此刻所谓城市自治，是一种有限制的自治。

作为行政区域的城市　在中世纪的时候，欧洲的意大利、法兰西、德意志等地方，因商务发达的缘故，又发现了许多城市。希腊罗马的城市式根据于血统和宗教，中世纪的城市是根据于商务同贸易。因为他们所处的时代不同，所有的性质不同，他们的地位也全然不同。上古时代的城市是完全独立的政治团体；在中世纪的时候，欧洲有帝王，有国王，又有无数封建的贵族，所以城市要完全独立，是万万做不到的。但是在封建时代的习惯之下，城市要自由发展他们的商务，也是不能的，所以他们极力想设法脱离种种束缚。这个时期适值国王和封建的贵族冲突的时候，城市就与国王联络起来，相互帮忙；以后贵族失败，城市固然得了他们的自由，不过同时国王的权力也增加了许多。在中世纪末，欧洲的民族国家渐渐发现了，所有的政权渐渐聚集到国王手里；当此中央集权的时期，城市从前得到的自由权，又失去了，渐渐变成国家行政区域之一种。

当时国王能够把城市作为行政区域，因为有两个重要的原因：

(1) 在社会简单的时候，各城可各管各的事情，与别的城市毫不相干。不过到了经济上社会上的各种事情发展后，有许多事情从前只与各地方相关，现在变了与全国有关系；因为顾全全国利益起见，中央政府不得把中央管理来代替地方管理。

(2) 人民亦情愿中央政府来管理市政，因为中世纪的市政是完全在几个强暴的贵族手里，他们是非常腐败，非常暴戾；人民想早些脱离这种暴虐的城市自治制度，情愿把市政交给中央政府管理，反能够得到一点公平。

有这两种原因，中世纪末叶的城市变成国家行政区域的一种，完全在中央政府权之下，和别的行政区域没有什么分别。

作为地方自治机关的城市　城市国家是完全自治的，作为行政区域的城市式完全不自治的；这两种的城市组织是暂时的，不是永久的。只有欧洲上古时代的情形，才能发生那城市国家；只有欧洲中古时代的情形，才能发生出第二种的城市。所以社会上的情形更变后，这两种的组织法子也不能适用，必须有相当的新组织，才能适宜于社会上新发生的情形，这就是第三种城市发生的缘故：城市的地位，从国家的行政区域，变成地方自治的机关。

在十八世纪和十九世纪之初，欧洲的工艺也改革了，交通也方便了，所以大多数的人民就逐渐聚集到城里去；人民众多之后，就发生许多新问题，为中世纪城市所梦想不到的；欲解决这种新发生的问题，城市的政府必须改组；城市的职权必须加大，因之城市的地位又须改变。在十九世纪的时候，欧洲各国所订关系城市的法律，均是增加他们的自治权力；但是执行与别的城市或全国有关系的事情，城市又须在中央政府权力之下。所以现在的城市有两种地位：

（1）作为中央政府的机关，处理凡与全国有关系的事情。

（2）作为地方自治的机关，处理一切纯粹的地方事情。

作为中央政府的机关时候，城市是完全在中央政府权力之下；作为地方自治的机关时候，城市是可以完全自由的；这是现在欧美各国城市的实在地位。所以现在所谓地方自治，所谓城市自治，不过一种有限制的自治，地方或城市只能在中央政府所规定的范围之内，自治他们纯粹的地方或城市事情，这种事情必须与别的地方或别的城市没有什么相干。

我们明白了城市在历史上和现在所处的地位，就可以解释“自治”这名词的意义。自治二字和“地方”或“城市”连用起来，有好几种的意义：

第一种的的〔意〕义，是地方或城市有权选举地方上的官吏。这种官吏可以执行各种法律，无论是中央政府的或地方政府的。这一种的地方自治制度在美国各邦之中是很通行的。美国各地方上的官吏，是完全由地方人民选举出来的，各邦政府法律在地方上的执行权，是完全在这种民选的官吏手里。

第二种的意义，是地方或城市人民有权决定所有邦议会制定的普通法律在各该地方或城市能通行与否。这一种地方自治权，在美国也是狠通行的。美国各邦的宪法，大多数是有禁止立法院通过特别法律的条文，所以邦政府不能为各地方制定特别的法律。如果邦议院通过一条关系地方或城市的法律，这法律必须通行于邦内所有的各地方或各城市。但是这种办法，有时候是做不到的：各地方有各地方的特别性质，特别情形，各城市的大小不是一样的，人民的职业和情形，万不能在各城都是一样，所以各地方各城市时时需要几条特别法律，适用于各该地方或城市的特别情形。因为这种种困难缘的〔的缘〕故，所以在美国有一种所谓“随意的法律”（Optional Law）。这种法律也是一种普通法律，为各地方或各城市而制定的，并不是为一个地方的或一个城市的。但是这种法律有一个特别性质：立法院通过后，暂时不能实行，必须俟各地方或各城市人民多数决定他们是要这一条法律后，该法律方可在各该地方或各该城市发生效力。

上文曾经说过所谓地方自治，是一种有范围的自治。地方自治的第三种意义就是地方人民有决定这自治范围的权力。地方自治问题，就是各地方究竟可以自治到什么样一个地位？如果各地方有权力可以决定他们自治的范围，这地方自治问题，是狠容易解决的，各地方要这么样，就可以这么样。但是地方政府的职务同中央政府的职务是狠不容易分开的。往往有许多事情在一个时候，完全是地方上的职务，同别的地方没有什也相干，不过到了交通便利，商务发达以后，就与别的地方有连带的关系；中央政府为保护全国人民的利益起见，万万不能听各地方各自为政；必须加以干涉才好。所以有许多事情，起初是地方的职务，渐渐变成中央政府的职务了。有这样的原因，地方自治的第三种意义是不能通行的。

第四种的意义和上述的第三种大意相同，不过范围是狭小一些。地方自治的第四种意义就是各地方可以照宪法所规定，组织他们的政府，制定他们的根本法律或约章，所以叫做自治约章。

（三）美国城市制度及自治约章所以发生的原因

执行国家职权的机关，叫做政府。政府的职务是非常复杂，非一个机关的能力所能及，所以一国必须分做几部份，各部份有各部份的机关，附属于中央政府之下。因为政府的各种职务性质之不同，所以有许多事情须归中央政府管理者；又有许多事情归较大的部份（在联邦政府叫做邦，在单独政府叫做省）的政治机关管理者；还有许多事情，因为只与各小部份有关，可以听各小部份的政治机关自行管理。城市又因他的特别地位，特别情形，所以又须有一种特别机关行使他的特别事务。所以美国有三级的政治机关：最高者为中央政府，执行一切与全国有关系的事情，如外交，财政，军事等项；次一级有各邦的政府，执行一切与全邦有关系的事情，如教育民法等项；最下一级有各地方的政治机关执行一切地方上的事务。

美国是一个联邦国，中央政府与各邦的政府同为宪法所设置的，他们的职权也是由宪法规定的，中央政府只能执行宪法所授与的职权，其余一切为宪法所未及道者，均留存于各邦政府。关于城市制度者问题，宪法上并未提及，所以凡与这问题有关的职权，均归各邦政府各自处理。在这种联邦政体之下，城市是完全在各邦政府的势力范围之下，城市与中央政府是一点关系也没有的。

美国的城市因为不在一个中央政府权力之下，所以没有统一的组织和职权，各邦尽可有各邦的城市制度，与别邦全不相同。近来美国的城市差不多变了政治试验场：凡有新奇的政治制度出现，总有几个城市把他来试验一试验；如果试验得有效，别的城市就可以仿效，并且还可以推广到邦政府或中央政府；如试验出来的成绩不好，就立刻可以弃之不用。近数十年来，美国的城市政体，改了又改，不知改变了多少次数，经过这许多次的改革，市政自然比较从前好得多，不过只从事于改革城市政体，万难解决关于市政的最困难最重要的问题。这就是城市自治问题。解决这问题的困难地方，是在于邦政府的职权和城市的职权不能清清楚楚分开。什么样的事务是纯粹城市的，与全邦毫不相干；所以各城市就可以完全自由管理？什么样的事务是与全邦有关系的，所以须受邦政府的节制？这个问题不是单从改良市政可以解决的。

这城市自治问题，是包含城市与邦政府的关系问题，所以我们必须先明白城市和邦政府的种种关系，然后可以讨论这问题。美国市政的腐败，有两个大原因：（一）因为城市政体及组织的不良，（二）因为城市的和邦政府的权限分得太不清楚，所以各城市时时受邦议会的和政客的无理干涉。近来对于解决这城市问题，是从两方面入手：一方面把最古的最复杂的城市政体改变成最新的最简单的组织，如近来最时髦的“城市委员会”和“城市经理”两个制度；又一方面规定城市和联邦的关系，如自治约章之类。城市的组织是不在本篇范围之内，可以不必提及；我们只须讨论城市与邦政府的关系。

美国各邦的行政官吏，大多数是由人民选举，他们的任期也是宪法规定的；所以邦长无统治这辈行政官吏的权。这种制度，从政行一方面看起来，是地方分权；不过在立法一方面说起来，美国的制度，又是非常集权的，因为在一邦之中，邦议会是独一的立法机关，所有关于一邦的立法事务均集中于这一个议会。这样的邦政府制度对于城市的地位，发生三种结果：

（一）城市是邦议会所设立的。

（二）城市只有法律所列举的权。

（三）城市早已失去了他们的自治权。

城市是邦议会所设立的，因为城市的根本法律，如无宪法条文保护，只不过是一种平常法律，随时可以由邦议会更改。照美国的制度，各邦行政官吏因为无权任免地方上的行政官吏，所以不能监督地方上及城市的事情。但是各城市同时也是邦政府的行政区域，替邦政府做了许多与全邦有关系的事务。为顾全全邦人民的利益起见，邦政府万不能听各城各自为政，以致全邦人民有所损害，所以不得不监督之。在美国的制度之下，只有邦议会由此权力。

城市的职权是在根本法内规定的，并且只不过在法律内所列举的几条，万不能出此范围。所以在一城之内，如有新发生的事情为法律所未提及者，城市政府必须呈请邦议会，给予管理该项事务的职权；如承邦议会的许可，城市政府方能执行；如被否决，则无论该项事情是怎样的重要，城市政府不得管理。所以美国的城市是完全在邦议会的权力之下，邦议会要他怎样，就怎样。

我们已经提及，城市是两种的作用：一方面为邦政府的代表，在地方上行使与全邦有关系的事务，又一方面为地方自治机关，行使只与本城市有关系的事务。为邦政府代表的时候，城市须受邦政府的监督或节制；为自治机关的时候，城市大可自由行动，不必受邦政府的干涉。但是这两个职务在美国是向来没有分清楚的，所以邦议会往往因干涉城市执行第一种的职务而牵涉到第二种的职务上边去。因为此种原因，美国城市完全失去了他们的自治权。

近二三十年来，美国人民渐渐觉悟起来了，他们可以看得出来邦议会无理干涉城市政治的种种弊病，所以在宪法之中，限制邦议会的权力的条文，也多起来了。限制邦议会对于城市的权力，有下列几种：

（一）禁止特别法律。在特别法律制度之下，邦议会可以用一种法律来组织甲城的政府，用另外一种法律来组织乙城的政府，并且可以为几个人的利益起见，时时修改这种法律。城市的特别法是时常出于不正当的主动力。那议会往往为权利所诱，随时随便通过几条关系城市的特别法律，至于城市居民的幸福的利益实不在他们议员的心目中。为扫除这种弊端起见，各邦宪法大半有禁止特别法律的条文。各城市的根本法，必须一律；如有关于地方的法律通过，此种法律必须通行于邦内的各地方。

（二）在宪法之中规定一个范围，在这范围之内，城市可以自由行动，邦政府不得干涉，例如：

（甲）所有纯粹性质的官吏，邦政府不得任命。

（乙）如无人民的许可，邦议会不得随意把城市街道的或别的权利允许给人家。

（丙）城市有制定他们根本法律的权。

（四）城市自治约章制度的历史

城市自治约章制度是最有效力阻止邦议会干涉城市政治。在这制度之下，城市可照宪法所规定，随意制定一条根本法律，适宜于他们的实在情形。这种制度，既无普通法律的硬性，又可免去特别法律的弊端。此制度是发源于密沙而立省（Missouri）一千八百七十五年的宪法。

在密沙而立，这个新制度是专为圣路易城（St. Louis）所设立的。圣路易是该邦最大的城市，其市政在那个时候是极端的腐败。并且时时受邦议会的无理干涉，例如从一千八百五十二年至一千八百七十五年，他的根本法律，是没有一年不被邦议会更动的。所以要改良他的市政，非从根本上设想不可。这根本解决方法就想把城市的和邦政府的职权分清楚，禁止邦议会干涉纯粹城市的事务。这个办法是由圣路易代表提出于宪法会议。照此议案，圣路易市民有权选出十三个人组织一个制定约章会（Board of Freeholders），其职务就是制定圣路易城的约章。该约章如得市民的同意，即可为该城市的根本法律。所以关系圣路易城的根本法律，邦政府的权完全取消。但是从当时人民的眼光看起来，这种制度，未免太激烈一些；因为如果实行之后，将来圣路易城政权太大，即使全邦有关系的事情，邦政府亦难以监督。由此种缘故，所以提议此案的人，又加入一条："虽有自治约章的条文，邦议会管理圣路易的权与管理别城市的权一样。"有了这一条修正的条文，此案就通过了。以后新宪法成立后，圣路易市民按照宪法的规定，举了十三个公民组织一个自治约章会制定他们的根本法律。

在密沙而立宪法之中，除了关于圣路易城的特别条文之外，尚有一条普通的条文，把圣路易城所享受的权利推广到别的过十万人口的城市。但是在这个时候，全邦只有圣路易城的人口是过十万，所以只有圣路易可以享受宪法所规定的权利。到了一千八百八十七年，克三水城也有了十万人民，在一千八百八十九年，克三水城也制定了一条自治约章。

圣路易城的自治约章，效力狠大，所以过了一二年，别邦也就想模仿起来了。第一个受影响的是太平洋口岸的加利福尼邦。加利福尼邦的经验同别邦是一样的，邦议会时时想法子避去宪法上的禁令，极力去干预城市政治。在一千八百七十八年，旧金山——加利福尼邦中最大的城——的根本法律有三百十九页之多，起初的时候这法律只有三十一页，但是邦议会因几个议员先生的私利起见，或为党派的关系，每年总要加入几条法律。旧金山的市政被几个政客闹得完全不成个样子。在一千八百七十九年加利福尼邦正在修正宪法的时候，有几个人想到自治约章制度，想把这制度来救济他们城市的市政，当时就把议案提出来。但是当时反对派的势非常之大，所以又加入一条修正的条文："自治约章由人民议决后，当呈请邦议会核夺，邦议会只能否决，惟不得修改。"除了这一条限制外，加列〔利〕福尼宪法规定凡邦内过十万人口的城市有他们的根本法律的权。这条宪法以后又修改了数次，这种权利推广到过三千五百的城市。所以在加利福尼，大半的城市均有自治约章的。

从加利福尼邦，这自治约章制度推广到华盛顿。在一千八百八十九年华盛顿邦正在制定宪法的时候，大多数的人想把加利福尼宪法来做一个模范，因为华盛顿邦的人民大半是由加利福尼邦迁移过去的。加利福尼宪法之中，为他们所特别注意的就是这自治约章制度。自治约章制度由城市组织委员会提及，不过什么样的城市才有这样权利这一个问题，费了许多时候才议决的。城市组织委员会主张过二万五千人口以上的城市方能享受此种权利。但华盛顿是个新的邦，人口是非常之少，完邦恐怕没有一城有二万五千人口，所以有许多人把这数减少到一万五千。有人主张把这权推广到过五千人口的城市。还有人主张推广到邦内所有的城市。经了许多争执，以后才定过二万人口的城才能享受这种自治权利。因为这种限制，所以华盛顿邦的自治约章并不十分发达。到了此刻，只有五个城市有自己制定的根本法律。

第四个邦允许城市制定他们的根本法律是米尼所达（Minnesota）。米尼所达在一千八百九十六年修正宪法的时候，就把这自治约章制度加入。这一邦的自治约章制度与别邦稍有不同：第一层，邦内所有的城市均能享受这权利，第二层，制定自治约章会的会员，由地方审判厅法官任命，不是由人民选举。在这一邦因为没有限制，所以自治约章非常之发达，到此刻差不多有五十多个城市的根本法律是他们自己制定的了。

在十九世纪，人民对于自治约章制度并不十分踊跃。到了这世纪的末了，一共只有四邦宪法给予城市制定他们根本法律的权利。不过到二十世纪，这制度就推广得非常之快。在这世纪起初的十二年，一共有八个邦加入这种新运动，所以此刻一共有十二邦——全美国联邦四分之一——有自治市约制度。以后加入的八个邦的历史，大半是与从前的几个差不多，我们可以不必细述。

（五）制定自治约章的手续

制定自治约章的手续，不是一定的。各邦的制度未免有大同小异的地方。我们可以把这手续分做五层：

一、制定自治约章手续的第一步

二、约章委员会的选任和组织

三、公布拟定的约章

四、人民决定该约章的去取

五、修改约章的手续

制定自治约章手续第一步，大概是由城市的立法机关发端的。但是又有由人民发端的，如能得法定人数的同意，他们也可以请求城市的立法机关，选择一个约章会议。还有一邦把这种权给予地方审判厅的审判官。这手续的第一步发端后，第二步就是选择约章会，由该会拟定一个新约章。这委员会的委员是从十三个到二十一个，除了一二邦外，均是由人民选举的。选举的手续是完全照选举官吏的手续。被选人员也须有一定的资格，如年岁，居住的时期等。这约章委员会是一个临时机关，约章拟定公布后，这委员会当即取消。照各邦宪法，约章委员会成立后，在一定期内，必须把新约章拟定，这期限是从三十天到一百二十天。

这手续的第三步就是公布拟定的约章。约章委员会拟定新约章后，当即交付城市立法机关或城市秘书，然后再由城市政府公布。公布的法子有好几种；有须宣布在城市的政府公报的，也有登在平常的报纸上，就可算数的，还有一个法子是把拟定约章由邮局寄给城内公民，每人一份。这种种法子的宗旨就是要人民明白晓得这自治约章的确实性质，究竟是好，究竟是坏，在选择的时候，他们就可以发表他们自己的意见，决定这约章的去取。所以各邦的宪法总是把发表拟定约章的日期规定，大概必须在人民选择期三十天以前宣布。时期长一点，人民可以有暇时来细细研究该约章的利弊；如果今天宣布，明天就须人民投票决定，人民那能知道这约章的详细情形；所以关于公布的种种手续，实在是非常重要。

制定自治约章手续的第四步，就是人民公决这约章委员会拟定的约章究竟能用不能用。拟定的约章公布后，过一定的时期，大概是从三十天到六十天，有一个选择的日子，在这一天人民就可发表他们的意见。如有过半数人民赞同这新约章，这新约章过了一定期限后，就变成城市的根本法律，以前的种种法律，均同时取消。不过在几个少数的邦内，人民决定后，这约章尚须等邦议会或邦长赞同后，然后可以实行。

至于修改自治约章的手续，大概是与制定自治约章的手续相同，故可以不必细述。

（六）结论

自治约章制度的唯一目的，就是要给予城市一种有限的自治权利。从前美国市政腐败的大原因，在于邦议会的无理干涉城市政治。所以救济这一层弊端的方法，就是禁止这种干涉。这新制度并不是想设立一种完全独立的城市。城市所得到的权利只不过制定他们自己的根本法律，组织他们自己的政府，包括所有一切关于纯粹地方事务的自治权利。

现今的学者大半多承认城市政府为全国政府的基础。城市政府是顶重要的一种政府。平常人民大概与中央政府或邦政府是没有什么大关系的，每年除了纳税以外，如无特别事故，可以永远不见一个中央的官吏。不过对于城市政府，是完全不同的，我们一出门，就看见警察，我们平常一举一动，如有不得当的地方，就有警察来干涉。我们的生命，我们的财产，全靠几个警察来保护的。

总而言之，城市人民的生活，与城市政府有狠密切的关系。现今工商业渐渐发达，城市人民一天多一天，城市政府的重要亦一天更甚一天。城市政府并且又是极难管理的。现今城市的生活是非常复杂——人口渐渐加多，工商业渐渐发达，各种各样的特别利益，渐渐发现——要管理这种种复杂的事情，实在最不容易的。但是美国的市政制度，是前几十年城市生活最简单的时候组织的，所以用来管理现在城市实在是非常不适用。邦议会的议员大半是从乡间出来，城市的复杂情形，他们做梦也想不到，叫他们今天为甲城制定一条根本法律，明天为乙城制定一条根本法律，这种法律如何能适用呢？只有城市人民才能明白他们自己城市的特别情形，特别需要；才能制定一条法律适合于种种的情形，种种的需要；这就是最新的城市自治约章制度的功用，和他所以发生的缘故。

（原载《新青年》，第 7 卷第 2 号）

美国劳动运动及组织
(1920)

(一)

劳动问题是此刻社会问题中最复杂最难解决一个问题。简单一句话，这劳动问题就是如何可以矫正经济上种种不公平不道德的事情，使劳动的人能够得到"公平交易"。劳动运动就是劳动阶级不满意他们生活上种种情形，想用他们全体共同的能力，与社会上固有的制度抵抗，借以增进他们的幸福。劳动阶级的状况如有改良的地方，就要发生劳动问题。但是这个劳动问题是近来才发生的，除了英国以外，欧美各国劳动问题的历史是过了一千八百六十年才有的。从上边看起来，我们就可以晓得这劳动问题是完全根据于此刻工业时代的种种制度而发生的。

第一个原因就是工资制度。社会上生产事务若是全靠奴隶去做，或是采用社会主义的办法，每个工人是一定有工做的，一定有饭吃有衣穿的，劳动问题就要变个样子了。不过有了工资制度，每个工人须自己担任去寻工做，去养他自己及他的家属。又因为他们的力量薄弱，一天不做工就一天没有饭吃，所以他们总是在资本家势力范围之内，资本家愿意给他们多少工资就是多少。他们个人的力量虽则是薄弱，不过他们如能把全体集合起来，他们就有抵抗资本家的能力。所以同行同业的工人往往组织工党与资本家对抗。因此就发生同盟罢工及别种资本和劳动冲突的事情。

第二种原因是此刻的工厂制度。工业发达当然有种种很好的结果，如工资增加生活程度加高等类。不过在坏的一方面看起来，这工厂制度是有种种不满意的地方。无论何人如要在工业上有所发展，非有极大的资本不可。平常的人是差不多没有机会去得到大宗资本来办工业。所以这一班劳工，做了劳工，永久是劳工了。从前的时候，所有的工业完全是一种小本经营，雇主与劳工是很接近的，一个劳工勤苦几年，就可以积蓄几个钱来做一个小资本家。但是此刻的情形是大不同了，劳动的地位也就因此不同。在此刻工业时代，每一个工厂起码要用几百或几千几群个劳工，所以他们永没有与雇主接近的地方，小的资本家是一天减少一天，劳动的人是永不能跳出劳动阶级，所以劳动和资本家的冲突，渐渐变成一种阶级的冲突。

劳动家要和资本家决斗，必须有强有力的团体才有希望。所以此刻的劳动，除了极少数以外，均组织了极大的团体。这种劳动的组织大约可以分做三种：（一）劳工联合，（二）工艺联合，（三）工业联合。劳工联合是把各种工人，就是商人或有职业的人也包括在内，联合起来组织一个大团体。各地方有各地方的组织，联合起来，组织一个全国的大团体。工艺联合是由同艺或同行的工人联合起来组织成的。这样的联合很普通的，就是在我们中国也有同艺同行的工人联合，如木匠泥水匠等类，在外国这许多同行的工人往往组织全国的或国际的大团体。工业联合是把一种工业所雇各行的劳工统共联合起来，组织成的。

（二）

此刻虽然到处多发生劳动运动，各国多有劳动问题，不过细细研究起来，各国的劳动问题各有各的特别性质，例如德国劳动运动的特质是社会主义，西班牙劳动运动的特质是无政府主义，俄国劳动运动的特质从前是虚无主义，现在是布尔札维主义。这种种不同的情形，完全是因各国的状况不同，所以劳动运动的性质也就不同。美国的劳动运动完全是发源于美国的特别情形，我们现在既专论美国的劳动问题，必须先明白美国的特别情形，然后才能懂得美国劳动运动的特别性质，并把美国的劳动运动与别国的劳动运动区别出来。从美国的特别情形方面，又发生出几种哲学：美国的特别情形和哲学合并起来，才能解说一国劳动运动的特质。

在美国最显明的特别情形，就是地多人少，这广大的土地是由政府贱价出售的，所以穷苦而勤恳的劳工稍微积了几个钱就能买一块土地，跳出劳动阶级，变成一个农民或小小的地主。不过地多人少这一层实不能说明美国劳动运动的特质。澳大利亚洲也是新开的地方，那边人民也是很少的，土地也是非常之多，种种的情形和美国是差不多的。但是澳大利亚劳动运动的特质和美国的劳动运动却大不相同。在澳大利亚洲，大半的土地早已被大地主霸占去了，劳工的人是没有机会得一块小小的“自由”地，他们为境遇所迫，只有到城里去争他们的权利。其结果就发生工业联合主义，社会主义的政治，工党在议会占住优胜的地位，这是澳大利亚劳动运动的特质。

美国在最初的时候，所有西方的土地差不多也是被投机人占住，不过以后人民就觉悟了，起初是反抗，最后就反叛，相争了五十多年，直到南北战争了结后，政府才规定一条人民家宅的法律，照这条法律，无论什么人二十一岁以上，为设立家宅起见，可以向政府买公地二百五十亩，每亩取价一元二毛五分。我们晓得这种权利是完全由于劳动与专利争战得来的，并不是因为美国土地丰富而有的。在哲学一方面，美国人注重的是个人主义，不是社会主义；是个人劳动，不是工业联合主义；是政治的组织，不是经济的组织；是议会的法律，不是自然的法律。所以美国劳动运动是以中等阶级或生产阶级为主体，其特质就是苦争天然的土地。

美国劳动界之所以能争得享受天然土地的权利，是因为美国的民治主义发展得最早，人民早享参与政治的权，所以就能利用政治权利来争夺天然的土地。在一千八百三十年的时候，美国选举法律就取消财产宗教及种种的资格，普通选举制度就已成立。劳动界当时觉悟后，立即加入政治运动，时时希望利用他们的选举票来增进他们的幸福。

美国是土地广大，出产丰富，国内商场渐渐推广出来，到此刻全美国四十八邦差不多是变成一个大商场。无论商业上或工业上，竞争都非常剧烈。资本家或劳动界为保护自己的利益防止别的竞敌起能，不得不有强力的组织。资本家一方面有极大的公司，劳动一方面有极大的工业联合，两方面相持不下，成了此刻美国劳动界的状况。

（三）

美国的劳动运动是到了十八世纪的末年及十九世纪的初年才发生的。起初的时候是由各地方的职工或手艺人单独运动，单独组织的，例如木匠，泥水匠，印刷工人等均在各地方组织了这种团体，共同保护他们全体同业的利益。他们的组织叫做地方上手艺人的联合（Local Craft Unions）。这种劳工联合到了这时候才发生，因为美国到了这个时候，劳工与雇主才分开，社会上才发生劳工阶级。还有一层，我们必须注意的，这种劳动并不是根据于什么哲学，什么社会学说。因为这时候最通行的学说是十八世纪的自然秩序和自然法律的学说，例如个人自由与平等，自由竞争等说，均以个人为单位，最反对群众运动和劳动的团体组织。这时候所以发生劳动运动的原因，完全在于当时社会上的状况。雇主和劳工完全分开后，社会上就发生出阶级来，劳工的权利一天少一天，雇主的势力一天增加一天，渐渐就变成大资本家。他们利用他们的势力，就用种种的法子来压制劳工，减少他们的工资，增加他们工作时间。劳工想抵抗雇主，不得不团结起来。他们的唯一武器就是联合起来同盟罢工。

为什么最初的劳动运动是以各地方的手艺人为单位呢？这是因为劳工一方面的问题，职务，及当时商业的性质。劳工一方面的问题是要什么样可以阻止雇主减少他们工资，增加他们工作时间。他们的职务是要保护他们的势力范围。因为当时商业的性质，商场是限于各地方的，所以劳工的势力范围是限于各地方同业同艺的人。故最初的劳动组织是一种地方上同业同艺人的联合。

美国劳动运动的历史可以略略分作下列的几个时期，每一个时期有一种特别的性质，所以每时期的劳动运动有特别的劳动组织。

（一）从一千七百九十八年到一千八百二十七年是劳动运动的胚胎时期，其组织是各地方各业各行的劳工单独联合。经济上的原因就是雇主和劳工的界限渐渐分开，商业上发生出一种经纪人，周旋于生产的和消费的人之间。当时工业上已经用了机器，资本也已渐渐堆积起来，人口也增加了，交通也方便了，因之商场可以推广出来，有了这种种原因，工业的人就分做两种：雇主与职工。工资制度就从此设立。劳工联合也渐渐发现了。还有一个缘故，同行的劳工数目增加后，他们自然而然的组织起来，结成一个团体。在这个时期还没有全国联合会，但各地方的同业联合时常通消息。这种最初的劳动联合最注意的就是：（一）增加工资，（二）工作时间及工作的情形，（三）和地方上劣等的或不合格的工人竞争，（四）保护同行中的穷苦人。所以这种劳动联合的职务是：（一）互相保险，（二）津贴病费和丧费，（三）与雇主交易是由全体出面，（四）规定学徒的资格，（五）规定工资，（六）规定工作时间及工作情形，（七）禁止不合格的工人，（八）同盟罢工。

（二）从一千八百二十七年至一千八百三十七年是工艺联合发生时期。在这个时期，一个地方所有的工艺联合再团结起来组成全城的工艺联合会，各地方同艺的劳动联合又联合起来组织全国的工艺联合。这种变更的原因，一半是经济的，一半是社会的。在经济方面，因为当时的商场是推广了，所以竞争的范围也就扩充出来了。在社会方面，因为普通选举权成立后，劳工就想用政治权利来改良各种政治的和社会的弊病。

（三）从一千八百四十四年到一千八百五十三年是“乌托邦”的，提倡社会主义的劳动组织极盛时期。这种组织的宗旨是要设立各种的互助会，模范乡村，土地法改良，及规定工作时间。他们这许多目的有些是达到的，有些是没有达到的。不过到了一千八百五十二年的时候，黑奴问题变了极重要的政治问题和社会问题，人民就无暇注意及劳动问题，所以这时期的运动就渐渐消灭了。

（四）从一千八百五十三年到一千八百六十年是地方工艺联合会重新组织及全国工艺联合会日形发达时期。其原因就是生活程度加高，当时商场推广后，劳工的竞争范围也就推广，所以必须有全国的组织。

（五）从一千八百六十年到一千八百六十六年是工艺组织复兴时期。当时因为南北战争，政府发了许多的纸票。纸票充塞后，物价就因之增加，不过劳工的工资并不增加，所以当时的工人吃了大亏。在这个期一共发生了三十个工艺联合会，其宗旨均是帮助罢工和对于商家的抵制。

（六）从一千八百六十七〈年〉到一千八百七十二年是并合全国工艺联合会的试验时期。这个时期的特质可以从两方面说明。一方面是一千八百六十六年所组织的全国劳动联合会。这个会是由工艺联合联合而成的，但是所有劳动联合均派有代表在内。但是大多数的人均不赞成普通的劳动联合会。这联合会的单位是工艺联合，不过带有政治上的作用。在一千八百六十六年，这联合会主张八点钟工作时间的法律，劳动互助，劳工房屋改良，公地只能卖给人民作住家之用。第二方面就是工业会（Industrial Brotherhood）。这个会在一千八百七十三年开了一个大会，主张工厂每星期须发给工资，减轻运费，学徒学习的法律，和禁止华工。这两个会所以失败的缘故，完全因为同艺〈工〉人不愿意与异艺工人或普通的工人联合起来。

（七）从一千八百七十九年到一千八百九十年是普通劳工联合占优

胜的时期。这种组织的代表是“劳动武士”（The Knights of Labor）。在这个时期，机器及新发生的“托辣斯”把从前工艺的界限完全打破。雇主一方面有了种种的联合会与劳动组织对抗，所以劳工一方面非有极大的组织不可。这“劳动武士”的宗旨是理想的，人道主义的，和政治的。

（八）从一千八百九十年到现在是全国工艺联合会占优胜的时期。这时代的代表是美国工艺联合会。

（九）从十九世纪的末又发生出工业联合主义及种种激烈的劳动组织，其代表就是世界生产劳动者。

美国从南北战争后，劳动运动的趋向，有几种特质：（一）劳动阶级的自觉性逐渐发展了，（二）社会党员极力想干涉劳工组织的事务，（三）所有政治的及武力的举动逐渐增加了，（四）集中的组动。

（四）

“劳动武士”在美国劳动运动的历史上也曾占了重要的地位，此刻虽则在美国劳动界中完全失了势力，不过我们如果能够明晰这个组织失败的原因，我们就能晓得在现今的世界上，怎样的劳工组织是能存在的，怎样的劳工组织是必至于失败的。

这“劳动武士”是在一千八百六十九年组织的。最初的时候是一个秘密的会，其会员完全是缝工。本来的意思是想组织一个工艺联合会增进缝工的幸福。以后就由秘密变成公开，不是缝工也能加入做会员，所以其宗旨也改变了，想把所有劳工组织一个极大的团体。这一个大会议是在一千八百七十八年举行的，当时有会员八万人。以后会员逐渐增加，到了一千八百八十八年，共有十万人，下一年就有七十万人。这是该会的极盛时代，此后会员就渐渐减少，到了此刻只有十万会员。

“劳动武士”的组织是一个大议会，每年召集一次。这个议会是由各地方的会员举出代表组织成的。在这大会议之下，有全国工艺议会，邦议会，区议会，及地方议会。地方议会大概是同艺的工人组织的，不过有时候也有地方议会由各艺的工人联合而成的。除了雇主，律师，银行家，赌博者以外，各种人民均可以加入做会员。有许多的地方议会是直接附属于大议会，不过大概总是附属于邦议会或区议会。所有各种组织的性质及章程均由一种宪法规定的。“劳动武士”的组织及职务均详载在这种宪法之内。如果我们要晓得美国工艺联合会（见下节）的组织及职务，非读几百种宪法不可。这两种劳动组织的区别，就是一个是非常集权的，所有事务均由一个总机关规定；那一个是非常分权的，所有重要职务仍旧在各处及各种的组织，总机关只有一定的职务及一定的权限。

“劳动武士”不是一个激烈的组织，也不是一个阶级的组织。其目的并不是要推翻现今社会同工业的组织，不过是要增进全部劳工的幸福。他们的主张也包括人民直接立法——就是创制权及复决权——比例的代议制度，增进劳动阶级教育的道德的和经济的智识；要求土地所有权只属于实在用的或确实住居在这块土地上的人；种种保护劳动的法律等。这种组织是包括各种各样的人，除了劳工之外，还有许多农民。其最大的目的就是要想集合所有生产的人与资本势力决战。不过他们失败的原因，就是在这一层。他们的组织和现今工业世界所发生出来的实在情形，完全相反。机械发生后，物质方面的竞争更加剧烈。但是这种竞争并不是资本势力和人民争斗，只是雇主和雇工的争斗而已。如不注意及此，专以社会全体为前提，无论那一种的运动，无论那一种的组织，总须失败的。“乌托道〔邦〕”主义此刻已经过时了，理想的态度实在不能应用于此刻的劳动问题。“劳动武士”失败后，美国工艺联合会就在劳动界里占了极优胜的地位。

(五)

在一千八百八十一年，有几个全国工艺联合会合并起来，组织一个美国工艺联合会（American Federation of Labor）。起初的时候，只有会员二十五万左右，以后就一天增加一天，到了此刻差不多是美国最重要的劳动组织。从一千八百九十七年起会员增加的数目如下：

一八九七　二六四，八二五

一八九八　二七四，〇一六

一八九九　三四九，四二二

一九〇〇　五四八，三二一

一九〇一　七八七，五三七

一九〇二　一，〇二四，三九九

一九〇三　一，四六五，八〇〇

一九〇四　一，六七六，二〇〇
一九〇五　一，四九四，三〇〇
一九〇六　一，四五四，二〇〇
一九〇七　一，五三八，九七〇
一九〇八　一，五八六，八八五
一九〇九　一，四八二，八七二
一九一〇　一，五六二，一一二
一九一一　一，七六一，八三五
一九一二　一，七七〇，一四五
一九一三　一，八四一，二六八
一九一四
一九一五
一九一六
一九一七　二，三七一，四三四
一九一八　二，七二六，四七八
一九一九　三，二六〇，〇六八

在一千九百十九年的冬天，美国铁路工人的四个大组织如司机升火夫查票员列车人员也加入美国工艺联合会，所以这联合会此刻的会员大约总在四百二十万至四百五十万之间。这会的组织完全是根据于各地方各种联合会分权的制度。看下边这一图，我们可以知道这联合会与各种附属团体的关系：

从这一个图（如第 44 页所示），我们可以知道美国工艺联合会是一个很疏松的团体，根据于各一各行的独立权，以地方联合，各邦或全国的联合，及国际联合为单位。所有各艺工人与雇主有什么交涉发生，全由各工艺组织单独办理，单独行动；如有较大的事情发生，关于各行工艺的劳工，那么由各行工艺联合共同对付。但是此刻的趋向，和严格的工艺联合，是不甚相合。资本家方面，因为推广贸易及抵制竞争起见，组织了许多“托辣斯”和别种联合的工场；劳工方面亦不得不打破同业的界限，组织工业联合。所以近几年来美国工艺联合会亦渐渐改变其本来的方针，加入了许多工业联合。除了原有的地方，全国，和国际工艺联合之外，近来又新添两种组织：一方面是由各种工艺联合再联合起来组织一个较大的团体，叫做 Department，就是各种工艺的联合会；又一方面由各地方的工艺联合联合起来组织地方上的联合会。所以美国工艺联合会里边有各种的组织，有以地方为界限的，有以职业为界限的。

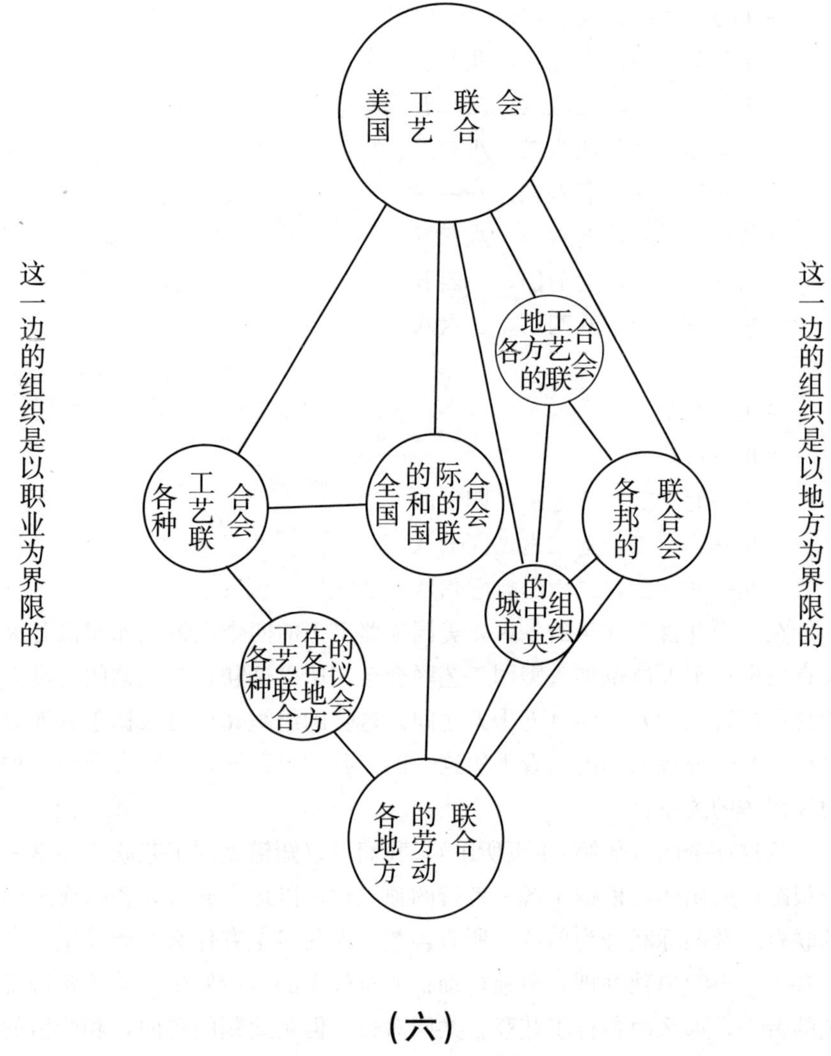

（六）

美国劳动的人民，大约总在四千万以上；但是各种劳动组织所包括的劳工，不过四百万左右，约占全体劳工百分之十。劳动组织在各种工业之中所占的势力，是不甚均匀的。在农业各种手艺煤油厂盐场及橡皮厂之中，劳动的组织非常薄弱，只有百分之一的劳工是有组织的，但是这几项的劳工差不多占全部劳工的半数。其余如石作钢铁厂纸厂食料店等所用的劳工，约占全部劳工四分之一，但是在这项工业之中，只有百分之十的劳工是有组织的。所有职业之中，最有组织的劳工要推铁路上的工程师（百分之七十四）及查票员（百分之八十七）。在建筑业之中，百分之十六的劳工是有组织的；泥水匠一方面，百分之三十九；木匠，百分之二十一；漆匠，百分之十七。就是在同样的工艺之中，在大城的劳工是很容〈易〉组织起来，在小城或乡下的劳工是差不多没有组织的。这就可以见得如果要有极大的劳动组织，必须先要有种种的状况使劳动的人觉得他们非有极坚实的团体是不能生存的；例如在大城之中，资本家的势力厚，劳动的人数目多，同艺的工人，一方面须与资本家抵抗不致为他们欺侮，又一方面须保护他们自己的势力范围，不致为外边的人进来抢他们的生意，大城里的劳工所以必须有一种组织，就是因为这个缘故。

劳动组织的宗旨是完全为保护劳工的势力范围。劳动组织的对敌是（一）资本家（二）不加入劳动组织的劳工。不过要加入劳动组织也不是一件容易的事，此刻美国的劳动联合均规定几条极严的资格，例如一定须有几年的经验，极大的入会费等类，非有这种资格，是不能加入他们的团体的。还有几个劳动联合完全拒绝外国人。但是每年进美国的外国人非常之多，这一班外国人大半均是欧洲最穷苦最没有智识的苦工，他们未到美国以前，以为那是一个天堂福国，要什么就有什么，金银宝物可以到马路上边去拾的。不晓得到了那边，实在的情形和他们梦想的状况，全不相同，连寻一个工作的地方也难乎其难。因为美国许多的工艺联合均主张一种叫做“关门政策”（Closed Shop Policy），就是一个工厂之内，只有属于他们工艺联合会的人可以进去工作，其余的人一概不准撞入他们的势力范围，如果雇主要定用新进来的外国人或不是他们团体以内的人，他们就要同盟罢工及种种要挟。久而久之，凡属于劳动联合的工人就变成劳动界的贵族，他们自己的地位是保护好了，他们的工资是增加了，他们的工作时间是改少了。但是他们团体以外的劳工，非但不能靠他们的组织得一点幸福，并且还要被他们拒之于门外，连自由工作的权利也被侵夺。这种情形以美国工艺联合会为最甚。所以我们可以下一个批评：凡劳动组织以工艺为单位的，一定是自私自利的，违背民治主义的，不过是狠有效力的。凡劳动组织以工业为单位的，如以从前的“劳动武士”及现在世界生产劳动者（见下），一定是理想的，阶级自觉的，不过是没有什么效力的。

美国工艺联合会自私自利的态度，和极守旧的政策，早就发生出反动力。起初的时候，有一班社会党员极力要想感动美国工艺联合会的重要份子，希望他们改变方针，但是这联合会的重要人物，均是一班极守旧的工党领袖，例如这联合会的会长 Samuel Gompers 差不多是从该会成立以来就做会长，一直做到现在。他的意思，他的观念，全是几十年前的旧思想和旧观念，所以对于社会党的主张及稍激烈的政策，他是极端反对的。因此激烈的份子不能在这联合会占什么势力。但是对于这联合会不满意的人是一天增一天，他们在会里边不能有所发展，他们就脱离这贵族的工艺联合会，另外组织一个新的团体，来实行他们的主义。这个新的劳动组织就是“世界生产劳动者”，英文名词叫做 The Industrial Workers of the World，简单叫做 IWW。

这 IWW 的特清性质有三种：第一，他们想打破各行各艺的界限，把全体劳工统共联合起来，组织一个极大的工艺联合会。第二，这是提倡社会主义的劳动组织，他们主张厂弃工资制度及排弃雇主这类人。第三，他们进行的方法是全体劳动者的“直接举动”（Direct Action），他们最大的希望是要使全体劳工同时罢工。所以这 IWW 是美国最激烈的劳动组合，有许多的地方是同法国的工团主义相同，例如“直接举动”，全体罢工等类。美国所以有这样的劳动组织，是因为美国此刻的情形与前二三十年的状况不同。从前的时候，地多人少，劳工的状况是很好的，劳工的希望是很大的。但是近来情形是大变了——所有西方的公共土地差不多已被人占据完了，劳动的人民也一天多一天，非但本国的人口逐渐增加，欧洲来的移民每年总有数十万到百万以上，所以劳工方面的竞争近来是非常利害。不过最有势力的劳动组织如美国工艺联合会不但是守旧，并且有贵族的气派，这班新到的欧洲移民往往被他们排挤出去，不能得他们丝毫的利益。有许多属于社会党的劳工对于这种情形是很抱不平的，他们对于美国工艺联合会的守旧政策非常的不满意，他们时常想用种种的方法运动这联合会改变其宗旨和方针。他们失败以后，才另外组织一个劳动联合和守旧的美国工艺联合的对抗。

这 IWW 是发源于一千九百一〔〇〕五年美国工艺联合会在芝加哥城开年会的时候，当时有二十五个劳动领袖，因为不满意于联合会，开了一个秘密会议。这会议的结果是发出一种宣言书，说明当时工艺时代，在劳动方面非先打破各艺各行的界限，组织工艺联合不可。这宣言又主张阶级竞争，说劳动的苦状非靠全体劳动界共同运动，共同抵抗，是不能弃除的。末了又提议召集一个大会，根据于宣言的主张，组织一个新的劳动联合会。这大会就于一千九百〇五年六月二十七号在芝加哥城举行，这革命的劳动组织——IWW——就从此成立。

这IWW成立后的初几年，力量是非常薄弱，并且内部又发生冲突，成立的第二年，就分裂做两派：一派主张集权的组织，一派主张地方分权的组织。不过到了一千九百十二年，东部的织工和西方的矿工均屡次同盟罢工，闹得非常利害。罢工该工人均是IWW的会员。因此美国人民就注意这个革命的劳动组织。美国工艺联合会这一方面也觉得这IWW有些可怕，如不想法抵制，恐变成他们的对敌。所以在一千九百十二年开年会的时候，他们就讨请这组织下级劳工的问题。因为美国劳工能为IWW主义所激动的，只有这一班下级的工人，其余的劳工，他们的状况比较起来还算是好，所以很难被激烈的主义所同化的。美国工艺联合会如能把下级的劳工组织起来归入他们团体之内，那IWW就要大失其势力了。美国工艺联合会下手的方法就先组织一般矿工，使他们加入联合会。从此以后，这联合会的性质也稍微变了一些，从绝对的工艺联合变成混合的工艺和工业联合。这就是从IWW所发生的影响。除了几个少数的例外，大概只有两种人能被最激烈的主义感化：（一）理想的哲学家，与（二）极失望的和极困苦的劳工。在美国的地方，极失望的和极困苦的劳工，虽则是有的，不过究竟是劳工中少数份子。大多数劳工的状况总算是不差，他们工资是很高的，他们在社会的地位也是很高的，所有一切政治上的和种种别的权利也均能享受得到。所以美国大部份的劳工，因为境遇的缘故，均是极守旧的。IWW的激烈主义只能感化极少数失望的和困苦的劳工，万万不能激励普通的劳工。近来美国社会上虽则时常发生不安靖的状况，许多人民对于这IWW时现怖慌的心理，不过细细研究起来，这IWW的力量究竟是非常之薄弱，会员至多也不过是十万，和美国工艺联合会比较起来，真算不得什么。美国普通一班人对于这IWW是非〈常〉仇视，所有IWW的领袖或会员在社会上很难有什么举动，各城的人民往往以他们的暴烈举动为借口，非把他们驱逐出城，即把他们送入牢监。但是这也不是一种正当的办法。如果人民仇视他们太利害，将来这IWW恐怕能够变成一种极有势力的劳动组织，也是说不定的。

（七）

我们此刻可以总括一句，说美国的劳动是很守旧的。其原因有三：

(一) 因为美国天然的和社会上种种状况，劳工的境遇比较很好，所以他们可以不必趋于激烈的一方面，只须利用社会上固有的制度增进他们的权利，就能舒舒服服过他们的日子。

(二) 人民及政府方面早就知道这劳动问题是一个重大问题，如不早些为劳工想法，制定劳动法律保护劳工的权利，恐怕他们将来都变成激烈份子。此刻美国大多数的邦政府均有种种的保护劳动法律，如工作时间的规定，最低度的工资，妇女小孩工作法律，工厂法律，赔偿劳工法律（劳工如因工作而受伤，雇主须出相当的赔偿）等类。美国大多数的劳工均有选举权，所以他们往往可以利用选举票使议会不得不制定种种保护劳工法律。

(三) 就是在雇主一方面，他们也知道如要劳工勤奋工作，非有相当的鼓励不可。美国各大工厂均有一种叫做"劳工福利事业"（Welfare Work），就是在工厂之内，设立藏书楼，体育房，病院等类。劳工每天有数小时可以随便运动，随便看书看报。如劳工或家属遇有病痛，工厂就立即派医生及看护妇到他们家里去看视。在这一方面最著名的工厂是一个汽车厂（Ford Automobile Company）。前三年有一个社会党员到这汽车厂里去观察，适值他们发工资的时候，他看见每个工人至少有六七十块钱一个礼拜的工资。这位社会党员对于厂内其余的情形，均表示极满意的意思。雇主方面有了这一举动就可以使大部份的劳工知足。他们很愿意安安稳稳做他们的工，过他们的日子，所以激烈的主义如阶级竞争等类就难发生效力。

我想上列的三种事实很可以说明为什么美国劳工运动并不十分激烈。

（原载《新青年》，第7卷第6号）

最近德国政治变迁
(1920)

一 德国政治中的横流

我们要想晓得德国现在的政治状况，必须先要晓得德国在欧战以前的大概情形。在欧战以前，德国政治上的状况是很特别的：从一千八百七十年到现在，德国的人口是从四千万增加到六千七百万；工业和商业的发达，都不是别国所能赶得上的；财产的增加，也是特别的快；至于农业及制造方面，也超出于各国之上；关于提倡劳动法律，和各种保护社会的法律，也是德国最先实行。学术方面，别国固然很难比得上他；就是音乐，艺术，文学方面能力，也都为别国所佩服。这是德国文化及各方面的进步；但是在政治方面，德国却有一个陈旧不堪的政府。德国政府也许是很有次序的，易于发生效力的，并且合于科学的；但是这个政府，并不是德国人民自己所设立的，并不在德国人民管理权之下。德国人在社会方面，经济方面，所得到的利益，果然比别国人来得多，但是他们所出的代价，也未常不大，他们所出的代价，就是专制政体。这样的代价，在一千九百十四年，欧战发生后，德国人自己也就觉得太大一些。

在文化这样发达的德国，在民治主义极盛的时期，专制政体怎样可以成在？如要讲明这里面的理由，我们须要晓得德国最复杂的政治，和社会的情形。这是不能用几句话说得清楚的，只得简单说个大概罢。自历史上看来，德国的自由主义，没有一次不是失败的。在拿破仑时代，德国自由主义，初失败于法国的帝国主义；在俾士麦时代，又失败于普鲁士帝国主义。德国自由主义运动的结果，就是把优秀分子驱逐到英国或美国去。他们在英美两国，成了极有用的国民，英美两国近来这样的发达，这一般从德国驱逐出来的人，功劳居其大半。这一般人，如果能在本国出死力为本国人争自由，组织一个真正民治的德国政府，这一次欧洲的大战争，也许不致发生起来。在一千八百四十八年革命的时候，德国的两种势力——旧的专制制度，和新的自由主义——不相上下。自由主义很有机会战胜专制制度，但是当时富兰克（Frankeat）议会中的重要分子，因为没有政治的经验，所以非常大意，到末了反而被专制制度战胜。这一般主张自由的人，在本国就没有容身之地，只得亡命到外国去了。

德国的自由主义和议会的政治，所以失败的原因，大概有四种：

（一）这种自由主义，在德国得到势力的时候，时期已经过了，机会已经失了，所以往往不能支持下去。

（二）这种主义初发生的时候，往往没有什么大阻力，所以这般提倡自由主义的人，太趋重于理想一方面，他们的主张就不能施之于事实。

（三）他们的领袖均是中年以上的人，这一般人未得势力以前，所过的只不过是亡命的生活，所以没有能力和经验来做人民的领袖。

（四）德国的自由主义是由民族主义和国际主义合并而成的，提倡的人往往不能有共同的意见，共同的主张，这也是失败的一个原因。

因为有上列的种种理由，德国统一是由最旧的份子统一成的，德国的宪法是由最守旧的人制定的。这般守旧份子，以俾斯麦为领袖，有了极完善的组织，有政治的能力和经验，又有军事上的势力，所以很容易把德国统一起来，使德国政府的组织适合他们自己的利益。他们在德国社会上占了势力之后，就用种种法子来巩固他们的地位。他们能够维持德国的专制制度到四十多年，完全靠下列的几种保障：

（一）提倡神权说的普鲁士王室　德国联邦所以成立，全靠俾士麦的铁血主义。普鲁士从一千八百六十六年战胜奥国后，就成日耳曼北部诸国之领袖，再经过一千八百七十年普法战争，就能联络日耳曼全部，组织德意志联邦。所以普鲁士在联邦中所占的地位和势力，自然高出于别国之上。这几年来德国的政策完全是普鲁士的政策；德意志联邦的历史完全是普鲁士两朝皇帝的历史——威廉第一和威廉第二。普鲁士王室Hohonzollen成立于第十七世纪，当时只不过是封建时代的一公爵，在一个小山上，占据了一个小城堡。到了十五世纪的初期，他们说被封为皇帝选举人（Elcotor），所以他们的地位说渐重要起来。过了一百年，他们说入了新教（Luttmrau），靠这新教的势力，说做了欧洲北部新教的领袖。再过一百年，他们用了种种法子，得了许多新领土，包括现在普鲁士的领土，他们的势力从来因河向东推出去，直到俄罗斯边境。在十七世纪，他们总封为主。以后继续的人均是很利害的很狡滑的君主，所以他们的势力逐渐增加，他们的领土逐渐推广。他们完全是铁石心肠的人，对于朋友，对于仇敌，均用最利害的手段来对付。他们的思想是中世纪的神权主义，对于近来发生的民权主义，只有藐视的态度，所以必须用军阀主义来做他们政治制度的基础。不过到了拿破仑时代，普鲁士也曾受过极大的痛苦，他们的领土失了许多，他们的势力也退了。经过五十多年，他们都不能恢复从前的地位。就是威廉第一的势力也远在俾士麦之下。到了威廉第〈一〉死的时候——一千八百八十八年——普鲁士大有改革的希望。继位的人是非立第三（Modnok Ⅲ），他是趋向新派的，并且最羡慕英国式的政府。如果他能当权数十年，德国政府势必趋重政治解放及种种改革。可惜他登位的时候，已经病得不堪，只做了九十九天的德国皇帝就死了。承继他的是一个年轻的人，威廉第二。当时适值德国战胜奥法之后，德国兵士凯旋的时候，德意志各国因之而统一，德国的地位增高数十倍，这年轻的德皇自然受了这种事实的影响，趾高气扬，把德国皇室（Hohozollerns）的特质和习惯一起表示出来，做德国政治的基础。他的政治哲学，说是为众人所共弃的神权说，他极端相信他自己，所以他的政策均照他自己的独断意思去做。人民这方面，除了民主社会党之外，没有发展一种政治哲学来反对他。所以这种神权说在英国法国比国意大利早已推翻，在德国却继续存在。直到革命发生后，威廉第二退位的时候才推翻。

（二）陆军　德国所以能维持这种专制政体，德皇之所以可维持他的威权，全靠兵权在他手里。因为兵权在手，所以德皇能为所欲为，不怕人民反对。有一张〔位〕德国学者曾经〈说〉过："如果要晓得一国的实在性质，只须看这一国的兵权在什么人手里。"直到一千九百十八年，德国下议院是没有节制陆军的权，各联邦已经把他们的兵权交付于中央政府，的〔得〕以一切兵权完全在德皇一个人手里。就是这个军事预算案也以五年为期，不像英美法各国每年由议会决定一次。

（三）地主　在德国社会中最占势力的人是普鲁士东部和东北部的大地主。在农事方面，德国可以分成三部分，在西南一部分，差不多没有大地主，所以土地是分散在小地主手里，只有在这一部分地方，农民在政治方面稍为有一些势力。在西北一部分有一种中等的地主，同时有许多农民也有土地所有权。但是在东部和东北部，所有土地早已为大地主占去，大多数的人民【的】是没有土地的。在这四十多年中，这一般普鲁士的骄横的地主贵族在德国社会上政治上占了极大的势力，所有陆海军的军官，均是这一般人的子弟，所有政府里的各种位置，也被这一般人占去。普鲁士政府的职权完全在这一般人手里，德意志全国的政权间接也在这一般人手里。

（四）文化（Kultnr）（德文之中 Kultnr 这一个字是差不多不能译的，英文中 Culture 这一个字是意义觉得太狭，Civilization 这字的意义又觉太广。今译作文化是很牵强的，但是没有别字的可用，这 Kultnr 的意义是指所有一切学问，态度，精神，作用等而言。）德国文化能发生政治上的影响，是有几种理由：第一，德国文化重由国家制造出来的，是国立学校国立大学的最高等出产品。第二，德国文化和军阀主义有极密切的关系。这府〔些〕年来德国教育的基础就是建筑在这文化和军阀主义之上的。第三，德国文化不是个人的，是全国的。因为由国家制造出来的，由国家宣传出来的，所有人民均受同样的感化，所有德国人所知的事实，所持的态度，均是同样的。第四，这德国式的文化是靠了武力【才】才支持下去。照德国人的眼光看起来：将来的世界就是一个永久战争的世界——各国文化的竞争。各国总是承认他们自己的文化是世界上最高的文化，只有用武力推广，才可使这一国的文化胜过那一国的文化。所以各国的文化是不能合并的，不能同化的，不能调和的。

德国的文化如此，所以就变成专制政体的利器。文化能收这样大的功效，完全是因为德国人服从的天性。德国人受了封建时代的余毒，又受了俾士麦的铁血主义和专制政策的影响，再加上他们自己的爱国心和骄傲性，所以他们对于政府所提倡的文化，只知服从而不知评判。

二　德国的政党

（A）德国政党的大概情形　上边所说的几种势力和制度，使德国专制政体能积极支持下去，不致为人民所推翻。但是在消极方面，人民也没有能力去推翻专制政体，因为德国中级及下级社会份子不能并合起来，提倡政体的改革。我们要晓得英国民治主义所以发达的缘故，就是因为中级社会人能与劳动界一致进行，强迫贵族的议会通过一千八百三十二年的选举改革法律。法国人也有这样的联合，所以就发生一千八百三十年的革命。如果想推翻一个阶级霸占政权，须要将社会上两个阶级合并起来一致进行，才能发生效果，各国民治制度的发达，均是这样的。这是历史上的证据。德国的劳动界不愿意与中级社会合并起来，推翻贵族政治，恐怕这种运动的利益，全被中级社会人得去，他们自己一点也得不到，英法的结果均是这样的。中级社会人当然是极端反对专制政体，但是也不愿意联络劳动份子，深恐这一般劳动份子（大半是社会党党员）设立社会的共和国，如法国一千八百四十八年革命的结果，及一千八百七十一年的社会共产政体。德国的中下级的社会份子这样的分散，所以这专制制度，靠了这一般地主贵族，能维持了这许多时候，没有发生反动的影响。

所以我们要想明白德国现在政变的情形，须得先要晓得德国政党的历史及其性质。德国人民对于政治生活虽则也有几方面是很热心的，但是德国政党在政府中所占的地位，远不及英法意等国的政党。这理由是很明了的。在英法各国，国家的政策是由人民选举时候决定的，人民组织了政党，就能由政党去组织政府，所以这种政府就叫做政党政府。德国人民没有这样的权利；他们为自卫起见，为传布他们所提倡的主义起见，也组织了许多政党，但是这种政党是管不到国家大政方针的。政府在政党之上，并不受政党的拘束。虽然也有几个政党帮助德皇做了许多事务，但是对于国家的政策，他们全不与闻，全不负责的。

德国的政党并不是两党制，是多数党制，所以没有一个政党能在下议院里占了极大的势力，能牵制行政方面的事务。德国的政体是总统制，不是内阁制，所以国务总理和各行政长官的任期无须靠多数议员的拥护，才能支持下去。在实际方面，政府所提出的议案，预算案等类，必须得多数议员的同意方可通过，这种赞助政府的多数议员也须组织起来，叫做“政府的多数党”，这是由两个以上的政党并合而成的。

德国政党是局部的，不是普通的或全国的。德国政党并不是全国各种人民联络起来而组织的，是由各地方各阶级或各民族各自组织的。所以在一千八百六十六年的时候，有一个政党叫做 Guells，他们的宗旨只不过是反对普鲁士合并 Hanover；丹麦人所组织的政党要求 Schleswig 合并于丹麦；波兰人所组织的政党反对普鲁士合并波兰，及在波兰所实行之德国化政策；Alsatians 所要求的是 Alsace-Lorrains 独立；反对犹太党 Anti-Semiaes 极力想打破犹太人在政治上商业上所占的势力。至于较大的政党也不是可以代表全国，也不是可以代表社会上各部份人民。只有一个政党——社会民主党——可以算得是代表一部份人民，所有党员均是劳动阶级的人，均是城里的人。

(B) 欧战发生时的德国政党　欧战发生的时候，德国有五大政党：守旧党，中央党，民主党，激烈党，和社会党。守旧党的党员是普鲁士东部和东北部的大地主，该处的农夫和所有在政府机关办事人员均赞助这一党。德国选举时候的最大弊端，就是由政府压力来强迫机关中人选举这守旧党的候选人，如这一党没有候选人，就选举中央党的候选人。有人曾经计算过，每次全国选举的时候，总有百万以上的选举票，在政府势力范围之下。这党的党员虽则不多，但是在德国政治上所占的地位，是极其重要，势力又是非常之大；因为这一党和普鲁士政府最为接近，德国政府中的重要人物大半是这一党的党员，德国政府之所以有这种特质，未始非守旧党的力量。这守旧党向以增加德皇的威权，贵族的权利为目的，所以极端反对政治方面的改良。他们又主张增加进口税，增加海陆军军费，推广殖民地，提倡大德国主义；所以近几年来德国在外交上的侵犯政策，均是这一党主持的。

中央党是天主教党。这党的宗旨是为保全天主教民的利益，党员之中，贵族份子也有，平民份子也有。在德国政党之中，这一党总要算是代表全国各部分各阶级的人民。他们的领袖是 Tilesia 和 Bavaria 地方的贵族天主教民，他们的党员大半是 Bavaria 的天主教农民，和沿莱茵河几省的天主教工人。所以在地理上，这一党的势力是在南部和西南部。但是这党没有很确实的党纲，当初组织这党的动机，就因为俾士麦的反对天主教政策，以后俾士麦变改了他的政策，这党原来的目的总算是达到了。这党的政策总以保护天主教利益，为唯一的目的，无论那方面有反对天主教的趋向，这党总是出死力来相争。所以这党对于社会主义是非常反对的；因为要使劳动界不信服社会主义。这党叫中央党，因为他在右边的守旧派和在〔左〕边的激烈〈派〉之间，他们取一种中立的态度，但是在实际方面，他们是常与守旧派联给〔络〕的，一半因为他们自己本性的守旧态度，一半因为他们党员的利益大部分究竟还是属于农事一方面。

民主党是中等社会阶级的政党，是工业领袖和工业经理的政党政党。这〈党〉的势力是以中部和西部的工业为中心。从历史方面说起来，这一党是主张政治改良的政党，他们最近的主张是取消普鲁士的三级选举法制度，重新分配德国下议至议员的议席，减少天主教在教育方面在政府里边所占的势力，禁止政府干涉各机关人员选举时的投票利权等类。但是这党最大的目的是保护他们自己这般人在经济方面种种的利益，所以他们又主张减轻农业出产品的进〔出〕口税而不类〔愿〕意减轻农业出产品的进口税。他们又主张增加军备，扩充殖民地，和进取的对外政策。他们的领袖对于地主贵族阶级在军事方面和政府里边所占的各种优等位置是非常不平的。

急进派或进步党也是中等社会阶级的政党，大部分党员是属于工业方面的。他们的宗旨和民主党是大同小异的，但是对于关税一层，他们主张全国取消保护政策，采用英国式的关税政策。他们也是主张议会议席重新分配，平等的选举权，打破天主教的势力。但党他们的主张比民主党更进一层，他们又要求完全议会式的政府，把军权放在民权之下。

(C) **社会民主党**　在欧战以前，社会民主党和德国政府立于对敌的地位，差不多是各不相容的。德国政府把这一党看做一群暴烈份子，以为他们的目的是要推翻政府，推翻社会上一切制度，所以非想法子把这一党灭绝不可。社会民主党党员也以为他们在这种国家之中，是一些利益也没有，即使闹起来，他们也不能失去什么，因为他们是一无所有的。所以大半的德国人均把社会民主党员看做无国的人民。但是实在说起来，社会民主党是很有秩序很有组织的一个政党，他们的主张是很有道理的，就是党外的人也十分赞成的。这几年来，他们的主张渐渐从理论方面，趋向到实际方面，他们的手段，也从激烈变到和平。他们对于社会改良也不见得反对，他们并不要立时组织一个社会主义的国家；这几年来他们总是趋重于能做得到的事件上，至于他们的目的——组织社会主义的国家——并不见得十分注重。在德国政党之中，这一党的组织是最完备最坚实，有些像英美各政党的组织。他们的总关机〔机关〕是一个大议会，由各区代表（每区六人），下议院里边社会党议员，和该党的行政部人员组织的。这样的会议是每年召集一次，其职务是管理该党的组织。讨论该党的政策，和党员所提出的各种问题。大概抱起来，这一党所存的主义，是马克思主义；这党的党纲是一千八百九十一年社会党大会所规定的大纲，叫做 Erfurt Program，就是要推翻阶级制度和阶级政府，取消各种劳工酷待法，打破资本制度，组织一个经济制度，由国家管理经济方面的各种生产和分配事务。但是这党党员的意见并不十分一致，从极右边到极左边，大约可以分出五派。极右边这一派是很激烈的，没有调和的余地，极左边这一派式很和平的，同民主党没有什么大区别。

（1）激烈派　主张阶级战争。主张在街上示威运动。反对和非社会党人联络。领袖是 Karl Liebknecht，Paul Lensch，Rosa Luxemburg，Clara Zetkin。

（2）中右〔左〕派（Left-Centre）　趋重于议会方面的举动。反对街上的示威运动。反对和非社会党人联络。领袖是 Hugo Haase 和 Ledebour。

（3）中左〔右〕派（Right-Center）　趋重于该党向来所抱的主张，但是很愿意和调和派（Rerisionists）联络。领袖是 Philipp Scheldemann 和 Richard Fischer。（2）和（3）两派的人占全体社会党员的最多数。

（4）调和派（Moderate Rerisionists）　主张弃绝阶级战争。赞成和非社会党人联络。想用和平方法，逐渐改革社会上种种事务，达到社会民治主义的目的。领袖是 Eduard Bernstein，Eduard David，Ludwig Frank。

（5）帝国社会主义派（Imperial Socialists）　主张扩充海陆军备，扩充殖民地，和关税保护主义。领袖 Kolb，Quessel，Edmond Fischer，Woefgang Heine。

欧战发生的时候，社会民主党是德国最大的最有组织的政党。在一千九百十四年的三月三十一号，他们的党员共有一，〇八五，九〇五人，内中有一七四，七五四个妇人。一千九百十二年下议院选举的时候，他们得票占选举票全数三分之二。下议员三百九十七个议员之中，他们的党员占了一百一十个。

三　欧战时的德国政局

在欧战以前，德国人民对于德国政府的组织，也未必见得满意。社会党和各派激烈份子对于普鲁士的三级选举制度和不负责任的国务总理，反对得非常利害。从一千九百年后，德国政治改革的大问题就是组织对于下议院负责任的内阁，和废止普鲁士的三级选举制度。民治运动是现代的潮流，世界各国没有能免这潮流的影响，德国也当然不能作为一个例外。普鲁士政府在一千九百十年曾经在议会提出一条修改选举法的议案。国务总理对于议会负责问题，也在议会里边经过了好几次的辩论。所以在一千九百十四年的时候，就是德国也是向政治改革这一条路上走。当时适值欧战发生，政治上的趋向，当然受了极大的影响。欧战的第一个影响，就是全国一致对外，共同赞助政府。在未战以前，社会民主党极力反对政府，战事发生后，他们立即改变了态度，极力赞助政府。他们对于战事预期案，也投了同意的票。这是在社会民主党的历史上要算破天荒的事。

无论是守旧党，自由党，天主教党，激烈派，均弃除他们平时党派的意见，并弃他们平时对于政府的意见，共同来维持 Bethmann-Hollweg 的政府。从大战发生后，直到一千九百十七年七月十四号 Bethmann-Hollweg 除职的时候，德国政府的人员完全没有更动，德国政府的政策完全没有改变。

但是同时反对政府的人就渐渐增加起来了！社会民主党的多数党员虽则是赞助政府，对于政府在议会里所提出的战费豫算案，屡次投了同意票，不过该党里边有少数党员是很反对政府的，是很不赞成他们多数党员的举动。以后他们就与本党脱离关系，独立一派，叫做独立社会党。同时又有几个激烈份子如 Liebknecht 等发出许多宣言，这种宣言均用 Sparotacns 这个字具名的所以这派激烈份子就叫做 Sparotacists，其宗旨和手段均同俄国的“布尔札维克”差不多。

到了俄罗斯革命和美国加入战争的时候，德国反对党的势力变了非常之大。德国人民的公意大约想取两种方法：一方面愿意停止战争，订一个不割地的及没有赔款的和平条约，又一方面想要求政府修改宪法，使人民能有监督政府的实权。这两种要求是有联带关系的。人民所以极力要求修改宪法，就是因为政府是在军阀派势力之下，所以政府和人民往往处于对敌的地位，政府对于人民往往取一种不可调和的态度。下议院受了人民公意的影响，在欧战正在剧烈的时候，提出修改宪法的要求。

上边已经说过，德国的社会民主党和激烈派早已要求修改宪法，使政府能对于人民负责。他这要求之中最重要的几条是：（一）取消普鲁士的三级选举制度；（二）普鲁士议会议员须由普通选举制度选出。如能做到这样，普鲁士政府就有一种对于人民负责的性质；再由普鲁士政府举出德国上议院议员，德国上议院议员也须承认对于人民代表负责。德国上议院是德国政府政权的中心点，普鲁士在德国上议院的代表是德国专制政权的保障。德皇之所以能指挥普鲁士代表，全靠这三级选举制度。普鲁士选举制度改良后，德国政府就可以从专制的变成民治的。

还有一层，德国下议院议员的议席分配得非常不公，所以社会民主党要求重新分配。自从德国联邦政府成立到现在，选举议员的区域永没有修改过，但是同时各处的人口均大有更动。这个时期却是德国工业发达的时期，人民从乡间移入城市者，不计其数。但是城市在议会的代表还是照从前城市未发达时候的人口分配的，所以城市的代表实在太少，乡间的代表觉得太多。大概社会党和激烈派的势力是在城市之中，守旧派的势力是在乡间，不照人口的数目来分配各处的代表，德国政府就可以大大减少社会党和激烈派在议院里所占的势力。

这两种改革如果能实行，德国就可以有责任内阁制度。在一千九百十七年三月十四号，大约是受了俄罗斯革命的影响，德国国务总理就宣布他对于改革普鲁士议会的决心。两星期后，他又在下议院宣论，这种改革须俟战场上的人民回国后，方能实行。下议院根据于国务总理的宣言，就于三月三十号设立一个修改宪法委员会。设立这委员会的法律是由大多数议员通过的——二百七十七票赞成，三十三票反对。由此可见大多数议员对于当时德国政府的组织均有一种不满意的表示。这议案通过后一日，在议会里的讨论，均是非常激烈，加以这委员会的委员长是社会民主党员，所以政府就把议会延期，延到四月二十四号，以免立即发生意外之事。但是在报纸上讨论修改宪法的议论，反而有增无减。在四月七号，德皇也承认修改宪法的必要。从四月二十四号到五月十七号，下议院又开一个短期会议，修改宪法委员会讨论种种监督政府，和分配议席的方法，但是没有具体解决办法。到了六月三十号，就是守旧党的党员也主张平等的选举权，和直接的无记名选举票，所以普鲁士选举制度改革运动又得新的鼓励。

在七月六号 Matthias Erzberger 天主教党的领袖在议会宣布，天主党主张不割地的和平条约，与宪法修改，所以这中央派（天主教党）也倾向于社会民主党和各派激烈份子，共同组织一个民主的联合团体（Democratio Bloc），反对政府。这个联合团体，在议会里占了大多数，所以 Bethmann-Hollweg 的国务总理就干不下去了！在这一星期内，政治上边非常不安静，谣言是非常之多。德皇，皇太子，阁员，军阀领袖等开了多次的秘密会议。七月十一号，德皇就出了一条命令，承认普鲁士选举制度改革的必要。三天后政府就宣布国务总理，外交总长，陆军总长辞职。Dr. Georg Michaelis 任命为国务总理。

Bethmann Hollweg 做了八年国务总理，在这八年任期之内，德皇是非常信任他的。所以这次辞职，实在有不得已的原因。照当时的情形，政府有两种办法：（一）牺牲一个国务总理，（二）从根本上改变国家大政方针，减少军阀派的势力。但是德国军阀领袖实在不愿意改变政策，因之减少他们自己的势力，所以就牺牲一个国务总理来对付当时人民的要求。新国务总理 Michealis 一个没有名望又没有经验的人。他从前曾经做过几次下级官吏，是一个很有用的中等人物。他的出身不是贵族，是中等社会人，所以政府想到利用他的出身来得人民的赞助。但是他的思想较之他前任更加守旧，他的倚靠军阀派更加利害。

新国务总理接任后，全国人民均非常注意他在议会里第一次的发言。他说德国的潜艇政策怎样有效，德国的地位是怎样稳当。他又说德国是不愿意为侵夺而战争，但是很愿意与敌国订一个公平的和平条约，能不侵犯德国的土地。他承认任命行政部人员须得下议院各重要政党的同意和信任，但是同时他又说在宪法上政府决定政策的权利不因之而减少。这一篇宣言完全是空空洞洞的，他的宗旨是要藏匿政府的具体政策。同日议会里民治的联合派又通过一个议案，宣言德国人民愿意与各国订一个没有强迫割地的和平条约，但是敌国如欲以武力来威喝，则德国人民万众一心愿出死力来抵抗。下一日议会又宣告延期，延到九月二十六号。

Michaelis 的国务总理，不过是一种过渡的总理。起初的时候，大家还盼望他也许能趋向于人民一方面，但是他接任几天后，从他的宣言，从他的举动看来，人民就知道他不过是军阀派的一个傀儡罢了。在政府这方面，当时曾有人提及解散议会，从新选举。但是这样办法，政府也未必能得胜。德国人民早已厌战，他们很知道德国没有全胜的能力。他们所希望的是和平，所以他们必定举出主张和平的代表。

Michaelis 的国务总理只做了三个月。一千九百十七年的十月德国海军里边发生反叛事情，所以海军总长 Adwiral Von Copelle 不得不辞职。此事又牵及国务总理，因之他也免了职。继任的是属于中央派的 Hertling，是一个 Berarian。自一千九百十七年到十八年的冬天，普鲁士发生了许多大罢工，这是因为政府无意改革选举法，人民对于政府反抗的表示。但是罢工的结果只不过多捉入几个有名的社会民治党员罢了。在一千九百十八年的春天，这选举改革运动差不多全归失败。当时适值德国在西部得了胜仗，又与俄国订了 Brest-Litorsk 条约，又可以无须顾虑东部，普鲁士守旧党有这种好机会，就把德国从前所允许的修改宪法案取消，并且在普鲁士下议院里边通过一条最可笑的六级选举制度。还有一层，又可以见得当时政府的态度，究竟是什么样：在七月里边，外交总长 Von-Kuehlmann 免职，免职的理由是因为他曾在公共地方宣言：德国是没有机会可以得军事上的胜利。接他的任的是一个主张大德国主义的 Admiral Von Hintze。

德国自由运动历史的末一章是最有趣味的。在战场上边，联军处处得胜，德国的执政者，在不知不觉中，觉得他们的末日将到，所以极力想使世界各国知道，德国政府正在改组之中，将来结果定能把德国议府变成一个民治的政府。在九月初旬，国务总理 Hertling 在普鲁士上议院发言，极力主张改革选举法，并说到德国皇室正在存亡危急的时候。九月底德国下议院开会时候，他又说：德国政府已决定去实行改革的议程，但是从根本上去改革普鲁士的和德意志的组织，须俟之异日。这一篇宣言受了多数人的攻击，到了九月二十九号，他就倒了。二天后，马克思（Prince Maximillian of Baden），一个和平派的人并且反对大德国主义和军阀主义，被任为国务总理。马克思总理就组织一个联合内阁，内中有三个社会民治党员（Philipp Scheldemann，Eduard David，Bauer），但是独立社会党员和守旧派或主张大德国主义的人物均没有在内。

在形式上看起来，德国的政治是完全更新了！在九月三十号德皇宣布了一条命令说德国人须和衷共济保护祖国，并说执政者受了人民的委托，所有政府权利和政府职权，亦须与人民共同享受，共同负责。十月二号普鲁士上议院通过一条选举法议案，规定直接和普通选举权利。三天后新国务总理又在下议院宣言：普鲁士的选举改革须立即实行，并说德意志联邦中各国亦须仿照普鲁士的例，又说德意志宪法亦须修改，使下议院议员能同时加入阁员之中，如英国的责任内阁制。这几条宣言就变了议会里多数议员（Majority Bloc）的党纲。

我们要晓得德国政府之所以愿意改革政体，另有别的原因。美国总统威尔逊在七月四号德国独立纪念日这一天，在 Mount Vernon 地方演说，说德国政府非得要从根本上改革不可，像当时德国的专制政体，实不能与民治的德国订立和平条约。这个宣言于十月十四号传达到柏林。所以在柏林一方面极力要证明德国的政体已经从根本上改革过了，将来与协约国订立和平条约的德国，并不是威尔逊所说的德国。十月二十一号德国外交总长 Soef 答复美国通牒，说德国宪法已经修改了，将来的政府，非得有下议院多数议员的信任，不能存在。他又说国务总理须对于议院负责任，已得有法律上的保障。末了他又提及政府就要提出一条修改宪法案，将下议院职权推广，对于和平战争问题，非得该院同意不可。十月二十三号美国总统又宣言："这许多宪法上的修改果然是很重要的，但是责任政府制度还没有完全实行，并且德国政府所允许的局部修改，究竟能否有永久的性质，也不能有的确的保障。"五天以后德皇就宣告宪法修改，设立责任内阁，并说照这新制度，德皇个人的权利是转移到全国人民了。

同时德国在外交方面，军事方面，没有一处不失败。各处的德国兵士都退却下来了！联军打进德国只不过是一个时间问题罢了！德国政府想离间协约国的种种计画也全归失败。至于国内，就在下议院议席上，由社会民治党员主张设立一个共和国。陆军海军也不受政府的节制了！反叛了！有许多联邦国也宣告独立了！到了十一月初，革命的现象已经成功。德皇就于十一月九号宣告退位逃入和兰国。国务总理马克思离职的时候，委托社会民治党领袖爱白忒（Ebert）做国务总理，组织一个临时联合政府，阁员之中，多数社会党员和独立社会党员占了同等的数目。

这欧战期内，德国政治改选运动有三个目的：（一）中央政府的责任内阁，（二）宣战和对外政策须由人民决定，（三）普鲁士选举法的改革。第一个目的在形式上是已经达到了。关于第二个目的，德国上议院已经通过一条宪法修改案：除了德国领土被敌国侵入的时候，宣战权是在议院。到了革命发生的时候，第三个目的虽然有一条议案，已经通过普鲁士上议院，但是还没做得到。

四　德国革命

此次德国革命，和别国的革命，有大不同的地方。普通的革命的时候，总有几天流血和决战，要总要用强力去夺到政权，总有扰乱的事情，总有人民和兵士在街上冲突的事情，——总而言之，总有旧政府推倒新政府成立的日子。但是这次德国革命并不曾发生这种事情。街上争斗和流血等事，自然是有的，不过这种事情，只在激烈派想推翻军政府，或想强迫军政府宣言积极政纲的时候，偶然发生的。至于单在革命一方面，实在没有流血。爱白忒组织的临时政府，不过是德国旧政府瓦解的末一步。这种瓦解情形，在海忒林（Count von Hertling）和马克思执政的时候，就已发现。在那个时候，非但有许多积极自由的政策开始实行，并且在马克思内阁之中，有三个社会党员，其中一个就是萧爱特孟（Phillpp Scheldemann），以后做新共和国的第一个国务总理。

爱白忒接任国务总理，是由他的前任宣布的，所以执政人员，也没有什么更变。除了德皇和其余的国王退位，皇太子宣言放弃他所有的权利之外；除了宣言在国会未举出，宪法未制定之前，政府是临时的，非正式的，之外；所有其余事情和举动，均没有出法律范围之外。开尔（Kiel）地方的海军确实是谋叛的，兵士和工人会议确实是在几次地方设立的，但是我们万不能就说当时政府是无能力处置这种分散的扰乱。自大概的情形说来，人民是很平静的，这次革命实在不能算得是革命，我们要明白以后七个月的事情，一定要晓得这一层。

我们如果要明白这时期德国的复杂情形，必须先要把当时各方面相争的势力，简单说一说。革命以后，所有的政党完全改组，用了新的名字，不过没有更改他们的性质和宗旨。旧时的守旧党（Consevative Junker）与其联盟的小党改名德国民族国民党（German National People's Party）。他们的领袖是 Count Westrak 和 Birou von Gamk。他们的宗旨是要用兵力保守所有的旧制度，实行大德国主义。他们很希望有机会去实行反动革命，但是当时的光景并不见得好，所以他们非常失望。他们在政治方面的活动，想增加兵力，压制布尔札维克的运动，并且极力反对协约国限制德国将来的发展，反对割地的和平条约。在这五年多事的时候，他们没有学得什么，也没有忘记什么。

大半的自由党员（National Liberty Party）都加入了国民党（German People's Party），领袖是 Dr. Stiese mann。他们的党纲是藏在几个空泛的名词之中，如和平，自由，秩序，面包等类。他们虽则曾经正式宣布主张共和，但是他们的志愿是趋向于旧时的制度。他们也知道复辟是做不到的，反动革命是不中用的，但是他们对于共和制度，并不见得热心。在外交方面，他们主张取积极的政策，保护德国侨民的利益。这党的份子全是德国的工商业大家，他们的政策是同德国民族国民党的政策差不多，但是没有像民族国民党这样直说罢了。

旧时的天主教党更名为耶苏教民党，领袖是爱而白纳（Herr Erzberger）。这一党没有像民族国民党和国民党这样固执，有时候也很愿帮助政府。爱而白纳也是政府里的重要人物。但是这一党总脱不了宗教党的彩色，关于所有的政治问题，总是从宗教方面设想的。

这三党目的相同，性质相同。他们全是右边的政党，全是资本家的政党。他们对于英国，非常仇恨，时时不忘报复的志愿。他们总以为德国的布尔札维克主义是由协约国鼓吹出来的。他们运动选举的方法就利用布尔札维克的危险来威吓人民。他们又反对普鲁士教育总长政教分离的政策，反对政府取消阶级制度的政策。他们的格言是“分头进行，共同奋斗”。虽则没有正式的联合，这三党总是取一致的行动。

在左边有一个新的德国民治党，是由旧的进步党和民族自由党组织的。领袖是极有才干的人物，如柏鲁士教授（prof. Prenss）之流。这一党是纯粹共和党，主张渐渐的社会化，把所有天然的物产作为国家公有。他们主张取消进口税，政教分立，国际联盟等。这党的份子虽则全是中级社会人物，但是对于多数社会党所持的主义，是很赞同的，他们又能与多数社会党员共同维持现在的政府。这党份子之中，有许多专门技术人才，为此刻所必不可少的人物。照他们的意见，德国定能勉〔免〕去布尔札维克的危险，将来定能恢复从前的原状。

上边已经说过，在欧战期内，政府在议会提出战费预算案的时候，有许多社会民治党员主张投同意票，有少数社会党员主张投不同意票，所以这民治社会党就分成两派。少数党员和本党脱离关系，组织一个独立社会党。多数社会党员是非常赞助政府。到了德国失败，德皇退位的时候，这多数社会党就当了政权。他们的领袖是爱白忒和萧爱特孟。他们的党纲是渐渐的社会化，人民选举司法和行政官吏，政教分立，增收逐渐提加的所得税。他们又主张共和政治与国际联盟。在党纲一方面，他们和德国民治党是差不多的，但是他们的党员全是无产阶级，不是中级社会人物。

独立社会党以海斯（Haase）为领袖。他们反对这次战争，所以主张根据协约国所提及之件条〔条件〕，订立和平条约。他们对于政治改革的提议，总是赞成的。他们的党纲就是社会党于一千八百九十一年在爱而福忒（Erfurt）所拟定的党纲，要求把所有天然的物产作为社会公有。最初的时候，他们尚能和多数社会党员联络起来，但是以后政府的政策趋向于反动方向，他们就取一种反抗的态度，处于反对的地位。独立社会党又成两派：右边一派是趋向于政府一方面，将来也许可以和多数社会党员合并起来；左边一派是趋向于过激方面，将来定必和这派过激份子联合起来。

在最左一方面，有一派过激份子或共产党，叫做Spartacists。大概说起来，他们的宗旨是和俄罗斯的布尔札维克一样的。他们就是德国的布尔札维克，是极端的国际派，是资本家和中级社会份子的死仇敌。他们主张剥夺资本家和中级社会人的政权，取消民事方面和军事方面的官职，与〔以〕及所有国债和国税。他们反对召集制宪大会。他们的武器是直接举动，不是选举制度。此次德国各处的罢工与及各种暴动，均是这过激派主动的。他们又想用武力来推翻当时的临时政府，设立俄国式的苏维埃共和国。起初的时候，这一派人的暴动，也有几次成功的，但是末了总是失败的。他们反对订立和平条约，想强迫协约国用兵力来占据德国，借以鼓动布尔札维克主义散布于全世界，推翻资本制度，设立国际社会主义。他们的党员大半是工界中的无产阶级和退伍的兵士。这一二年来，德国人民对于他们虽则很害怕，但是他们的党员并不见得多，他们的势力并不见得大。

我们知道了当时各党的情形，就可以明白革命时候的时局。德国革命的历史可以分做几个时期。十一月九号发生革命后的第一个月，是革命份子和反动派势均力敌的时候。在第二个月内，上半个月内独立社会党员和临时政府脱离关系（十二月二十四号），下半个月内（在一千九百十九年正月里）临时政府和过激派宣战，所以当时的势力是趋向于右边（反动派）。在第三个月内，到了二月十三号，国民大会组织联合内阁的时候，大势又还复到革命以前的状况了。实在说起来，萧爱特孟的内阁较之从前马克思的内阁更加趋向于反动一方面。这是因为外界的状况使之这样的。

德国革命的特点，是发生得太快，是平复得太快。这就可以见得革命的原动力是从外边来的，并不是从内部发生的。外界的原动力是俄罗斯布尔札维克的鼓动，和协约国的压力。协约国的海陆军打倒了德国的军国主义，俄国革命又给了德国一个先例，组织工人和兵士会议以表示人民的意志——苏维埃制度。换一句话说，协约国推翻德国帝国主义，使之不能成立；俄罗斯就给德国社会主义种种鼓励，使之成立。所以革命发生得这样快，进行又这样速。但是这又是德国革命不能有所成就的原因。革命发生得太快，时期还没有成熟，领袖还没有养成，政策还〈没〉有决定，所以当时的政权不得不委托于几个现成的政客。革命的行政部（Central Councils），革命的立法部（Congress of Councils），永没有得到过实权。所有的实权完全在几个叫做“人民委员”手里，这并不是真真的革命机关，只不过是政客所组织的临时政府罢了。虽则“人民委员”的职权也是由革命的立法部委托的，但是有许多的委员觉得他们是筹备宪法会议的委员。只有一般政客式的委员可以与旧时的行政官吏共事。革命的结果只不过换了几个民治社会党员做部长，其余行政人员均没有更动。所以旧时的机关非但没有改组，并且非革命人员所能节制得到。其结果是很不利于革命份子的。“人民代表”中的和平份子和旧时官僚联络后，就能抵制代表中的革命份子。到了十二月初，德国大势是从会议式的政府趋向到制宪大会，从社会革命趋向到政治改造。

过了十二月第一个星期，德国革命进了第二个时期。在这一个期内，“人民代表”把平民议会的权力削除，他们自己又分成改革派和革命派。到了这一期的末，约在一千九百十九年的正月初，改革派驱逐出革命派，成为政治的中心点。这期内的历史约略如下：德国民治社会党向来是著名革命的。这党的政治态度是向来不能与别派调和，极端反对德国的政治制度。根据于这消极态度，许多社会党员，思想不同，目的各别，才能联络起来，组织这德国民治社会党。但是欧战发生后，这种浮面的一流是支持不下起〔去〕了。有一部份的多数党员，为爱国心所鼓动，就趋向于政府一方面。有一部份少数党员，抱定他们反对战争的宗旨，趋向于反对政府一方面。所以社会民治党就分成两派——多数社会党和独立社会党。多数社会党是趋向于政府一方面，所以到了欧战将了的时候，政府也极力趋向于他一方面。马克思的内阁非但是代表下议院多数议员，并且又代表多数社会民治党员。马克思倒的时候，他就把政府职权交给多数社会民治党领袖爱白忒和萧爱特盂。但是多数社会民治党，也知道他们一党是单独管不下去的，所以就请独立社会民治党员也加入新组织的内阁和中央议会。这次的阁员改名叫做“人民委员”。

多数社会民治党员不过是改革派罢了，独立社会民治党员如海思和考思克（Kautsky）是革命派。除此之外，还有激烈的革命份子如李白你区（Liebknecht）之类，是不能加入这联合内阁的。爱白忒和萧爱特盂的意思，以为他们是不过人民的委员，预备下次的制宪大会，独立社会民治党员以为他们是全国会议的委员。多数社会民治党员以为这次革命是无须发生的，无论何如，这次政变已经预备一个地步，使德国能统一，使人民能得到普通选举权利。但是照独立社会民治党的意见，这将次革命不过是一个初步而已，将来的目的非达到组织苏维埃制度和普通的社会化不可。

这两党所抱的宗旨，所持的政见，这样的不同，势必至于决裂。临时政府第一个重大事务是决定德国对于协约国的政策。独立社会党主张承认德国在此次欧战中所犯的过失，如侵犯比利时中立，潜艇战争等类，并承认德国愿出相当的赔偿，一方面讨论国内财产可以作为赔款之用。多数社会党极端反对这种主张，他们愿意取一种不发表意见的消极态度。除了这个对外政策，还有对内政见。独立社会党和多数社会党决裂的原因大半是因为对内政见的不同。那时候的激烈派——社会共产党——想与俄罗斯联合起来，鼓吹第二次革命。这党的领袖是李白你区，这党的战争份子是叫做 Spartacus。这党的根基地是柏林，德国中部和西部的工业中心点，各处海岸地方的水手。这党的人物大多数是退伍兵士，失业的工人，和不得志的少年。他们有很多的军火，又有各处兵船上的水手来帮助，所以起初的时候，政府对于他们实在没有法子想。但是以从战场上还来的兵士多了，就有人提议用几旅的兵去征服这一班过激派 Spartacus。独立社会党员海思和考思克反对这种政策。多数社会党爱白忒和萧爱特盂疑惑不决。但是伦斯白掰（Landsberg），也是“人民委员”之一，靠了前普鲁士陆军总长诺斯克（Noske）之兵力，极端主张用武力来剿除社会共产党。在十二月二十三号，诺斯克的兵士和在马斯忒而的水手初次宣战的时候，独立社会党员海思和考思克就辞职。所以这次革命中的理想份子从此以后和政府脱离关系。以后激烈派屡次想推翻政府，但是屡次失败。到了一千九百十九年正月十五号，他们的领袖李白你区和鲁真白掰（Rosa Luxermburg）被刺后，他们就失了势力。

从正月十五号以后，德国革命到了第三个时期。当时多数社会党战胜共产党之后，就由该党组织一个临时政府，召集一个国会选举大会。独立社会党极端反对当时召集选举会，一半因为他们和联合政府脱离后，和共产党发生关系后，他们在人民方面的信用完全失去了；一半因协约国对于德国的态度，使德国人民不得不趋向于民族主义，守旧主义，这种反动力在选举时候必定表示出来。人民厌乱，达于极点，他们甚愿能寻到一个最有强力的人 Dictator 来救济当时扰乱的社会。只有一般少数人的定力和毅力，方能鼓吹出社会革命，但是独立社会党的时机已失，既不能得国内人民的赞同，又不能因为他们在欧战时所持之态度，得外国政府的援助。他们以后所有的种种计划差不多没有一处不是失败的。

国会选举于正月十九号举行。选举时候，各处的秩序是很好的。当时所采用的选举法是普通选举制度（Equal suffrage）和比例的代表制度（Proportional Representation）。无论男女，年龄在二十岁以上，均有投票权。这次选举，大多人民均去投票的。各政党的代表是照各党所得的票数分配的。国会议会共有四百二十一个，其中多数社会党代表一百六十五个，耶苏教党代表九十一个，民治党代表七十五个，民族国民党代表三十八个，独立社会党代表二十二个，国民党代表二十二个，其余各小党的代表共八个。议员之中，共有三十四个女代表。

新政府的第一个政策，是把国都迁到外马（Weimar），一半是因为南方几个联邦国的压力，一半因为柏林是共产党的根据地，所以非得把国都迁移不可。

所以到了二月中旬，新政府在外马成立的时候，德国的社会已经变成宪法改组。我们从这次选举的结果，就可以知道多数人民的志愿并不是在于社会革命，他们所希望的不过是宪法改组而已。独立社会党因有布尔札维克的关系，失了国人的信用；守旧党因为复辟运动的关系，也失了国人的信用。照当时的时势说起来，多数社会党当然在新国会之中可以占了多数议席。但是妇人心理是趋向于宗教一方面和守旧一方面，所以选举的结果，多数社会党只举出一百六十五个代表。多数社会党在新议会之中不得不与别党联合起来，才能组织政府，才能维持他们的地位。所以德国的新政府是由多数社会党，民治党，和耶苏教党联合起来而组织的。这样的政府在议会方面是非常之强，但是在政治方面是非常之弱。

德国革命在议会方面失败了，在人民方面也是失败。新国会成立后，政府就派了一队自由军（Ercl-corps），带了种种新式的武器，去打西北海岸地方的过激党。德国革命是发源于西北海岸地方，由此侵入柏林，以后在柏林失败后，再还到西北海岸边的根据地。新政府此刻就出兵去破除革命党的根据地。国军先打入白罗孟（Bremen），其余的城市亦随手打破。当时政府的兵力虽则薄弱，但是大可以剿灭边界内布尔札维克主义。布尔札维克主义在德国不能成立，苏维埃制度亦同时消灭。中央议会也就把所有职权交给制宪大会。所有工人会议和兵士会议亦于无形之中取消。在临时宪法之中，所有集权的社会共和国制度完全弃除，联邦制度恢复。照这临时宪法，国会有制定永久宪法之权，有制定须要的法律，有选举大总统之权，有权设立一个国务委员会，其职务等于第二个立法院。

这许多政策只不过是新政府软弱的表示。为求欢于协约国起见，过激主义非剿除不可。耶苏教党员须用政府职位去收买。宪法须调和普鲁士的和南方各邦的地方主义。旧的民族主义已消灭了！新的革命能力已白费了！当时的政治状况是已经回复到革命以前的状况了！但是在物质一方面，因为经过这三个月的革命，种种现况反而不如革命以前的状况了！

五　德国的新政府

德皇退位的时候，临时政府是由多数社会党和独立社会党联合起来组织的。多数社会党领袖爱白忒做了临时国务总理，组织了临时内阁，其中有三个多数社会党员和三个独立社会党员。这个临时政府承诺了一千九百十八年十一月九号协约国的休战条约，并宣布将于最早期限内和协约国订立和平条约。对于国内事件，临时政府拟先从事于经济方面的改组，和召集一个制宪大会。到了十二月二十八号多数社会党和独立社会党发生意见，独立社会党员辞职，退出政府。多数社会党员亦知他们行使职权是没有法律上的根据，觉得他们的地位不妥当，所以在国会召集之前，他们只得用一种和平政策。右边的政党（守旧党）攻击他们手段太软弱，没有用激烈方法去对付过激派的暴动。

国会选举是定于正月十九号举行。选举手续是根据于十一月三十号的法律，无论男女在二十岁以上均有选举权。照欧战以前的人口计算，德国当时的选举团应当有三千九百万人民（三九，〇〇〇，〇〇〇，其中有男子二一，〇〇〇，〇〇〇和女子一八，〇〇〇，〇〇〇）。但是在埃而苏斯，劳伦两省（Alsace-Lorraine），选举是禁止的，在波兰的几省，投票的人是很少。除了这两处之外，其余各处的人民均没有放弃他们的投票权。这次选举，投票的人差不多有全体选举团中的百分之九十，就是垂废的人或病人也由别人扶到选举场去投他们的票。这就可以见得当时德国人民把这次选举看得非常之重要，不愿意放弃他们的权利。这可以见得当时爱白忒的政府确实有能力维持秩序，保护投票的人，不致为过激派所阻止。

下表详列各党在这次选举所得的票数，和各党在一千九百十二年选举结果约略比较。过激党没有提出候选人物，大半的过激份子均没有投票，就是投票，他们所举的是独立社会党的候选人。

政党	一九一九选举		一九一二选举	
	票数	百分之	票数	百分之
社会党				
多数党	11,130,452	38.7		
独立党	2,187,305	7.6		
总数	13,317,757	46.3	4,550,490	34.7
民治党	5,261,187	18.3	1,497,000	12.2
中央党	5,656,104	19.7	1,996,800	16.3
守旧党	2,408,387	8.4	1,493,500	12.2
民族自由党	1,473,975	5.1	1,662,700	13.6

如果埃而苏斯，劳伦的人也能投票，德国共有三十八个选举区，每区代表是从六个到十七个，共有四百三十三个代表。但是此次选举埃而苏斯，劳伦两省是不包括在内，所以只有四百二十一个代表，从三十七个选举区内举出的。选举方法是一种比例代表制度，英文名字叫做 List system of proportional Rerresentation。每党在每一选举区内提出之候选人等于该区代表的数目。每一选举票作为被选人之政党应得之票。这选举法的第一步是把该区所投之总票数，以该区应举出的代表之数目除之，除出来的商数叫做当选票数（Electoral Quotient），就是候选人所得之票数，过此数目，作为当选。各党所得的总票数，再以一，二，三，四，五，六等除之，如各该党之总票数能以什么数目除之，除出来的商数还在当选票数之上，则各该党就有这样多的代表。例如有一选举区应举出之代表是十三人，该区内各党所得之票数如下表：

	中央党	多数社会党	民治党	守旧党	民族自由党
总票数	405,871	29,831	94,158	81,389	62,799
以二除之	202,935	145,415			
以三除之	135,290	96,943			
以四除之	101,468	72,708			
以五除之	81,174				
以六除之	67,645				

照上表看起来，中央党应举代表六个（第一个，第三个，第五个，第六个，第十个，第十二个）；多数社会党四个（第二个，第四个，第七个和第十一个）；民治党一个（第八个）；守旧党一个（第九个）；民族自由党一个（第十三个）。

选举的结果上边已经说过，就是多数社会党举出代表一百六十五个，耶苏教党（中央党）九十一个，民治党（进步党）七十五个，德国民族国民党（守旧党）三十八个，德国国民党（民族自由党）二十二个，独立社会党二十二个，其余各小党共八个。

这次选举的结果和上次德国下议院选举的结果，就不相同了！多数社会党的势力大增加，守旧党的势力大减少。中央党和民族自由党均减少一些势力，民治党增加一些。我们可以看出现在的势力是趋向于左边一派。这是因为新国会的议员是照各处人口的数目分配的，所以没有欧战以前时候的不平均。比例代表制度第一次实行，这又是一个原因。

但是照这次选举的结果，没有一个政党在新国会之中占过半数的议席，所以这次的新内阁，必须是一个联合内阁，就是由各政党的领袖联合起来而组织的。

新政府迁都到外马，新国会定于二月六号开会。这个计划受独立社会党极端的攻击，过激份子到处暴动，其目的就想阻止新国会开会。工人会会议和兵士会议领袖也定于是日在柏林召集一个联席大会议，作为不信任政府的表示，并且借以扰乱秩序。但是当时政府的能力还算不差，居然可以维持极扰乱的时局，并能使新国会如期在外马开会，没有发生意外变故。新国会开会那一天，秩序甚好。这一班新议员也很能有一种团结力，除了几个独立社会议员，起初想阻止召集国会，现在想使得国会不能做事，新国会里边差不多没有捣乱份子。新国会开会辞，由爱白忒宣读，其大意就是攻击协约国于重订休战条约时候所提出的苛刻条件，主张德奥合并，并提及德国加入国际联盟，须与别国受同等的待遇。多数社会党员谈维持（David）被举为新国会议长，以后谈维持做了阁员，议长一席由前任下议院议长中央党员发伦白赫（Fehreubach）继任。这次新国会居然可以举出议长和副议长，没有发生冲突事情，就可以见得议会里三大政党早有一种同意。

议长举定后，新国会的重要事务就是制定临时宪法，选举临时大总统，组织内阁，宣布对外政策，和内政方针。临时宪法于二月十号制定。二月十一号选举临时大总统，爱白忒得二百七十七票，被举为德国共和国第一任大总统。大总统的年俸和公费约二十四万元，大总统的住宅是柏林的 Bellevue 宫。新大总统第一个宣言就说做了总统，万不能成党派的意见，他的政策是实行和平主义和国际联盟主义。

新政府第二件重要事务就是组织内阁。新大总统第一个命令是任命萧爱特孟为国务总理，组织内阁。各政党开了会议之后，决定第一次内阁由多数社会党民治党和耶苏教党联合组织。阁员定十四人，多数社会党员七人，民治党和耶苏教党各三人。这是德国新政府最不幸的事。德国经过这几年的大战之后，又加上三个月的革命，人民疲乏不堪，元气丧尽，非得有一个强有力的政府，才能改造政治，改组社会，恢复经济方面工业方面的种种状况。但是这第一个内阁里的阁员，党派各异，政见又不同，万不能解决当时最复杂的和最困难的重大问题。新内阁的阁员可以分做三派：激烈的改造派，宗教的复古派，和争自由的空谈派。所以新政府的政策也带有这三种形式。在外交方面，新政府主张根据威尔逊主义的和平条约，恢复殖民地，国际联盟，解除军备，强迫仲裁，开明的外交。在内政方面，新政府主张实行民治的行政，民治的教育和军备，经济方面的改造，均分食料，国家处理各种专利权利如矿产水力之类，集社自由，公众卫生，行政官吏的权利，农事发展，废余税，死亡税，所得税，信仰自由，出版自由，集会自由，以及各种的自由权利。

最初的时候，人民对于新国会和新政府，均极信任。有许多人把新国会看出〔成〕一种百效膏，万应锭，可以包医当时德国的种种病根。但是过了几时，人民对于政府的信用，完全失去。国会议员只有抽象的议论，而无具体的政策。加以上次下议院的几个领袖，大半又是当选，做新国会的新议员。所以政体虽已更变，这一班新举出来的议员还是旧时的政客。新议员之中自然有几个新鲜人物，但是他们人少势弱，万不能和旧官僚竞胜。所有议会里各委员会中的重要地位，他们全得不到手，并且他们有时候连发言的机会也没有。所以开会后过了两个月，新国会就被舆论界极力攻击。到了六月里，人家就不致意这新国会了。

政府的经验，也与国会相等。政府的政策是渐渐趋向于右边——守旧方面，所以处处受独立社会党和过激派的攻击。就是大多数的多数社会党员也不能满意于政府的经济政策。政府对于社会化的政策，持极冷淡的态度，所以激动多数社会党员的厌恶。当时德国经济改组种种问题，自然是很难解决的，但是政府对于恢复欧战以前的原状，非但没有成绩，并且未曾一试。以后人民也知道新政府的人物还是旧政府中的几个人。在名目上边，德国政体已改，在实际方面，执政的几个人还是照旧。无论在政府里，在行政方面，在议会里，所有重要人物大概与发生这次战事有关系的人。[①] 有几个鼎鼎大名的人是已经退职了，但是大半的旧人物，旧制度均与新政府同时复活，在新政府里边占了重要的地位。

在二月三月这两个月里边，过激派是非常活动，加以工人没有工做，全国食料缺少，所以普通一般人很易被过激主义鼓动，过激派又想推翻政府，设立一个劳农制度。政府的政策虽趋向于守旧一方面，但是在右边各党（守旧党）也不能满意。他们也时时批评政府的无用，不能用利害的手段去对付过激派，所以他们也时时和政府为难。到了二月十五号，各处的罢工运动散布得非常之快，差不多从柏林直到莱茵河，没有一处没有发生罢工事情，也有经济性质的罢工，也有政治性质的罢工。在白维利埃（Bavaria），发生反动革命，国务总理于二月二十一号被刺。在撒克逊（Saxony），过激派运动推翻该处的政府。在柏林，天天有人想用激烈的方法去推翻国会，到了三月二号，柏林宣布普通罢工，并且又发生激烈的革命。其余的城市亦随之而起，各处均有激烈的战争。

起初的时候，新政府还想用武力剿除过激派。所以在三月二号，新政府曾发了一种宣言，征求全国人民的帮助，和过激派大决一战。但是到了后来，过激派的势力一天大如一天，政府亦自知没有能力去对付，所以又想用调和方法和过激派讲和。政府又发了一种宣言，声明愿意和工人会议兵士会议讨明解决时局的方法，并说他们的要求也有相商之余地，至于社会化的政策，政府也愿意就此实行。但是独立社会党还不能满意，他们要求纯粹社会党人物的内阁。守旧党和中央党对于政府这样的软弱政策，又攻击得非常利害。所以当时的政府实在处于两难的地位：独立社会党攻击政府太趋向于守旧一方面，守旧份子攻击政府太趋向于激烈一方面。

但是到了三月十二号，时局觉得大有进步。当时的陆军总长诺斯克是一个很利害的人，他的手段又是利害。他居然能于极短时期之内，把当时各种暴动平复，恢复当时的秩序。诺斯克的政策大受独立社会党领袖海斯的攻击；但是诺斯克把当时各种暴动归咎于过激派报纸的煽动。诺斯克的武力只能恢复一时的秩序，万不能永远保持德国的太平。在四

① 该句欠通顺，原文如此。——编者注

月，五月，六月的时候，各处的秩序又被过激派扰乱了。这是因为激烈派的煽动，食料的缺少，和协约国苛酷的政策，所以人民又不能安稳过日子了。罢工事情又发于司忒丁（Stettin），罗白克（Lubeok）。白罗斯楼（Breslan）等处。在罗安（Ruhr）地方，有三十五万矿工全体罢工，要求每天六点钟工作时间，增加工资，赦放政治犯，政府军备测防。在爱生（Essen）和惠斯忒费立地方，状况亦相同。还有一般激烈份子极力想在各处组织俄罗斯式的苏维埃政府。

白范而埃（Bavaria）对于普鲁士本来是非常仇视，并且对于外马新政府，也不表同情，所以在四月六号，白范而埃就宣告独立，并在谋聂区 Munich 城宣布设立一个苏菲埃式的共和国。但是这新共和国的运命是很短的，因为白范而埃人民求救于中央政府，爱白忒大总统就于四月二十一号派诺思〔斯〕克发兵三万，包围谋聂区，苏菲埃制度就立即取消。同时别处的暴动也同样用武力平复。在这一个时期之中，德国最有势力的人要算是诺克斯〔斯克〕。他是新政府中的国防总长。他主张的是帝国式的社会主义。在欧战时期之中，他的主张是极端趋向于军阀一方面。他是最信仰武力的人，并且很善于利用当时组织起来的自由军。如果他有了全权，德国的过激主义和暴烈份子很易被他立时征服。德国的乱状，如果不能即时平复，诺斯克也许能做出拿破仑的举动，也是说不一定的。

从休战时候起，直到五月七号协约国把和平条约草案送给德国和平代表的时候，德国在国际方面简直是轮不到说一句话。协约国方面要求德国政府派出正式和平代表，订立和平条约，所以外马政府派了外交总长 Count Von Brockforll-Bautzan，司法总长 Lausberg，普鲁士议会议长 Leinert，邮电总长 Giesberts 等组织一个和平代表团。德国人民对于和平条约，非常不满意。当和平条约宣布后，德国举国一致反对。所以到了六月十六号协约国把正式条约交给德国代表团的时候，发生一个重大问题：究竟要签字或不签字。德国代表团团长绝对不肯签字，在阁员之中，国务总理和多数阁员主张不签字，少数阁员主张签字。但是在人民一方面，他们虽然是很反对这和平条约，不过同时他们也知道时局已经到了这样一个地步，拒绝签字也未必能发生什么结果，所以各政党的多数党员和普通一般人民均主张签字，借以结束国际方面的事务，使新政府能致全力于内政，收束当时极扰乱的政局。但是当时萧爱特孟的内阁是绝对拒绝签字的，所以这内阁就因之而倒。萧爱特孟于六月二十一号辞职，另由多数社会党员前劳动总理鲍安（Bauer）出来组阁。新内阁就于同日成立。六月二十二号新国务总理在国会宣言新内阁于和平条约主张签字。同时国会里就有人提出一个同意议案，该议案居然通过。国会于七月九号正式承诺这和平条约，议员之中，二百零八人投了同意票，一百十五人投了反对票，九十九人缺席。鲍安内阁的重大职务就是对外实行和约的条文，对内解决经济改造和政治改造种种问题。

同时新宪法也已制定，于七月三十一号在国会通过。八月一号大总统以命令宣布全国。爱白忒于八月二十一号照新宪法所规定，重行宣誓，就大总统的职位。制宪会议就立即解散，以便重新选举新国会。在秋天的时候，德国的工业方面颇有恢复旧状的机会。各处工人均延长他们工作的时间，也有出于工人自己的愿意，也有用别种方法使得他们多做工。所以当时虽则缺少各种原料和煤，德国的出产大有增加。为便利运煤起，全国铁路的客车由政府正式宣布从十一月四号到十五号停止通行。但是到了将近革命纪念日这一天——十一月九号——政局非常危险，过激派很想利用这纪念日的机会，激动全国人心，使之暴动。柏林预备于这一天宣告全体大罢工，但是国防总长诺斯克早有预备，一切布置得非常周密，所以这一天没有发生意外事故，全体大罢工也不能实行。当时适值天气寒冷，各处均下大雪，火车又是停止开行客车时期之内，所以过激派之计划均因之不能实行。

政府的困苦总算达于极点：一方面须预防过激派的暴动，又一方面又须抵制复辟派的活动。八月三十一号反动派的机关全德国联合会（Pan-German League）在柏林开了一个大会，当时很有许多人主张复辟。汉登堡（Hindenburg）大将于十一月初旬旅行至柏林，复辟派就利用此机会，作为一种树威运动。当时右边各政党均非常恐慌，发出各种警告，使国人致意。同时德国又发生一个新组织，叫做民族少年联合会（National Youth League），是由复辟派组织起来的，想利用一般年轻识浅的人，使他们心目中存了一个皇帝的观念，以备将来实行报复主义。这联合会的内容是由新政府教育部调查出来的，这会就被政府取缔。

在财政一方面，新政府制定了许多极重要的法律。旧时的税则制度均完全更改。新政府的两种收入是所得税和财产税。照旧时的所得税法律，进款在九百马克以下是不收税的，但是每年进款在九百马克以上的人是必须出所得税的，无论他家中人口的多寡，他总是要出这个钱的。新的所得税法律把每年进款在一千马克以下的人作为一种例外，无须出一个钱的税，如出税人家中有倚靠的人，他所须出的所得税可以照人口的多寡，免除；例如有一个倚靠人可以免除五百马克应出之税，人口增加每人可以免除三百马克应出之所得税，在十二月内，政府预备筹划国内公债五，〇〇〇，〇〇〇，〇〇〇马克，但是结果只筹到四，〇〇〇，〇〇〇，〇〇马克。

到了今年（一千九百二十年）三月十二号，刘忒或子大将（General Vou □□□ttwits）的兵忽然向柏林进发，反动革命派首领甲柏（Kapp）就立刻占据柏林城中所有公共的房屋和重要的地方。外马政府完全没有预防，柏林失守后，外马亦当支持不下起了。爱白忒大总统和政府人员就迁移到 Dresden，从此再迁移到 Stuttgart。在北方一部份，政府的兵士和这次反动革命很表同情，所以均不愿意和乱党战争。但是西部和南部均表示反对甲柏的态度。甲柏自称为国务总理，任命刘忒或子为陆军大元帅。但是德国全体人民均不赞成他的举动，因为他是代表军阀主义，并带有预备复辟的意思。所有各政党，中级社会人民均表示全体一致的反对。就是海陆军之中，也有几部份很反对他的。爱白忒政府出了一个通告，使全体人民对于甲柏宣言普通罢工。德国工人对于政府的罢工通告，分做两派：普通一般工人均服从政府的通告，宣布全体总罢工；但是有一部份工人（大半均在 Ruhr 产煤区域），没有宣布全体总罢工，不过这一般工人和政府订了一条条约，所有在该处工作区域内的种种事务，均由工人自行管理。工人的罢工，也发生得狠快，甲柏在柏林做了两天的国务总理，就支持不下起了。三月十八号他就逃出柏林，这忽然发生的反动革命，总算是忽然消灭了。

甲柏逃出柏林后，爱白忒的政府回来。但是当时全国全体总罢工是由政府主动的，所以政府回到外马以后的第一件事就是要取消这全体总罢工。这一件事还不算十分为难，工党和几个大政党曾订有几种条件，如阁员的置配，新法的制定等，均须得他们的同意，以后政府允许了这种条件，工人方面立即取消罢工。当时政府的困难问题，就是怎样去恢复 Ruhr 产煤区域的旧状。当甲柏占据柏林的时候，该处工人并未罢工，但是他们把区域范围内所有事务，完全自行管理。他们的政府是各种委员会叫做 Committees of Action。工人均备有军器，完全是武装的。这一班武装工人就叫做“红色军”。但是当时该处的秩序，确实是由这一班“红色军”维持的，并且该处确实没有暴动事情。但是政府一方面的问题，是怎样可以恢复该区域内的地方政府，和怎样可以解除工人的武装。工人方面要求得到他们自由的确实保障，才肯解除武装。他们要求解散军备，由工人组织国民军。政府和工人交涉的结果，是于三月二十四号订立一个条约，叫做 The Compact of Bielefield。但是以后该区域内还是发生暴动事情，政府还是用武力去征服这地方，直到四月中旬，这区域内才能勉强恢复秩序。

所以鲍安（Baner）的内阁职权恢复之后，就经过了这种种困难事情。人民对于他的信仰，是完全失去了。他是实在做不下去了，所以他就辞职。爱白忒大总统任命社会党员缪勒（Muller）做德意志共和国第三个国务总理，重新组织内阁。新内阁里边的人物。大半是得工党的同意的。

新内阁成立后，就决定于六月六号选举国会。照新选举法，每一议员须代表六万人民。当时共有二千五百万人投票，共举出四百六十个议员。各政党的代表和所得票数如下：

党名	举出代表	所得票数
多数社会党	一〇	五，五三一，一三七
独立社会党	八〇	四，八〇九，八六二
中央党	六七	三，五〇〇，八〇〇
德国民族党	六五	三，六三八，八五一
德国国民党	六一	三，四五六，一三一
民主党	四五	二，一五二，五〇九
耶教联邦党	二一	一，二五四，九六三
Guelphis	五	三一八，一〇四
白范而埃农党	四	
共产党	二	四三八，一九九

新国会举出后，内阁就辞职。爱白忒大总统任命前下议院议长法伦白赫（Fehrenbach）做德国共和国第四次国务总理。新内阁于六月二十五号成立。

德国经过这四年多的大战争，再加上了三个多战争，元气丧尽，人民的困苦是达到极点。所以新政府的地位，是非常困难。他们居然能于几月之〈内〉制定宪法，一方面能抵御复辟派的活动，又一方能防御过激党，使之不能活动，这就可以见得德国人民的政治能力，非别国人民可以及得到。

（原载《新青年》，第 8 卷第 4 号和第 8 卷第 6 号）

市政问题
(1922)

大凡谈政治的人往往很容易误把政治的范围限于中央政府的政治，他们用了全副精神去讨论宪法问题，总统制，内阁制等类，还有一部份甚而至于去极力提倡空空洞洞的马克思主义，基尔特社会主义等，对于他们切身的市政问题和本地方上的政治，他们反而不十分注意。这是差不多各国政治学者的通病。所谓市政问题，是新近发生的问题。现今人民的老祖宗并没有晓得什么叫做城市生活和市政问题。那时候就是有几个城市，城市中的生活又是非常之简单，城市政府的组织就可以随随便便，无须十分完备。以后各处的城市虽则逐渐发达，人民又因有别种较大较重要的中央政治问题没有解决，那自然顾不到地方上的政治问题了。我国自从光复以来，直到现在，已经过了十一年，宪法还未制定，统一还未成功。全国人民中关心政治者能有多少人，这几个人对于宪法统一等问题，还没有办法，那里还有精力还有空间工夫去研究新近发生的市政问题呢？所以这市政问题至今还没有澈底的研究过。

但是现今学者多承认城市政府是全国政府的基础。城市政府是顶重要的一个政府，在市民方面着想，较之中央政府或省政府更加来得有密切的关系。普通人民大概与中央政府或省政府不时常发生什么关系的，每年除了纳税以外，如果不做犯法的事或不发生特别事故，可以永不见一个中央官吏。不过对于城市政府，是完全不同了，我们一出门，就看见警察，我们平常一举一动，如有不得当的地方，就有警察来干涉，我们的生命，我们的财产，全靠几个警察来保护。还有市民子弟的教育，公共卫生，市民权利的保障等，完全须靠办理市政的人有良善的计画，和适当的方法，才能发生良好的结果。现今工商业渐渐发达，城市人民一天多一天，市政问题的复杂，城市政府的重要，亦一天更甚一天。城市政府并且又是极难监理的。现今城市的生活是非常复杂——人口渐渐加多，工商业渐渐发达，各种各样的特别利益，渐渐发现——要管理这种种复杂的事情，实在是最不容易的，非普通的官僚，所能办得了的。

所以这市政问题是一个极大的极重要的问题，万非本报这一短篇文章所能详细讨论得了，我们只能提出这个问题中几个重大要点，以便引起一般人的注意，大家共同讨论解决的方法。我以为市政问题中最主要的问题就是（一）城市与中央政府的关〈系〉，（二）城市政府的组织。第一个问题是对外的，就是城市自治应该自治到怎样一个情形。我们在此地先讨论这一个问题。在下一期第二篇文章内再讨论城市政府的内部应当有怎样的组织。

城市自治并不是普通一般人心目中所想像的那样简单一个名词，其意义是非常复杂，并且是很不容易解释明白的。所谓城市自治并不是把城市中一切事务完全交给城市自己管理，中央政府对于城市一些管理权力也没有。这是叫做独立，不是自治。但是我们要晓得古代有一种城市，确是这样的。那时候有所谓叫做城市国家，兼有现今中央政府和城市政府，应尽之义务，和应有之权力。这种古代的城市是完全独立的。现今所谓城市自治并不是要城市完全脱离国家的关系，完全独立；此刻所谓城市自治，只不过一种有限制的自治罢了。

在社会生活简单的时候，各城自然可以各管各的事务，与别的城市毫不发生什么关系。不过到了经济上社会上的各种事情发展后，有许多事务从前只与各城市有关系，现在却变了与别的城市有关系，或与全国有关系。因顾全全国或别的城市的利益起见，中央政府不能听各城市各自为政，就不得不把中央管理来代替城市管理。近来欧洲各国所订定关于城市的法律，大半均是增加他们的自治权力。不过凡各城市执行与别的城市或全国有关系的事务，城市又须在中央政府的权力之下。所以现今的城市有两种地位：

（一）作为中央政府的机关，处理凡与全国有关系的事务。

（二）作为地方自治的机关，处理一切纯粹的地方事务。

作为中央政府的机关时候，城市是完全在中央政府权力之下；作为地方自治机关的时候，城市可以完全自治的；这是现在欧美各国城市的实在地位。所以现在所谓城市自治，不过一种有限制的自治，城市只能在中央政府所规定的范围之内，自治他们纯粹的城市事务，并且这种事务必须与别的地方或别的城市没有什么相干。但是什么是“纯粹的地方事务”，是很不容易决定的。往往有许多事务在一个时候，完全是城市的事务，不过到了交通便利，商务发达后，就与别的地方或城市发生连带的关系，所以就渐渐变成中央政府的职务了。关于这一个问题，美国已经有了很多的经验。美国各城的职权和各邦政府的职权因为没有分得清楚，在前几十年之中，发生了很多的冲突，各城的自治权因之受了绝大的影响。

近二三十年来，美国人民渐渐觉悟起来了，他们也看出邦政府无力干涉城市自治的种种弊病，所以在宪法之中限制邦议会的条文，也多起来了。限制邦议会对于城市的权力，有下列的几种：

（一）禁止特别法律（就是不划一的城市法律）

在特别法律制度之下，邦议会可以用一种法律来组织甲城的政府，用另外一种法律来组织乙城的政府，并且可以为几个人的利益起见，时时修改这种法律。城市的特别法律是时常出于不正当的主动力。邦议会往往为权利所诱，随随便便通过几条城市的特别法律，至于城市居民的幸福和利益实不在他们议员的心上。为扫除这种弊病起见，各邦宪法大半有禁止特别法律的条文。各城市的根本法律，必须一律；如有关于城市的法律通过，这种法律必须通行于邦内的各城市。

（二）在宪法之中规定一个范围，在这范围之内，城市可以自由行动，有完全的自治权，邦议会不得干涉，例如：

（甲）所有纯粹地方性质的官吏，邦政府不得任命。

（乙）如无人民的许可，邦议会不得随意把城市街道或别种权利允许给人家。

（丙）城市有制定城市根本法律的权。

所谓城市的根本法律就是城市的宪法，凡城市的权和组织的规定在内，又叫做市约。去年地方行政会议议决的，六月十七号总统以命令公布的市自治制之中，也有市公约这名词。第五条说：“凡市关于其住民之权利义务及自治事务得制定市公约，但不得与本制及他法令抵触。”

所以市自治制里边所说的市公约并不是一种城市根本法律。这市自治制才是一种划一的城市根本法律。

这一种划一的市制将来究竟能否适用于我国这样大的地方还是一个问题，不过从欧美各国的经验方面看起来，这种划一制度恐怕不能适用。

我们姑且把美国的经验来述一述。在最初的时候，美国各邦的市制是极不划一的，邦议会可以细查各城市的特别情形，为各城市各立一种特别法律。这是叫做特别市约制。但是这种制度以后发生了种种弊病，上边已经约略叙述，所以在十九世纪的中间，各邦宪法就有禁止特别市约的条文。各邦议会须制定一种普通法律，凡邦内各城的权限和组织均须照这普通法律所规定的。但是各城大小不一，情形不同，一条划一的普通市约，万难适用于邦内所有的城市。所以就有一种变通办法，一方面可以不犯宪法的禁令，又一方面可以免去划一的普通市约的弊病，这种办法就是把所有城市照人口的多寡分成等级，凡在一个等级内的城市，须照一种普通法律去规定他的职权，组织他的政府。但是这种城市分类法子，就是特别法律的变相，特别法律的流弊，不能完全免去。因为这种种法子——特别法律，普通法律，城市分类——的失败，近来又通行一种新法子，这就叫做自治市约制度——人民可以照宪法或法律所规定，召集一个市约会议，制定城市的自治市约。

自从自治市约制度通行后，城市自治这名词的意义就变成市民根据于法律所规定，自行联定市约的权。照这样的办法，城市和中央政府种种的冲突，种种的争执，都可免去了。中央政府只须制定一种普通法律，把城市职权的界限大致规定，并给与城市居民自行规定市约，既可以免去特别市约制度的弊病，又不至于像普通市约制度那样的不能适用。现行市自治制对于城市政府组织一方面，规定得非常详细，并且非常复杂，对于城市和中央政府的关系，反而没有确实的规定，这样的市制，我们不能赞同。

城市政治是一种极困难的政治，因为工商业的发达，人口的增加，城市的职务就日渐加多，城市的生活愈加复杂，城市政府的组织也不得不时时改组，使之能适用于当时的实在状况。在最初的时候，因为人民不大十分注意于城市问题，所以多数国家的市政制度往往是随随便便抄袭中央政府的制度。在当初城市生活简单的时候，这种不合式的制度还能勉强敷衍过去，但是到了后来情形日渐复杂的时候，那就不能适用了，所以就发生城市政府改组问题。我们从各国的经验方面，很可以得到一个大教训，我们必须先把城市政府的性质和职务预先研究明白，然后才能规定一种最简单的最适宜的组织。

我们最先须注意的，就是城市自治完全是一个事实问题，绝对不是一种哲理的观念。我们必须从具体的事实一方面着想，去研究用怎样的方法，怎样的组织，可以使市民得到最大的利益；万不能说这样的办法是忘却民治的精神，那样的办法又不能使市民当行政之冲，与自治的精神不能相容。我们只须读一读美国市制的历史，就可以明白这一层。

美国最初的城市政府组织完全是抄袭邦政府和各邦政府的组织。美国制定宪法的时，是在十八世纪之末，当时的政治思想是一种个人主义理想，人民对于政府的观念，并不是要政府有很大的实权，能为人民做一些实在的事务。这个时期，是民治主义初发生的时期，人民从皇帝的威权得了许多教训，把强有力的政府看得非常可怕。所以那时候的政治哲学家，极力要想出一种政府的组织，使这个机关钳制那个机关，不让他变成专制的政府。所谓三权分立，两院制的议院等，均有这种作用在内。美国政府的组织受这十八世纪政治学说的影响非常之大，所以有两院制的议会，立法行政司法权完全分开，用总统来防止议会滥用职权，用议会来监督总统行使职权。最初的时候，因为大家不注意城市政府，因为没有人知道城市的实在性质，以为城市政府也是一种政府，大可以照中央政府的组织去组织城市的政府。所以从前美国城市的政府就有叫做“联邦式”的组织。在城市政府中，有一个市长，等于中央政府的总统；也有两院制的市议会，大半议员是城内各区选举出来的；也有三权分立的制度，市长市议会市法庭的权限完全分开。所以到了十九世纪之末，美国城市政府的组织是非常复杂，有各种的机关，不过都不能做什么事，因为城市的职权是由各种机关分担的。在职权一方面，各种机关是互相钳制的；在责任一方面，彼此又可以互相推托的。

三权分立，代议制度等在中央政府也许有成立的理由，不过在城市政府是万万不能适用的。我们要晓得城市政府的性质和中央政府的性质完全不相同：中央政府有决定政策和实行政策的两种职务，所以必须有两种独立的机关，决定政策的机关是立法部，实行政策的机关是行政部。但是城市并没有决定政策的职务，城市政府所做的事完全是几种实实在在的事务：如保护人民的生命财产，清洁街道，疏浚沟道，验查饮水和各种食物，经营各种公共的事业，办理各种公益的事务，设立人民的休养和娱乐场所等。这几种事务人人都知道是城市政府所应该办理的；城市政府的良否全看他办理出来的结果如何。如果城市政府的组织是非常之复杂，设立了许多机关，各机关职权又混杂不分，请问那一个机关肯极力为公家做事呢？出了乱子，请问那一个机关肯出来负责？美国向来通行的城市政府完全是这样的，所以在十九世纪的中间，他们的市政弄得一塌糊涂。

还有一层，自从民治主义发展后，人民误认选举官吏为防止政府专制的唯一妙法。在美国这民选官吏的运动也到了城市政府，所有城市的官吏也渐渐变成民选的。人民的意思自然以为民选的官吏容易受人民的节制。并且人民选举官吏是民治主义的一个要素，不是这样，不能叫做民治的国家。所以在城市之中，自市长市议员以下直到最小的录事，没有一个不是人民选举出来的。选举的时候，每一个市民至少须选举好几十个官吏。城市的人民大概个个有职业的，平常的时候一定是非常之忙，那里有工夫去把几十个候补官吏的历史资格，详细调查。选举的时候，无非是糊里糊涂，把政党里提出的人随便举几十个，就算了事。所以城市政府里的各种位置变成政党的酬劳品，极坏的人占住各种位置，好的人民就不愿意加入城市政府的机关，所以市政统一天坏似一天。最重要的原因不过是（一）组织太复杂，各机关易于卸责；（二）选举官吏太多，人民不能详细选举。

所以城市政府组织最重要的原则就是职权必须集中，责任必须确定，民选的官吏万不可过多。美国新近最通行的市长式的，委员会式的，和经理人式的城市中横幅就是根据于这一条原则。我们讨论市政万万不可不注意于这一层。近来有很多的人往往误解民治主义的原则，以为凡一切职权放在普通人民手中，总是不会差的，不晓得人民没有能力，没有机会，去使用职权，最容易被腐败的政客和官僚所利用，借人民的名义去做出种种自私自利的事情，结果人民一方面反而得到种种的害处。如果城市政府的组织是非常简单，所有职权完全在几个负责任的人手里，那末，人民也极容易去监督他们，这种简单的组织万不会变成专制的制度。

我国各处的情形和外国完全不同，当然不能纯粹仿效他们的制度。不过从它们所经过的历史方面，我们很可以得到种种的教训，至少我们可以不再向他们已经失败的那一条路上去走。

我国土地这样的大，各处的情形又这样的不同，划一的市制万万不能适用。但是我们虽则不能规定一种统一的办法，我们很可以把研究市政制度的人所应当注意的几个重点提出，供大家讨论。

第一：我们不当再采用三权分立的城市政府组织。

第二：市议会的议员额数愈少愈好，市议员不当用分区选举法举出。城市政府是以办事为主，不是一个讨论会。市议员的额数太多，市议会势必至于变成一个雄辨会，一些事情也不能做。市议员如果由各区举出，那末，他们的眼光往往只能看到他们区内的事情，不能看到全城的利益。还有一层，各区内所居住的人民各种各样的人多有，他们完全没有一些共同的利害关系，他们怎样就可以举出一个人来代表他们呢？市议员的额数如果只有三个，五个，或七个，那末，由全城市民共同选举也容易做到。

第三：除出市议员之外，城市政府中不当再有别种民选的官吏。市议员是城市政府中最重要的人物，市政方面的种种事务均由他们对于人民负责。人民如果只举几个负责任的重要市议员，他们很可以仔细调查各候选人的历史和资格，能够举出相当的人；如果除市议员之外，还要人民举出其余的官吏，那末，民选的官吏太多，人民就没有能力去尽他们的职务。

第四：市长当由市议会选择，并不必限于本市市民。市长也是一个重要人物，为什么不由市民选举呢？这是因为市长的性质和市议员不大相同。市长是执行市政事务的领首，非有专门智识的人不能胜任。凡是人民所选举出来的人大半均是这一般能演说的或能在报纸上发表意见的出风头人物，这一般人也许能出主意，能计划各种事情，未必见得真能办事的人，选举这类人物充当市议员是很相当的，充当市长未必能相配。

现在将要初办市政的时候，一切的组织总以愈简愈妙。城市政府的性质和中央政府绝对不相同，我们万不可拘束于普通的民治主义观念，去讲哲理原则，而不去注重于事实一方面。不过无论那种制度不是自动的，有了好制度还得要有好人去应用他，才能有好的效果发生出来。如果市民自己还是麻木不仁，对于市政觉得毫没有一些利害关系，自己没有自动的能力，觉悟的心理，一般流氓的政客，腐败的官僚就有把持市政，包办市政的好机会，那末，什么样的制度，什么样的组织都不能发生良好的效果。

（原载《努力周报》，1922年7月3日、9日、23日）

多元的主权论
(1922)

现今政治哲学方面最重要的争点就是主权论。主权论的学说共有两种：一元说的和多元说的主权论。一元说的主权论就是普通一般政治学者所早已承认的学说，是把主权看做国家至尊无上的统治权。照一元说的学说，国家是社会中的政治组织，有强制执行其意志的权力。那强制执行的权力就叫做主权，就是政治组织的根本基础。这一种政治组织的特质有四种：

（一）有一定的土地，在那范围之内，国家对于各种人民或人群均有绝对的权力。

（二）统一——在一国之内，只有一个主权。

（三）主权是绝对的，无限制的，不可让弃的，不能分的。

（四）个人自由是发源于国家，由国家保障的。

主张一元说的学者总是极力注重国家对于人民或人群那一种直接的和绝对的权力。他们说：

> 无论在什么地方，一元总是发现于多元之前。所有的多元是发生于一元，是归纳于一元的。所以要有秩序必须把那多元抑制在一元之下。如非一元有管理多元之权，引导到其目的，多元的公共事业万不能做起来。统一是万物之基础，所以也是各种社会生存之基础。

这一元说的主权论倡始于布丹。欧洲当封建时代之末期，时局非常扰乱，贵族与贵族争，贵族与国王争，国王又与教皇争，社会上纷乱的现象达到极点，人民的生命财产毫无保障，国家是差不多陷于无政府的危境，所以非有一个强有力的君主出来，不能救人民于水火，拯社会于沉溺，国王权力的扩张，实在是当时社会上的需要。专制君主政体最先实现于法国。

民治主义发展以后，人民对于主权的态度，虽经一次的改变，但是那一元说主权论的根本观念还是继续存在。十八世纪以后的主权论只不过把“人民”这名词来代替“君主”这名词罢了。不过那时所谓“人民”决不能包括全体的人民，只不过是中等社会以上的人民罢了。中等社会人因工业革命而得到财产，又因财产所有权而得到政权。他们有了金钱，无论什么事都容易做得到。在各国政府里边，这一般人占了极优胜的地位。他们的方法就是把国家抬高起来，把法律看做人民公共的意志，把主权当作国家的政治基础。但是近几年来，社会上的情形又不同了，劳工阶级无产阶级均要求社会给他们一种公平待遇，但是国家法律差不多全是为中级社会而设的法律，政府机关也在中级社会人民手中，劳工阶级和无产阶级实在不能依社会上固有的学说，固有的制度，来达到他们所要求的“公平”。所以那一元说的主权受了一部分人民的攻击。

主张多元说的主权论的还将要推法国的狄格（Diguit）和英国的拉斯基（Laski）两个人。他们绝对不承认国家为社会中至尊无上的组织，高出于其余组织之上。他们说：

> 人民在社会之中，组织各种各样的团体，有宗教的团体，有文化的团体，有社交的团体，有经济的团体。他们有教会，有银行清算联合会，有医学会，有工学联合会，凡人民间有利害关系发生之处，他们总是群聚起来，组织一个团体。

人民对于这种团体，也和他们对于国家同样的尽心尽力，同样的服从。照拉斯基说，这多元的社会观

> 否认那一元的社会，一元的国家……凡与人民相接触的无数团体均能影响于人民的举动，不过我们万不能说人民的本身就因之而被那种团体并合了。社会的作用只有一种，不过那一种作用可以用种种方法解说，并可用种种方法达到其目的。这样分析起来，国家只不过是人类社会中的一种团体。国家的目的不必一定就和社会的目的相适合，犹如教会的，或工团联合的目的，不一定就是社会的目的。那种团体自然有种种关系，由国家管理的，不过那种团体并不因之而就在国家权力之下。国家权力的至尊无上完全是一种错误的想像。……在道德的作用方面，教会是不在国家之下的。在法律的作用方面，国家的尊高是……误认“国家就是社会”的结果。我

们如果注重于国家的内容一方面，那一元说的错误就显而易见了。国家既是治者和被治者所组织的社会，那国家的尊高当然有种种的限制：（一）国家只能在其职权的范围以内，不受外界的限制；（二）只有在那种未经人民抗议的职权以内。国家才有最高的执行权力。

除去那种学理方面的攻击之外，还有许多运动从事实方面攻击那种根据于一元说学理所发生的政治制度。这种种运动的目的，或者是极力提倡社会中各种团体的权利，使之不受国家的侵犯；或者是想把那政治管理权分配于各种职业，使各种职业在一定的范围以内有自治权力；或者再用别种方法，设立一种分权的政治制度。在英国，在法国，现今有种种势力极大的运动，其作用均想从根本上改造现今的政治制度；改造的方法或从组织方面入手，使国内各种职业，各种利益均有派出政治代表的权，分掌政治方面的权力，或从职权方面入手，把国家权力范围以内，分出一部分职权，由各地方机关执行。至于那种种运动的性质，不是这一篇文章的范围以内，故不叙述。这种运动的名称列举于下：

（一）职业代表制度

（二）行政方面的分权

（三）地方分权的趋势（Regionalism and decentralism）

（四）基尔特社会主义（Guild Socialism）

（五）工团主义（Syndicalism）

这都是从一元的主权论到多元的主权论的趋势的明证。

（原载《努力周报》，1922年9月10日）

政治改革的目标
(1923)

所谓政治问题，本来是极不容易解决的，既没有一定不易的原则可以采用，又没有确定的进化路程可以找得出来，作为我们的向导。又因为人民和执政者两方面均各有偏见，各没有确当的智识，政治上的进步时常受到种种的阻力。人类的天性也和政治方面有极大的影响。凡是理想方面最适当的方法往往在实际方面未必一定能做得到，这是因为影响于政治的各种势力极其繁多，有属于物质方面的，有属于人民心理方面的，□想家万难一一看出，预先为之着想。并且各种政治组织的发生，往往出于偶然，并不是预先有人根据于社会上的状况，而拟定出来的。

我们中国因辛亥革命就从满清专制国一变而成中华民国，就是一个很好的例。因为我们当初没有预备做共和国国民，而共和政体却偶然于无意之中得到，所以人民方面毫没有民治的精神，公民的当识，对于政治事务毫不晓得怎样去管理，怎样去监督。那般自私自利的官吏和政客就利用了这样的好机会，做去种种丧权辱国损人利己的事情，把这中华民国弄到南北分离，各处土匪横行，人民的权利剥夺殆尽。这中华民国十二年的历史是我们国民最大的耻辱。我们虽则挂起一块共和国的招牌，其内容却反而不如专制国。这就可以见得政治上的形式是不重要的，我们所当注意的是形式背后的一切势力。

在从前满清时代，我们大家晓得满清皇帝是真真的执政者，所有一切权力是完全在他手里，他的意志就是法律。到了现在改为共和国，政府里边添了许多机关以后，社会上真真的执政者却不容易去找了。北京政府的命令不能出北京的城门，政权当然不在北京。至于各省的督军和巡阅使也不能算是真真的执政者，这几年来各省督军被推倒者，不晓得已经有了多少，只因为政权并不在他们手里，所以他们的地位也是很危险的。这不但在我们这样扰乱的中国有这样情形，就在欧美所谓民治国，真真的执政者也是找不到的。在学理上说起来，人民政府是以人民公意为主体的政府，但在事实上，人民公意是没有方法可以确定的。选民在选举时候并不是根据于他们理性上的判决，去投他们的票，他们大都均是处于被动的地位，受各种势力的影响，如他们自己的偏见，政党的感化，那种非理性的推想，经济方面的利益，并且他选择的范围又限于政党的领袖，而政党领袖的背后却另外有人主持一切事务。人民代表所议决的一切议案也不是完全以人民的利益为标准的，他们却另外有别种作用在内。法律上的政权问题是极容易解决的，但实际上的政治势力是无法确定的。形式上的执政者须被种种势力所影响，如道德的，心理的，经济的，社会的，和个人的，而在他们的背后，却又另有真真的执政者。

在现今各国政府之中，形式上的或合法的执政者往往徒有虚名而没有实权，真真的执政权力却往往在一班不出面的人手中，他们如同那傀儡戏中背后牵线人，在黑暗之中干涉或行使国家政权。这就叫政治上的黑暗势力。政治上一切的弊病大都出源于此。政治改革家想廓清政治非从打破黑暗势力入手不可，想打破黑暗势力又非先提高人民智识，使他们有监督政治能力不可。我们要晓得那黑暗势力之所以能为所欲为，把持政治上的权力，并不是偶然的事。这其中却有重要原因：或者因为人民智识不够，没有监督政治的能力；或者因为人民对于政治事务往往漠不关心，缺乏政治兴趣；或者因为政治制度的不良，一切弊端不能立时发现，人民方面易于被官吏或政客所蒙蔽，而黑暗势力就利用了这种机会，逐渐巩固他们的地位，把持种种的权力。直到大权到了他们手里，人民就无可奈何他们了。在名义上，政府是人民的政府，政权是在人民手里；在实际上，人民只是黑暗势力的傀儡而已。政治方面因之而发生种种弊端，人民自己实不得辞其咎，所以一国政治的良否，全在人民自己：有了好人民，才能有好政治，没有好人民，永远不能有好政治。人民有公民常识，有辨别各种制度或政策好坏的能力，并且没有自私自利的心理，对于一切事务全以社会幸福为观念，对于政府各种机关能继续不断的监督其行动，公公平平的批评其政策，使全体人民能够明白其中的一切情形，使政治方面各种事务能完全公开，那末，各种黑暗势力就无存在的余地了，政治方面的各项改革就易举行了。

总之，人民是造成政府的原料，有怎样的人民，才能有怎样的政府。贤人政治的观念也许有些益处，但总免不了“人存政举，人亡政息”的弊病。理想政治决不能自动的发生效力，也得要人民去执行，方能有结果；并且理想政治也只能影响于人民的主观方面，使他们心目中存了一个进行的标准罢了。

如果一国的政治太坏了，政府太不能尽他所应尽的义务，我们也不能因此就否认一切政府，想从根本上推翻政府的制度，而采用种种极激烈的无政府主义派的主张。凡无政府主义初起时，大概都是针对某一个腐败政府的抗议。这一派学者对于现今政治上一切弊病的批评，也有确当的理由，但他们所提出的救济方法实在是不大妥当。政治不良并不是政府制度本身使之这样的；政府里边执政的人并不是特别的人民，他们也就是和我们同样的人民，并且在现今的民治政府，普通的人民也往往执行政府一部份的权力，所以政治的不良，我们人民也得要受一部份的过失。就是在我们这样扰乱的中国，人民也有选举议员的权，总统也是人民代表选定的，国务总理和各行政部总长也经人民代表通过的。中国政治的腐败，政府的不能称职，也应使我们自己反省。如果我们人民在选举时候，只顾受点贿赂，随随便便把那般没有人格的人举了做议员，平时又不去留心政治，听那般无耻的官僚为所欲为，养成腐败的政治，我们人民那能辞其咎呢？人民如果真能尽他们应尽的公民职务，并有监督政治的能力，政府里的执政人员那敢横行不法，造成现今这样的无政府局面。政府如果真不能尽职，人民也有方法罢免他们，而另举别人组织政府，万不至于漠不关心，愿意忍受种种痛苦，全没有反抗的能力。

良好的政治制度的作用在于便利人民监督政治上的种种事务。有了好制度，有了好人民，人民自然很容易去观察政治上的一切事务，什么事都不能被那般官吏或政客所蒙蔽，政府就不能不尽职，政治就不能不完美。有了好制度，没有好人民，人民未必一定能运用这种制度，政府就不一定能尽职，政治不一定能完美。有了好人民，没有好制度，人民就须受到种种的阻碍，政治事务易于被官吏或政客所蒙蔽，一切的弊端也不能立即发现，这样的政府也未必能十分尽职，这样的政治也未必能算是好政治。所以近来改革政治的方法须从人民和制度两方面入手，一方面须提高人民的智识，使他们能尽公民的职务；又一方面须采用适当的制度，使人民易于执行他们的职权。这就是我们所应当采取的政治改革目标。

（原载《努力周报》，1923 年 7 月 29 日）

英国选举制度史（节录）

（1923）

第一章　绪论——选举权的学理观念

在代议制度的民治政府之中，选举团是政府全部的基础。所以各种选举制度和选举方法确是非常之重要，是民治国人民所不能不研究的。著者的目的就想把英国选举制度的历史，和现今的选举方法，详细叙述，使读者能够明白这“选举权”的真确意义，不至于到了投票的时候，被一般腐败政客利用他们的权利，或者自命清高，放弃这种重要权利。欧美各国选举制度的历史确实可以给我们很多的教训，凡他们已经试验过而失败的制度，我们就可以不再采用，他们所受过极痛苦的经验，我们也可以不必再去尝试。我们只须详确明白他们的历史，就可以根据于他们经验，再准酌我们的各种状况，去走一条最近的路程，达到“好政府”的目的。

各国现今所通行的选举制度是由各时期的思想和习惯，凑集起来的。从历史方面着想，普通一般人对于参与政治事务，曾有四种观念。在最古时代，在社会状况较简单的时候，人民把选举职务看做国民所必须做的事务，如非和国家脱离关系，他是万不能放弃这样的职务。到了中世纪的时代，人民因为有了土地所有权，或爵位，才能参与选举政府的官吏，并不是因为他是一个“人”，或是一个“公民”，就能有选举权。以后到了立宪制度初发生的时候，人民对于选举的观念又更改了，他把选举权当做一种抽象的权利，凡是一个人应当享受这样的权利，如同他享受生命权利，自由权利一样的。最后到了十九世纪，我们就把选举当做政府职务中的一种，是为国家而执行的，是照国家的意志执行的。

在雅典，在古代的政府，人民对于选举权的观念是很幼稚的，是根据于那时候的部落观念。选举事务并不是政府职务中的一种，又不是一种权利，不过是国民应当做的一种重要职务。凡是国民，一定要参与选举事务。希腊的国家是由家族推广出来的，所以一个人既是家族的一份子，同时当然又是国家的一份子。那时候有种种的礼节，提醒各人和其余一般人的关系，这种种礼节又带有出源于家族的痕迹。例如公共宴会，或如在斯巴达，兵营和公共食堂，族长会议等类。那时候的国家是很专制，凡人民日常的生活是处处受国家的干涉。所以国家和人民差不多是分不开的。人民以私人资格所做的事务和以国民资格所做的事，也是分不清的。不过在雅典，并不是个个居民能参与选举，只不过所有的国民一定要参与选举的。

雅典的选举方法和现今的方法是不同的。雅典的官吏是由人民投票举出来的，是用抽签的法子举定的。雅典人民以为在民治国，只有这抽签的方法是可用的。在文化初发展的时代，人民以为这抽签方法就是和上帝商议，所以凡是由抽签被举的人，完全是神的意思。从荷马（Homer）时代到罗马帝国的末期，所有的教士完全由抽签方法选定的。在雅典，这抽签方法又用来举出那时候的行政长官，叫做 Archon，这一个行政官的职务是兼有教士的职务。虽则那抽签方法是出源于宗教的观念，但是过了第五世纪以后，人民还是继续采用这种方法，因为这是一种民治的方法。

这样一种普通的信仰完全是根据于那时候的特别政治状况——这就是上边已经提及的国家和个人合而为一。那时候的人民并不是举出他们的代表，把他们的自治权利交托代表执行，直至下次选举时候为止。人民本身是一个集合的团体，能够在全体人民会议之中聚集起来，自行通过一切的法律。如果那种官吏执行一种不合于民意的政策，人民就可以否决他们的政策。不过那官吏可以不必因之而辞职，他们总是服从人民会议的意志。希腊的行政官和兵官确实是人民的公仆，现今各民治国的总统或国务总理在形式上自然是人民的公仆，不过在实际上决没有像希腊那时候的名实相符。这抽签选举方法还有两种重要的根据：（一）凡奸雄的人物，非人民会议所能驾驭得住的，不一定能够当选得到；（二）凡是国民，无论他的地位是怎样低，也有当选做官的机会。

除出这抽签选举之外，那时候的民意还有别种方法可以表示出来，这就是在法庭里的投票。希腊的法庭制度是很特别的，凡服务于政府的人往往被低微的国民在法庭控告，这也是管束官吏的一种方法。但是被控人物在法庭定案之后，也没有什么大不了的事，其结果只不过像现今各国的执行者在选举时候失败一样。希腊的著名人物均被人民在法庭控告过，不过他们的声望并不因之而受多大的影响。那时候的法庭使人民有批评执政者之机会，如同现今在选举竞争的时候，人民可以责备各党的领袖一样。所以雅典的法庭是非常之活动，不像此刻的法庭只能解释各种法律，判决各种诉讼而已。人民在法庭内的投票，如同在人民会议中的直接投票一样，是一种选举的方法。

那时候政府各机关所有职权，如立法机关的，司法机关的，选举团的完全在人民手中，其中以那第三种——选举职权——为最重要。在雅典，行政权并不在于那一般执政者手里，却在人民会议。政府中各种职位并没有什么实权，做官的人也不因做官能有大权才想做官，因为那抽签选举方法往往举出平庸的人物，而政府各机关只不过是行政方面的机械，并不是决定政策的主体。

在罗马，虽则公民的范围较之雅典公民的范围广，这两国的政府却有一个相同的特点，就是他们都是城市国家，没有代议制度的议会，行政官是由全体人民推举出来的，法律是由全体人民制定的。罗马公民的政权是平等的。但是罗马所采用的方法，和希腊时代的制度完全不同：罗马人民确实用选举方法，选举政府官吏。

罗马在共和时代的末期，共有三个选举机关：（一）贵族议会（Comitia Curiata），（二）百人会（Comitia Centuriata），（三）平民议会（Comitia Tributa）。在从前的王政时代，贵族议会是很重要的，其职权是选定新国王，赋予国王最高的和终身的权力。但是到了共和时代，这个选举机关的权力早已失去，只不过是旧时制度所留下来的一种痕迹。百人会是以有当兵资格和有自由财产权力的平民及贵族合在一处组织起来的。其目的想调剂阶级的不平，使贵族和平民都有参与政治的权力。那时候所有重要的官吏均是由这百人会选择出来的。平民议会是在共和末年设立的，是最有名的立法机关。当时旧有的机关仍旧存在：百人会做选举执政官的机关，和裁判执政官犯罪的最后审判厅，对于和战问题，并有最后的判决权；贵族议会丧失了从前政治上的权力，不过还有管理宗教事务的权力；元老院（Senate）有支配政府大部分的权力。大概罗马平民的要求不在支配公务，只在选举支配公务的官吏；不要自己有做官的权利，只要自己有权使官吏负责，阻止官吏滥用威权来侵害自己。

日耳曼民族也有同样的观念。以为凡属于一族的人民，因为他们是族里的一份子，一定要参与选举事务。所有各种议案，均由几个族长提出，预先在族长会议之中，详细讨论，然后交付人民表决，在人民会议之中，先由族长发表意见，人民均带有军器，以军器相触为不赞同的表示，呼喝为允诺的表示。

在中世纪的意大利和法国南部的各城市中，这样的选举观念还是存在。有许多城市还是用抽签方法，选举各种官吏。但是在这种城市之中，公民的范围有很严格的规定，到了后来，只有少数旧家族的人才有公民的资格。在现今时代，各国还没有完全脱离这一种观念的影响。现今各国的选举法，均规定国籍为选举人资格之一种。这就是确实的证据。

第二种的选举观念是中世纪国家选举制度的根据，是把选举当做一种特别权利，为地主所特有的。这一种观念是中世纪封建制度的出产品。当时人口增加，全体国民实不能召集在一块地方开会，古代的直接民治制度就因之而消灭。希腊的城市国家是以人民做基础的，中世纪的国家是以土地做基础的，是代表地主阶级的。实在说起来，那时候确实没有一个普通的人民团体，可以代表社会上各部份的人民。民族国家还没有发生，当时社会上人民的三个阶级——教士，贵族，平民——没有共同的利害关系，他们的界限，如同国界上，英国人，法国人，德国人的界限，分得一样清楚。就是以后中世纪的克路林琴帝国（Carolingian）分裂后，欧洲大陆上发现了许多民族国家，这许多国家还是"阶级的国家"，是由地主的武力组织起来的，是由地主的智力维持的。英国这一方面的发展也是相同的。那有特权的贵族团体，由英王召集拢来，作为顾问，以后就变成英国的上议院。上议院议员的资格完全是根据于地产的多寡和产业权的性质。以后到了十三世纪，和十四世纪，英国和大陆各国发现下议院的时候，下议院议员和选举人的资格也和上议员相同。

这一种把选举当做特别权利的观念，从英国移植到美洲殖民地，以后直到十九世纪，美国的选举法律还受这种观念的影响。不过美国地多人少，差不多人人可以有一块土地，人民有了土地所有权，就能有选举资格，所以这第二种的选举观念在美国不觉得有十分不合于民治主义的趋向。直到最近的时候，英国的选举制度还是根据这种观念。在各国选举制度之中，有种种奇妙的方法，使财产阶级占特殊的地位。例如加重的选举（Weighted Voting），从前，普鲁士的三级选举制度，比利时的复数选举制度等类。这种种方法，在名目上虽则不同，在实际上均脱不离这第二种选举观念的影响。

就是在封建时代的选举观念最通行的时候，有几个哲学家已经表示一种根本不同的选举观念。在选举学说历史上边，这一种观念可以算是第三种选举观念，是发源于中世纪主张人权的哲学家，成熟于立宪制度初发生的时候。照这一种观念，人民应当有选举权，因为选举是人民自然权利之一种。这样的观念虽则到了法国革命时候才通于全欧洲和美洲；但是在法国革命和美国革命之前，这样的观念早已发生了。在中世纪的时候，经院学派中第一个学者阿奎拉圣太摩士（St. Thomas Aquinas）已经把一种抽象的人民选举权利表示在他的人民主权学说之中。以后马献僚（Marsiglio of Padna）更说君王的权力是从人民方面得来的，人民并有制定法律的权。同时又有威廉（William of Ockam）和尼古拉（Nicholas of Cues）主张人民主权更加厉害，更加激烈。他们说：君王的权力完全是由全国人民委托的，君王之所以能使人民服从，因为人民情愿把权力委托了他。

在十四世纪的时候，这样的学说总算是一种梦想。但是这种梦想，到了后来，居然有成了事实的日子。代议制度首先实行于宗教事务方面，再由宗教方面推行到政治方面。在十七世纪的时候，这抽象的选举权学说首先实现于欧美两洲。以后又因法国革命，美国革命的结果，这人权学说就非常之发达。西洋历史从法国革命以后，总算开了一个新纪元，叫做“人权时代”。不过当时提倡人权学说的人，份子非常复杂，我们很难确定究竟那一方面的力量居多。例如有宗教家浩克尔（Hooker），非宗教家卢梭（Rousseau），哲士孟德斯鸠（Montesquieu）。

在十九世纪，欧洲人民就奉这人权学说为神圣不可侵犯的真理。就是现在，普通人民的选举观念，还是以这个人权主义为根据的。社会契约说和人权主义说至今还没有完全打破。

在历史上边，无凭无据的政治学说是非常之多，但是有很多这样的学说往往能使人民达到真正的目的。这人权学说就是这样学说的一种。从一千七百八十九年以后，民治主义之所以能大发展，差不多完全因为普通一般人民都信仰那“人权学说”的结果。人权学说虽则能使世界人民脱离旧时的专制政体，组织现今的共和政府，使直接的代议制度，议会政府制度推广到世界各国，但是现今有名望的政治学者差不多没有一个人还承人民有天然的选举权利。

这第三种观念的错处在于把选举团当作全国国民，政府的权力虽则是由人民方面得来的，但并不是选举时候选民举了他们，他们才能行使政府的权力。如果是这样的，那末，所有没有选举权的人和少数党人均不能参与政治的生活。在选举的时候，选民并不是行使他们天然的权利，选举权只不过是一种特权，是由全国人民给与选举团的。选举团选举代表的权力和议会的立法权均受全国国民的监督和节制，所谓全国国民是包括选民和非选民在内。换一句话说，就是全国国民的公意。

第四种观念是把选举权当做政府职务的一种，是现今的选举观念。

不过就是在十八世纪人权学说极盛的时候，已经有人提出过这样一种观念。在法国革命时候，有人想保护中等阶级的权利，不致全为第三阶级人民所侵没，就想出一个学说：说一国的公民，有主动公民和被动公民的区别，被动公民就是不纳税的或纳税不多的人民，所以不能有参与政府事务的权利，行使公共职务并不是一种权利，只不过是一种义务，官吏的义务较之公民的义务更加大。

虽则在初发生的时候，这个观念的范围是很狭小，但是现今多数的政治学者均承认选举权是一种公共职务，并承认这个观念较之那一种以选举权为人民天然权利的观念，格外适合于民治主义。选举权是由法律规定的，并不是先有选举权，然后有法律。所以选举权和公民权的性质是不同的，公民权是公民最低度的安宁保障品，是人人应该有的。但是选举权不是人人应该有的，也不是人人所能有的。如同议会中的人民代表不是人人所能做的一样。因为选举团和立法部均是国家的机关，是由法律设立的，并且随时可以由法律更改，使之适合于当时的政治状况。

现今世界各国，根据于这样的选举观念，才规定了许多的选举法律。如人人有天然的选举权利，那末，所有各种的选举法律均无须制定了。选举法的唯一目的，就是想于最短时期之内，使人民得到政治方面的训练和经验，以便实行普通选举制度。因为政府的选举机关须得有相当的能力，然后才能行使这样一种职务，不致发生别种弊端。因为选举团须代表全国各部份的人民，所以少数人的意见也得用种种方法，使之能表示出来。现在最通行的方法比例代表制度和少数代表制度。强迫选举和选举票改良的宗旨就是要增加选举团的效率。选举权虽则不是人民的天然权利，但无论什么人，如有相当的资格，就应该有这选举权。有了参政权，人民才能有服务于社会的机会。

这是现今的选举权观念。抽象的权利观念早已打破了。现今人民所享受的一切权利均是根据于人格的尊严，并且是发展个人人格所必须要的条件。选举权也是这样一种权利。但照现今的选举权观念，人民执行选举权的时候，却有一种极重大的责任，并且社会一方面也有很大的责任。所以照各国的通例，凡是在道德上或智识上没有相当资格的人民，决不能尽他们应尽的义务，所以不能享受这选举权利。

第三章　英国的下议院

中世纪德法两国的选举逐渐于无形之中消灭，到了后来，只有一种形式存在。不过就是在这个时期，英国方面真正的代议机关就渐渐发生，选举制度也逐渐规定了。在选举制度，和民治制度的历史上，英国下议院的地位实在是非常重要。那时欧洲大陆上日耳曼民族的民选议会观念早已消灭了，如果没有英国恢复这议会制度，并把这种观念保持起来，推广出来，恐怕古代日耳曼民治制度的观念永不能再有复生的希望。以后民治制度之所以能有极大的成绩，所以能推广到全世界，完全靠这一种代议制度。英国议会确是世界各议会的老祖宗，非但欧洲各国的议会，就是美国，奥大利亚，南非洲，远东各国的议会均是抄袭英国议会的制度。所以关于英国议会的起源和历史，我们须得详细叙述。

英国的议会也是出源于古代日耳曼民族的议会。条顿民族的人民政府观念是从大陆上移殖到英国的，撒克逊民族侵入，盎格鲁撒克逊国家在英国土地上设立之后，同时又发生一种观念：凡关于重要的事务，尤其是制定法律的一项事务，国王一定要得到人民的同意，无论如何，必须和人民商议后，方能执行。当各部落的人民还不十分众多的时候，自由的人民自然可以全体出席于那人民会议，表决国王所提出的各项议案。但是以后各部落的人口逐渐增加，民族的盎格鲁撒克逊国家设立后，这全体的人民会议就不能举行了。地理上的情形就能阻止那自由人民全体出席于这大会议，所以这大会议的范围就缩小了，只有那贵族中最重要的份子——大地主和军人——方能到会与议。这是一个大人物的会，是一个哲人（Wiseman）的会，所以在盎格鲁撒克逊时代，就叫做哲人会议（Witanagemot）。这一个会议讨论各项关于法律，政治，和宗教事务，并且还有选举国王的权。凡习惯法的更改，一切的军务，国际间的和战问题，土地的分配，教会的组织和进款等项均在这哲人会议的职权之内。

这哲人会议的职权和组织并不是确定的，全以当时国王的性质而决定的。在一个利害的国王之下，国王就有权力决定什么人是应该加入那会议的，什么人是不应加入的，并且还有权力去指导这会议中的一切讨论。在撒克逊时代，这哲人会议中的会员是很少的。那时候的交通是非常不方便，所以一般小贵族虽则并不是绝对不能到会，不过就是有与会的权利，也是极不容易去执行这一项的权力，全国的土地差不多全盖满了森林，各河流上面的桥梁是非常缺少，交通这样的不方便，各处人民那能都到会呢。所以各贵族被召之后，他们都是不大十分愿意的，他们觉得到会与议是一种极讨厌的义务，就是几个较重要的贵族也是往往拒绝到会的。

所以这个会议并不能保障人民方面的权利，抵抗那有势力的君主，并且也没有人民代表机关的性质。就是大地主阶级也没有确定的代表团在内，那小地主永没有举过代表出席与议。城市里的工商阶级就更不必说了。一般乡绅和自由人民也往往到会，但是他们只不过是旁听人罢了，并且他们能够旁听与否，须看这哲人会议是否在他们所居住的地方开会。实在说起来，这哲人会议并不是由全体人民举出来的，也不是代表全体人民的，只不过是国王的咨询机关罢了。但是我们要晓得这个会议的地位确实是很重要的，没有一个英国国王胆敢不与这哲人会商议，或未曾得其同意，而制定法律。还有一层，从那会议记载的性质，及其样式上看起来，当时的人民确把这哲人会当做全体人民的代议机关看待。当时永没有制定过禁止人民旁听的法律，而这一般旁听的人民有时候也确有影响于这会议的势力。

到了诺曼（Norman）征服的时候，英国政治方面的发展就受了一种极大的影响。在诺曼征服以前，英国的政治制度就有变成欧洲大陆式的趋势，大陆式的制度完全是封建的性质，诺曼征服的结果就是把英国政治制度从封建式的一方面发展。英国旧时的政治制度还是存在，但其形式及其性质是照封建时代的制度而更改了。所以那时候国王的大议会（Great Council），确是一种封建式的议会，是大地主的议会，但是在人民的心目中，却还以为古时哲人会议的变形。

当时国王的大议会从封建式的行政机关和司法机关变成人民的代议机关是有两种主要原因。第一，当时国王的费用日渐增加，而国王的产业大半均已分配于各大地主，所以国王必从旁处设法筹款。第二，当国家的经费正在支绌的时候，各小地主，农夫，和城市商民的财产却日渐增加。所以国王就不得不从这一般人身上去设法筹款。但是从以往的经验上，国王早已得到一个很好的教训；人民决不能被国王的势力所威逼，决不能强迫捐钱的，只有先得到了他们的同意，或者由国王先给了他们一些好处，或免除了他们的困苦，他们方肯愿意拿出钱来，捐助国王。这样才把人民纳税的义务和选举代表的权利连在一起。但是人民方面也得还要和君主的专制势力奋斗了数百年，才把这纳税的担负须得到人民或人民代表的同意这一条原则渐渐儿确定出来。

在一千一百八十八年，亨利第二（Henry Ⅱ）新征收一种动产税，这项税款是由各区人民的代表规定的。二十七年以后，约翰（King

John）因被贵族的威逼，公布一条自由大宪章（Magna Carta）。照这宪章的规定，凡各种特别的封建税款非得全国大议会的同意，不得征收。但是那时候所谓全国会议只不过是全国大贵族，大地主，大主教的会议，是一个封建式的会议，并不是民选代表的会议。实在说起来，在十三世纪的初期，古代的哲人会议是已消灭了，当时并没有代表全国人民的机关，可以备国王征求国民公意。但是那时候还有许多从古时遗传下来的地方议会，可以用来当做人民代表的机关。

在盎格鲁撒克逊时代，人民就有区会议（Town Meeting），县法庭（Hundred Court），郡法庭（Shire Court），那时所谓法庭，其职权并不是专限于解决法律问题的一方面，各郡的法庭每年召集二次，其职务是判决居民间的各种争执，解决各项的法律问题，判定刑事方面的刑罚，并执行郡内各项其他事务。这郡法庭确实是代议制度的模型，因为照那时候的习惯，郡法庭还须举出陪审官，再由陪审官将郡内的一切刑事案件呈报中央法官，规定税率的官吏也是由该法庭举出来的。在各州的法庭之中，各城各乡区也举出代表，出席与议。这样的地方代表制度就是将来全国选举制度的起源。那时候国王想得人民在经济方面的帮助，他只有征求这州法庭的意见，因为只有这州法庭可以算是代表全州人民的利益和意见。所以在一千二百五十四年，当亨利第三（Henry Ⅲ）和德意志人民开战，想人民协助他款项的时候，他就命令各州长在州内选派四个正直的乡绅，共同讨论救济当时危局的方法。

十一年以后，当国王和贵族冲突极激烈的时候，贵族的首领孟忒福（Simon de Montfort）召集一个人民会议，叫做“巴力门”（Parliament），从此以后，这样的会议就采用这个名称。在这一次的会议，那代议制度的原则又推广了，除出各州的代表之外，还有几个城市的代表也被召出席，那一次会议的会员是由每州派出乡绅二人，几个城市每城派出市民二名，五个海口各派代表四人。当时各商会和工会的势力已经是非常之大了，各城所有的商务和财产完全在他们手里，他们当然也得要有派出代表，参与会议的权。以后贵族失败，孟忒福于一千二百六十五年阵亡后，这议会也就消灭了。但是这样的计画还是存在，以后还是继续的发展。

就是那得胜的国王，爱华德第一（Edward Ⅰ），也抄袭这一种计画，屡次召集人民代表，出席议会，国王的宗旨就是想使人民共同协力，抵抗他们公共的仇敌。在一千二百八十二年，国王召集各州代表四名，许多城市的代表各二名，使他们照国王所提议的那样去办理。在下一年，又召集一次议会，其中共有一百一十个贵族，各州的乡绅每州二人，二十二个城市的市民每市二人，这一次议会的目的是讨论怎样处理从惠尔斯（Wales）战胜的土地的方法。末了，在一千二百九十五年，召集一个叫做模范的议会（Model Parliament），以后的议会均以此为模范的。这一个议会的会员共有二个大主教，所有的主教，较重要的方丈，七个子爵，四十一个伯爵，各州的乡绅各二人，一百五十个城市各城派出市民二人。

所以在那封建式的议会之外，又加上这民选的代议机关，从十三世纪以后，人民在议会之中的权力，是得到习惯和法律的承认了。这议会并不是封建式的法庭，也不是大地主的会议，却是全国的议会。

在最初的时候，英国的议会也有代表社会各阶级的趋势，那时候社会上的阶级就是教士，贵族和平民。这是法国议会的实在情形，到了革命的那一年，法国召集的议会还是代表这三个阶级的。英国议会最初的时期也差不多是这样的，各阶级的代表各自开会，各自和国王办理一切交涉，各自讨论各的事务。所以在十三世纪，贵族和各州代表制定不动产所有权的法律，他们并没有和教士或市民代表商议。后来，那商民差不多还要组织一个第四院，在一千三百三十六年，一个代表二十一个城市的商会和国王双方订定条件，增加羊毛的关税，推广专利权，增加商业方面的权利。

但是在英国，这阶级式的议会观念永没有实现过。因为英国的情形和法国不大相同，教士和城市代表均没有各自组织他们的特别院。那一般小教士，人家是不注意的，所以他们也不到会了，那一般大教士，如大主教，主教，和方丈，他们并不以教会代表的资格来出席，他们却以大地主和封建贵族的资格来参与国王所召集的会议。因之，他们就和一般贵族联合起来，组织一院。至于那各州的乡绅是代表小贵族和小地主的，他们的种种利益是和那代表城市的市民相同的，所以这两部份的人也联合起来，另外组织一院，和君主贵族相抵抗。这就是两院制的立法部的来源。

这民选下议院中的议员数目，和选举的资格，我们在下一章中再详细讨论。在此地，我们只须约略提及。在模范议会的下议院中，有三十七州和一百五十城市选出代表。以后又加入两州，共三十九州有选派代表的权利。到了英国和惠尔斯合并的时候，又加多两州。城市的数目起初并没有确定，并且又是屡次更变的。各城市有选出代表的权利与否，全以国王的意志定夺的。一千七百零七年，英国和苏格兰合并后，下议院的议席增加了四十四个；一千八百年，英国和爱尔兰合并后，下议院的议席又增加了一百个。在一千八百三十二年，选举改革法律未曾通过以前，下议院的议席共六百五十八个。

在最初的时候，议会的权力，特别是下议院的权力，是很小的。议会开会的期限是很短的，所以在一年之中，人民代表在京城居住的时间是很少的。那时候的旅行又困难，又危险，又费钱，人民代表实在不能久离家乡，置家事于不顾。那种会议的作用就是国王和人民间的一种磋商地点。国王要人民协助款项，人民也提出几种要求。等到双方的条件规定以后，就是规定人民应该出多少钱，应该得到什么利益，人民代表就跑回家去了，听候国王和他的顾问用法律或别种方法去执行那种已经规定的条件。

但是下议院的权力却渐渐儿增加起来了，最初的时候是只在税务一方面，以后就推广到行政一方面，直到末了，才推广到立法一方面。

国王召集乡绅和城市代表的作用，就是要他们承诺各项赋税的担负。国王虽则时常咨询人民代表的意见，并且关于几种赋税，是极想得到他们的同意，但是在议会初成立时代，各种赋税必须得到议会的同意后方能征收这一条原则却并没有确定。在爱华德第一的时代，国家的财政是非常支绌，国王就不得不用专制的手段，强迫征收各种赋税。有一次，他并没有得到代表的同意，就把教士的财产和商民的货物完全充公。人民方面当然就发生了反抗，把下议院的赋税权确实规定。那时候这一般不满意的人民，利用爱华德出征的机会，就要求政府承认各阶级的代表对于征收赋税事项，有表示同意的权。当时的摄政者，因为国王在外，就不得不承认这种要求。爱华德回国后，又因内乱外患相继而来，所以也只得追认那摄政者已经所承认的条件。从此以后，凡各项赋税必须先得各阶级代表的承认，方可征收。

到了十四世纪的末期，议会已经把国王的赋税权大大的限制了。国王非得人民代表的同意以前，不得征收一切的直接税，至于那间接税，国王也只得征收那自由大宪章中所规定的几种。还有一层，到了一千四百年，议会却有征收各项赋税的特权。

同时下议院在财政的立法这一方面，又得到一个特别地位。照那阶级议会的观念，每一个阶级有征收本阶级的赋税的权利，所以对于国王所咨询的那种赋税，各阶级各自表示他们的意见。从爱华德第二的时期以后，因为这种赋税是为全国人民谋利益，所以各阶级的代表就共同商议，共同表示他们的意见。赋税的担负，又以平民这一方面为最重，所以凡关于财政事务，下议院的地位又逐渐加重了。在一千三百九十五年，已经有一种规定：国王所征收的赋税是由下议院允准的，是得到上议院的同意的。十二年以后，亨利第四又承认凡各项财政方面的议案须由下议院提出，两院同意以后，方能报告国王，并且须由下议院议长报告。这项规定到了现在还没有更变。在现今的时候，凡财政议案通过下议院，得到上议院的同意后——不像别项议案，还得要交还下议院，由下议院秘书送到上议院——亲手交给下议院议长，再由下议院议长交给国王的代表签字承诺。

除出这财政权之外，下议院在行政方面也渐渐占了极重要的地位。各城市和各地方有请愿国王的权利，他们可以把地方上的困苦情形报告国王，要求国王救济。在最初的时候，他们的请愿书总是写得非常可怜的，总是哀求国王体恤他们穷苦的百姓。但是等到平民的财产增加后，下议院的赋税权也因之而增加，这种请愿书里边的字句就写得非常的强硬。因为下议院有承认征税的权，国王因财政方面的支绌，想得到下议院的承诺，就不得不允准人民方面的各项请愿。到了十五世纪，人民就不到国王那边去请愿，却到下议院里去请愿，这就可以见得下议院地位的日渐抬高，权力的日渐增加。不像我国在形式上面是一个共和国，人民反而天天到总统府，到国务院去请愿，那自称为国民代表机关的议院不晓究有什么用处，究竟替人民做了一些什么事，这也是中华民国历史上一件极可耻的事。

但是英国议会最重要的权力还是在于立法一方面。在议会初成立的时期，国王根据于人民的请愿而救济人民的痛苦，往往以命令执行之，至于下议院之同意与否，并不能成为问题。在十四世纪，乡镇和城市的代表只有请愿的权，并没有立法的权。只有国王和他的大臣方能决定那一种法律是需要的，那一种是不需要的，法律的内容是应该怎样的。所以法律的内容往往和人民所请求的不相符合，而人民方面对于这一层也时发生抗议。那时候的法律总是等到议会散会后才制定的，国王和他的几个大臣有全权决定各项法律的内容。从当时制定法律的手续的程式上，我们就可以看出下议院在立法一方面所占的地位：凡各项法律是由人民代表在议会中请求，并得贵族和教士的同意而制定的。

在亨利第五执政的初期，下议院在宪法上得到一个极大的胜利。他们要求国王，除出那人民所请求的各项事务之外，国王以后不得规定别项法律，亨利第五当时承认这种要求，并还允许以后总不制定那种和人民请愿书内容相反的各项法律。从此以后，议会就不再用请愿方法，请求国王举办各项事务，他们简直用法律的程式，提出各项议案。国王对于这种议案，只有承诺或否决的权，绝对不能修改。从前的下议院只不过是一个请愿的机关，现在却变成一个立法的机关，并且下议院的立法权也是和上议院相等的。国王对于议会所提出的议案自然还有否决的权，但是国王也不能绝对拒绝，他只用极客气的话，说“容国王商议”。从安丽皇后（Queen Anne）以后，凡议会所通过的议案未曾被英王否决过。这是因为从十八世纪起，英国的内阁制度已经确定，所谓责任内阁就是内阁阁员替英王对于人民代表——议会——负一切政治上的责任，所以英王必须依照内阁的意见，去执行他的职务，内阁阁员是议会所信任的，同时又是议会中多数党的领袖，凡议会所通过的议案早已到得到内阁阁员的同意，反之，凡内阁阁员所不同意的议案，决不能在议会通过。因此之故，从一千七百零七年后，英王永没有否决过议会所通过的议案。

下议院得到了赋税权，行政权，和立法权之后，他在政治上的势力自然也就大大增加了。十四世纪和十五世纪是英国议会权力扩充的时代。在柔弱的国王执政时代，议会的权力自然扩充得更大。在一千三百二十七年，爱华德第二被他自己所召集的议会废除。在十四世纪的末了，李佳德第二（Richard Ⅱ）被议会强迫退位，亨利第四是由议会推举出来的。议会居然可以废除国王，可以选举国王，其在政治上的一切权力就可想而知。这种种的举动当然是一般贵族的举动，不能就算是当时民意的表示。但是那时候的下议院确有扩充势力的绝好机会。亨利第四是由议会选举出来的，他接位的时候，并宣言他的政策是以议会所表示的意见为根据。在议会之中，下议院的权力又逐渐变成和上议院的权力相等。

但是下议院绝好的机会完全被那一般暴乱的贵族弄坏。这一般贵族存了自私自利的心，痴心妄想，极力要恢复封建时代的无政府状况。因为他们的争斗，英国经过几十年极痛苦的内乱。在亨利第六时代，所有的政府机关完全在贵族手里，而他们又自相冲突，英国的状况遂变成一种无政府的局面。那时候的平民无权无势，日日希望国王能恢复他的权力，他们也许还能够借以得到一些保障。同时那贵族还执迷不悟，采用自杀的政策，相争不息。这种种情形就是专制制度复生的原因。因为那时候的局面扰乱得不堪言状，人民的痛苦达于极点，所以杜达朝代（Tudor）的君主能够采用那专制的政策，不受人民方面的反对。

杜达朝代的君王也明晰那时候实在的情形，所以他们也极力想抬高议会中下议院的地位，去打倒贵族。他们晓得贵族的权力非打倒不可，人民的帮助也非得到不可。亨利第八的道德品行是人民所不赞成的，不过他能够承认提倡工业，提倡教育，保护贫穷人民，尊重法律的制度等等为当时的急务，他确是一个很灵敏的国王。他也同亨利第四一样，承认国王须根据于议会的意志，执行其职权。但是同时他又用了种种方法，增加他自己的权力，差不多变成一个极专制的国王。议会在学理方面的地位确已抬高了，不过国王或以威吓，或以利诱，把这议会收服在他的权力之下。亨利第八要算是第一个人晓得怎样利用各种选举舞弊方法，去遏制议会行使其职权。他恢复了很多当时的城市，把市民的代表召集到议会，他总是十分注意于选举一方面，务使反对他的人不能当选，选出的代表总是能服从他的命令。这种方法的结果就把这议会变成表示国王意志的机关，并不是表示民意的机关。议会只不过是开明专制君王的一种极好的利器。

亨利的女儿，伊立息白（Elizabeth）当权后，也采用同样的政策。同他的父亲一样，他也增加了城市代表的缺额，并极力想法，使一般依靠王室的官吏和人民被举为议员。虽则议会和君王有时候也曾发生过几次冲突，虽则有时候君王也只得承认议会方面的要求，不过伊立息白确是一个极聪敏的女子，他能见机而作，不得不让步的地方，他就立刻让步，所以总能够维持君王在实际上的至尊地位。但是这一个时期几个君王的政策却发生了一具极重要的结果，就是在学理上，议会已承认为国家的一个永久的政治机关。亨利和伊立息白均把议会的权力抬得很高。很有手段的很得民心的国王自然能承认议会主权的学理，因为他们有方法去约束议会，去利用议会。那时候伊立息白有一个秘书曾著《英国政府》一书，其中有“英国最高的专制的权力是在议会”这一句话。

当伊立息白当权的时候，这样的学理自然是没有危险的。伊立息白非但是很得民心的，并且他还有手段能使这议会为他自己所用。但是以后到了司透尔家族（Stuart）的人出来做国王时候，这样的学理就发生了革命的结果，把国王的实权完全剥夺，把那学理的议会主权原则变成一种政治的事实。这是因为司透尔家族的国王既没有手段，又没有能力。詹姆斯第一（James Ⅰ）接位以后，他极力鼓吹他所抱的君王神权学说，这自然不能不和议会方面发生冲突。议会对于君王本来是很嫉妒的，很怀疑的，就议决阻止君王干涉他们议事的手续。适在这个时候，经济方面又发生了极大的恐慌，所以君王和议会的冲突更不能免去了。那时候因在欧洲以外的地方发现金矿，又因十六世纪时候的商务发达，金价就日渐低落，国王的进款就不敷行政方面的费用。国王又不愿意向议会方面要求增加赋税；他自以为是国内最尊高的人，决不能因欲得到议会的同意加税，而就受议员的挟制。所以詹姆斯和他的儿子查理（Charles），就以国王的资格，征收税款，这样的举动当然要受下议院方面的反抗。

在查理第一当权时代，国王和议会就发生了冲突，起初只不过是关于财政问题的冲突，以后就变成宪法上的冲突，统治英国的权究竟在那一方面，在国王手里，还是在议会方面这一个大问题。两方面相持不下，他们的意见也无可调和，其结果就发生英国历史上最大的内乱：赞助国王的有大部份的贵族和一般旧乡绅；赞助议会的有各城市和一部份的乡绅，以几个少数贵族为领袖。在起初的时候，国王一方面的势力似乎较为优胜，因为他们既有财产，又有能战斗的兵士；但是议会方面得到了克劳威尔（Cromwell）做领袖，又有那一般要求宗教自由人民的赞助，其势力就逐渐增加了。最后的胜利还是在议会这一方面。但是那兵士的势力是很大，非但国王这一党被他们打倒，就是议会也被他们推翻，那可怜的查理甚而至于连他的性命都保不住。

克劳威尔推翻了英国政府以后，他就组织一个没有国王的国家。克劳威尔虽有政治的能力，虽在外交方面是很得胜利的，但是他实在没有能力组织一个永久的政府。那一般资产阶级，就是国内的智识阶级，对于军人，对于少数的清教徒，就发生了反抗。等到克劳威尔一死，他所设立的制度也因之而推翻。两年以后，在一千一百六十年，查理第二就能恢复他的君位。

查理第二是由议会召集回来的，他当然只得根据于议会的意志执行他的政权。那时候的情形实在使得他不得不如此，至少在学理上，他是不得不服从议会的意志。下议院的赋税权是没有人同他相争了，下议院在财政上的势力是大大的增加了。当时王位的恢复，大家是以为恢复司透尔家族君王执政以前的状况。在从前杜达时代，君王的权力还是很大的，须看君王的性情是怎样，须看他怎样去利用他的地位，方才能决定那一方面是至尊无上的，是国王呢，还是议会呢。但是司透尔家族国王恢复王位后，他们的本性又渐渐儿发现了。查理第二虽则也能间接节制他的议会，实在不能得到中等阶级的民心。当时的政治又是非常腐败，人民甚为失望。下议院里如有反对的举动，国王还可以用选举舞弊方法和贿赂事情去抵御，全国人民如有反抗的举动，国王实在没有抵抗的方法。幸亏查理这个人总算灵敏，总算有手段，他看见情形不好，他就改变方针，极力恢复他从前的民望。所以他还能保持他的地位，至死为止。嗣续他王位的人是他的兄弟，詹姆第二。这一个人完全没有政治上的手段，并且是非常固执。他的专制政策，恢复罗马天主教的计画，就使那一般爱自由的人民联合起来，一致和他为难。到了以后，连他自己的党员也和他分离，所以一千六百八十八年的革命一发生，他就束手无法，只有逃走这一条路。詹姆出亡以后，人民就召集一个议会，由这议会选定惠廉和马里（William and Mary）做英国国王。

这一千六百八十八年的革命确定了议会是英国政府中至尊无上的机关。实在说起来，这次革命废除了一个国王，选出两个人做英国国王，这两个人并不是根据于嗣续的权利，也不是根据于神权，只不过是根据于人民意志，才能做英国国王。以后到了议会选定乔治（George）为国王的时候，议会选举国王的权利又确定了。同时那责任内阁制度的学理也是大家所承认了，君王须根据于议会的意志执行其权力，阁员须对于下议院负责。

下议院的特殊地位总算是确定了。但是在以后的一百多年之内，政府中实在的权力并不在下议院里边。在十八世纪的初期，实在的政权是在几个贵族手里，当乔治第三的时代，君王和他的大臣是真正的执政者；在以后的二十年之内，惠廉辟忒（William Pitt）执行一切的政权。直到一千八百三十二年的选举改革法规定后，下议院才能真真执行他的政权。

一般贵族之所以能有实权完全是因为他们能利用当时腐败的选举制度，致使真真的人民代表不能举出，他们却能用金钱贿赂选民，选出他们的党羽做议员，并能占据议会中多数议席。所以这选举制度是非常重要，我们须得详细叙述。

英国政府纲要（节录）

（1924）

第三章　现在的宪法与政府

一千三四百年政治变迁的结果就确定了英国宪法的根本性质与政府的组织。所谓宪法就是一国的根本法律，其作用是规定政府的组织与职权，各级政府或一级政府中各机关的分权方法，人民与政府关系等类的政治根本问题。

但“宪法”这名词却有两种意义，一种是广义的，又一种是狭义的，这两种意义往往混杂，所以宪法的意义也就往往是很不确定的。比方问一个美国人，什么是美国的宪法？他一定要说，美国宪法是于一七八七年费立达而费埃（Philadelphia）宪法会议制定的，于一七八九年实行的，并又加上以后十九条的修改案。美国人所谓宪法是一种重要的确定文件，是在确定时期拟定与公布的，其条文的编列是很有系统的，其字句是很正确的，并且除了万不得已事故，是不轻易更改的。

这种所谓狭义的宪法就是成文宪法。可是美国的宪法也并不是完全成文的，美国选举总统的方法并不是依照宪法条文所规定的，美国政党及政治方面其他种种重要的手续与方式，宪法上并没有提及一字。大凡一种成文宪法成立了几年以后，其中一定会发生许许多多的惯例与规则，也许是法庭的判决，也许是根据于法律的规定，也许只是风俗习惯而已。所以从广义一方面说起来，一国的宪法就是关于政府组织及其职权的一切规定，无论是成文的或不成文的。

（一）英国宪法的性质

英国宪法是一种不成文宪法，可是其中却有许多成文的规定。凡风俗或习惯固定以后，往往就得记录下来，规定在法律条文之内，这是古今立法相同的趋势。大多数的法律或是风俗与习惯的结晶，或是根据于当时社会上的需要而发生的。风俗与习惯是很不确定的，差不多各人有各人的解释，难免不因之而发生种种误会，种种冲突，所以必须要记录下来，才能有确定的性质，人民方面才不致于因见解不同而发生争执。各时期的社会需要也得由法律正式承认，正式规定出来，方能免去人民与政府间的一切冲突，方能维持国家的治安。

不成文的英国宪法之中，早已有了成文的部份，最重要的就是一二一五年的《大宪章》，一六二八年的《民权请愿书》，一六八九年《民权条例》，此外，还有国会所制定的种种重要法律。从这方面看起来，英国宪法也有变为成文的趋势。但英国却永未曾把宪法上的主要部份汇编起来，成为一种成文的宪法，所以英国宪法的大部份还是分散于历史上各时期的前例，习惯与法庭的判决。这样的宪法当然不是在一个确定时期由一个确定机关制定的；这是一千几百年政治历史变迁的结果，其大部份永未曾正式规定或正式公布，并且又随时可以由立法机关修改的。

英国宪法中所包含的分子确是非常复杂，但分析起来，却可以分为五大类。第一，是历史上几种带有规约性质的重要文件，是在政治改革时候人民与国王双方订立的，例如《大宪章》，《权利请愿书》，《权利条例》①。第二，是国会所制定的法律，确定国王的权力，保障私人的权利，推广选举权，设立法庭与政府的行政机关。第三，是法庭的判决，确定各种规约与法律的意义。这三种的宪法分子都是成文的，是英国不成文宪法中的成文部份。

英国宪法中第四部份只有一小部份是成文的，一大部份是不成文的。这就是“习惯法”的原则与规定，其大部份都是关于政府的职务与权力，执行权力的方法，各机关间的关系。这类原则都是根据于习惯生长的，并不是由国会制定的，可是英国政府与法律制度方面几种重要特点都是从习惯法发生的。例如国王的特权，刑事案件的陪审制度，言论自由，集会自由等，都是根据于习惯法的。除了法庭的正式判决以外，习惯法是不成文的。

末了，英国宪法中最重要的一部份就是普通叫做“习惯”（conventions）。上述的四大部份是法庭所执行的法律，就是不成文的“习惯法”也是一种法律，因为法庭是执行的。比方依照英国的“习惯法”，国王是不能特许人民免除法律上的义务，假使国王有这类的特许命令，假使因之发生诉讼案件，法庭就可以执行其权力。但所谓“习惯”，虽是宪法的一部份，却不是法律，所以不能由法庭执行的。依照宪法的“习惯”，国会必须每年召集一次，其组织是采用两院制的，其所通过的议案是一定要得到国王的同意，但国王又不能不同意的；国务总理是下议院内多数党的党魁，内阁失了下议院的信任是一定要辞职的。凡关于内阁的一切情形都是从“习惯”发生的。总而言之“习惯”是英国宪法中最重要的一部份，失了这一部份，英国宪法决不能有现在那种情形。

“习惯”既不是法律，既不能由法庭执行，其效力究竟从什么地方

---

① 与上文的《民权请愿书》《民权条例》应是同一所指，疑原文有误。——编者注

发生的呢？这个问题确是不容易圆满的答覆，但有几种事实可以使我们明白这个问题的真相。第一，有几种“习惯”是与法律有连带关系的，假使违背了“习惯”，也就同时违背法律。比方国会每年召集一次是一种“习惯”，政府的预算案每年规定一次是一种法律；假使违背国会年会的“习惯”，政府的政费就无着落，一切赋税就不能依法征收。但英国的法律却可以随时更改的，所以这第一种原因实在不能包括全部份的理由。我们还得再进一步追究那维持这种“习惯”的势力。这种势力就是人民公意的势力。英国人总觉得“习惯”就是关于名誉体面的一种仪礼，凡是一个君子人，总是不能违背“习惯”的。从前英国执行政权的一个阶级对于这类义务，感觉性尤其利害。他们是受全国人民的付托执行政权的，所以更不得不依照向来的习惯行使职权。人民希望国会每年召集一次，人民希望内阁失了下议院的信任就得辞职。假使人民不能达到这类的希望，他们自然要另想对付的方法，这一层已经很够维持一切“习惯”的势力了。

(二) 宪法的发展

从英国宪法的来源及其内容上看来，我们可以晓得英国的宪法是一种活的宪法，就在目前，还是时常更变的。英国宪法究竟是怎样发展的？与别国宪法发展的异同之点究竟在什么地方？这是一个很有研究价值的问题。第一，英国不像一七八九年革命以后的法国，德国，或其他各国，因战争或革命的结果忽然从一种政治组织改为另一种政治组织。英国宪法是逐渐生长的，逐渐发展的，并且又处处依照习惯，依照成例，保留一切的形式与名称，所以英国的宪法史确有一种继续不断，逐渐进化的趋势，是别国宪法史上所没有的。有一个历史家说：“现在与从前的关系永没有打断过，英国人永未曾依照一种学说制定一种全新的宪法。”就在十七世纪时候，因战争与革命忽然发生的政治改组也只是在事实上承认那种已经成立的原则与惯例而已。所以有人说：英国人就在革命时候，还是很守旧的。

有了这样的状况，英国政治的发展就发生几种奇异的结果。事实与原理不能相合，英国好像有两种宪法：一种是代表事实上政府制度，一种是代表理论上的政治制度。比方就拿国王与国会的关系来说罢。在七八百年以前，英国确是一个专制的君主国。但在这几十年之内，英国不但是一个立宪的君主国，并且还是一个共和国，其政府制度是一种最合于民治主义原则的。这几百年之内英国政治制度方面的变更要算是最大的了。可是依照英国政府所根据的学理，政府还是国王的，不是人民的政府。法律是国王的法律；内阁阁员及其他附属的行政官吏是国王的公仆；没有国王的命令，国会选举不能举行；没有国王的同意，国会的法律不能发生效力；只有以国王的名义，才能委派一切文武官吏。凡这种种当然只是法律上的观念，与实际的情形是极端相反的。在事实上，最大的权力是在国会，法律由其制定，内阁的去留由其决定，赋税由其征收，政费由其支配；总而言之，国会的权力是无限制的，可以不受名义上行政首领的干涉，随意处理国家的一切大事。

英国事实上的宪法究竟是怎样变更的？怎样可以随时依照一切社会状况的变更，能够随时适合于社会上的新观念与新需要呢？有时候，战争与革命是有关系的，但在过去的二百年之内，英国人已经可以不必以武力解决宪法上的问题了。法庭的判决，与行政方面的惯例也很有关系的。但最重要的两种方法还是“习惯”与立法。英国的宪法是一种活宪法，其中的“习惯”并不是历史上的陈迹，却是继续生长的，就在目前，英国宪法还是依照种种新“习惯”的发生更改其原则。以立法手续更改宪法就要牵涉到国会修改宪法的大权，关于这一层，我们应当从详说明。

在别国，制宪权是往往与立法权有重大的区别，是另用一种手续，或另由一个制宪机关执行的。比方在美国，国会两院以三分之二的同意票可以提议宪法修改案，但一定要经四分之三的邦立法机关通过后，才能成立。在法国，只有国会两院的联席会议才能通过宪法修改案。在其他各国，修改宪法的手续与方法大都是与修改普通法律不同的。但英国却没有这种区别。英国国会的立法权是无限制的，并且又能以普通立法的手续随时修改宪法。在这十多年之内，英国国会曾以立法手续增加了一千七百多万的选民；并且因为其立法权是无限制的，差不多别国国会所不能做的事，英国国会都可以做的。英国国会可以取消国王，可以废除上议院，可以从根本上改组英国的政府。因此，从前有一个法国人绝对否认英国有宪法。这是因为从法国人的眼光中看起来，所谓宪法是在某时期公布的一种或几种正式文件，其内容是规定政府的组织大纲，并且其修改的大权不是在政府手里，是在另一个高级的制宪机关。但英国确没有这种情形，英国政府与法律制度的无论那一方面随时可由政府中的一个机关——国会——随意更改。

可是法律上修改宪法的大权与事实上执行的实权又有区别的。在法律上，英国的王位，陪审制度，私有财产权，选举权都在国会手里，都可以由国会随意处置，但在事实上，国会决不敢把这种种制度随意取消。英国国会议员也都是英国人，他们都是社会上有名望有地位的人物，都有普通常识，都明白他们自己的责任，并且又严格的受种种习惯的限制，执行他们的大权。从法律上说起来，英国的宪法是全世界最柔性的宪法，但在事实上，宪法的柔性与否不但以修改的手续决定的，同时还得要看人民的政治本性何如才能定夺的。

近来英国国会的大权好像已有一种正式的限制。凡政府制度方面的重大变更，没有经人民在投票时候正式表示意见，国会不得随意实行。这是新近发生的一种原则。依照理论，国会所执行的当然只是多数选民的意志。可是宪法上的重大问题，往往于国会举定以后才发生，选民没有正式表示意志的机会。因此，依照这种新近发生的原则，国会没有确定人民公意的趋向之前，不得举行宪法上的重大变更。现在各党的领袖人物对于这种观念虽都表示赞同，但人民复决的原则却并没有成立；一九一八年扩充选举权的法律没有经人民复决，一九二二年爱尔兰自由国的成立也没有经人民复决。英国选民既不能像瑞士，德国，美国各邦人民那样能够正式提议宪法修改案；并且除了解散国会，重行选举之外，对于国会所提议的宪法修改案，又没有正式表示意志的机会。假使人民复决的原则能够成立，这又是“习惯”发生的一个例。但现在还没有到这个地步。英国的政治制度还是把制宪权完全委托国会，并且制宪与立法的手续还是没有区别的。

（三）政府制度的重要特点

依照宪法的情形，英国政治制度就有几种根本的特点。第一，英国政府是一种单一制的，不是联邦制的政府。假使宪法把政府职权分配于一个中央政府及几个地方政府，宪法又是全国最高的法律，不能由中央或地方政府更改，这样的政府是叫做联邦制的政府。美国政府是一种联邦制的政府，因为人民在联邦宪法之中把政府职权分配于一个中央政府及各邦的邦政府，中央与各邦政府都没有单独更改宪法的权。英国政府就是一个单一制的政府，因为所有的职权都是集中在伦敦的一个中央政府，一切的地方政府都是由中央政府为行政上的便利而设立的，其职权也是由中央政府给与的，并且又随时可以由中央政府更改，或甚而至于根本取消。法国，意大利，比利时，日本及多数其他各国的政府都是属于这一类的。

英国政府的第二个特点就是国会至尊无上的大权。除了实际方面与道德方面的限制之外，专从法律方面着想，英国国会的权是绝对没有限制的。国会可以修改一切的法律，可以取消政府中任何官吏的职位，可以取消法庭的判决，可以废除一切的习惯，可以推翻习惯法上任何的一种原则，并且可以随便更改宪法。

所以凡是国会所制定的法律总是合于宪法的；假使法律条文不合于向来的宪法惯例，宪法就算是修改了。英国政治问题的讨论也往往说到国会的新议案或新法律不合于宪法，但其意义只是说某种提议或法律是不合于向来所承认的根本法律，或确定的习惯，或国际公法，或普通所承认的道德标准。可是这样的法律还是同样的发生效力，法庭还是同样的执行。凡是国会所通过的议案，无论怎样的不合于宪法上的惯例，总是法律，全国人民应当一致遵守，不能依照法定的手续，提出抗议。

国会的权力既是无限制的，人民的权利究竟有什么保障呢？国王的专权已经成为历史上的事实，但权力无限制的国会也能同样的专权，现今的英国究竟有什么预防方法呢？有两件事实可以答覆这一个问题。第一，英国宪法中确有很郑重的宣言，保障个人的自由权利。有几种权利，如出庭状权利，备带军器权利，请愿权利等，是明确规定在那几种重要的法律，如《权利条例》① 之类。还有几种，如言论自由，集会自由，宗教自由等，是根据于习惯法的原则。凡是人民所希望的各种权利或自由，总已在英国根本法律范围的四周之内有了确定的保障了。

第二，国会对于这类权利的保障，虽在法律上，有权随意限制，停止或废止，但除了万不得已时候，习惯与公意的势力很可以阻止国会的自由行动。所以从这方面着想，英国是世界上最自由的一个国家。别国往往采用别种方法保障人民的自由权。美国人用的方法是在成文的根本法律以内，加入极长的极详细的“权利宣言”，联邦宪法中前八条的修改案都是人民权利的规定，各邦宪法亦都有同样的条文。战后欧洲各新国家的新宪法，特别是德国与爱尔兰自由国，也都有这类权利的保障。可是成文宪法上的确实保障无论怎样的严密，其效果也至多等于英国式的保障，因为人民权利的保障并不在于形式方面的保障，却在于人民公意的一致使政府严格的遵守。澳大利亚于一九〇〇年，南非洲于一九〇九年制定成文宪法时候，他们也并没有把保障私人权利的原则明确规定

① 参见106页注解①。——编者注

出来，只包含在各条文之内而已。

第十二章　国会的职务

英国国会不单是一个立法机关，同时还有两种与全国人民幸福极有关系的重大职务，这就是监督政治与监督财政。假使国会没有制定法律的权，还是政府中最主要的机关。这一章就是要说明英国国会的三种主要职务：（一）监督政治，（二）监督财政，（三）制定法律。

（一）监督政治

英国国会第一种职务是以人民代表的资格，监督那执行政权的政府机关。执行政权的机关就是行政机关，在英国就是内阁。凡内阁所做的一切事务都可由下议院提出质问，或认为不当，就可以坚决反对。并且下议院所反对的事务，内阁是一定不能执行的。

有许多民治国家的行政机关是那执行立法权国会的权力所管不到的。比方在美国，人民选举一个总统，执行四年中央行政大权。他的国务大臣是国会以外的人物，他们是对于总统，不是对于国会负责的。总统对于国会也是不负责的，并且能够依照他自己的意志执行他的大权；他的权限只有两种限制；第一，最高法院的法官可以把他的命令认为不合宪法，宣告无效，第二，下议院有提出弹劾权。

但英国行政方面的人物却没有这样大权，无论是国务总理，或内阁，或国务总理与内阁联合起来，也没有这样大权。人民方面如因中央政府的直接或间接行动受到任何的损害，就能在下议院诉苦，由下议院使那负责的行政长官实行补救。

凡政府的事务，只有两种是国会所管不到的。国会不能更改最高法院法官的判决，但国会却能以多数议员的议决，要求法官的罢免。国会又不能更改法庭对于法律意义的判决，就是法庭的判决与国会制定这种法律的用意绝对相反，国会也不能干涉。国会所能补救的只有再行制定一种法律，改正原来法律的字句；或另以法律的方式补救人民方面所已经受到的损失或痛苦。

英国有一句俗语，叫做“国王是不能做错的”，这一句话现在可以应用到国会方面。凡国会所通过的法律只要得到了国王的同意，就是最高的法律，国内谁也不能否认。在美国，国会所通过的法律可以经法庭认为不合于宪法宣告为无效。但英国却没有成文宪法的；国会在其任期以内，可以随心所欲，制定任何的法律。国会是政府中最高的机关，其职权是在法律上没有限制的。

英国国会权力在事实上的限制只有两种：第一，下议院的会期只有五年，过了五年，人民另行举出一个下议院，可以取消或修改上届国会的法律。可是这一种限制也不是绝对的，因为下议院可以通过一种议案，自行延长其会期，或甚而至于把其会期改为永久的。所以国会权力方面的两种限制在实际上只有一种。这就是被治者的用意，或人民方面是否有积极的或消极的抵抗国会法律的行动。

国会权力既是无限制的，其监督政治的权力也是很大的。国会监督政府机关行动的方法有两种。第一种方法是质问与答覆，于必要时能对于现政府为不信任的议决。第二种方法是历史上遗传下来的，国会可以利用其财政权，攻击各行政部方面的种种缺点。

第一种的监督政治方法是很简单的。凡在国会开会期内，从星期一至星期四每天有五十分钟的时间是专为议员质问各行政部部长的。无论那一个议员都可以对于无论那一部的部长提出各种各样的质问。这种质问都是于两天之前送交书记官，印入在下议院的议事日程之内。

下议院每天的议事日程单上总有许许多多的质问，编定号目，并注明某议员提出，某部长答覆。比方第一号质问是某甲提出的，议长就请某甲发言。某甲就起立，并说："第一号，请内务部长答覆。"内务部长也许很简单的以"是"或"否"答覆了事；假使所质问的事确有不能公布的苦衷，他可以说："某君提出此事，使我注意，十分感激，但我却甚愿于散会后与某君面谈"；假使他对于所质问的事完全不知内容，当时无话可答覆，他也可以说："等我仔细调查后，再行答覆"。假使经部长这样答覆后，当时没有发生其他问题，这事也就算完了，议长也就继续请那提出第二号质问的议员发言。

可是英国下议院内的质问并没有这样的简单。一切质问都是两天以前就通告有关系的各部长，由部长秘书转饬部员拟就答覆，再由部长于适当时期在会场上宣读。假使部长不愿意把所质问的事的真像宣布出来，下议院是决不能得到这事的真像。在英国，所谓抽象的真像与政府在议会答覆的真像是很有区别的。但下议员却另有一种较有势力的武器，这就是所谓反问。一个部长往往自以为很巧妙的答覆了议员的质问，无所可否的说完了一大篇圆滑的官话以后；议会的四周往往立即发生了无数的反问，例如"从这样的答覆，我们是否可以以为这件事是……”，“我们是否可以想像这件事是……”，“部长的意思是否是……”，诸如此类的反问。这是政治上的一种竞技，一个部长的政治手段完全在答覆这类反问时候表示的。

质问只是国会议员攻击政府的第一种方法。假使议员对于质问的答覆不能满意，他们还可以采用第二种的攻击方法。在答覆完了时候，任何议员可以提出动议，为紧急的重要的公共事务，议会停止会议。假使议长以为这问题不是紧要的，或不是重要的，他可以拒绝宣读这样的动议。否则即须宣读动议，确定全院是否表示赞同。如有四十个议员同时起立，表示赞同，议长就须宣告这动议已得全院的许可，并定于同日晚上八时十五分辩论这问题，议事日程单上所列入的其他事务一概停止。

在事实上，这样的动议就是对于某部长或政府全体的不信任决议案。到了晚上八点十五分时候，动议者及其赞助人物开始攻击，政府及其一派的人物又积极的辩护。假使行政部长能够使攻击者得到满意的答覆，这动议也许可以取消；否则攻击者可以要求投票表决，希望打倒政府。

第三种的攻击方法是与质问或答覆没有关系的，与问题的紧急或重要与否也没有关系的。任何议员都可以在议事日程单内印一通告，指出几种事务，批评政府，并提出一个议决案。在事实上，这样的议决案，假使是通过了，也是国会对于政府的不信任表示。可是依照英国现今的制度，国会会议的时间是完全归政府支配的，普通议员只能提出纸上的议决案；他也许屡次起立，请全院注意他提出的议决案，并要求讨论这议决案，但国务总理却也可以屡次的答覆，推托政府事务的繁多，现在实抽不出空余的讨论时间。假使从前或将来反对党的首领提出不信任政府议决案并要求讨论，政府是不能不承认的；并且双方面的辩论又往往都是很利害的。

第二种监督政治方法是利用下议院的财政权，攻击各行政部的缺点。最普通的方法是由下议院提议处罚部长薪俸。部长是担负全部事务的责任，所以部内任何事务做错了，或任何人员有了不适当的行为，都可以使下议院作为攻击部长的理由。比方在陆军部，军服的品质，或军队的粮食与设备；在海军部，军舰的数目；在外交部，一切条约的订立与否；在内务部，工厂检查员的效率若何；在其他各部，同样的政策与行政都是下议院攻击部长的理由。假使下议院处罚部长的动议通过了，部长大概就不得不辞职。

(二) 财政权

国会第一种职权是监督政治，第二种职权是监督国家财政，也同样的重要。这完全是下议院的职权，上议院是不能参与的。筹集款项是每年说定在下议院所通过的财政议案之内，普通就叫做预算案。通过财政议案的手续是与其他一切议案相同的，所以这一层就在下一段讨论国会的立法权内说明。可是支付款项的手续是与普通立法完全不相同的，所以应当详细说明。

政府的款项是由政府机关花费的。各行政部的费用是每年由国会规定的。假使各部每年的经费到了财政年度的末了，就是三月三十一号，还没有花完，那末，各该部就得放弃，不能继续作为下一年的经费。各部的各项经费又都经国会指定各种用度，除了海陆军方面少数例外，都不能移作他用。比方国会已经允准一个行政部雇用二个秘书与三个杂役。这一部也许需要三个秘书与二个杂役，可是万不能把杂役的经费移作秘书的经费，只有等到下一年经国会核准以后，才能更改过来。

到了每年年底，各部都得预备一种极详细的预算，把下一年所需要的经费，一项一项的列举出来。除了海陆军部之外，各部的详细预算都得送交财政部，经其主管人员考核。各部代表往往与财政部代表争议了好几个星期或好几个月，假使不能有一种调和办法，他们还得呈告长官，由各部长官与财政部长官直接磋商；假使直接磋商还不能有结果，这问题就得由国务总理或在内阁会议时候解决。凡国务总理的判决是最后的判决，双方不能再有什么异议了。

到了每年的春初，大概各部的预算都已经财政部长签字，正式承认，以便提出国会。这种所谓预算案亦就印成蓝面书本子，分送各议员，并又公开出售，无论何人都能花几个钱买一本来研究。但在事实上，一百万人民之中恐怕没有一个人，十个议员之中也难得有一人肯仔细研究这其中的各项款目。大家总觉得这是很复杂的，很不容易懂得的。可是政府的预算案只是分门别类的把下一年政府所预定花费的经费逐条详细列举出来，其原则是与各个人的预算一样的，如房租多少，衣，食，子女教育，零用又多少。政府的预算案又能使人民把其各项款目与从前任何那一年比较，那一项是增加了，那一项是减少了。假使预算案中加入了什么新的款目，那末，又必须有详细的说明，为什么要新造几只飞艇，为什么要在某处建筑一个邮局。除了海陆军经费，或战时费用之外，凡政府所花费的每一文钱一定要列举在预算案以内，并经国会正式承认的。

在理论上说起来，国会很有机会可以详细考核这预算案，并且还能在讨论时候，裁减任何一项款目。但在事实上，国会既不仔细考核政府的预算案，又不裁减其中的款目。这是因为三种特别原因。第一，国会会议的时间很不够用，因为其他事务的繁多，考核预算案的时间非常短促。第二，就在极短促的考核预算案时期中，国会往往利用其财政权攻击各行政部的其他事务，并不注意到核减其费用。第三，凡反对政府预算案的议决就要作为不信任全体政府的表示。所以国会如果坚决要减少各部杂役的费用，或减少一个不重要行政部的建筑费，这样的议决就要算是推翻政府的决议。改组政府当然是很重要的事务，与杂役费用或行政部的建筑费自然是不能相比的。

预算案提出了国会以后，先由全院委员会，叫做预算委员会审查。在全院委员会，每一个议员都能出席，发言与投票。在其他各项委员会中，只有指定的委员能发言与投票。全体委员会的委员就是全体议员；全体委员会与议会不相同之处上章已经说明，可以不必再述。凡各项预算交付全体委员会审查时候总是牵涉到各种重大原则的讨论，往往发生对于行政部长不信任决议的表示。内阁的推倒也往往在全体委员会中推倒的居多数。

从理论上说起来，预算中各项款目可以在委员会详细讨论。等到委员会赞同以后，再由委员长正式报告议会；在议会中还能继续或重覆讨论一次。就是议会把预算案通过了，到了将来投票支付款项时候，各项款目还能提出重行讨论。可是在事实上，这都是做不到的。因为议会的时间有限，种种的重大问题不知有多多少少，所以讨论财政问题的时期只能限定几天。依照议会规则，至少须有二十天时间专为讨论财政问题的。但每年讨论财政问题最低限度的时间，就是最高限度的时间。议会规则既已规定二十天为最低限度的讨论时间，最高限度的时间也只有二十天而已。英国行政部的数目是很多的，所以有几部的预算案是完全没有机会可以讨论得到的。就是那几个较为重要的行政部，其预算案是提出讨论的，所讨论的问题大概又不是关于财政方面的，只是讨论部长应否罚俸五镑或五十镑，这是一种弹劾部长政策的方法。

等到二十天的时期过了，下议院就得于一个整夜之内把各部的预算案，不加讨论，通过或否决了。凡一切政费一定要经国会承认后，才能算是合法的。在预算案通过以后所发生一切的意外费用，另由政府于七月与二月提出两次补充预算案，请国会追认。

普通人民往往以为预算案经国会承认以后，政府就可以支付款项。这是一种错误的观念。假使下议院承认了政府各行政部的预算案后，而不再进行其他手续，无论是下议院或各行政部，或国务总理都不能从那支付政费的英国银行得到分文。

支付款项的手续也是很复杂的。第一步是由下议院通过一种支付议案，指令英国银行支付预算案内所规定的款项。但在支付议案提出之前，全院委员会（现在叫做筹款委员会）一定要预先通过一种议决案，提议该议案内所列举的款项，拨充政费。当初的用意本来要想使国会有一种机会，可以详细讨论为什么需要这许多政费。但现在这种议决案只是一种形式上的具文，就是有什么讨论，也只讨论政府的政策而已。支付议案也像其他议案一样，也得要经过普通立法的程序，才能成立：就是初读，二读，交付委员会逐条审查，委员会报告，三读，再经过上议院中同样的手续。在每次宣读时候，各种问题可以提出讨论，并且又大都是关于政府的政策与行政标准的。末了，这议案还得要经国王同意后，才正式成为法律。只有支付法律正式成立后，才签发支付命令使英国银行付款。

英国银行（The Bank of England）是一个国家银行。但政府与银行的关系也同私人与银行的关系一样，英国政府也是英国银行的一个往来存户，凡政府的一切收入均以支票或汇票存入银行账上，支出也以支票或汇票从银行存款中支付。假使政府的支出较多于收入，款项不敷支配，政府也能同私人一样，与银行商量透支。同时政府又能从别家银行或私人团体商借几个星期或几个月的短期借款，但借款数目一定要预先得到国会的同意。

凡政府的一切收入一定要存入银行，再由存款中支付各项支出。假使一个行政部有了五个先零的余利，行政长官不能把这五先零抵充该部的费用，一定要把这款交付银行，列入政府的存款中。所以政府每天的收入与支付一定要经过极复杂的手续，以无数的支票存入银行账上，再以无数的支票从银行存款中支付。并且政府的存款数目差不多每天每分钟又相差极大，往往有好几百万镑的上下。从全世界收入的各种款项都交存银行，有时候是关税或内地税的收入，有时候是所得税的收入，有时候是国有营业如邮政或电报的余利，又有时候是国有产业，如苏彝士运河股票的利息。从政府的存款中每天又支付各种各样的款项，有时候是政府官吏的薪俸，有时候是政府各项公共建筑的用费，有时候是在全世界各处筑造使馆或领事馆的款项，又有时候是各村各乡老年人的养老金。

这种种的支出，无论数目的大小，都由一个审计官严格的监视。他是对于国会负一切的责任，并且又得将支付的情形详细报告国会。国会中又有一个账目审查委员会，其职务是审查政府的支出是否依照国会所规定的。

现今英国国会监督政府财政的权确是非常重大，并且保障国家财政的方法又非常完备。在从前，国王与政府往往公私不分，任意支配公款；有了这种经验才逼迫那代表人民的国会逐渐设法采用保障公款的种种方法。就是现在恐怕还有许多人以为国王可以任意从公款中取用他私人的费用。这是与事实绝对相反的一种错误观念。英国国王除了国会所规定之外，不能取用分文的公款，就是他宫庭以内的器具也得要先由一个阁员提出预算，由国会核准。还有一般人总以为财政部的国库里边是充满了金镑与支付券，财政部长既保管了这大种款项，他总有方法可私自取用多少，只须把各项账目多报销几许，就已足够了。这类的观念只是一种梦想而已。财政方面的一切事务都是由部里一般永久官吏办理的。财政部长个人所签的支票是一定要被英国银行所拒绝的，就是国务总理与全体阁员的支票也得要拒绝的。讲到财政方面的弊端，现今英国国会差不多可以算已经防制得很周密了。

英国国会对于财政方面的权力确是很大，但事实上的权力往往是备而不用。国家的预算是经国会严格的审查，凡未经国会同意的收入与支出是不能成立的，但国会审查财政议案的情形也只是形式上的事务而已。只要国会对于内阁有信任，凡内阁所提出的是没有不通过的。国会监督财政的方法是很完备的，但这种方法往往只是备而不用。英国财政方面的舞弊行为差不多可以算是没有的。

（三）立法权

立法权是英国国会第三种职权。立法手续也是非常复杂的。一种议案从下议院中提出起直到得到国王同意，成为正式法律是极不容易做到的一件事。一切手续又得在国会一次会期内办完，通常是不到一年时期；假使到国会闭会时候，手续上还有未了之处，这件议案就此完结，下次开会时候是不能继续进行，还得要从第一步手续重行做起。国会开会的时期有限，但议案的数目不知有多多少少，其中能通过成为法律的只有极少数目，并且往往又经议场上或委员会中改了又改，往往与原提案相差很多。

一件议案能够成为法律并不在于国会内多数议员的赞成与否。比方像妇女选举权议案差不多从十九世纪末期起于二三十年之内每年提出，并且每次又有多数议员的赞成，可是在一九一八年以前，总是不能顺利的进行，总是到了国会闭会时期，与其他未结束的议案同样的消灭。

在理论上，每一个议员都有提出议案的权，有许多议员确实每年提出他们的议案。这类议案也以公款印刷出来，背后也印上提案人与赞助人的姓名；同时也许在提案人本地方的报纸上公布，表示他确能尽他的代表职务，把他选举以前的主张在国会内正式提出，预备制定为法律。可是在事实上，这类议案在议场上很少有机会提出讨论，至于成为法律的机会，那是更不必说了。国会的会期是很短的，大部份的时间又为内阁所把持去，专为讨论内阁所提出的议案。国会虽也有时候提出抗议，但到了末了，总是不得不由内阁支配国会时间。其结果只有星期五这一天的开会期内，从十二时到五时，是讨论那不入阁的议员所提出的议案。并且依照习惯，多数议员又往往于星期末离开伦敦，出席星期五会议的议员只有少数而已。

凡想于星期五提出议案的议员又得抽签，排定次序。每一个议员写一个名字，投入一柜，再由国会书记官随意抽出，第一次抽出的姓名能在第一个星期五提出议案，第二次抽出的在第二个星期五提出议案。但在每次会期中，星期五的日期是很少，一共只有十个或十二个，所以在每次会期所能讨论的议案（私人的，不是政府的），也只有十件或十二件而已。假使一个议员所提出的议案确是人民所希望的，政府与其他议员都不反对，同时他自己又有一种特别的才能，能够说服一切反对的理由，他也许能把这议案变为法律。或者一件人民所赞同的议案到了后来为内阁所采择，内阁就可以在政府的时间内来讨论这议案，使之通过。但这样的情形却是很少有的。大概的说起来，只有政府（内阁）能通过其所提出的议案，使之成为法律。其他议员的职务只有赞成或反对政府所提出的议案而已。

现今英国制定法律的手续是非常复杂，凡一切议案一定要经国会详细审查以后，才能制定为法律。依照现今的办法，每一件议案经国会考核时候起，必须要经过十一个程序：就是初读，二读，委员会的审查，委员会的报告，下院三读通过，再经上议院同样的五个程序，然后呈请国王批准，正式成为法律。除了最后的一个程序之外，这议案在无论那一个时期都可以推翻；并且在上下两院委员会审查时候，又可以从根本上修改。假使这议案是与财政有关系的，就是将来通过以后，政府必须花费多少公款，那末，同时还得要有全体委员会通过的一个议决案，正式报告下院。假使这议案的性质是增加人民的赋税担负，如同每年的预算案，那末，非经下院的筹款委员会正式通过议决案，规定所筹款项的数目，并经下院通过后，才能正式提出议案。并且这样议案所拟筹划款项的数目又不得超过议决案中所规定的。

所以英国国会对于制定法律的手续总算规定得非常详细，国家法律非经详细讨论以后，决不能更改，特别是关于赋税方面的一切规定更加十二分的注意。

可是在事实上，立法手续并没有这样的繁杂。假使死板板的依照规定办理，恐怕英国国会不能通过一件重要的议案。凡是那种没有争执的议案，其第一读只是一种形式上的手续，由议会书记官宣读议案的名称，至多提案的阁员可以在十分钟之内把该案的性质说明，同时议场上可以有一个简单的答覆。第二读是对于该案原则□□□□□，也许有一天以上的时期，可是辩论时候，对于该案的字句或文字是不加条改的。可是在委员会审查时候，该议案的文字就得大改而特改，差不多从第一句的第一个字起都可以修改的。

在几年以前，所有的议案都得经全体委员会在议场上审查过，只因在一个时期只能讨论一件议案，所以那时候议会的事务就拥挤不堪，差不多有照顾不了趋势。因此，以后就采用一种分工方法，设立许多委员会，于同时各自审查各别的议案。在委员会内讨论时候，各委员能提议把原案中某字或某句删去，或增加某字或某句。这样的修改案提出以后，委员长可以把当时的讨论限于这修改案能否成立的一个问题；如有人同时提出其他问题，他就可以停止其发言。但各委员又能提出修改案的修改案，委员长又得把当时的讨论限于修改案的修改案。直等到这个问题解决了，委员会的讨论才回复到修改案，从修改案再回复到该议案的原文。每一种修改案，或修改案的修改案提出，经过讨论后，都可以正式付表决决定去取。这是一种极繁杂的职务。原案中各条都得经过委员会修改，或否决，或同意，同时又临时提出的新条文，或被否决，或被采择。

委员会审查完竣以后，才把该议案报告全院。在议会中，该案还得要经过同样的手续，新的条文能够提出加入，原有的条文提议修改，再经过同样的逐条讨论，同样的逐条表决。等到过了一定的时期，这一步的手续才算完结，这议案才交付三读。在三读时候，该案就不能修改了。三读期内的辩论只是对于这议案经过国会修改后，关于原则方面的问题。

三读通过以后，下院就把该案送交上院，在上院还得要经过同样的手续方面的程序。假使这是一种关于财政方面的议案，上院是一定要通过的，既不能修改，又不能否决。假使这是一种普通议案，上院是可以否决或修改的。如果下院不能同意于上院的修改案，或被上院否决了，这议案在这次会期内就不能成为法律。假使下院坚决要把这议案变为法律，那末，还得要在下两次会期中正式通过原案两次，再由国王正式承认；到了那时候，就是上院反对，这议案也能成为法律。

英国立法的手续既经这样的复杂，制定法律确是一件极困难的事。所提出的议案又往往是很长的，各有五十或一百的条文。委员会与议会对于这类议案都可以提出五十或一百的修改案，各委员与议员可以说五十或一百次的话。不必另有多数人的反对，就是几个少数人的发言，也可以把这类议案打消了，使之不能成为法律。所以英国国会方面就不得不采用一种限制讨论的方法，使各议案能够于一定期限内表决，免得无穷无尽的讨论不出什么结果来。

英国国会限制议员讨论议案的方法是于五十来年前首先采用的。那时候一般爱尔兰议员因为爱尔兰自治案不能通过国会，就采用一种捣乱办法，对于各议案继续不断的提出修改案，继续不断的发言，使国会什么事情都不能做，什么议案都通不过。国会为抵抗这种捣乱办法起见，就于这时期首先实行“停止讨论付表决”的办法。

现今英国国会“停止讨论付表决”的方法有好几种。第一种是最普通的，就是在讨论议案中一条条文或修改案的时候，阁员或议员可以起立，提议请议长停止讨论，把原案付表决。议长或委员长可以承认或不承认这样的动议；假使承认了，他就得先把这停止讨论的动议付表决，假使经一百个议员赞同了，他就得把原案付全体议员表决去取。

第二种方法是不限于议案中的一条条文或一种修改案，却很笼统的适用于议案中的一部份的条文。阁员往往可以动议，把议案中第一，第二，第三，与第四条，或者直到下边第十七行或二十三行为止先付表决。假使议长赞同了，假使议员也同意了，议案中的一部份就可以不经讨论而成立，无数的修改案也可以一笔打消。这种方法是叫做 guillotine，直译是斩首机，其意义就是把一件议案斩为几段，有一部份是可以不经讨论而成立的。

第三种方法是采用一种时间的限制（time-table）。内阁可以提出一种议决案，把议案各部份的讨论规定时间上的限制。这种方法有种种的优点。第一，这议案中的重要部份一定有一个机会，经议会讨论；并且这种讨论又都是很诚实的，不是捣乱的，因为讨论议案各部份的时期既已规定，到了一定的时期是一定要付表决的，反对方面故意提出无关紧要问题，延长讨论时间，是反而有损无益，他们是决不会做的。并且在内阁一方面又有一种重大的益处。他们可以预先晓得到了某日某时，某种议案是一定可以通过国会的。国会自由讨论议案的权已经束缚住了；只要内阁能保持国会方面的信任，内阁提出的议案一定可以在规定的期限内通过。

还有一种方法是叫做 kangaroo closure，这是一种动物的名称，普通叫袋鼠，其前脚短，后腿长，行路时候是一跳一跳的向前行动。所以称为这个名称，因为议长有权指定议案中那几条是可以讨论的，那几条是不能讨论的，如同袋鼠那样在议案中跳来跳去的选择那重要的应当讨论的部份。

第十三章　政党

政党是人民政府的出产品，也是人民政府所不可缺少的现象。政党在人民政府中的用处至少有五层，第一，有了政党，凡对于公共问题主张相同的男女可以联合起来，一致进行他们共同的主义与政策，使之在事实上实行。没有组织的民众是既不能提出什么主义，又不能同意于什么政策，更不能实行什么计画。第二，政党很可以使目的相同的人民预先同意于他们赞同的候选人物，以便在选举时候提出，征求全国选民的同意。第三，有了政党的种种宣传，人民才能注意，才能明白一切的公共问题，所以政党是教育民众的机关，是公意的制造所。第四，政党又能使政府中各独立的部份联合起来，成为一个效率极高的组织。第五，政党的存在可以监督政府的行动，使之不能离开一定的轨道。

（一）政党制度与英国内阁制的关系

政党初次在人民的政治生活方面变为一种势力是在英国，并且就是到了现在，所谓“政党政府”的势力也是在英国最大最完备。关于英国政党的来源历史家的意见颇不一致；但无论何如，多数学者都一致承认查理第二时候的王党（Tories）与民党（Whigs）是正式的政党，是英国以后两大政党的老祖宗。所以责任内阁制的成熟时期就是政党的发生时期，内阁制与政党制度的关系确是很密切的。内阁制的特点就是一个时期的政府人物一定要是一般有同样政见与政策的人物，他们又得要有下议院中多数议员的赞助，才能维持他们的地位。可是只有同隶于一个政党的人物才能有同样的政见与政策；下议院多数议员也只有政党的势力才能把他们团结起来。从历史上着想，内阁制度是因政党间的冲突才发生的；假使没有政党的关系与政党间的冲突，内阁制度似乎是没有发生的机会。没有政党只能发生两种极不相同的状况：或者执政人员往往于极短时期内推倒，政府变为非常不稳固的，因为国内没有一个有组织的势力希望一个政府久长在职；或者执政人员与人民代表脱离关系后，以政府实力维持他们的地位，永远在职。假使反对党打倒了政府以后，不能提出代替人物，以另外一种方法来管理政府事务，内阁的辞职就变为没有什么多大的关系了。

所以在英国，无论从历史上发展时候的情形着想，或从现在事实上的需要着想，内阁制与政党制度是分不开的，可以算是一种制度的两方面。在美国，政党是立于政府范围以外的；宪法上既没有提及政党，并且又直到最近时期，政党的行动才受法律上的规定与限制。政党的首领也有不是政府的官吏，政党党纲往往又是私人党员的代表会议议定的。但在英国，政党是在政府范围以内，不是在政府范围以外，进行工作的。政党的组织往往差不多就是政府的组织。内阁阁员是行政方面的长官，又是立法方面的主要人物，同时又是当权政党的首领。下议院的多数议员有立法权，有财政权，又有监督政治权，却就是当权政党的本身。同时与内阁及下议院多数议员立于反对的地位的有一个反对党，其中的人物是隶属于另外一个政党，他们的首领是预备等候当权党推倒时候，上台组织政府执行政权。

在从前英国只有两个大政党的时候，一党当权，一党在野，是极自然的一种现象。自由党组织政府时候，保守党是处于反对的地位，等到自由党的政府推翻了，保守党就继续组织政府。这两党轮流当权，一起一落，是毫无问题的。自从劳工党得势以后，英国就有三个大党，所以这种制度也就没有像从前的那样自然。在一九二四年与一九二九年，劳工党组织内阁时候，他们在下议院以内并没有占到多数议席。现在虽则有这样的特别状况发生，但英国还是一个以党治国的国家，英国政府还是一个政党政府。上边所述及的种种特点现在还是适用的。

政党数目的问题确是很重要的。责任内阁制度不但是根基于一种政党政府，并且这样的制度又只容纳两个大政党的存在，不能同时另有第三个政党。每一个政党一定要有实力可以抵抗其他一党的专权，但同时又一定要有一党能够在下议院中占到势力。为政策上的一致与责任的集中起见，当权这一党一定要有单独治理国家的能力。等到这党推倒以后，又一定要另有实力相等一党继续执行政权。这种情形就很显明的表示一个国家是需要两个大政党，全国选民不隶属于这一党，就隶属于那一党。假使选民分成了好几个大政党，其结果就是没有一个政党能够在议会中占到多数议席，所组织出来的内阁不是纯粹一党的内阁，却是好几派政党首领的混合内阁，政策方面既不统一，责任亦不能集中，政治上一发生风波，就势必至推翻。这就是法国，德国，与欧洲大陆其他各国的实际情形。他们抄袭了英国式的内阁制以后，只因他们政党派别的繁多，这内阁制度就不能像在英国那样的和顺。英国虽则在五十年以前曾经发现一个爱尔兰民族自由党，新近又发现一个劳工党，但英国在欧战发生时期还是像从有政党以来的情形一样，所有选民不属于这一党，就属于那一党。这一党的失败就是那一党的得胜，每一党又都有单独治理国家的能力与实力。在欧战时期，从一九一五年到一九二二年，英国也曾有过好几个的混合内阁，但政党政府却于一九二二年恢复，由保守党执行政权。可是当时立于反对方面的并不是一派，共有三个派别，就是民族自由派，独立自由派，与劳工党。自由党的两派于一九二三年合并，但劳工党的势力却反而有增无减，大政党的数目已经从两个增加到三个。这是现在的情形。不过一般人的意见总觉得英国将来似乎有恢复两党制的机会。

(二) 欧战以前的保守党与自由党

除了爱尔兰地方的民族党与散处于各工业中心区域的劳工党党员之外，二十世纪初期的英国选民大都是分为保守党与自由党党员。凡大部份有爵位与产业阶级，或在社会上有尊高地位的人大都是隶属于保守党，差不多所有的教士，大部份的大学卒业生与律师，多数的商业，工业，与财政方面的人物，过半数的小地主，都是保守党的党员。隶属于自由党一方面的人物，大都是一般中等阶级人民，与半数的城市工人；

但到了后来，这一般工人却又大都变为劳工党的党员。

英国二十世纪初期的所谓自由主义只为极少数的产业阶级与高级社会人物所赞同的；但这也只是十九世纪末期所发生的现象。在十九世纪中期，自由党党员中包括两大类的人物：（一）那一般贵族式的老民党(Whigs)，他们的所谓自由主义当然是有限得很；（二）在一八三二年新得到选举权的中等阶级人民。从一八六七年与一八八四年的选举改革法实行以后，第二类自由党员的势力就大大的增加，凡趋向于自由主义，甚而于急激派的城市工人都加入了他们的团体。旧式的与贵族式的民党自然不能与民众势力混合起来，所以在一八八六年因为自由党提出了爱尔兰自治议案，党内所有代表职位与产业份子就全体退出，改隶于保守党。凡是民党的旧份子都退出了自由党，此外，还有一大部份的大工商业家也愿意与保守党联合一起，脱离了自由党的关系。这种种情形自然大大的减少自由党的实力，此后自由党无论在当权或在野时候，都不能振作精神，有所作为。但自由党的内部却反而因之更能团结起来，更能一致的趋向于自由主义这条路上跑了。

那时候爱尔兰民族党的势力当然是限于爱尔兰一部份的地方，劳工党的势力也是只限于英格兰与威尔斯的几个工业中心点。保守与自由两个大党虽则没有这样的有区域方面的界限，但他们也各有各的势力范围，在有几个区域，自由党的势力较大，在另外几个区域，保守党的势力较大。苏格兰与威尔斯可以算是自由党的根据地。英格兰的大部份区域是保守党的势力范围，但其中也有自由党的区域。大概说起来，英格兰是可以分为两个区域，南部与北部，其界线是以 Trent 河流划分的。在这河流以北的区域，人民的性情，态度与观念是偏向于自由党一方面的，这一百年以来的情形往往如此的；在这河流以南的区域，多数人民总是趋向于保守党一方面的。有人说：拿破仑战争时候的恐怕情形差不多把南方各处从历史上传下来的自由思想与习惯根本推翻了。从一千八百年以后，英国政治方面的一切改革运动与自由观念都是从北方发动的，并且同时又得把南方的反动势力打倒后，才达到最后的胜利。举凡废除奴隶制度的运动，选举改革的运动，经济自由的运动，反抗南非洲战争时候的帝国主义运动，都是发源于北方的。在这一百年以内，自由党的政府总是得到北方选民的赞助并且是由北方选民维持的；保守党是靠了南方选民的帮助，才能达到执行政权的目的。

这一类的话未免言之过甚。自由主义与保守主义在从前虽是很有区别的，但到了这几十年之内，所谓“自由”与“保守”的名称早已失了字面上的意义，保守党的主张也未心是极力趋向于保守一方面，其一切的政策与政见与自由党的政策与政见相比较，也没有多大的区别。所谓自由主义，或保守主义现在已经不是任何一党的专利品了。

可是从人民的政治观念与态度上着想，南北两部份确有一种主要的区别。这其中也有种种的理由。第一，北方完全是工业的区域。历史上的工业革命差不多早已把英格兰分为南北两大部份：北方是变为工业与矿产区域，因人民的集中，城市大大的发达，同时又有种种的新问题，所以需要一切的新法律与根本的改革；南方却还是大地主势力范围的农业区域，大部份地方是乡区不是城市，所以是很不容易脱离历史上遗传下来风俗习惯的束缚，其人民当然是趋向于保守一方面的。工业团体主义，劳工阶级在政治上的活动，提高教育标准的欲望等类，这都是北方区域的主要势力，也是劳工党未得势以前自由党所提倡的。南方向来是陆军海军机关的地点，人民是向来注重于阶级观念，与民治势力的影响是隔离得很远。并且凡是从国外经商致富的一般大商人与开拓殖民地的人物，回国后又往往居住南部，他们对于殖民地人民向来是武断专横，对于国内的所谓民治主义自然也很不容易赞同的。末了，差不多有三分之四[①]的大学又都在南方，凡有几百年历史的大学，其中的一切积习与空气往往是脱离不了保守主义的趋势。

大概说起来，直到一九一四年为止，凡一个区域的人民是以工业或矿业为生的，这个区域往往是隶属于自由党的，凡农民居住的区域往往是偏向于保守党的。小地主居多数的区域往往是偏向于自由党的。苏格兰所以是自由党的根据地，因为（一）人民在习惯上是最痛恨大地主；（二）人民的独立观念与中等及劳工阶级的民治观念；（三）没有国教，所以教士没有势力；（四）贵族的数目又少，势力又弱。威尔斯所以是自由党的根据地，因为（一）这是工业与矿业的中心区域；（二）没有很多的大地产；（三）人民因为受了生活上的影响，其性格是激烈的。

（三）劳工党

概括说起来，劳工党是因一八六七年与一八八四年选举权推广后所发生的两种主义或势力的出产品。第一种是工业团体主义，其他一种是社会主义。一种势力供给了劳工党的费用与选举票，其他一种供给了首

---

① 原文如此，疑有误。——编者注

领，实力，与精神。工业团体是由同行同业的工人所组织的，其目的是要以团体的势力，对付雇主，与雇主商订一切的雇用条件。这种团体是初发生于工业革命时期，以后逐渐发达，到了十九世纪末年，其会员的数目已经在两百万以上。工业团体在法律上的地位曾经经过一个长期的争执，自由党内阁屡次帮助，通过了好几种的法律，才确定其地位，使之有法律上的保障，不致于发生问题。

欧战期内是工业团体最兴盛的时期，其会员数目与势力都大大的增加了。一千九百年的会员是两百万以上，一九一四年增加到四百万，到了一九一八年，就有六百五十万，再过两年，其数目就有八百三十多万。这是工业团体会员最高的数目。从一九二〇年以后，其会员却大大的减少。战后的工商业日渐衰败，失业工人的数目逐渐增加，各会员因无力交付会费，就退出工业团体，往往整个团体因之消灭。到了一九二五年，会员的总数减为五百五十万，再过两年，差不多不到四百万的数目。那时候的工业团体不但会员的数目减少，并且其经济状况也非常困难。会费的收入既经减少，那失业工人的生活还得要靠他们维持。从一九二〇年到一九二五年，各工业团体花了好几百万金镑，维持失业工人的生活。多少年数积蓄下来的金钱就于几年之内花完用完。那时候最富足的一个团体，铁路工业团体，于一九二六年罢工期内，不但花完所有的积蓄，并且同时又在银行中透支了将近一百万镑的债务。工业团体主义既是劳工党的根基，那时候劳工党的经济当然也受到极大的影响。

英国工业团体方面有两种重要事实是我们不能不注意的。第一，凡是一种工业的工人集中在一处的，工业团体的势力就最大，比方依照几年前的统计，矿区工人有百分之七十以上是加入工业团体的，农业方面只有百分之十的工人是工业团体的会员。女工是很少加入工业团体的，最高的数目是永没有超过百分之二十。这是因为大部份的女工不久就得嫁人，脱离劳工的生活，所以很不容易组织起来的。

第二，工业团体会员的数目是于这四十年之内大大的增加，但同时工业团体本身的数目却反而减少了。在一八九二年，全国共有一二三三个工业团体，到了一九二五年，这数目就减到一一四四个。这是因为有许多工业团体都合并起来了。并且有时候，有许多工业团体又往往联合起来，组织一个全国的联合，最重要的这样联合团体就是工业团体联合会（Trades Union Congress）。

讲到社会主义在英国的势力，似乎没有像在法国德国或欧洲大陆其他各国的势力那样大。英国人是很重视政府的，但他们决不愿意政府的势力扩充得太大。可是在欧战以前的二十五年之内，英国方面社会主义的运动却是没有间断过。各种各样社会主义的组织发生了，社会主义的观念与精神时常发现于国会方面的辩论与立法之中；并且在一九二四年，执行政权这一党的首领与政策又是属于社会主义这一派的。除了那般真正的社会党党员之外，英国还有无数的男女虽不正式加入社会党，没有党员的名称，但他们的思想与观念却完全与社会党一致的。

在这几十年之内，英国有许多独立的社会主义党，其中有三个是值得注意的。最老的一个是社会民治联合团体（Social Democratic Federation)，是于一八八〇年成立的，并于一九一一年改称为英国社会主义党（British Socialist Party)，其目的是想在英国二〔工〕人之中宣传马克思主义，以后在一九一六年这一党与劳工党联合时候，其党员约共有一万人。英国最著名的一个社会主义组织是一八八四年设立的费边会社(Fabian Society)，其中的会员大都是智识阶级中的人物，他们的著作与宣传很发生一种极大影响，但他们却都是社会主义运动的右派人物。近来他们的领袖又极力为劳工党计画与进行一切工作，这一个团体差不多就混合在劳工党之内了。其会员也只共有二千来人。还有一个独立劳工党（Independent Labor Party）要算是最纯粹的社会主义组织，是于一八九三年成立的。其会员数目并不甚多，到了一九二七年，只有五万来人，但劳工党的首领与势力都是这一派人所供给的。

劳工党的发达确是英国民治主义运动史上最重要的一章。工业团体主义早已发现，社会主义亦早已有一部份的势力，但英国工人却到了最近时期才联合起来，利用政治的方法来提高他们自己的地位。直到十九世纪下半期，他们才入手进行选举工人充当议员的工作，但他们却没有想到另行组织一个政党。一八六七年城市工人初次得到选举权时候，他们就在伦敦新设立的“工人团体”(Workingmen's Association）中议决选出工人议员直接代表劳工阶级的利益。在下一年的选举时候，自由党的左派提出了三个代表劳工的候选议员，但都没有当选。一八六九年成立了一个劳工代表联合会（Labour Representation League)。这个机关活动了好几年时候并且在一八七四年的选举，提出了十二个工人候选议员，其中有两个是当选的。就是到了这时期，英国工人还没有另行设立工人政党的动议，在以后的十多年之内，也没有其他的发展。每次选举时候确是都有工人的候选议员，但都是自由党提出来的，并且每次选举的结果又都有十来个工人当选为国会议员。

到了十九世纪末期，工人方面才有另行设立政党的提议。这一种纯粹工人的政党是于一八八八年首先在苏格兰地方设立。独立劳工党又于一八九三年设立，其目的不但是提倡社会主义，并且又要使劳工与当时的政党分离，另有一个政党。这一个新组织备齐了政党所有的设备，如执行委员，代表年会，会计，党纲等，并且在各地方的选举，其成绩也很有可观。但在国会选举方面，其进行是非常迟缓，直到了一千九百年，才选出一个国会议员。英国大部份的工业团体会员还不能十分赞同社会主义。所以在一八九九年工业团体联合会开会时期，就有另行设立一个新的，非社会主义派的组织的提议；在一千九百年，七十个工业团体代表在伦敦会议，就议决设立一个劳工代表委员会（Labor Representation Committee）。这委员会中最重要的势力自然是那种趋向于政治的，但非社会主义的工业团体；他们最主要的目的是在国会以内成立一个劳工代表的团体。国会内的劳工代表虽则应当与那种对于劳工利益表示好感的政党一致行动，但他们却应当有他们自己的督察员，方法与政策。

这委员会初成立时期，报纸上既不公布，各大政党又置之不睬不理，甚而至于一部份有势力的工业团体首领还表示不赞成。但这般人物却毫不灰心，勇往直前的进行，务必要替劳工争到政治权力。他们这一种勇敢的工作确已于最短期间内得到了最大的成绩。在二十四年之内，劳工代表委员会初次会议时候的秘书就做了英国第一次劳工政府的首领。在一九〇六年的下议院，他们举出了二十九个劳工议员，他们的党员那时候已经差不多到了一百万的数目，所以他们就取消了委员会的名称，正式改为劳工党，并采用一种新宪法。为免去那般非社会主义的工业团体的误会起见，劳工党不承认其本身是一种社会主义的组织。可是其所宣布的一切政策与议决案却完全是社会主义化的，如把生产与分配工具社会化，由民治国家为全体社会的利益而订定管理方法；使劳工脱离资本主义与地主主义的束缚；设法使男女间有社会方面与经济方面的平等；但他们却绝对不主张阶级战争或其他的革命行动。

从一九一〇年到欧战发生时期，劳工党在下议院的代表数目总是在四十五个左右，但其实力却远在这数目以上。因为那时候自由党政府的实力是很不够，非得依靠爱尔兰民族党与劳工党议员的帮助，才能维持其地位。劳工党议员也就利用这种机会，进行他们自己的工业与社会立法。

那时候劳工党对于立法方面的势力确是不小，但他们的领袖却明知这种情形是决不能永久的。从劳工党本身方面着想，只有两种方法可以维持其地位：或者在两个旧政党以内扩张其势力，或者另行设立一个第三党，抵抗旧政党。第一种方法似乎是不容易做到的，因为劳工党议员无论在自由党或保守党势力范围以内，决没有机会可以决定各该党的政策。第二种方法也有种种的困难。劳工党的份子也非常复杂，根本上就不能互相容纳的，其中最重要的冲突原因就是社会主义。假定其内部的冲突确有救济的方法，但同时两党制的原则在英国是已根深蒂固，树立第三党势力的机会差不多可以算没有的。

但欧战时期与战后的种种情形却把英国政治上的普通状态都更变了，凡平时几十年时期所不能做到的事，现在居然于不到十年时期之内做到了。在欧战初发生时期，劳工党就即决定与其他政党合作，所以战争时期的混合内阁与军机内阁都有劳工党议员充当阁员。在一九一七年的八月，劳工党的中央执行委员拟定该党的改组计画，该计画就于一九一八年由代表大会通过采用，作为该党的新宪法。劳工党内部改组完竣以后，就于一九一八年的六月宣告脱离其他政党的关系，单独进行，以便达到劳工党政府的目的。在一九一八年十二月的普通选举，劳工党共得二百二十万选举票，举出五十七个劳工议员。从一九一八年到一九二二年的四年之内，劳工党在议会以内绝对的维持一种独立的地位，同时选民方面的趋势又逐渐的偏向这一个新党，不但工业中心区域是这样，就是中等阶级选民的区域也很有偏向于这方面的。到了一九二二年的普通选举，劳工党所得的票数有四百二十多万，选出劳工议员共有一百四十二个。一九二三年保守党内阁因关税问题被推倒以后，英国历史上就初次发现第一个劳工党内阁。

（四）战后的政党情形

自从劳工党发达，与自由党衰败后，现今英国各政党在各区域的势力当然与一九一四年时候大不相同了。第一，保守党却能保持其乡区方面的势力。在一九二二年与一九二三年的选举自由党还能得到几个乡区的议席，但在一九二四年的选举，自由党却不能得到一个乡区的议席，就是在苏格兰，除了极北一部份外，他们也没有得到议席。但在一九二九年的选举，自由党的势力已经恢复一小部份。直到最近时期，劳工党永未曾与保守党在乡区间积极竞争过。在大多数的乡区，大地主的势力是根深蒂固的，工业团体主义在农业工人方面的势力又是很薄弱的，同时因为乡区农民散处于极大区域，选举运动费用是较城市更大，所以劳工党的势力是只限于城市一方面。并且直到最近的四五年之内，劳工党也没有确定一种农业政策。英国农民是向来反对工业团体主义的，他们对于劳工党是很不表同情的。劳工党本身也很少在农民方面积极进行工作，直到一九二二年，他们永未曾得到过一个农区议席。

可是在最近时期，劳工党的宣传家与组织家也积极的把他们的工作推广到农区方面，有许多乡区的劳工党党部也亦已组织起来了。他们明知将来的胜利完全是靠乡区方面的，假使劳工党不能得到很多的乡区议席，他们是决不能在国会内占到多数议席，能够单独的执行其政策。一九二四年保守党的大胜利是意外的，将来未必能够有这样机会。自由党已经于一九二九年恢复了一部份的势力；劳工党的势力亦将逐渐侵入乡区方面了。但在这几年或几十年之内，保守党大概于每次选举时候，总能保持得五十来个乡区议席，如果他们能够不像一九二九年那样在城市方面大失败，他们对于选举结果是大可不必害怕的。

大概说起来，现今保守党党员的份子还是像十五年以前的情形一样；但现在却又加上了许多自由党的份子了。有一班的自由党党员或者觉得他们这一党是没有多大希望了，或者是因为势利与虚荣心的关系，退出自由党，加入保守党。这一班人都是自由党中的财产与上等阶级，其中也有中等阶级的人物，特别是城市方面的。同时自由党中的劳工与其他中等阶级的人物也都改变党籍，变为劳工党的份子。当时退出自由党党籍的人数确是不少，因此，自由党的实力就大大的减少了。

劳工党的选举区域是增加了。在二十年以前，劳工党只可以算是代表社会上一部份人的阶级利益，其社会方面的基础是建筑在各种工业团体的劳工阶级，其宣传力也只能达到那般纯粹的劳工份子。可是欧战时期与以后的情形却就不同了。自从该党于一九一八年改组以后，智识阶级就与劳工阶级同样的加入，凡与该党主要政见相同的男女，无论其在社会上所占任何的地位，都能加入其中。所以在现今劳工党党员中，英国社会各区域与各部份人民都有代表在内。工人的数目当然还是占据大多数，并且凡是工厂工人与矿工集中的区域，劳工党的势力是最大；但党员之中同时还有医生，律师，银行家，实业家，教员，牧师，官吏，学者，著作家，甚而至于资本家与贵族。

（五）政党的组织

英国政党的组织是分为两大部份，一部份是在国会以内的，又一部份是在国会以外的。在国会以内的一部份有三个组织：本党的国会议员，他们的首领，与督察员。在国会以外的一部份有各区域中的政党组织，与全国的政党组织，包括各区域代表组织的中央党部。

各党的国会议员差不多不受国会以外政党机关的干涉，特别是自由党与保守党。各党的首领是由本党的国会议员选举出来的，在这一党当权时期，政党首领就是英国的国务总理。各党的候选议员也许在选举时候宣布什么主义或政策，但各党国会议员的总体却可以随时自由决定其政策的标准，不受任何的限制，各议员个人不得不依照团体的决议。劳工党的情形就稍有不同，因为该党宪法规定本党议员，无论全体或个人的行动，一定要依照本宪法与规章，并且全国中央执行委员会与本党国会议员总体又得于每次国会开会之前，或其他时期，会议一切事务。这当然是一种限制。但在事实上，劳工党的国会议员也是很自由的选择其首领，任命其督察员，与决定其执行政策的方法。

可是严格的说起来，重要的政党机关并不是各党国会议员的总体，却是他们的首领。假使一个政党正在当权时期，这就是内阁。政党制度本来是与内阁制度同时发生的，所以最初的政党机关就是内阁，并且现今的内阁还是当权这一党的最高机关，因此，是不能受国会以外的机关节制或束缚的。在野这一党自然没有内阁的，但他们的国会议员也有一个首领与其他的重要人物，等到将来当权时期，也就是内阁的阁员，为党务的管理起见，这一般人所执行的职务也就像内阁一样。关于国会以内政党组织的特点就是一般首领的把持政党政策。至于那种小党，往往有本党全体议员的会议，讨论他们政策的标准。从前劳工党议员数目极少时候就常采用这种办法。但各大党却都不这样办理的。有时候，各大党也往往在俱乐部中召集全体本党议员的会议，但其作用只是给首领训导本党议员的机会，在会场上决没有讨论政策的可能。唯一的例外，就在选举正式首领时候，那是由各党议员全体决定的，可是就在这时候，各议员虽有讨论的机会，最后的决定还是在极少数的重要份子手里。

各党议员首领在各院又各有政党督察员。督察员也都是各该院的议员，但依照习惯，却不参加议场上的辩论。下议院有四个政府督察员，其中有一人是称为督察长。他们都兼有政府行政方面的名义职务，是行政长官中的一部份，并支领政府薪俸的。反对党的督察员共三人，由他们的首领指派的，但不支〈领〉政府薪俸的。政府督察员的职务是督察政府议员在投票表决议案时候出席投票，设法疏通或强迫那般反抗的议员服从首领的命令，并于投票时候充当票数计算员，及选择委员会时候各方面的中间人。他们差不多就是政治舞台上当权首领的前台经理。反对党督察员的职务也大约相同，所不同的一点就是他们这一党并不在政治舞台上当权，只是希望上台而已。

一个美国学者说，在英国，政党首领比之政党组织更为重要。与美国比较起来，英国政党组织的发生确较迟于美国。只有从一八三二年选举改革法成立后，英国才发现各选举区中的地方政党组织。全国政党组织也只有六十来年的历史。但在这几十年之内，政党组织，无论是地方的或全国的，已经是很发达了，不但自由与保守两个党是这样，就是新发生的劳工党也是这样的。

一八三二年以前政党组织所以不能发达的原因是很显明的。那时候选民的数目是极少，并且乡区选民又是散处于极大的区域，没有联络的机会。所谓团体的知觉心还没有发达。国会议席又往往为几个大地主或大贵族所把持，公共的买卖。一八三二年的法律把这种情形更变了。选举团方面加上了五十万新选民，选民注册方法也同时实行，选择议员的权是在事实上到了多数选民的手里。有许多地方的选举从前只是形式上的，现在却变为真正的选举竞争，候选人的成败都以那合格的与注册的选民的票数定夺了。政党首领就不得不从组织方面着想，设立各种机关劝导选民注册，并于选举时候运动他们的选举票。

最初所采用的方法是选民注册会（Registation Society），这是最早的政党组织。但其最初的职务只是劝导那般没有经验的选民注册，使他们的名字留在选民册上；到了后来，又加上到选民家里去运动，把各候选人与政治问题的性质讲给他们听，指示他们怎样投票。自从一八六七年与一八八四年的选举法再加上了三百万的选民数目以后，这种注册会的职务自然是更繁重了。但那时候他们并没有在各选举区域提出候选人。候选人还是由选民或其中的重要份子自行提出。可是这样的重要职务不久亦就得归各政党的地方组织办理。

到了一八六〇年以后，自由党于伯敏翰（Birmingham）城市首先试行各区党员的全体会议，由各区会议选举区执行委员会，再由区委员会选派出席全城会议的代表。这种试验的结果是非常圆满，不久就推行全国各处，保守党亦照样的采用。从此以后，地方政党的组织是以全体党员为根基，其职务是包括候选人的选定与选举运动方面一切事务的执行。

劳工党组织的历史可以分为两大时期，就是一九一八年以前及以后的时期。在一九一八年以前，劳工党只是各地方的工业团体，社会主义会社，工党的联合总体，所谓劳工党的党员只是各地方小团体的会员，不先加入地方上的小团体，差不多没有方法可以充当劳工党党员。一千九百年劳工代表委员会的组织者的意思以为他们的运动只是劳工阶级的运动，所谓劳工阶级又只包括一般劳力的工人。

可是欧战时候的状况就使劳工党改变方针，扩充其党员的范围。依照一九一八年的新宪法，凡赞成该党主张的个人都可以加入该党各地方新组织的机关，充当党员，无论是劳心者或劳力者都一概欢迎。从此以后，该党的重心已从工业团体方面转移到各地方的劳工党，以一个阶级做根基的政党就已变为全国各阶级人民的政党。

同时劳工党组织方面也有重大的改革。各乡区与各城市的劳工党部亦经重大的改组，并又推广到从前未设立的各区域。各地方的党员有以个人名义加入的，有以工业团体或社会主义会社会员名义加入的；地方上的党部就是各团体会员与个人会员间的中间人。各地方党部又大都另有一个妇女部。

全国最高的机关是代表大会，于每年在全国执行委员会选定的中心区域开一次常会，及其他的特别会议。只有代表大会才能修改该党的宪法与一切规章。各工业团体及其他附属的团体都依照其会员数目派定出席代表数目，每一千个会员能派代表一人；每选举区的地方党部各派代表一人；妇女党员又能于每五百人派出一个妇女代表。全国执行委员，劳工党议员，与正式承认的候选议员也都能出席，但没有投票权。大会的事务是完全由执行委员会把持的。除了执行委员会或大会组织委员会特别提议之外，代表大会的讨论只限于执行委员会的年报，与那种依照规章预先提出的议决案或其修改案。凡拟在大会中提出的议决案一定要于四月一号以前送交党部秘书，再由秘书分送各团体与地方党部，所有修改案必须于五月十六号以前送到。代表大会会议的结果往往在那提出的各议决案范围以内议定本党的态度与政策，这是等于该党的党纲。

代表大会又于每年选举一个执行委员会，委员共二十三人，十三个是代表各工业团体与其他附属的会社，五个是代表地方党部，五个妇女代表。大会又选派一个党部会计，他是同时兼充执行委员的。执行委员会管理一切的党务，每月总是开两天或三天会议，同时又指定副委员会执行一切例行事务。此外还有一个中央党部，由党务秘书主持的，及其他各执行部，如研究部，宣传部，国际部与法律部。

第十四章 司法制度

从前英国的司法制度是非常复杂的。但从一八七三至一八七六年间，英国曾经积极的改革，合并了许多的法庭，所以现今英国已经有统一的，与集权的司法制度。所有各别的法庭都合并起来，成为一个最高法院的各部份，上诉的程序也规定了，上议院中又加入几个专家，专任办理司法事务。一个大法官管理之下最高法院分为下列的几部份：（一）上诉法院，（二）高等法院。高等法院又分为三部份：（一）平衡法庭（Chancery），高级审判庭（King's Bench）与（三）验证，离婚，与海军（Probate, Divorce and Admiralty）。在这最高法院之下，又有各州的州法院，在其上，还有上议院审判各上诉案件中关于法律问题的最高权。

（一）英国与欧洲大陆司法制度不同之点

从一方面着想，英国的司法制度要比法国，德国，与欧洲大陆上其他各国的制度简单得多：这就是因为英国没有一种各别的行政法院。这并不是说英国方面的行政法并没有十分发达。在事实上，英国也很有一大部份关于政府及其官吏与人民方面关系的种种规定。这就是行政法中最主要的部份。但英国却并没有一种各别行政法院，解释与应用这种种的规定。凡牵涉政府官吏的案件，也与其他一切案件相同，都由普通法庭审判。一个英国人与一个法国人对于这种制度的利弊往往可以继续不断的辩论。照法国人说起来，因为政府的地位与权力的关系，涉及官吏的案件是不能由普通法庭审判的，无论是一个省长为执行卫生法律，封闭一个工厂，或一个巡警为追捕犯人误伤一个行人，凡这一类的争执是应当由行政法院，不应当由普通法院审判的，并且审判的方法也得与普通法院的方法各别的。英国人总觉得人民能够在普通法院控告任何的政府官吏（国王除外），是自由权利的表现，并且又批评法国行政法院制度不免偏向于行政官吏，使人民不能有一种公平的待遇。但法国人也有一种理由充足的答覆，他们说，依照事实上的经验，法国行政诉讼案件也往往有政府败诉的，并且依照法国制度，假使原告胜诉以后，一切赔偿是由政府担负的，所以是一定能得到的，不像在英国，赔偿是由官吏个人担负的，该官吏往往未必有赔偿的能力。从一个公正的旁观者眼光中看起来，法英两国的制度各有各的优点，无论是英国或法国现今的制度都很适用于各该国的情形。

（二）民事诉讼与民事法庭

假使把英国各级的法庭详细叙述起来，那是很麻烦的。我们可以另用一种方法，把英国司法制度的特点表示出来，这就是叙述民事与刑事诉讼的主要程序。从实际上着想，英国法庭中的诉讼案件都可以分为民事的与刑事的两种。英国法庭的组织及其手续亦都根据于这种区别规定的。所谓民事案件是由私人，或官吏以私人的资格提出的，控告对方，官吏或私人，一种过失如诽谤，侵害，毁约之类，要求赔偿损失。在这样的诉讼案件，双方都是私人，司法机关的职务只是判决这案件而已。原告与被告双方也许随时可以在法庭以内和解了事，撤消原案。

民事诉讼手续方面的第一个问题就是这案件是应当在那一级的法庭提起的。这个问题是要看这案件所争执的数目而定的。假使所争执的数目是在一百镑以内，或者假使是一种关于平衡法的案件，其所争执的财产价值是在五百镑以下，这类的诉讼案件大概就可以在州法庭提起。现今的州法庭是一八四六年国会法律所设立的。虽则其名称是州法庭，但并不是州政府中的一部份，并且其管辖区域又较小于一州的区域，同时又与一州的区域没有关系的。现今英格兰与威尔斯共有四百五十个州法庭的管辖区域，各有一个法庭。设立这许多区域的用意就是要使司法机关接近民众，人民方面如有诉讼案件就可以在最近的法庭提起，可以免去诉讼的费用与时日的迟延。这类法庭所判决的案件数目是很多，每年总在一百二十五万以上，但也只有几个极重的案件，才由州法官亲自判决。所有的州法庭区域合并为五十五个巡回裁判区，各由大法官指派一个法官主持。巡回裁判区的法官必须周游各处，大概各处的州法庭每月须开审一次。凡有州法庭的区域又各有一个注册官，其职务是保管州法庭的一切案卷与文件，多数的案件大都是不必经法官的判断，只由注册官解决了事。法官与注册官都是终身官，其薪俸是由国库支付的。

州法庭的审判手续是很简单的，原告与被告两造往往亲自出庭辨护的。假使这案件所争执的数目是超过五镑以上，原告或被告都可以要求陪审官（八个）审查，但这也不常有的。假使有了陪审官，他们的职务是依照法官的指导，判决这案的事实；假使没有陪审官，事实与法律问题都由法官判定，或者是原告胜诉，或者是被告胜诉。法官的判决是强制执行的，或者没收败诉人的财产，或者甚而至于把他监禁。但民事诉讼的目的是赔偿，不是处罚，所以监禁是很少有的。关于法律问题，败诉人可以上诉到高等法院中的一庭，但不得上诉院的同意，不能再上诉到较高一级的法庭。凡经陪审官判决的事实问题在法律上是不能上诉的，但当事人也可以根据于陪审官没有得到充分的证据，或法官指导差了，请求高等法院的一庭交原审法庭重行覆审。

假使原告所要求的赔偿数目超过州法庭的管辖范围以外，他是一定要在高等法院中起诉。高等法院是分是〔设〕三庭，在理论上，每庭都可以受理任何的民事案件，但在事实上，每庭的管辖权也很确定的。高等法院的法官数目是不一定的，往往一个或几个法官在京城与在巡回裁判区开庭审判案件。法律上的问题可以从高等法院各庭的判决上诉到上诉院。事实问题的判决是不能上诉的，但也可以请求上诉院交回覆审。上诉院有一个大法官，其他三个高级法官，与六个上诉法官。上诉法官是由大法官的推举，由国王任命的。上诉院是在伦敦开审的，往往分为两庭，每庭由三个指定的法官主持的。上诉院既不审问证人，又没有陪审官，其职务只是受理那从高等法院各庭已经判决的上诉案件。上诉院审判的结果或者承认，或者否决，或者更改下级法庭的判决。从上诉院的判决，败诉人还能把法律问题再行上诉到上议院。

（三）刑事诉讼与刑事法庭

刑事是扰乱治安与违背国法的行为，所以刑事诉讼是政府提起的公诉，其目的是要处罚扰乱治安者相当的罪名。凡刑事诉讼总是包含四种各别的手续。第一，一定要有人告发某人犯了什么样的罪名。第二，还得要有事实上的证据。第三，又必须确实指明被告所违的是那一种或那一条的法律。末了，假使这罪名是证明了，又得要处以相当的刑罚。在上古时代，这许多手续都可以由一人执行。报仇者就是原告，同时又是证人，又是法官，又是执行者。但在现今的文化社会，这许多手续非但要在时期上分别举行，同时还得要由各别的人物执行。政府当然同时是检察官，又是法官，因此，在英国的历史上，被告方面往往是很吃亏的。可是这种缺点现在已有了补救的方法，政府的两种职务又分别开来，由两种各别的官吏执行，一方面有检察官执行告发的职务，又一方面有法官执行审判的职务。自从一七〇一年以后，法官的任期与薪俸又得到了法律上的确实保障。法官虽则也是国王的官吏，但既有了保障，就可以独立执行其职务，对于检察官，国务大臣，甚而至于国王的意志，可以不睬不理，他们的地位决不因之而摇动，他们的薪俸也决不因之而减少。

假使一个人犯了刑事行为，就有警察把他逮捕，送交治安法官。在十四世纪初期，治安法官在地方行政与司法方面所占的地位是非常重要。这也是英国宪法史上的一个特点。治安法官的管辖区域是一州，是由大法官任命的。但各州治安法官的数目是很多，许多的州总有三四百个，甚而至于还有几州的数目是在八百个以上；全国治安法官的总数大约在二万左右。可是其中约有半数只有治安法官的名称，在事实上永未宣誓就职，所以每州执行职务的治安法官比较还是少数。治安法官是不支薪水的，但在地方上，这是一种很尊重的职位，所以愿意充当的人是不在少数。在从前，治安法官大都是一般乡绅充当；但现在，其中却有各项职业与各种阶级的男女，其结果就使这班治安法官没有像从前那样的贵族化了。治安法官与普通法官的性质不同，所以也不必有什么职业的或法律上的资格。但那般执行职务的治安法官却能从经验上得到这种资格。这样的制度虽在理论上还有种种的缺点，但在事实上总算是圆满的。

凡关于极小的刑事案件，如晚上骑自行车不带灯，没有营业执照的卖买，治安法官就能当场判决这案件。但他所能判决的案件只限于罚金在二十先零以下，或监禁不到十四天。假使这刑事案件是较为重大的，治安法官的职务是从表面上判定那被告是否有嫌疑，他必须查验证据，检察官及其证人又必须立誓声明一切情形，但被告如果不愿意发言，尽可以不必有所声明，或替自己辨护。如果经过这样查验以后，治安法官以为被告并没有什么嫌疑，他就可以不受理这案，释放被告；假使他以为被告确有嫌疑，他就得使被告候审，并决定当时是否可以交保。假使不准交保，被告能请求高等法院以“人身保障状”（writ of habeas corpus）强迫治安法官交保。

审判刑事案的法庭有好几种，一种案件究在那一种法庭审判全看这案件的案情而决定的。有大部份的刑事案件，包括那种殴打，偷窃，与种种的轻罪，或者初犯的较为重大案件，或者被告是未成年的小孩，都由一种叫做简便法庭判决处罚的。简便法庭至少有两个治安法官，其审判是公开的，但不采用陪审官制度，被告有极充分的声辨机会，并能请用律师帮助。这法庭如果判决被告为有罪，就处以罚金，或监禁一定时期。但被告却能上诉到另一种法庭，叫做 Quarter Session，这是每年开审四次的法庭，其法官就是该州执行职务的全体治安法官。上诉以后，这案件还得从头至尾重行覆审一次。

假使一种刑事案件的案情是很重大的，政府就以公诉状控告被告，确实指明被告怎样的犯一种确定的罪名。在审判以前，被告是应该得到一份公诉状。凡以公诉状提起的刑事诉讼或在每年开审四次的法庭，或在巡回法庭审判。巡回法庭在每州每年开审三次，由高等法院一个周游的法官充当主席。在无论那种法庭审判，审判时候一定要有十二个陪审官帮同判决。陪审官是由从地方官所编定的名单中选定的，但被告如果反对所指定的某人充当陪审官，还得要重行选择更换。审判时候法官的职务是监督那手续与证据都依照法律的规定。双方律师查验了证人，并把这案情对于陪审官陈述了以后，主席法官就得总结这案件，并把法律上的要点对于陪审官说明，帮助他们对于这案件的事实能够下一判断。假使陪审官认被为无罪，他就得立即释放，并且此后这案就不能旧事重提，再行提起控告。假使陪审官认被告为有罪的，法官就依据法律，宣告刑罚。假使陪审官不能同意，那末，就得重行选定陪审官，再开审判。

依照从前的办法，凡经陪审官判决的刑事案件是不能上诉的，虽则关于法律问题是可以上诉到上议院。一九〇七年的法律设立了一种刑事上诉法院，其中至少须有高等法庭的三个法官。被判决的犯人可以把法律问题上诉到这一院；如能得到原审法官或刑事上诉院的同意，还可以把事实问题提出，声明陪审官的判决没有事实上的充分理由。如果刑事上诉院以为下级法庭的判决有错误之处，就可以更改其所宣告的刑罚，或根本推翻原案。只有司法部长证明这案的法律问题是有重大的关系，这案才能从刑事上诉院的判决上诉到上议院。

（四）上议院的司法权

依照上面所述，无论是民事或刑事诉讼案件，在一定的状况之下，最后可以上诉到上议院，由该院下最后的判决。从前有一个时期，国会不但是一个立法机关，其主要职务却偏重司法方面，差不多就是一个法院。所以从历史上着想，上议院确有充分的理由兼有司法与立法职权。在从前，上议院并且还曾要求极大的初诉权与上诉权；虽则在现在，其初诉权只限于其本院的议员，特别是判决他们争夺嗣续议员地位的权利，但其审判上诉案件特权的范围还是很广大的，从审判英格兰普通法庭的上诉案件起，推广到英国与爱尔兰各级法庭的民事与刑事上诉案件，与苏格兰法庭的民事案件。现在不能上诉到上议院的诉讼案件只有各种宗教案件，苏格兰法庭的刑事案件，与新设立的爱尔兰自由国法庭的诉讼案件。

一八七三年的法律曾经取消过英国上议院审判上诉案件的特权，这是因为上议院中没有精通法理的人，有执行这项职权的能力。但不久英国政府就改变方针，取消前议。一八七三年的法律未曾实行以前就即废止，一八七六年的法律增加了上议院两个精通法理的议员。这两个新议员是从有名望的法律专家中选择任命的，其任期是终身的，不是世袭的。这一种办法确实可以使上议员有法律的智识与经验去执行司法职权。终身议员的数目以后又从两个增加到六个；在事实上，上议院的司法职权都在这六个人与大法官手里，那种曾经充当高级法官的世袭议员偶尔参与而已。凡一切上诉案件，至少要有三个法律专家议员审问与判决。依照法律，无论那一个上议员都能参与这种司法职权；执行司法职务时候的上议院还是上议院的会议；其所采用的手续是立法机关的，并不是司法机关的手续；一切判决也录入议事录以内，如同会议的记录一样。但习惯却已经把上议院的司法职权完全交付于那法律专家议员。他们，或其中的三人，无论在什么时候，可以开审，可以判决案件，就在国会闭会时期，他们也可以照样办理。他们的判决是最后的判决，没有别处可以再行上诉了。

（五）英国司法制度的优点

英国司法制度与法官的名望无论在国内，或在国外，都是很好的。一切民事与刑事诉讼的手续都是很公平，很确定，既稳固，又尊严。外国律师与法官到了英国，考察其司法制度运用方面的种种情形以后，差不多没有不表示一种崇拜与敬服的心理。世界其他各国在改良其司法制度时候，往往采用英国方面的种种制度。英国法律与司法制度对于全世界所发生的影响等于其宪法与政府组织所发生的影响。

这种原因可以从三方面推求：第一，英国司法制度所根据的广大原则；第二，法庭中所采用的手续方面的规则；第三，法官与律师的质地。

讲到司法制度的根本原则，有一部份是关于普通的司法行政，有一部份是关于刑事方面的，还有一部份是关于民事方面的。普通适用的司法行政原则有下列的几种。第一，一切审判都是公开的，任何人民都能出席旁观。除了从前专制时代极少数的几个法院之外，如星法院之类，这一种原则在英国可以算是从最早的时代就已通行。但世界有许多国家法庭的审判到了现在还是秘密的，不公开的。第二，原被两造都有由律师代为辨护的权利，都能把他们各方的事实对于法官与陪审官陈述。依照几个国家的司法制度，刑事案中的被告不能有律师代为辨护的权利。

第三，无论在民事或刑事案件，证明这案件成立的责任完全在于原告一人身上。第四，被告无论是有罪或无罪，判定的手续是一定要依照《证据法》的一切原则。第五，在较为重要的刑事案件，被告不但由法官审判，同时还得由陪审官判决；凡是涉及双方道德问题的民事案件，一方面也能要求陪审官的判决。第六，判决是当众公布的，至少在那中级与高级的法庭，法官还得要声明为什么这案件是这样判决的。第七，所有一切的诉讼案件至少可以上诉到一个高级法庭，所以刑事方面的被告，或民事方面的原被告都能把他们的案件请求两个法庭单独的判决。自从一九〇七年刑事上诉院设立后，上诉权的范围又扩大了。

特别适用于刑事诉讼案件的主要原则有下列的几种：第一，凡刑事案件在其成立之前，必须先由治安法官预先审问，确定那被告是否确有嫌疑。第二，除了极少数的例外之外，在嫌疑罪确定后，与政府提起公诉之前，其间不能有时期上的间断，特别是对于那种重大的刑事犯案。第三，被告不能强迫招认为有罪，这是因为依照英国刑法的原则，凡不能证明被告为有罪，只有认他为无罪。第四，凡对于贫穷的被告，政府就得花费费用，代其雇用律师辨护。关于民事方面，也有几种特别的原则。第一，民事诉讼提起以后，法庭必须立即进行审判的手续，不能废去时日先行审查该案是否可以成立。第二，民事诉讼是完全私人间的争执，所以随时可以由双方互相调定，停止进行；不必得到法庭的同意，就能随时取消原案。第三，如果经法庭判决以后，原告不于一定的时期内执行其利权，以后就不能再行执行了。

英国法庭不但依照上述的种种原则执行其职务，就是一切手续上的规则也较别国优胜。比方在美国，所有关于原被告诉呈，证据，与其他手续上的规则大都是由立法机关，不是法庭规定的。其结果却是非常不圆满，因为法庭手续方面的规则由一般没有法律智识与经验的立法者所规定，往往是格格不相入，是很难适用的。在英国，制定诉讼手续规则的权是在一个规则委员会，其委员就是大法官，七个其他的重要法官，与四个律师。这委员会确是一个专家机关，并同时代表法庭与律师职业两方面。这是从一八七三年起实行的。在从前，手续上的规则是完全依照各法庭的习惯，以后经法庭逐渐依据事实修改，有时候国会偶尔加入干涉，取消旧的不适用的手续，或规定新的规则。但法官修改一切手续规则的权利总是完全承认的。自从一八七三年设立了现在的规则委员会以后，在事实上已经把制定规则的权完全交回法庭了。凡新制定的或修改的规则还得要经国会通过，国会自然有权否决；但直到现在，凡委员会所提出的规则，国会总是通过的。

英国诉讼手续的主要特点是注重迅速与公正，不拘泥于形式上的种种情形。凡一切案件都由法庭根据于各该案件的确实事实，迅速判决，决不会因形式上有何不合之处，法庭就不受理。英国诉讼案件较之无论那一国都办理得迅速，法庭之中很少有堆积起来的案件。

还有英国法官与律师的人品又似乎较别国为优良，因此，更能表彰那良好的司法制度的优点。大概英国的法官都是很有才能的，他们的地位是独立的，他们的操守是纯洁的。所以能够发生这种状况的原因是很多，其中一个主要原因就是因为那般法官都是任命的。不但法官是任命的，法庭的职员也都是任命的，就是治安法官也没有民选的。各州治安法官的人名由州政府长官提出，再由大法官以国王的名义任命。所有正式法庭的法官也都由大法官选择任命的。民选法官的制度曾在法国试用过，因为成绩不良，不久就即废除。美国各邦采用的法官民选的方法也有种种缺点。英国及大英帝国任何一部份永未曾试行过民选法官制度，使法官与其他的官吏一样，受到政潮的影响。法国与德国的法官是从那般经过特别训练的人民中选择任命的。英国与美国联邦政府不是这样的，法官都是从律师中选择出来的。依照英国的习惯，州法庭的法官资格一定要执行七年以上的律师业务，高级法庭的法官资格十年以上的律师业务，上诉法官资格十五年以上的律师业务。

第二，英国法官的任期是终身的，所以其地位是更加独立了。虽则在法律上，大法官有权罢免法官，但在事实上，除了国会两院联合请求罢免之外，英国法官是不会免职的。第三，英国法官的薪俸也较欧洲大陆各国与美国都高，所以有资格的人是很愿充当的。州法庭法官的年俸是一千三百镑，比之美国各邦最高法院法官的薪俸还要多。英国最高法院法官的年俸是从五千镑到一万镑，比之美国同级法官的薪俸要大两倍或三倍。

英国的律师分为两种：一种是出庭的，一种是不出庭的。这是一种分工办法，能使每一种律师都能专心于一部份的职务，变成一种专家。不出庭的律师，叫做 solicitor，是直接与当事人接洽，预备这案件的一切手续，再由那出庭律师，叫做 barrister，在开庭时候，对于法官或陪审官陈述。美国律师没有这一种的分工办法，所以一切事务似乎没有像英国律师办理得那样精细。

中世纪的民治主义和选举制度(1924)

欧洲古代的国家大半均是城市国家，就是罗马帝国也是发源于罗马城。所以欧洲的文化，欧洲的民治制度，均是发源于城市。希腊罗马文化极盛的时代，就是城市的极盛时代。自从日耳曼民族侵入罗马之后，城市日见衰败，其原因是日耳曼民族向来靠农业为生，素来不惯城市的生活，到了罗马以后，就觉得城市生活非常讨厌，所以还是去做他们农村的生活。在这一个黑暗的时期，时局是非常扰乱，商务也因之不振，城市向来是依靠商务为生的，今商务不振，城市就没有机会得到他所需用的原料，也没有机会去消售他的出产品。所以古代的城市日见衰败，而日耳曼人民又没有设立一个城市。虽则在东方的城市没有受多大的影响，虽则在意大利，西班牙，高而的南方，有几个城市还能保守他们罗马时代的习惯，但是在这个时候，城市生活的范围早已缩小，城市的一切情形也早已更变了。

欧洲中世纪的城市有一个根本上相同的特点。在第九世纪，第十世纪的无政府时代，教主算是地方上最有势力的人，他们往往把持城市方面的管理权。那时候城市的事务完全为教会所管理，关于城市的行政权完全在教主手里。欧洲有一句古谚："在耶教的十字架之下，可以过安稳的日子。"这就可以见得当时教会所管辖的城市确能孚众望。日耳曼帝王把教区以内的一切司法和行政职权均交给教主，并且他还有权任命一切城市的官吏。市民对于这一般有势力的教主或大地主当然是不能反抗的。那教主以后还征收市民的人口税，和别项罚款，对于市民并有无限制的生杀之权。教主的收入全以市民数目的多寡为定，市民愈多，他们的收入愈丰，所以他们想了种种方法鼓吹人民移入城市居住。当这扰乱的时代，城市自然比乡村安宁得多，因城市居民非但有法律上的特别保障，并且城市的四周还有炮台，不是容易打得进去的。因有这两种原因，所以当时的城市已渐渐有发达的趋势。不过市民对于教主和大地主的专横自然是不满意的，到了不能容忍的时候，他们也常常起来反抗，但是在十一世纪以前，市民的反抗总是失败的。

从十一世纪以后，欧洲的局面，日见平安，商务也日见发达。这就是十字军东征，东西人民得以接触的结果。因为商务的发达，城市人民也增加了，他们的财产也增加了，所以城市也就能渐渐恢复他的原状。但是经济状况的变迁就影响到政治制度方面。向来市民对于教主和大地主的专横，实在是敢怒而不敢说，但是此刻他们有了金钱，有了实力，他们就可以用种种方法，或以利诱，或以威吓，去脱离封建制度的羁绊，得到他们的自治权利。当国王，贵族，和教会互相争权的时候，正是城市的绝好机会，无论那一方面，如欲得到城市的帮助，必以种种的权利相许，当封主有困难事情的时候，城市就可以为所欲为，并可以强迫封主承认他们的要求。市民的解放就是中世纪立宪制度的根源。

市民解放的方法，种类不一，有以武力争得的，有以和平手段得到的，也有利用国王和封主两方面的相争，而乘机取得的。但是无论用什么方法，那解放运动完全是由市民公会发起的，并由市民公会争得的。根据于这市民公会的组织，中世纪城市政府就有团体的性质，并且那团体的法律也适用到选举权和代表权方面。市民公会的组织是仿照那时候的基尔特组织，就是那管理商务和制造的各种协会。那基尔特非但是中世纪商业的基础，并且又是当时社会的和宗教的生活基础。最重要的最富足的基尔特就是那商人的基尔特，或称为商会。当时商务发达以后，第一个受其利益的自然是商人，所以商会在最初时候虽则没有政治的性质，不过到了他有权利操纵城市财政的时候，他的势力自然就非常之大了。人民起来反抗封主的时候，他们就以基尔特制度为模范，组织他们的协会。那时候的城市政府虽则不是发源于商人的基尔特，不过商人却是组织市民协会的主动力，把市民联合起来，共同反抗他们的公共仇敌，并取得代表全体市民的名义，凡与封主办理一切交涉均由团体出名。商会中有财产的贵族就变成市民解放的主动力，并设计把他们私人协会的组织和管理方法推广到城市政府方面。

城市得到自治权利之后，市民协会中的会员自然是得益最深的人。中世纪选举权的范围是很广，除出投票权之外，其余所有一切公民权利均包括在内。那时候的城市完全是一个商业或工业的团体，市民只不过是基尔特中的一个会员。在初发达的时候，这一个团体确有民治的性质，因为那时候和封主相争，市民方面必须大家联络起来，和衷共济，然后能得到最后的胜利。但是市民得到胜利之后，城市方面的管理权差不多就变成富商阶级的专利品。为保持他们的特权起见，公民资格的限制是非常的严格，凡工会中的工人一概拒绝，不得享受公民权利。人民必须是合法生育的，不欠债的，并且没有不能医治的疾病，才能有选举权。只在城内居住，还不够算有市民资格，人民在加入市民团体的时候，必须先纳一种登录税，如同进会时候所出的进会费一样，并且还必须有一定价值的土地。这财产资格以后就取消了，改为一定的进款。如有战事或瘟疫发生，人口减少了之后，这公民资格就减轻。不过就是资格减轻以后，大多数的工人还不够有公民的资格。贵族的专横实在和从前封主的专横差不多，所以在许多城市之内，教主的势力推翻以后，过了一百年，就有工会革命，其目的是推翻贵族的势力。

中世纪欧洲各城市的发达，在根本上是完全相同的。如有不同的地方，也只在北方城市和南方城市稍有些不同：在北方城市之中，商之的势力是最大；在南方，确有纯粹民治式的城市制度。但是这种不同地方决没有各城市性质相同的那样重要，并且到了十四世纪和十五世纪的时候，南北城市不相同之处就早已消灭了。

那时候市政独立的主要机关是一个市议会。这市议会并不是一种新设立的机关，却是从克鲁林琴（Carolingian）时代遗传下来的制度。从市政独立后，市议会的会员和职权就增加了。各城市议会会员的数目极不一致，最少的只有十二人，最多的却有一百人。他们职权的范围是很大，包括管理法庭的权力，城市各种财产方面的收入，如森林，桥梁，河流等类，修理城墙，征集兵队，选举市长。但是市议会的权力以后却被国王剥夺了许多。市议会的组织，和行使职权的方法，也和现今的国会一样：有常会处理普通的事务，有委员会处理一切特别的事务。委员会中委员的数目不是一律的，有二人，有四人，也有六人，其所处理的特别事务就是度量衡，房屋，军务，市场，造币厂。市议员有许多特别权利，例如免纳财产税等类。

那时候的富商所以能把持市议会，完全是因为选举方法不良。大概说起来，市议员或用抽签方法举出来的，或由期满议员推荐出来的。市议员如果不能连任下去，往往推举别人出来替代。各城的方法也不是一律的，我们可以举出一个城的方法来说明当时的所谓选举。有一个城叫做 Osnabrück，用一种极复杂的选举礼式。在正月二号的早晨，各城门均关闭起来了，所有市民均不准离城。市政厅之四周也有重兵围住。市议员开了秘密会议之后，他们全体赴教堂听训言。等到他们回到市政厅以后，就起首投票。投票的手续首由市长掷三粒骰子，然后各议员依次掷一下，至大家掷过为止。掷骰子的点子掷得最大的和最小的两个人举出十六个公民，作为第一次的选举会。这十六个公民立刻就开会，另外再选出十六个公民，组织第二次的选举会。市议员就是由这第二次选举会选举出来的。

就是在那种真真实行选举的城市之中，这市议会也并没有民治的性质。在那种贵族式的城市之中，市长往往是由市议会举出来的。直接的人民选举差不多是没有的。那时候有势力的富商总是想了种种的方法，去操纵选举市议员的权力。

城市革命总算是由商人阶级提倡出来的，所以城市得到了自治权之后，商人阶级总是极力设想去排斥工人阶级，务使他们不得享受一切的公民权利。那时候有势力的旧家族在城墙以内大半均有地产的，所以公民资格之中均有地产的资格。在几个城市之中，工人脱离了他们的工业，把他们的器械交出来之后，也能享受公民的权利。当时的商会又极力想法，运动国王制定特别的法律，阻止工人组织工会。所以那时无产工人阶级的奋斗有双重的目的：第一，他们须得到法律的承认，有组织会社的权利；第二，达到政治解放的目的。

到了第十二世纪的时候，工人已经达到了他们的第一个目的，不过那第二一个目的还得要争了好多时才达到。在许多城市之中，工人也早能参与选举事务。例如柏恩（Bern）在一千二百九十五年，因欲和解那时候的劳工运动，改革他的政府组织。柏恩先把这城市分做四大区域，由每区域举出一人。这四大区举出来的四个人组织一个会议，算是柏恩政府新增设的机关。这个会议的职务就是从城内各级人民之中，举出二百个市议员。爱米恩（Amiens）于一千三百年的时候就已把他的宪法改为民治的。各工会各举出他们的会长，各会的会长再举出半数的市行政官。工会在市议会之中往往也有代表，或者工会另外举出一个新的市议会，和旧有的市议会同时并存。在朱立克（Zurich），工人的政治权利总算是最大的。朱立克的政府完全以各工会做根据，并且每一个市民必须加入一个有组织的团体做会员。当时的政府共有两个议会：一个小议会和一个大议会。小议会是由富人团体中所举出的十三个会员和那十三个工会的会长所组织的。在大议会之中，各工会各举出六个代表，其余一半的会员是由富人推举出来的。在朱立克和瑞士其余的城市，每一个工人，或者他的寡妇，均有选举权，所以这种城市的政府总算是民治的。

那时候工人对于富商阶级总算得到最后胜利，不过各城民治的发达却有退步的趋势。选举权差不多变了没有什么价值，因为选举时候的费用是很大，而被选人员却不能有什么好处。各种职位全是没有薪水的，而费用又是很大，决非普通一般公民所能赔得起的。法国有几个城市的市长是有薪水的，不过这是一种例外罢了。就是这种有薪水的市长也不是人民所愿意做的。市长的职务是很多，责任又重。各种事情又不是容易对付的，非但内部事情不易办，并且又须代表全城，和国王办理一切交涉。在那专制时代，自然没有人敢触犯君王的，所以市长的地位确是很困难的，并且又是很危险的。还有一层，凡人民被举为市长或市议员之后，他非做不可，他如不愿意做，他的房屋也许被人民拆毁。市长的应酬又是非常之多，时时要请客，时时要到巴黎去办理各种交涉。除了这种费用之外，还要加上一切的军事费用。不过市长每年所能领到的薪费，只有二万法郎罢了。

普通一般公民因为没有资产，当然不能去做官。他们的被选资格在实际上是绝对没有的，他们的选举权也没有什么大用处，因为那时候市议会的权力又是非常之小。并且公民除了那选举权之外并没有别种权利。在中世纪城市的历史上，市民会议是很少有的，就是有这样的会议，也只不过是一种形式。但是有时候，市民也有非正式的参与财政会议的权，例如征收新税的会议，分配税额的会议，除此以外，市民差不多没有参与市政的别种权利。

但是城市的民治主义的失败还有更重要的结果。在十五世纪的时候，欧洲各城市渐渐发生了反抗工会专权的运动，选举制度也因之而取消了。在工会之内，几个老的和有钱的工头极力把持工会中的权力，并拒绝一般学徒和工人加入他们的工会，因之又剥夺这一般人的选举权。同时工会中的会员又变了世袭的，只有几个工头的子孙可以世世代代做工会中的会员，其余外界有钱的人自然也能想法加入，因为这工会会员的资格是取得政治权力的唯一门径。在最初时候，这种工会是很民治的，不过到了这时候，其性质是大变了，凡欲进会的人必须大大的应酬，又须富有财产，或者是贵族出身。

在工会的贵族空气之外，又发生了一个劳工阶级。到了最后时期，这第三阶级从贵族方面得到参与政治权利。以后还加上一个第四阶级，就是一般无艺术的粗工，他们在中世纪的时候总没有得到过参与政治的权利。他们以后想用武力来力争，又屡次失败，只不过丧失了许多人命，而他们的权利一些也没有争得。所以他们的要求总是不在一般富有公民的心目中。但是那第三阶级的得胜却是立宪制度的根原。在从前的时候，所有的政权全在贵族和教士手里，以后城市发达，一般商民因商业兴盛得到财产，他们在政治上也渐渐占有一部份的势力了。

欧洲中世纪的城市确有一种独立的城市国家的性质，不过这样的城市只能存在于极扰乱的封建时代，那时候的国王只不过拥有一个虚位，并没有实权。以后封建贵族因种种理由渐渐失去了他们的势力，而民族国家又渐渐发生，国王方面就觉得那种半独立的城市实在不能和专制的君主政体并立，他们想增加君主的权力，达到统一的民族国家的目的，实非先从打破城市的独立不可。所以城市的自治权又逐渐剥夺了，城市的地位逐渐从独立的自治团体变到国家的行政区域了，不过因城市兴旺而发生的那一般富有的第三阶级的地位却未摇动，那时候全国的财产差不多集中在这第三阶级的商民手里。城市的兴旺就是中世纪议会制度的根据。在封建的国家，国王的进款是全靠他产业方面的收入和各佃户所交入的款项，以后国家的权力逐渐集中，国家的职务逐渐增加，这几项的收入就不够支配了。并且那时候国王的大佃户就是那一般有势力的大贵族，他们是很不愿意把应交国王的款项完全交清的，所以国王有了实权之后，就把这财政制度从根本改革一下，他就取消一切封建时代的收款，实行一种新的赋税制度。为便利征收那种新税起见，国王就想法把这种税款从形式上看起来是由人民愿意供给的，并得到那贵族（宗教的和凡俗的）的同意。又因为那时候城市里的商民是极富的，他们的财产差不多与贵族和教士两个阶级相等，所以到了十三世纪的末，国王也把他们召来，出席于全国议会。中世纪议会之所以召集起来，完全是为便利国王征收赋税起见。

在十二世纪和十三世纪的时候，第三阶级偶然有代表出席于议会，但是到一千三百年，这种偶然的事就变了通常的事。城市在议会中有代表要算西班牙为最早，并且在中世纪，西班牙的议会要算是最有实力的议会。在德意志方面，议会的种类是极多，最主要的就是神圣罗马帝国的议会和汉色联盟（Hansa League，这是各城市所组织的）的议会。凡在这联盟中的各城每城必须派出代表，否则须出极重的罚金。关于共同的事务，这联盟议会有立法权和司法权，并可以用联盟的关防执行一切命令。挪威和瑞典的议会是极民治的，其中有城市的代表，也有乡区的代表。在十四世纪，西欧洲各国均承认第三阶级的代表是议会中所必不可少的。

第三阶级中，人民众多，决不能像教士和贵族那样，全体出席于议会，所以就不得不实行那代议制度。议员是由主动公民举出来的，他们可以算是代表全国各级人民，所以议会有立法的权利。教士与贵族两个特殊阶级的人是由国王用请帖去召集的，他们可以应召出席，或派代表出席。至于为那第三阶级的人，当时就采用各城市的选举制度。一千三百零八年法国议会的代表或由普通选举举出的，或由选举那城市行政官的选举会举出的。在议会选举的时候，选举和被选举的资格规定得没有像城市选举的那样严格。各级人民可以随便选举什么人做他们的代表，律师和平民往往被举代表贵族，教士被举代表城市。除了旅行费用之外，代表是没有薪俸的，所以人民往往不把代表的职位看做一种权利，却看做一种义务，务必想法回避。

从中世纪的立法家的眼光中看起来，代表和国王的地位虽则不同，其性质却是相同的。人民之所以服从国王，并不是服从国王个人，却是服从国王的职位。就是在英国和法国极专制的时代，这个学说还是存在的。在英法两国，君王世袭制度虽早已变为通例，不过在德意志，这选举观念的势力却是非常之大。那时候法兰克（Frankish Monarchy）与教会连合后，就重新挂起帝国的旗号，用起罗马的名称。后来就发生一个神圣罗马帝国。但是这个帝国的皇帝并不是世袭的，德意志各部落的观念，和罗马的风俗是极大的势力，足以阻止这个皇帝的职位为一个家族所把持。古代的武士选举制度已取消了，中世纪的皇帝是由一个选举会举出来的。这选举会非但是代表帝国范围以内的人民，并且还代表那时候耶教的全世界，所以其权力算是很大的。

神圣罗马皇帝选举会的份子过了许久时候才确定的。在一千一百二十五年选举皇帝的时候，先由贵族推举出十个皇族，再由这十个皇族之中推定三个候选人，然后全体皇族开一个大会议，从这三个候选人之中，举出 Lothain Ⅱ 为皇帝。到了十三世纪的末，选举皇帝的权全在莱茵河区域的三个大教主，和在皇室有职位的三个大贵族手里。一千二百五十七年选举竞争的时候，白海敏（Bohemia）国王又加入为第七个选举人。以后在 Aix-la-Chapelle 地方设立七个选举人的铜像之后，七个人的选举会就变成一个前例。白海敏和白危立埃（Bavaria）相争南德意志的选举票时候，查理第四于一千三百五十六年判决该选举票应归白危立埃，因为这一国是南德意志区域中的一部份，该处的选举应当本处的国王执行。所以从此以后，选举人的职位是和确定的土地有连带的关系，并且选举人也变了世袭的。以后的更改只不过加多了选举人的数目，永没有改变过这一条原则。在订定《惠斯非廉条约》（Treaty of Westphalia）时候，泼来庭子爵又得到第八票选举权。在一千七百零八年，汉诺勿（Hanover）也得到一票选举权。所以神圣罗马皇帝选举会中共有九个选举人。

这选举会的选举手续也到了后来才规定的。直到十三世纪的中间，选举皇帝的手续是不一定的。选举会开会的地点也是无定的，直到一千二百五十七年以后，地点才定在弗冷克福（Frankfort）。那时候也没有确实规定被举者的资格，并不是一定要德国人才能被举为神圣罗马皇帝。在一千五百十九年的选举，西班牙国王，法兰西国王，和英格兰国王均是候选人。最初选举会之中，人数众多，份子复杂，投票的手续也没有一定的规则。选举的结果并不是以票数断定的，是以各选举人的地位和势力断定的。所以那种选举差不多是由大皇族霸持的，而各贵族的出席与否完全与选举的结果没有什么关系，他们往往就因之而不到会了。选举的仪式共分三层：第一，由各皇族互相商议；第二，发表被选人的名姓；第三，颂赞那被选人。

选举会的人数减少以后，就可以规定较严格的选举手续。选举人的特别职权也为大家所承认了。各选举人的土地是不能分割的，他死了之后，由长子承接下去，选举人本身也和皇帝一样的有一种保障。他差不多是一个独立的国王，在他的区域以内，有完全无缺的权力。

中世纪宗教方面的立宪制度极有研究的价值，因为在这一方面，立宪制度的学理极其清洁，并且又因为宗教方面立宪制度的失败就是中世纪国家议会制度失败的根原。教会官吏由人民选举本是极古的风俗。在最初的时候，罗马教皇本是由罗马教士选定的，并且罗马教士还得先将候选人提出，得到人民的同意后，方能将他举定。教民方面如因举教皇而发生冲突，发生分裂的情形，他们就上控到皇帝那边，到了十一世纪和十二世纪时候，皇帝差不多就有权力定夺什么人当选，什么人不当选。利亚第九（Leo Ⅸ）是第一个教皇否认皇帝的选择权，而重新由罗马教士选定。后来又因皇帝亨利第四（Henry Ⅳ）年少没有能力，所以教会方面就有绝好的机会，将皇帝选定教皇的权力完全取消。

教皇是由主教所组织的选举会举定的。选举会中主教的数目不等，从二十个到七十五个，到了一千五百八十六年才规定为七十人。在最初的时候，外国的主教也召集到罗马，加入这选举会，有一个时期，选举会中多数主教均是法国人，到了后来，才规定一国出席的主教不得超过总数的三分之一，所以这选举会确有一种国际的性质。在学理上说起来，各教民均有间接参与这选举教皇的权，因为各教民均有参与选举主教的权。

选举教皇的手续也规定得非常完备，非常详细。深恐选举会受人民方面的压力，各主教可以在罗马城市以外开会。深恐选举会不能立刻选出新教皇，在选举时候，各选举人和外界完全断绝关系，他们的进款也扣留了，他们每人只准带仆从一人，并且他们还须居住在一间公共房屋，也没有分开的卧室。他们的饮食是从一个窗户里送进去，在开会以后三天之内不能举出新教皇，他们的食料只有一样菜，五天以后，只有面包和冷水而已。在一千二百六十八年这一次选举，选举会选不出一个教皇，种种方法均不能发生出结果，后来甚至于把屋顶拆毁，各主教在露天住宿了三年之后，然后才选出一个教皇。投票的手续是由一千五百六十二年的教谕规定的，到了现在，还没有什么多大的更改。每天须有一次的秘密投票，接连还有第二次投票，在第二次投票的时候，各主教可以将他们的票改投主要的候选人。

在中世纪教会的历史上，有一个极大的运动，想把教会方面的实权从教皇手里移到一个议会手里。这个运动的理想家，根据于人民主权的观念，拟定一个极详细的宗教议会计画。他们以为主教只不过是代表教民，选举教皇，主教的职权也是由教民授与的。还有几个人提议将这主教会议作为教会政府的上议院。至于那下议院，马献僚（Marsiglis of Padua）主张照中世纪所实行的立宪制度，设立一个议会，代表教会中的各区域。这议会的观念也是一种极古的观念，和耶稣教同时发生的，不过马献僚主张这议会中的代表须与各区域的人口成一比例，却是一种革命的观念。维廉（William of Ockham）的主张是极有次序的，他所想像的制度约略如下：在每一个初级教区中，有一个初级会，在每一个高级教区中，有一个选举会，选举代表出席于教会议会，教皇就是这个议会的主席。照这一个理想的宗教国计画，教皇和他的议会均是间接由人民举出来的，并且他们必须依照选举会的意志，执行他们的职权，选举会可以改正教皇的错误，可以革他的职，并且还可以责罚他。这议会运动的失败就使这理想不能成为事实。这种计画那时候如果真能实行，恐怕世界的政治历史还须大受影响呢。

这议会运动却是中世纪立宪制度的精华。中世纪各城市的基尔特民治主义有消长的时期，城市革命时候是基尔特民治主义极盛时代，以后就一跌不振。但是那时候的城市政府也不能算是民治的，因为只有各基尔特的会员才有享受公民的权利。就是有公民权利这一班人对于政府和选举职务也不大关心的，如非他们可以得到经济方面的利益，他们总是处处想避免这类的职务。以后基尔特变了贵族的团体，就是一般贫穷的商人或工人，也一概排斥在外，所谓人民主权观念完全消灭殆尽。只有在教会一方面，这人民主权观念还能鼓励人民组织一种政府，救济那宗教方面的种种腐败。但是末了的结果却是非常失望，在宗教方面，教皇逐渐恢复他的势力，议会运动完全失败；在政治方面，城市的和国家的议会制度也完全失败，专制的君主政体渐渐成立。

（原载《北京大学社会学季刊》）

欧美城市和国家的关系 (1924)

在历史上各时代，城市和国家的关系是时时变更的。古代的城市是完全独立的，在城市的范围以外，并没有别种权力；城市即国家。罗马城并不是罗马帝国所设立的，罗马城却是罗马帝国的主人翁。在欧洲中世纪政治扰乱时代，城市又得到了他们的地方自治利权。这是叫作自由城市时代。当时的城市虽也得到完全的政治独立权，特别是那意大利半岛和欧洲西北部的城市，但他们的地位并不像古代的城市国家。他们对于城墙范围以外的区域并不像古代巴比伦，雅典，罗马等那样的有管理权力。城市官吏〔管理〕的权力只能达到城市的界线为止。中世纪自由城市的权力是由外界给与的，古代城市国家的权力是内部发生的。但中世纪城市得到了他们的自由权之后，外界势力却不能干涉其内部事务。各城市的自治权实非常完备。欧洲中世纪时代是政治的分权时代，各城市争到了他们自己的特权以后，只知顾虑他们自己的利益，万万想不得其余的城或团体的利益。所谓民族的福利观念是没有人知道的。直到了十六世纪以后，民族主义的精神才发生，国王的权力才增加，而各城市就逐渐的受中央政府的统治了。那时候在欧洲大陆各国，这一种中央集权的势力是非常之大，当时城市的自治权差不多完全消灭。

但在英国，中央政府和地方区域的关系却没有这样的一种变更。这是〈因为〉英国城市的民治主义根深蒂固，很不容易打破。又因为英国国会发达最早，确能保障人民的公民权利，国王屡次与国会冲突均归失败。所以欧洲大陆各国的城市自治权早已消减，而英国城市独能保存他们古代的自由权。

在表面上看起来，欧洲大陆各国城市失去了他们的自治权，确是一种不幸的事。但从根本上着想，城市受中央政府的统治不一定受中央政府的压制。各国中央政府以后逐渐向民治主义一方面发展，他们对于各城市逐渐采取宽容的态度，并且处处为城市设法，务使各城能自由发展，达到其最大限度的福利。法国革命并没有使各城市脱离中央政府的保护，但从此以后，各城市管理本地方事务的权力，确实增加了，并且又有法律保障了。美国革命使新大陆各城市直接受联邦立法部统治，但从此以后，各地方政府的组织却较之从前良好得多，大部份的市民均有参与市政的权利。在英国，十九世纪初期的那种种改革虽则取消了各城市的特别权利，并使各城市直接受国会的统治，但全国市政却从此统一了，并且各城市政府的组织亦适合于民治主义，并非从前那种陈旧制度所能比得上。

普通人民往往有一种错误的观念，以为城市在中央政府的统治下往往被中央政府所压制，使中央政府发生专权的行动；并以为城市的民治主义只能从城市本身逐渐发展出来，决不能由中央政府鼓励出来。但历史方面的事实却与这种普通观念完全相反。

中世纪下半期的自由城市有了绝对的自治权利，以后就发现一种自私自利的寡头制度；英国城市未受国会的统治之前，差不多变成几个少数贵族的私产；殖民时代的美国城市有很大的自治权利，决非美国现今的城市所能比得上，但当时城市中的一般小百姓却没有参与城市政治的权利。所谓城市的民治主义确实从城市受了中央政府的统治以后才发现的。

十九世纪是城市法典时代。各国对于城市的种种法典均于这时代制定的。当时各国的中央政府均承认一种根本原则：凡一国的城市，不论大小，均须以同样的方法治理的。法国于一七八九年首先实行这种政策，当时法国几千个城市均采用一种统一的城市政府组织。普鲁士于一八〇八年也使全国的城市采用一种统一的城市政府组织。同时意大利和西班牙，受了拿破仑的影响，对于他们的城市，也照样办理。英国于一八三五年制定一种城市法典，使全国城市受同样的待遇。在以后的四十年之内，美国各邦政府也实行一种普通市规约制度，一方面禁止那种特别市规约制度，又一方面扩充城市职权的范围。

照现今各国的制度，中央政府有两种方法，规定城市的职权，并确定城市和中央政府的关系。第一，中央政府能将一切普通职权概括的给与所有的城市。换言之，中央政府把一切关于地方事务的职权，完全给与城市官吏执行。例如法国一八八四年的城市法典规定：“市议会执行城市事务。”这是一种范围最广泛的条文。法国和欧洲大陆各国的城市法典均是非常广泛的一种法典适用于全国所有的城市，并且各法典又不规定种种详细条文。但各城市有了各样无限的大权，有时候也易于发生种种弊病，各城市或者只顾自己私利，而不顾别城的利益，或者甚而至于利用其无限制大权，侵犯别城的权利；因此，欧洲大陆各国同时又采用一种防御的方法：就是各城市的大权非预先得到中央政府的监督机关或省长同意后，不得执行。这是欧洲大陆各国所通行的方法。

第二，中央政府能给与城市几种特别职权，列举在普通的城市法典或特别的市规约之内。城市所能执行的职权只限于这个范围之内。城市的行动如出了这个范围之外就作为非法，不能发生效力。有时候就在法律上所列举的范围之内，城市也得预先得到中央政府机关的同意，方能执行某种职权。城市如有不得已的情形，必须执行那法律上所未曾列举的职权，只有呈请立法部，得其同意，并另由法律规定后，方能执行该项职权。英国及其自治殖民地，美国各邦均采用这两种方法。这两种方法的区别是很重要的，我们须将各国城市与中央政府的关系叙述，借以明白这两种方法的来源，及现今的情形。我们先讨论法国城市与中央政府的关系。

从一千八百年起，拿破仑的行政改革大计画实行后，法国中央政府和地方政府的关系永未曾有过根本的变更。在这一百多年之内，法国的政体改了又改，忽而帝国，忽而君主国，忽而共和国，统共改革了六次之多，但拿破仑的中央集权制度的根本原则却保守到了现在。地方行政的方法时有更改的，法律上的字记也有更改，但其根本原则却永未更改。

拿破仑于一八一五年失败后，拿破仑的城市政府制度却继续存在，未曾经过根本上的更改。在一八三十年，因受民治运动的潮流，法国对于各城市亦不得不让一步，当时的改革是把市议员改为民选的，但市长和副市长还是由省长从市议员中选择呈请，由中央政府任命。一八四八革命时候，各城市又得到一些地方自治权利，但不久拿破仑第三做了皇帝以后，其中有几种权利就立即取消。从一八五二年至一八七十年是法国第二次帝国时代，当时中央政府对于城市采用极严格的政策。在每一个法国城市，人民虽有选举各该城市的市议员，但城市行政的实权却在市长和副市长手里，市长和副市长是中央政府任命的，不是民选的官吏。当时市议会的职务只是批准那市长和别种行政官吏所提出的计画而已。直到第二次帝国推翻时候，法国城市的政治生活却是毫无生趣的。

在一八七一年，法国第三次共和政府成立后，就想恢复城市自治的精神。但法国的政局却非常不稳固，中央政府对于各城市实不得不严格的监督；所以第三次共和政府的恢复城市自治的计画亦不能完全实行。只有在那种小城之中，市长和副市长改为由市议会选举，直到了一八八二年，各大城市才得同样的权利。但各省省长还是全从前一样，代表中央政府，执行监督城市的职权。

现今法国城市和中央政府的关系是由一八八四年的城市法典及其修改案所规定的。法国城市法典是一种普通法律，适用于全国所有的城市，惟巴黎除外。在法文之中，城市是叫做 Commune，这是一个极广泛的名词，无论极小的乡村，或极大的城市，除巴黎之外，均笼统叫做 Commune，全国共有三万六千个。在法国宪法上并没有明文禁止立法部干涉城市事务，或制定种种城市的特别法律，但法国立法部却没有这样举动，这是因为法国人民的公意总不愿意使各城市受立法部各别的待遇，总想使各城市在法律上立于同等的地位。法国立法部就被这种公意所限制，不致于像从前美国各邦立法部的那样随意制定种种城市的特别法律。法国城市虽没有受立法部的无理干涉，但同时却受中央行政部方面严格的监督。法国城市却没有美国城市所享受的自治市规约权利。

照法国城市法典所规定："地方官吏有管理本地方事务的权力"，但同时却有种种的限制。地方官吏决不能自由执行其权力。并且法国政府的中央集权制度，种种监督地方政府的机关，均非常完备，实非德国，英国，或美国所能比得上。

法国最高的监督机关是中央政府的内务部。内务部部长是内阁中的一个阁员，法国内部虽则时时改组，内务部部长时时更换，但部长的更换却与中央监督地方政府的制度毫不发生关系，因为这项职务完全由那般永久的部员执行，并且大都又是例行公事，决不能因内阁的更动而改变政策。

内务部只执行一部份的监督职权，大部份的职权还是在各省省长手里。法国全国土地分做十九省，每省的行政长官就是省长，由内务总长呈请总统任命，但各省省长并不因为内部的改组而同时更换。省长是一种事务官，由下级行政官升任上来的。关于城市政府方面，省长的职务是非常繁重。市议会开会的日期是由他定的，他又能停止市议会开会，并能呈请总统，罢免市议员。城市预算案上面所列举的条款，每条须得他的同意后，方能发生效力。关于预算案上收入的条款方面，他能增入新条款，惟关于费用的条款方面，他不得增加新条款。市议会如果不能通过预算案，省长能以命令公布他所拟定的预算案。法国法律并未规定城市的负债限度，城市所拟发行之公债计画，每次须预先得省长的同意；如债额太大，并须得内务总长的同意。除此之外，还有关于种种其余事务，市议会的议决案必须得省长的同意后，方能发生效力。

法国各城市虽有选举地方官吏的权力，但有几种城市官吏却由省长或内务部任命的。其中最需要的是市会计，由议会提出三人，呈请省长选择一人任命。警察官吏是由市长任命的，但须得省长的同意。地方行政是由市长和副市长负责；但关于警察，消防，道路等事，他们只是省长的代理人，他们所议决的案件能随时被省长所否决，并且内务部和省长公署均是永久的机关，市长是民选的官吏，有一定的任期，所以城市的官吏，绝不敢不服从内务部和省长公署的命令。这是法国城市和中央政府关系的大概情形，我们再讨论普鲁士的情形。

普鲁士的城市和中央政府的关系是由一八五三年的城市法典所规定的。欧战以后的革命虽改变了城市的组织，但城市和中央政府的关系却未更改。在一八〇八年以前，普鲁士城市没有什么自治权利。市长和市议员大都均是由国王任命的。市民完全没有选举他们官吏的权力。城市中的种种优差美缺均由国王分配给他的宠臣或年老的军官。国王又往往把城市财产看做他个人的私产，派他自己私人去管理，并且那般在城市居住的政府官吏和军人均不受城市政府的统治，同时又可免除一切的市税。市政的腐败总算达到极点，而一般市民亦毫无生趣，不能有所作为。所以在一八〇六年时候，法国拿破仑打进普鲁士，市民绝对不觉得有什么丧权辱国的羞耻。在法国占据时代，普鲁士城市的自治权反而有增无减。有许多城市采用了那法国的地方政府制度。市议会由人民选举，市长由中央任命。当时柏林的市政是在一个间接选举的委员会手里。

在这样状况之下，普鲁士政府亦知非从根本上改革其政治，万难救济当时的危局。市政的改革，也是当时改革计画中的一部份。在一八〇八年十一月十九号，普鲁士政府就公布一种城市法典，适用于全国所有的城市。照这法典所规定，每城市民能委托他们的民选官吏执行城市方面所有的职务，惟警察权和司法权还是由国王保留。普鲁士城市就从此有了很大的自治权。这也是法国革命的结果，人民对于政权的观念就大大的变更了。但当时那般守旧份子总觉这样自由的政策不大妥当，极力想法运动恢复中央政府对地方的权力。这种运动的结果就于一八五三年修改一八〇八年的法律，恢复了许多中央政府的权力。照这新法律所规定的，市民不能像从前那样的有同等的秘密投票权，市民须依照纳税的多寡分成三个阶级，每个阶级的投票权等于全部票额的三分之一。这就叫做三级制的投票方法，当时多数市民对于这新法律非常不满，所以在一八五四年柏林选举的时候，只有百分之二十的选民到选举场上投他们的票。

但我们平心而论，这一八五三年城市法典所规定的自治权范围也非常广泛。城市官吏有自由执行他们城市事务的职权，法律并未严格的规定他们职权的范围，也未明定中央政府的监督权。只有警察和司法两种职权不在城市自治权范围之内。但在德国，警察权这名词的解释却非常广泛，非但包括保护地方的治安，并且还包括禁止一切扰害个人或公共安宁的举动。照这样的解说，警察权差不多是一个没有限制的权力，中央政府能借口于执行这警察权，继续不断的干涉城市事务；因为无论什么事都可以说是有害于个人或安全的安宁。所以从一八五三年起直到一九一八〈年〉的革命止，中央政府逐渐推广其职权。在十九世纪的下半期，各城的公共卫生，房屋建筑，公共建筑物市场的管理，甚而至消防等事务，均归中央政府执行。普鲁士城市法律虽没有修改，但在十九世纪，普鲁士中央政府对于城市的监督却大大的增加。这是全靠警察权这名词的广义的解释。

一九一八年的革命虽则约略更改了城市政府的组织和行政方法。但各城市却并未因这次革命而脱离了中央政府监督。中央政府还执行城市方面的警察权，警察权的范围还同从前一样的广泛。将来普鲁士的政局平静后，新政府的地位牢固后，中央政府也许能约略放松这种监督权。

法普城市的职权是概括的，英美城市的职权是列举的。英国的情形非常繁杂，举凡城市政府的职权，及城市和中央政府的关系，均不像法普那样的规定在一种法典之中，却分散于种种普通的和特别的法律之中，非常不容易确定。并且英国政府中有很多的机关，均有监督城市的权力，而许多机关无论采用严格的或松泛的政策，他们的行动却万难预先料定，各城市的一举一动势必至于受各方面的监督和指挥。

英国政府监督城市的权力是一步一步，经过好久的时候，才由国会规定了种种的法律而确定的。这种法律又可以分好几类：有几种是普通的法律，把执行一项职务的权力详细规定，各城市须受中央政府的监督而依法执行，例如一八七五年的公共卫生法律和一九一八年的教育法律。还有几种法律不是普通法律，国会将此项法律制定后，各城市还有选择的权，如市议会以三分之二的同意票采择后，该城市才能执行此项法律所列举的职权，惟同时也得受中央政府机关的监督和指挥。这两种法律，和其余一切习惯和先例的势力，使英国政府对于城市行政方面种种事务有极大的和极严格的监督权。

除此之外，还有一种特别事实，更使英国城市时时依靠中央政府。英国城市的职权是列举的，所以凡有新问题发生，城市政府须执行一项新权力，须呈请国会，得其同意，以法律规定。国会往往把城市的请求书交付中央行政机关，如卫生部，商部，或内务部，审查报告。所以各行政机关对于各城市的请求书差不多有一种否决权。并且各行政机关对于各城市另外还有一种命令权，叫做临时命令（Provisional Orders）。这是英国的特别制度，欧美其余各国都没有的。临时命令就是行政机关的命令，与法律有同等的效力。卫生部，商部，交通部，内务部，教育部，和农部均有颁布临时命令的权力。这种制度确是一种补救的方法，英国城市这样多，各城又时须呈请国会增加这项职权，或那项职权，国会的时间有限，那能去详细考查各请求书的利弊。为手续上的便利起见，国会就给与行政机关颁布临时命令的权，使各城市与行政机关直接办理，中央行政机关和城市间的关系也能因之而较为接近。如果一个城市须发行公债或扩充自来水的设备，或创办电灯厂，或设立贫人院，或举办其余各项事务，市议会就可以呈请中央政府中有关系之一部。该项请求经行政机关审查后，或批准，或否决。如经批准，行政机关当即颁布行政命令，城市立即可以举办。临时命令以后还须经国会的追认，但此层只是一种照例文章，国会总是追认的。

所以英国城市在形式方面是受立法部的监督，但在事实上却受到中央行政部的监督。立法部监督城市的权力并未减轻，但在这五十年之内，中央监督权的推广完全在于行政方面，各城市也承认中央权力的推广，中央官吏执行其权力时，差不多没有和城市官吏发生过什么重大的冲突。

在欧洲各国，中央对于城市的监督权，无论是立法的或行政的，严格的或松泛的，总是一致的。全国城市总受一致的待遇。但美国的情形却与欧洲完全不同。美国城市和各邦政府的关系极不一致。美国共有四十八邦，各邦各有各的制度。但美国各邦却也承认一种根本原则：就是个城市的权力都是由邦政府给与的，城市本身绝对没有天生的自治权利。

这是美国城市法律上的根本原则。但各邦政府对于各城市也不能为所欲为，使城市绝对的受其节制；美国各邦政府的行动却为三种重大势力所限制：第一，宪法上的限制；第二，习惯的影响；第三，公意的势力。

美国各邦政府对于城市的自由行动须受（一）联邦宪法的限制，（二）各该邦宪法的限制。美国联邦宪法中有人民自由权利保障的规定。例如私有财产权非有适当赔偿不得收为公用，人民财产权非依法不得剥夺，凡在一邦区域而居住的人须受法律的平等保护等类。凡各邦政府所不能执行之权力，决不能委托各城市执行。例如各邦政府不得允准各城市取消其债务，或随意武断的规定各项物价。

各邦宪法中的限制较之联邦宪法更加重要，更加繁多。在最初的邦宪法中，这种限制是很少的，往往关于城市政府方面，邦政府的权力差不多完全没有限制。到了十九世纪中期，邦宪法中限制邦政府干涉城市事务的条文就逐渐加多了。在这五六十年之内，凡邦宪法修改一次，这样的条文总是增加了多少。邦宪法中限制邦政府干涉城市事务的条文种类繁多；有许多是关于市规约的形式及其规定的方法，有几邦禁止特别市规约制度，有几邦规定普通市规约制度，有几邦禁止邦政府武断的修改市规约，还有几邦保障市民自行制定市规约的权利。

除了这种种成文的限制之外，美国还有人民的公意也能限制邦政府对于城市的行动。美国人民的公意向来反对邦政府武断的干涉城市事务。他们的主张是一种不干涉主义。各政党如果抱了自私自利的目的，干涉城市事务，定必受人民的攻击。这种公意的势力确实很大的，所以美国城市也确能保守他们的自治权。

总结以上所述，我们可以说在现今时代，城市是受中央政府节制的。除了德国 Hamburg，Bremen，Lübeck 之外，从前那种所谓自由城市早已没有了。在欧洲大陆各国，各城市的职权均一致的规定在一种城市法典中，其范围是很广泛的，但行政部却有监督城市的权力。在美国，各城市的职权是列举的并且又不是一致的，中央监督城市的职权是在立法部手里。英国的情形在于欧洲大陆的国和美国之间。各城市的规约是一致的，但其职权却是列举的。中央的监督权在形式上是在国会，在事实上是在行政机关。

这是欧洲各国城市和中央政府的大概情形。

（原载《北京大学社会学季刊》）

二十年来美国城市政府改革*
(1924)

在十九世纪的末期，美国政府的腐败达到极点。蒲来士在他的《美国平民政治》中曾经说过：“美国城市政府是民治主义的大失败。”这是因为市政问题完全是一种新近发生的问题，美国人的老祖宗并没有晓得什么叫做城市生活。当华盛顿做第一期总统的第一年，纽约只有三万三千人民；除纽约之外，只有四个城市的人口超过八千以上的数目。当时城市生活非常简单，所以城市政府的组织就可以随随便便，无须十分完备。到了十九世纪时候，城市渐渐发达，人民又因有别种较大的和较重要的问题，如开拓西部，黑奴问题，南北战争等，实无余暇去留意于城市问题。以后这种种问题逐渐解决了，人民才起首注意到城市一方面。但当时城市的腐败确已达到极点了。

城市政治是一种极困难的政治，因为工商业的发达，人口的增加，城市的职务就日渐增加，城市的生活愈加复杂。但十九世纪美国城市政府的组织完全是模仿那中央政府和邦政府的制度，在从前城市生活简单的时候，这种制度尚能适用，将就过去；不过一到现今城市情形非常复杂的时候，这种旧式的制度就万难适用了。因此才发生城市政府的改组问题，就是怎样可以使政治的组织适宜于城市的种种情形，应付各种问题。这个改组问题并不是城市的特别问题，就是中央政府和各邦政府也常发生这个问题。在美国，差不多没有一年，这一邦或那一邦的人民不聚集在宪法会议之中，修改他们的根本法律。差不多没有一年，各邦的人民不在秋季选举会中承认或否决宪法上的重要更变。蒲来士也曾说

---

* 本文是在发表于《新青年》第7卷第3号上的《美国委员式的和经理式的城市政府》基础上稍加修改之后发表的。其内容基本相似，因而采用后来发表的版本。这一篇后来收在《市政制度》第十七、十八章。

过："美国的情形更变得非常之快，所以过了一二年，必须有新出的书籍描写各种新的情形，叙述各种新发生的问题，及人民新得到的理想和主义。"

这种时时更变的情形，在城市之中，更加显明。美国人民自从对于那城市种种不满意的情形发生觉悟后，就用了各种法子想改良城市的政府，为人民谋幸福。从十九世纪末期起，城市问题变成一个重大问题，所谓城市改良运动就布满全国。市政改良本来不是容易的，进步是非常之慢。不过这种运动，就在最初时期，已经激励了几千人民。他们到处组织"市政改良会"，到处开会讨论怎样可以改组那腐败的城市政府，使全市人民得享受种种利益，使政权不致为几个政客所把持。还有多数学者和政治家极力著书鼓吹，把各处市政腐败情形描写出来，并且提倡种种改良方法。美国所以能在二三十年之内，把从前的腐败情形扫除干净，全靠人民的觉悟心和自动力。

从前美国市政的腐败，有两个大原因：（一）因为城市政体和组织的不良，（二）因为城市的和邦政府的权限分得太不清楚，所以各城市时时受邦议会的和政客的无理干涉。近来美国市政改良运动就从这两方面入手：一方面是城市自治，一方面是改组城市政府。城市自治的宗旨想把城市的职权加大，改组城市政府的宗旨想用一种简便而适用的组织来行使城市的职权。第一种运动是由城市的权力不充足而发生的，第二种运动是因为城市的组织不适用而发生。我们先讨论城市自治的运动。

城市自治是一个极复杂的问题，包含城市和邦政府的关系问题。所谓自治也只是一种有范围的自治，并且自治的范围又不能由各地方或各城市自行决定。地方或城市政府的职务又往往很不容易和各邦政府的职务分别清楚。往往有许多事务在一个时期，完全是地方上的职务，同别的地方没有什么相干，不过到了交通方便，商务发达后，就与别的地方发生了连带的关系。中央政府为保护全国人民的利益起见，万不能听各地方或各城市各自为政。中央政府对于这项事务实非加以干涉不可。照美国的制度，各邦的行政官吏大都是民选的，他们的任期也是宪法规定的，所以各邦邦长没有统治这般行政官吏的权力。从行政一方面看起来，美国的制度是地方分权；但从立法一方面着想，却又非常集权的。因为在一邦之中，邦议会是最高的立法机关，所有关于一邦的立法事务均集中于这一个议会。这样的邦政府制度对于城市的地位，就发三种结果：

（一）城市是邦议会所设立的。

（二）城市只有法律上所列举的职权。

（三）城市早已失去了他们的自治权。

美国各城市均有一种根本法律，叫做市约。举凡城市和邦政府的关系，城市的职权，城市政府的组织等，均详细规定在市约之内。美国城市是邦议会所设立的，因为各城市的根本法律，如无宪法条文的保护，只是一种平常法律，随时可以由邦议会更改。美国各邦行政官吏因无权任免地方上的行政官吏，所以不能监督各地方和各城市的事务。但各城市同时也是邦政府的行政区域，替邦政府做了许多与全邦有关系的事务，邦政府决不能任其自由行动，以致全邦人民受害无穷。但行政官吏既无监督的权力，这项职权就到了邦议会手里了。

城市的职权是在根本法律内规定的，并且又只限于法律内所列举的几条，万不能出此范围。所以在一城市之内，如有新发生的事情为法律所未提及者，城市政府必须呈请邦议会，给予管理该项事务的职权；须承邦议会的许可，城市政府方能执行；如被否决，则无论该项事情是怎样的重要，城市政府不得管理。所以美国的城市是完全在邦议会的权力之下，邦议会要他怎样，就怎样。

我们已经提及，城市有两种作用：一方面为邦政府的代表，在地方上行使那种与全邦有关系的事务；又一方面为地方自治机关，行使那种只与本城市有关的事务。为邦政府代表的时候，城市须受邦政府的监督或节制；为自治机关的时候，城市又大可自由行动，不必受邦政府的干涉。但这两种职务在美国是向来没有分清楚的，所以邦议会往往因干预城市执行第一种的职务而牵涉到第二种的职务上边去。因有此种原因，美国城市完全失去了他们的自治权。

近二三十年来，美国人民渐渐觉悟起来了，他们能明白邦议会无理干涉城市政治的种种弊病，所以在宪法中，限制邦议会的权力的条文，也多起来了。限制邦议会对于城市的权力，有下列几种：

（一）禁止特别法律。在特别法律制度之下，邦议会可以用一种法律来组织甲城的政府，用另外一种法律来组织乙城的政府，并且可以为几个人的利益起见，时时修改这种法律。城市的特别法是时常出于不正当的主动力。邦议会往往为权利所诱，随时随便通过几条关系城市的特别法律，至于城市居民的幸福和利益实不在他们议员的心目中。为扫除这种弊端起见，各邦宪法大半有禁止特别法律的条文。凡邦内各城市的根本法律，必须一律；凡关于各地方的法律也必须通行于邦内所有地方。

（二）在宪法之中规定一个范围，在这个范围之内，城市可以自由行动，邦议会不得干涉，例如：

（甲）所有纯粹地方性质的官吏，邦政府不得任命。

（乙）如无人民的许可，邦议会不得随意把城市街道或别种权利允许给人家使用。

（丙）城市有自行制定其根本法律之权。

美国各邦的市制原来极不一律的，各邦议会可以细察各城市的特别情形，为各城市各制定一种特别法律，规定其政府的组织和职权。这是叫做特别市约制。但这种制度以后就发生了种种的弊病，所以在十九世纪的中期，各邦宪法中有禁止特别市约的条文。各邦议会须制定一种普遍法律，凡邦内各城市的权限和其政府的组织均须依照这普通法律所规定的。但各城大小不一，情形不同，一条划一的普通市约，万难适用于邦内所有的城市。因此，就不得不采用一种变通的办法，一方面可以不犯宪法的禁令，又一方面可以免去划一的普通市约的弊病。这个办法就是把所有城市照人口的多寡分成等级，凡在一个等级内的城市，须照一种普通法律去规定其职权，组织其政府。但这种分类方法，就是特别法律的变相，特别法律的流弊不能完全免去。因为这种种法子——特别法律，普通法律，城市分类——的失败，近来才通行那种新的自治市约制度，就是人民可以照宪法或法律所规定，召集一个市约会议，自行制定城市的自治市约。

自治市约制度确能阻止邦议会干涉政治。城市政府能依照邦宪法所规定的手续，自行制定一种适宜于各该城市的根本法律，不必时时呈请邦议会，请求这项职权，或那项职权。这种制度既无普通法律的硬性，又能免去特别法律的弊端。自治市约制度是发源于密沙立省（Missouri）一八七五年的宪法。到了十九世纪的末叶，美国共有四邦的宪法给予城市制定他们根本法律的权利。但在二十世纪的初期，这制度就推广得非常之快。在这世纪起初的十二年，一共有八个邦加入这种新运动，所以此刻一共有十二邦，占美国联邦中四分之一的邦，实行这自治市约制度。

制定自治市约的手续，不是一定的。各邦的制度未免有大同小异之处。我们只能讨论其大概情形。制定自治市约的手续可以分做五步，就是：

（一）制定自治市约的动议。

（二）市约委员会的选择和组织。

（三）公布委员会所拟定的市约草案。

（四）人民决定该市约草案的去取。

（五）修改市约的手续。

制定自治市约的动议，大概是由城市的立法机关提出的，但也有由人民自行提出的。人民如能得到法定人数的同意后，他们就能请求城市政府的立法机关，召集一个市约会议。第二步就是市约委员会的选择，并由该委员会拟定一种新市约草案。这委员会的委员从十三个到二十一个，除了一二邦之外，大概都是民选的。选举的手续完全依照选举官吏的手续。被选人员也须有一定的资格，如年岁，居住的时期等类。这委员会是一个临时机关，市约草案拟定和公布后，委员会当立即取消。照各邦宪法所规定，市约委员会成立后，在一定期限内，约从三十天到一百二十天，必须把新市约草案拟定。

第三步就是公布那委员会所拟定的市约草案。市约委员会把新市约草案拟定后，当即交付城市政府的立法机关，或城市政府的秘书，再由城市政府公布。公布的法子有好几种：有须宣布在城市的政府公报上，也有登在平常的日报上，就能作为有效；还有一个法子是把拟定的市约草案由邮局寄给城市的市民，每人一份。这种种法子的宗旨就是要使市民明白这自治市约草案的确实性质，在投票表决的时候，他们能发表个人自己的意见，决定该市约草案的去取。各邦的宪法又规定公布该市约草案的日期，大概必须在人民投票日期的三十天以前公布。时期长一些，人民能有余暇细细研究该市约草案的利弊；如果今天公布，明天就须投票表决，人民那能知道该市约草案的详细情形呢？所以关于公布的种种手续，实在非常重要。

第四步就是人民公决那市约委员会所拟定的市约草案，究竟适用与否。市约草案公布后，过一定的时期，大概是从三十天到六十天，市民就须投票表决该草案的去取。如有过半数的市民赞成者这市约草案，该草案过了一定期限后，就变成城市的根本法律，以前的种种法律，都于同时取消。

至于修改自治市约的手续，大概与制定自治市约的手续，大致相同，可不必再述。

自治市约制度的唯一目的，就是要给予城市一种有限制的自治权利。美国从前市政腐败的大原因，在于邦议会的无理干涉城市政治。所以救济的方法就是禁止这类的干涉。自治市约制度并不想设立一种完全独立的城市政府。城市所得的权利只是自行制定其根本法律，组织其政府，包括所有一切关于纯粹地方事务的权利。

自治市约制度只能改革城市政治的一部份，使城市有充足的权力，行使其职权。但城市的组织同时也不得不改革，使之能适合于现代城市的复杂状况，能执行城市的一切职务，并能发生极大的效率。市政的腐败，并不完全是人的问题，也不完全是权力不充足的问题，同时也是制度的问题。组织不适用，制度不良，城市虽有极大的自治权力，也不能发生良好的结果；虽有很好的人民，也不能运用他们的才能。所以改良腐败的市政，必须先把那种陈旧的政治理想和陈旧的制度推翻，然后再用最简单的最适宜的办法改组城市的政府。现今美国城市政府改组运动发生了两种最简单的最适用的政体，这就叫做委员会式的和经理式的城市政府。这种新式制度的历史只有二十余年，但现今美国城市采用这种制度的已约有七八百个了。这就可以见得这类简单的组织确能适合人民的心理和社会的需要。

委员会式的城市发源于美国南方脱克塞司邦（Texas）的高费司敦(Galveston)。这城旧时的政府组织也是那时候所通行的极复杂的制度。这城是在墨西哥海湾边上，在一九〇〇年的九月，海里起了大风，潮水冲进了城，把城中房屋街道冲没了一大半，溺死人民五六千。在这个危急的时候，那种腐败的复杂的旧式的城市政府，实在无能为力。有几个有责任心的公民就开了一个会议，举出一个干事会，一方面维持市面上的秩序，一方面研究城市政府的改组问题。讨论了两个多月，他们决定采用一种最简单的委员式的组织。以后就依此标准，把市约草案拟定，提出邦议会，当时议会和邦长并不反对，所以就变成法律。到了一九〇一年的四月，这委员式的城市政府就在美国起首实行了。

改组以后的高费司敦城市政府就是一个委员会，会员共计五人，内中有一人仍旧叫做市长，其余四人叫做委员，均是城内合格公民举定的，任期为二年。委员会的权力就是从前城市政府所有的权力，包括从前市长和市议会所有的权力，例如任命各种城市行政官吏的权，制定各种法律和规则的权。城市的行政分做四部份：（一）警察和消防，（二）街道和公共财产，（三）水道工程和沟渠，（四）财政和收入。四个委员各人分管一部，但他们的职务不过是指导与监督罢了，至于关于每部的行政职务是由专任人员管理。该项人员是由委员会任命的，对于委员会负责。

这是高费司敦委员会式的城市政府的大概情形。从前几十人或几百人所有的职权现在完全归并在五个人的手里。这五个人所组织的委员会就是城市政府，他们的职权自然非常之大，但做事却非常敏捷，人民亦易于知道什么人是对于城市事务负责的。如有错误的地方，人民就立即可以去责问那负责的委员；非若在从前的时候，市长可以推到市议员身上，市议员又可以推到别的官吏身上。如果我们要晓得这种制度的优点，我们必须把这制度和那从前所通行的制度约略比较一下。

我们已经说及，美国旧式的城市政府就是抄袭那中央政府和邦政府的组织。美国制定宪法的时候，是在十八世纪末期，当时所通行的政治理想是一种个人主义，人民对于政府观念，并不是要政府有很大的实权，为人民做一些实在的事务。这个时期又是民治主义初发生的时期，人民从专制制度方面得到了许多教训，把强有力的政府看得非常害怕。所以这个时代的政治哲学家极力主张那种钳制和平衡的制度。使这个机关钳制那个机关，又使那个机关钳制这个机关，不让政府中任何那一个机关有专权的机会。所谓三权分立，两院制的议院，均有这种作用在内。美国政府的组织，受这十八世纪政治学说的影响非常之大，所以有两院制的议会，立法行政和司法职权的完全分开，用总统来防止议会滥用职权，用议会来监督总统行使职权。在最初的时候，因为大家不注意城市政府，因为没有人知道城市的实在性质，所以就依照中央政府的组织去组织城市。因此，从前的城市政府就叫做“联邦式”的组织。

在联邦式的城市政府中，有一个市长，等于中央政府的大总统；也有两院制的市议会，大半议员是由城内各区域选举出来的；也有三权分立的制度，市长市议会市法庭的职权完全分开。以后民治主义发展，人民又误认民选官吏为防止政府专制的唯一妙法，所以就把各邦的官吏大半改为民选。城市也是这样，把大半的官吏改为民选。到了十九世纪的末期，美国城市政府的组织就非常复杂，有各种各样的机关，但都不能做什么事，因为各机关的权限不明，责任不分，他们那能出力做事呢?三权分立，代议制度等在中央政府也许有成立的理由，但在城市政府是万万不能适用的。我们要晓得城市政府的性质和中央政府的性质是完全不同的：中央政府有决定政策和执行政策的两种职务，所以必须有两个各别的机关，决定政策的机关是立法部，执行政策的机关是行政部。但城市政府并没有决定政策的职务，凡城市政府所做的事完全是几种实实在在的事务，如保护人民的生命财产，清洁街道，疏浚沟道，验察饮水和各种食物，经营各种公共事业，办理各种公益事务，设立人民的休养和娱乐场所等类。这种事务都是城市政府所应该办理的，城市政府的良否全看他办理这种事务的结果如何。如果城市政府的组织非常复杂，各机关的职权又混杂不分，请问那一个机关肯极力为公家作事呢？出了乱子，请问那一个机关肯出来负责呢？美国向来所通行的城市政府组织就因为太复杂了，所以一切市政就弄得一塌糊涂。委员会式的城市政府的宗旨就想用一种极简单的组织执行城市所应做的事。如果办理城市政府的机关只有一个委员会，那末，人民就容易知道凡关于城市事务，那一个应该负责；如果事务办理得好，人民也知道去赞扬那一个。事务办理得不好，人民也知道去责罚那一个。这就是委员会式的城市政府的第一个目的。

委员会式的城市政府的第二个目的是要用一张极短的选举票代替从前那种极长的选举票。什么叫做“短的选举票”和“长的选举票”呢？照从前城市政府的组织，城市的官吏是非常之多，他们又差不多都是民选的，所以选举时候所用的选举票就非常之长。照委员会式的城市政府组织，城市政府只有一个委员会，人民在选举时候，只须选举几个委员，少则三人，多则九人，所以这选举票就非常之短。

美国在十九世纪初期，民治主义发展后，各邦的官吏大半由任命的改为民选的。城市政府也于同时受到这种运动的影响，大部份的城市官吏也逐渐变成民选的。人民的意志自然以为民选的官吏易于受人民的节制。并且人民选举官吏是民治主义的一个要素，不这样，不能叫做民治的国家。所以在城市之中，自市长市议员以下直到最小的录事，没有一个不是人民选举出来的。在选举时候，每一个公民至少须选举好几十个官吏。但市民大概个个有职业的，平常的时候一定非常之忙，那里有空闲工夫去把几十个候补官吏的历史和资格，详细调查。到了选举时候，选民无非是糊里糊涂，把政党所提出来的人随便举几十个就算了事。所以城市政府里边的各种位置，就变成政党的酬劳品，极坏的人往往占住各种重要位置，好的人民就不愿意加入城市政府机关，而市政却一天坏似一天了。总结市政腐败的重要原因，不外两种：（一）组织太复杂，各机关易于卸责；（二）民选官吏太多，人民不能详细选择。

委员会的城市政府的特点就是：（一）极简单的组织，使人民易于明晰城市政府的详细情形，如有不得当之处，立刻就有人出来负责；（二）只有那极重要的并且有极大责任的官吏是民选的。但在初行的时候，这种新式的制度并不为人民所欢迎。直到如在一九〇七年，美国全国还只有两个城市采用这委员会式的组织。但在这年，这种制度却经过了一种根本的大改革。凡新近发生的一切民治制度，如人民的创制权，复决权，和任免权均于是年变成委员会式的城市组织之重要部份。从此以后，人民就觉得这委员会式的组织一方面确能增进城市政府的效率，一方面又有确实的保障，各委员决不能把持一切市政，而发生专权的行为。委员会式的组织的推广就非常之快了。在近十数年之内，美国城市采用这种制度的约在七百以上。

这委员会式的城市政府胜过于从前的组织，就在于职权集中于几个有责任的委员身上。在从前的时候，城市政府的官吏有几十个或几百个，个个可以把他的职务推却到别人身上，没有一个肯尽心尽力为城市做些有益的事务。在改组的时候，市民就把那一切无用的机关和职员裁撤，把全权集中在几个人身上，所有的责任也全归几个人担任。但从根本上着想，这也并不是一种有百利而无一弊的办法。如果职权在五个人手里比在五十个人手里好，那末，在一个人手里比在五个人手里更好。既然想把职权集中，何不爽爽快快的把职权集中在一个人身上，使人民易于知道城市的事务究竟是那一个干的。做得好他们可以称扬他，做得不好他们也容易责罚他，他是万万不能推却在别人身上的。这是委员式组织的一个缺点。

还有一层，委员会式组织的宗旨，是要得到有经验的有专门技术的人管理城市的各项事务。但这种人才决不能由人民选举出来的。普通人民的智识有限，他们能举出的人，至多是顶好的好人，能够做他们的代表。至于有特别技术能管理城市事务的人，是另外一种人，决不是普通人民所能辨别得出来的。所以在委员会式的组织，各委员本来不是办理行政事务的人，这项人员是由委员会选择任命的。但城市政府的每部份各有一个主事人，行政方面的职权就不能集中，一切事务也不能统一，而许多的流弊，就从此发生。这也是委员会式组织的缺点。

因有这两层的缺点，美国又于这十年之内发现一种最新式的城市政府组织，叫做“经理式的城市政府”。这经理式的政府是由那委员会式的组织改变而成的，其内部有两种重要的机关：（一）委员会，（二）

经理。

委员是由人民选举的，他们的职务只是监督城市的行政和制定法律，所以非常简单，每天只须他们办一两个钟头的公事。他们是大概不领薪水的，便领薪也是很少的。

经理是委员会雇用的，他的任期没有一定，无论什么时候可以被委员会罢免。他是一个有经验有特别技能的人，委员会雇他，只因他有管理城市事务的特别技能。凡关于行政方面的职务完全归经理一人负责。

在这经理式的城市政府之中，立法权和行政权重行分开，但这种分权不是从前那“联邦式”政府中的分权制度。在从前的时候，人民因恐怕发生政治上的专制，所以才提倡三权分立学说，把立法权和行政权完全分开，各部各自独立。现在因为从前分权的市政制度发生了种种腐败情形，所以才有城市政府改革运动，所以才把三权分立的迷信打破，其结果就实行委员会式的组织。但把立法权和行政权聚集在一个民选的机关，很不容易得到行政方面最大的效率。城市的立法事务是很简单的，但行政事务却非常复杂，绝不是个个人所能做的，必须有经验和特别技能的人方能办理城市方面的一切行政事务。这委员会式的组织却没有把城市组织的问题根本解决。这经理式的组织才把那委员会制的缺点修改，使这委员会的职务只限于立法和监督。一方面，所有行政方面的事务则完全交给一个雇用的经理去办理，而行政职权也完全集中于经理一个人的手中。

这十几年内美国城市采用那经理式的制度约有三百余个，而这制度推广之速可以从下表证明之：

年代	一九〇八年	一九一二年	一九一三年	一九一四年	一九一五年	一九一六年	一九一七年	一九一八年	一九一九年	一九二十年	一九二一年	一九二二年	一九二三年	总数
采用这经理式组织的城市数	一	三	一一	二一	二〇	二〇	一九	二九	三一	三九	五四	四二	二一	三一一

在一九一三年前，这经理式的城市组织只在几个极小的城市试验而已，并没有为人民所注意。这种组织之所以出名，各城市所以非常踊跃的采用，完全因为阿哈俄邦（Ohio）的但敦城（Dayton）于一九一三年采用了这种组织。但敦是一个大城，有人口十二万以上。这样的大城

采用了那经理式的组织后，全国人民才知道有这样一种的城市政府组织，才知道这种组织确是胜过于别种城市政府组织。委员会式的组织是以为高费司敦城被大水冲没后于危急的时候发生的。但敦城采用那经理式的组织，也是因为大水的缘故。两次的水灾竟能把美国城市政府完全更改，竟能发生两种适宜于现今城市生活的组织。在最危急的时候，如水灾火灾等，当时旧有的腐败政府，不适用的政治制度无能为力，完全打破后，其唯一的救济方法就是使几个有能力的有责任心的人民来管理一切事务，人数愈少，管理方法便愈易入手。这样简单的组织在危急时候用过后，表现出种种优胜之处，人民就能明晰那旧有的政治观念和制度之不能适用，而一切适宜于现今情形的政治观念和新的政治组织就因之而发生了。所以现今政治观念并不注重于那种空泛的民权学说和民治理论，却注重于效率一方面。人民所需要的是好政府，是有效率的政府。政治运动的目的也是好政府，也是有效率的政府。二十年来美国城市政府改革运动的教训就是这一点，而这种运动的结果又确能证明这一层。

（原载《东方杂志》，第21卷纪念号）

市政制度（节录）

（1925）

第一章　绪论*

凡大群人民，聚居在小小一块地方，统称之为城或城市。城之周围有一堵墙，叫做城墙；城外四周有一条沟池，叫做城壕；城之上有楼，叫做城楼，以备瞭望城以外的一切情形。这就可以见得古代筑城的用意原为避免一切危险，保护城内人民的安宁。古代的城只是一种保卫的地方，行政长官均留驻在内，所以有京城，省城，府城，和县城的区别；在扰乱的时候，乡间人民也可以进城避免兵祸。古代的军器均是非常简单。所以在乱世的时候，一堵城墙大可以保护城内人民的生命财产。这不但中国的城有这样一种作用，就是古代欧洲各处的城也有同样的用意，伦敦巴黎在最初的时候也有一堵城墙围起来的。但在欧洲各国，以后因为工商业的发达，人民大都均集聚在城中，过城市的生活，城墙范围以内的地方就渐渐的不够用了，所以就不得不逐渐推广到城墙以外的地方。当时又因为各项军器的进步，一堵城墙就失去其从前的效用，没有保护的能力，欧洲各城因此就早已把城墙拆去。城的地位也就因之而更变。

市就是买卖杂聚处的地方。凡聚集货物为买卖的地方均称之为市，例如《易经》上所说的“日中为市”，现在北京城内的夜市，大市，小市等类。在从前的时候，“城”和“市”这两个字是很有区别的：古代的“城”是保卫的地方，是行政长官留驻之处；“市”只指一切的商场。只因城是一种保卫界，其中的人民总是较多于别处，所以一切市场大都均在城墙范围以内。以后又因为商业的发达，商场的推广，从地方推广到全国，再从全国推广到全世界，往往全城以内的人民大都均以商业为生，所以有许多省城或县城，如广州，天津，上海之类，均已变成极大的商场。因此，城和市原有的区别此刻早已失去了，我们尽可以把“城”和“市”这两个字连起来用，作为人群聚居地方的代名词。

在法律上，各国的城市均有一种特殊的地位，和特别的权利，为其余各乡区所没有的。各国城市在法律上的地位极不一致，其定义也完全不同，并且又非常复杂，这种问题我们可以暂不讨论。在普通人民的眼光中看起来，城市这名词又非常宽泛，无论极大的首都，或极小的乡

---

* 这一章曾连载于《努力周报》第68期（1923年9月2日）和第69期（1923年9月9日），名为《城市在文化史上所占之地位》。

镇，均笼统的叫做城市。但从事实上着想，所谓城市也只是人类社会中的一种，这种社会非得有几种特别的要素，方能和别种社会有所区别。我们如果把城市的特质细细分析起来，就有三种主要的要素。

（一）地理的　有一块确定的地方，其中大部份的空地均已造满房屋。

（二）社会的　有大群的人民，很稠密的居住在这块范围很小的地方上。

（三）政治的　有一个地方政治机关，管理该地方上的公共事务。

把这三个要素合并起来，我们就可以下一个城市的定义："城市是一个人民众多的社会，占据一块确定的，房屋稠密的地方，并有一个有组织的政治机关。"除了各国法律上所规定的各别的特点之外，这个定义把城市所有的特质完全包括在内了。

城市的重要早已为大家所承认。并且现今的学者又一致承认欧洲的文明是城市的出产品，举凡一切物质方面的，或思想方面的进步，均发生于几个人口稠密的城市，然后再从城市之中传布于各处。所以在各种社会哲学观念之中，从亚里士多德直到斯宾塞，城市和国家进化这个问题均占了极重要的地位。各哲学家对于这问题虽有各种各样的见解，但他们的兴趣总一致集中于城市一方面。古代希腊和罗马人民生活，完全是一种城市的生活，他们甚而至于觉得在城市的范围以外，生活是万不能完备的。当时国家的范围只是城市的范围，所以那时候的国家就叫做"城市国家"，兼有国家和城市的二种特质。那时候的一切生活，只是城市的生活；那时候的文化，也只是城市的文化。到了中世纪的时候，各处的城市却就衰败了，这是因为日耳曼人民向来靠农业为生，不惯城市的生活，他们侵入了罗马以后，就觉得那种不自然的城市生活非常讨厌，并把城市看做一切罪恶，一切恶习的中心点，所以极力主张恢复那种简单的自然生活。在这种状况之下，希腊罗马那时候的兴盛城市就没有存在的余地。直到工业革命时代，经济的进化和城市的发达发生了连带关系以后，人民对于城市的观念才有一种根本的改变。到了现代那种进化的哲学观念发生后，城市又变成文化的中心点。

这是人民对于城市的观念的变迁。我们如果从历史事实一方面着想，我们就可以晓得那人民的聚中确是文化进步的最主要原动力。城市的发达当然也有危险和弊端连带的发生出来，但这也是进化中所不能免去的事实。凡文化愈进步，人民的自治力愈不能缺少。有许多民族只因缺少自治能力，所以到了文化进步的时候，只能得到其弊病，而不能得其益处，其结果就使这类的民族不能存立于世界上。

在世界文化史上，人民集中在一处和文艺及科学发达的连带关系确是很显明的。有了城市中那种接近的生活，分工制度就能实行；有了分工制度，人民生产力就能增加。凡人民的生产力增加了一次以后，各种新的需要也发生了，同时人民又能享受各项新的快乐。在上古时代，凡一切劳力的事务大都均由奴隶执行，所以社会上就能渐渐的发生一种工艺阶级，专为那般富有阶级服务，使他们享受人生乐事。富有阶级既因分工制度，能食他人之力，而过安逸的生活，他们就有余暇，专任研究一切文艺，从智识方面贡献于社会。我们时常以为那种乡间的清净生活可以使人民的精神愉快，可以发展人民的思想能力；我们同时却往往忘记那种烦恼的城市生活大可以磨利人民的智识，发展一切的天能，鼓动商务方面的动作，提醒人民的互助精神。

智识进步的主要原动力也是从城市一方面得到的。为大多数人民着想，一种继续不断的刺激是必不可少的。有了这样的刺激，他们才能多少有些智识方面的活动。那般过惯孤独生活的人民，必不能有多大的智识上的进步。我们只须观察那种孤居在乡区的人民的智识程度，就能明白这一层。智识进步的第一个要件就是人民间的互相接触；但这类的接触只有在人口众多的城市才能发生。现今城市中的社会生活就可以证明那种种智识生方面的激动力是从外界发生的；其最重要的要素就是摹仿性，摹仿社会中主要人物的一切举动，一切言行。风俗的发生，也只是实行摹仿性的一个例。只有风俗能使社会中群聚人民有一致的行动，只有风俗能维持社会上的秩序。但社会上必须有了大群人民聚集在一处，人民间又有互相的关系，风俗方能发生。

凡一种民族，没有建设城市的能力，其文化必不能十分发达。从各种游牧民族所经过的历史，我们就可以证明这一层。游牧人民没有建设城市的能力，他们的职业不能使他们群居在一处；他们既不能群居在一处，城市的发生当然是不可能的。在梵文之中，连“城市”这一个名词都没有的，梵文中和“城市”这名词最相近的一个字是 Vastu，其意义就是居住的地方。

文化史上最重要的一步是从乡村的生活变化到城市的生活。在现今西欧各国，城市确是社会组织中最高的一种。至于那乡村生活变化到城市生活的主动力，历史家的意见各不一致；概括的说起来，我们可以把他分成两派。照第一派的观念，城市生活之所以能发生，是因为人民间的关系日渐接近；人民间的关系之所以能日渐接近，是因为他们有一种共同的宗教观念，共同的宗教观念是城市人民的主要团结力。照第二派的观念，最初的城市只是一种保卫界，是邻居农民在危险时期的藏身之所。

从历史的事实方面着想，这二种观念自然较为妥当。共同的宗教观念只是经济的和社会的需要的结果，人民群居在一处，他们就不得不有一种共同的宗教观念，但共同的宗教观念却不是人民集中的主要原因。最初的所谓城只是上边所说的那种以城墙围起来的地方，是人民的藏身之所，以后就变成人民久居的地方，一切的市场也在其中发生了。但同时人民的经济状况也得要经过一种极大的变更，人民必须从游牧的生活进化到农事的生活，城市才能发生。除此之外，还得要有几种天然状况，适宜于人民集中，人民才能建设城市。所以城市的发生，一定在几处特别的地方；但人民久居的地方，也不是随便可以变成城市的。例如山岭区域是不宜于人民集中的。在这类地方，宜于耕种的区域是很有限的，并且个人的耕地又为森林或牧场所隔绝，不能连接起来。在古代的文化之下，平原的地方也不宜于建设城市。这类的地点特别是适宜于畜牧之用。只有大河流域的地方，四周围还有天然的防御，如山岭或沙漠之类，方能适宜于城市的发生。这类的区域一定是肥沃的地方，其出产品定能供给大群人民的食料。并且邻近山岭地方的游牧人民又时有侵入之患，河流区域中的农民非得有同力合作的能力，互助的精神，方能保护他们的平安，不致为游牧人民所灭绝。这种种情形就是城市发生的主动力。古代希腊的城市就是这样发生的。并且在古代历史上，时有农业人民建筑城墙和城楼，防御邻居部落的侵入，保护他们农村的安宁。城墙范围以内地方往往就逐渐变成大群人民的居住所。这样区划以后，从前的农村就变成以后的城市。

但这种变迁的重要，直到了近代才显露。各国国民的生活和国民思想均大受其影响，现代各国政府组织所根据的政治观念，经济生活的主要特质，现代社会的特点，均因城市发达而发生的。爱国心是出源于人民依附土地的观念；但依附土地的观念，却因城市生活的影响而更加强盛。虽则从游牧时代进化到农业时代的时候，人民依附土地的观念已经发生了，但农业的发达也是受到城市的影响。直到农业出产品的销路逐渐增加，城市逐渐推广，人民在农事方面所用的工作是很有限的，那种依附土地的观念，也是很薄弱的。人民如果能够记忆那种长期的极困难的争斗，对于已往所费的心力有一种感悟，对于将来的进行存一种牺牲的决心，那末，他们才能有爱护土地的观念。最初的农民往往没有这样一种观念。城市发生后，就同时发生一种新的经济的和社会的关系。在从前纯粹的农业时代，每一家族均能自食其力，不依靠外界的供给。各项职业间的分工制度尚未发生。以后有了确定的市场，各种人民就能各就他们所擅长的几种工业，各做各的事务，一切工商业方面的分工制度制因之发生了，人民间的关系也就复杂了，而依附土地的观念也渐坚实了。城市就变成一种土地单位，是各种工人销售出产品的地方，又是富有地主的娱乐场。从这种新的经济关系，和新发生的一切娱乐，人民的居住所就有一种新的意义。公民观念，及其附带的那种爱恋土地的观念就能实现。并且那种爱恋土地观念也不单限于个人所有的财产，如农业时期的状况。因为城市是各种经济机会的中心点和娱乐场所，人民就往往把全城的土地作为住所。各个人不单是一块小小土地的住户，却是城市的居民，简单一句话，就是一个市民。

这种经济的，和社会的关系的发达还有一种重要的结果，这就是社会习惯和人民礼貌方面所受到的影响。语言文字也确定了，并且又能确实表示各种人民的状容。比方“乡下人”和“城里人”这两个名词不但是指乡间和城市人民的区别，并且又指那些粗俗的和文雅的人民的区别。上述的那种摹仿性在一切风俗，习惯，和礼仪方面的势力是非常的大。文雅的社交形式是由几个大财主或大地主所提倡的。他们同时又是政治上的领袖，所以凡是他们所提倡的，总能有极大的效果，我们只须观察现今社会中的状况，就可以明白这类领袖所占的重要地位。每个阶级，甚而至于各阶级中的各派别，各有各的领袖，凡是社交方面的一切标准均由这班领袖所规定的。每个阶级又时时摹仿上一个阶级的一切行动和一切礼貌。这种摹仿性虽是人性中的一个弱点，但从社会学方面着想，却是进步的主动力。摹仿性能统一各种人民的习惯和行动，并且其影响也不单限于城市的范围以内。各城市中的各阶级往往互相交换他们社交方面的和行动方面的新标准。这尤以京城和省城间的关系为更甚。所以在古代，雅典人民的风俗为全希腊人民所摹仿的；罗马人民的行动是意大利半岛上各城市人民的模范；现今的伦敦巴黎等是其余各城市的模范。

明白了城市发生的结果，我们就能明白城市生活在文化史上所占的重要地位。新的经济生活是由城市发生的；新的政治观念，新式的社交形式，新的交换意见方法，也是均由城市提倡的。“讨论”就变成政治生活中的主要势力，起初只是一个阶级中人民间的互相讨论，以后却把讨论的范围推广，包括全体人民。凡是演说家，或诗人，或哲学家，决不致于没没无闻，凡有意思发表，总能得到听众的。这样的结果虽须经过几百年的历史，才能达到，但其动机却早已发生于最初筑城的时期。

第二章 城市的发达

城市问题是一个社会问题，也是一个政治问题。城市中这许多人民究竟是怎样集合起来的？城市人民究竟有什么样的特质？这种种问题完全是社会问题。但城市问题并不是一个单独的社会问题。每一个城市又必有一个政治的组织，处理其中的一切事务；又因为城市人口稠密的缘故，这种组织又须和那乡村的政治组织不同。现今人民均一致承认这城市的政治问题有特别的性质。这是因为城市人民的特别性质而发生的。我们在这本书内所讨论的，是从政治方面，讨论城市问题，就是城市政府的组织，及其职权，并在全国政治上所占的地位，但是我们同时也得要注意到城市的社会问题，约略讨论城市发达的主要原因，和确定城市人民的特质，因为这种种问题和城市的组织及其余一切市政问题均有连带的关系。

现今各国城市日渐增加，并且各城市中的居民又日渐加多，所以确定城市中的一切状况，和根据于这种状况，而规定一种最适宜于城市的政府组织，是很急需的。至于有了多少人民，才能算是一个城市，却没有绝对的标准。万国统计学会，从一八八七年以后，称人口满二千人以上的地方为城市。照从前德意志帝国的统计册，人口在二千人以下的地方是乡区，二千至五千人的地方是乡镇，五千至二万人的地方是小城市，二万至十万人的地方是中等城市，十万人以上的地方是大城市。美国则以人口满八千以上的地方为城市。我国前清《城镇乡地方自治章程》第二条规定“市，镇，村，庄，屯，集等各地方，人口满五万以上者为镇；人口不满五万者为乡”。这章程中所谓镇，就有城市的意义。最近民国时代的市自治制又规定“市自治团体以固有之城镇区域为其区域，但人口不满一万人者，得依乡自治制办理”。这就可以见得城市人口的多寡，原无一定的标准。但大概说起来，我们可以照万国统计学会的规定，把二千人的数目作为城市人口的最少限度；因为凡满二千人民的地方，其中一切状况总是和那乡区的情形有所区别，不能一概而论。

城市的发达是十九世纪下半期的一个特别现象。在一七九十年，美国人口的总数是三百九十二万九千二百十四人。当时住于人口满一万以上的城市，只有十二万三千五百五十一人，占全国人口总数中的百分之三有余。在一八九一年，澳洲人口的总数是三百八十九万九千八百九十五人，与百年前的美国人口总数相等，但同时住于人口满一万以上的城市，却有一百二十六万四千二百八十三人，约占全国人口总数的百分之三十三有余。这就可以见得在一百年之内，城市膨胀的比例竟在十倍以上。一七九十年的美国和一八九一年的澳洲同是新开辟的殖民地，其状况也大略相同。但这两处城市的情形却有这样的不同。我们再从美国一方面说，也可以看出近来城市膨胀的趋势。在一八九十年，美国城市人口占全国人口总数的百分三十六又零一；在一千九百年增加至百分之四十又零五；在一九一十年，又增加到百分之四十六又零三；在一九二十年，又增加到百分之五十一又零四；总计这三十年的变更，城市人口竟增加了百分之十五。同时美国大城市的数目，也大大的增加。在一八九十年，美国总共有十五个人口满二十万的城市；到了一九一十年，这样的城市增加到二十八个。在一八九十年，人口满十万的城市共有二十八个，人口满五万的城市共有五十六个；到了一九一十年，人口满十万的城市增加到五十个，人口满五万的城市增加到九十八个。至于各城市人口的增加，更其利害，在一千九百年至一九一十年间，美国有二十多个城市，其中人口的增加差不多从一倍至二倍半之多。

这不单美国是这样的，世界各国均有同样的趋向。关于世界各国城市发达的统计，要算惠白的《十九世纪城市发达史》（Weber，*The Growth of Cities in The Ninteenth Century*）这本书最详细，最精确。这书是于一千八百九十九年出版的，虽则此刻稍为觉得陈旧些，但其中调查的精确，此刻还没有别种书籍可以比得上，并且城市的发展却在十九世纪下半期，所以这书的内容，此刻还能适用。今将惠白所调查的列表于下，借以表示世界各国城市膨胀的趋势。

国名	英国	苏格兰	澳洲	比利时	和兰	普鲁士	美国	法国	丹麦	西班牙	意大利	加拿大	瑞士	奥国	日本
年代（一八〇〇年间）	一八〇一	一八〇一	一八九一年以前无统计	一八一〇	一七九五	一八一六	一八〇〇	一八〇一	一八〇一	一八二〇	一八八一年以前无统计	一八五一年以前无统计	一八二二	一八〇〇	一八九〇年以前未详
城市人口占全国人口的百分率	二一·三	一七·〇		一三·五	二九·五	七·二五	三·八	九·五	一〇·九	一四·〇			四·三〇	四·三七	
年代（一八五〇年间）	一八五一	一八五一		一八四六	一八四九	一八四九	一八五〇	一八五〇	一八四〇	一八五七		一八五一	一八五〇	一八四三	
城市人口占全国人口的百分率	三九·四五	三二·二		二〇·八	二九·〇	一〇·六三	一二·〇	一四·四	一九·六	一六·二		八·五	七·三	五·八	
年代（一八九〇年间）	一八九一	一八九一	一八九一	一八九〇	一八八九	一八九〇	一八九〇	一八九一	一八九〇	一八八七	一八八一	一八九一	一八八八	一八九〇	一八九〇
城市人口占全国人口的百分率	六一·七三	四九·九	三三·二	三四·八	三三·五	三〇·〇	二七·六	二五·九	二三·六	二九·六	二〇·六	十七·一	十六·五	十五·八	十三·一

右表分一千八百年间，一千八百五十年间，一千八百九十年间三个时期，列记各国人口满一万以上的城市人民占全国人口总数的百分率，以证明城市人口膨胀的趋势。

城市发达确是十九世纪所发生的新现状。例如在英国，一八二一年至一八五一年这时期是人民集中于城市的时期，其中又以一八二一年至一八三一年，和一八四一年至一八五一年，这二十年的时候为更甚。在这时期中，英国城市中人口增加的速率，均是从前所未曾有过的，有几个城市人口的增加率竟超过百分之六十。这是工业发达的时期。进口的棉花从五千一百万磅（一八一三年），增加到二万八千七百八十万磅（一八三二年），又增加到四万八千九百九十万磅（一八四一年）。这又是铁路建筑的时代。英国第一条铁路是于一八三十年建造的，到了一八四十年共有八百英里铁道，到了一八五十年增加到六千六百英里。法国城市的发达较迟于英国；在法国，直到了一八三一年城市才有发达的趋势，到了一八五一年，城市人民就大大的增加，一直增加到一八七一年，暂时停顿数年。法国城市的发达，也和英国一样，是与工业革命同时发生的；但在法国，工业革命是发生于一八三十年政治革命以后，比之英国，稍迟几年。德国直到了一八五二年，城市才有发达的趋势，尤以过了一八八十年以后，城市人口就大大的增加。这是因为在德国，工业革命是过了一八四十年才发生的。直到了一八五十年，德国还只有五千八百五十六公里的铁道。但工业革命却于一八四八年的时候就已告竣。以后又在一八七一年战胜法国，达到政治统一的目的，工商业的发达就非常的迅速，城市发达的速度，也非往时所能比得上了。再从各国的大城市着想，英国伦敦差不多有了两千年的历史，但其中五分之四的人民均于十九世纪增加的。从一八五十年到一八九十年，德国柏林发达的速度较之美国纽约更甚。现今法国巴黎和一千八百年那时比较起来，已增加了五倍。从一八九十年以后，意大利罗马增加了百分之五十。俄国彼得堡也于一百年之内增加了五倍。印度孟买（Bombay）在一千八百年只有十五万人口，到了一八九十年就有八十二万一千人口。日本东京在十九世纪末了的二十年之内增加了八万人口；大阪也差不多增加了四倍。埃及克路（Cairo）从一八五十年后也增加了一倍。

所以城市的发达确是现代文明的特点。无论欧洲，亚洲，和非洲均有同样的趋势。我们中国虽没有精确的人口统计，但在这几十年间，各处城市中人口的增加，如广州，上海，汉口，天津等，却是人人所共知的。所谓城市问题，是新近发生的问题。近来工商业逐渐发达，城市人口逐渐增加，这城市问题也就逐渐复杂，我们就不得不去注意到这个问题，细心研究解决这问题的各方面。历史上永未曾有过一个时期有这样大部份的人民过城市的生活，如此刻的状况。这就要讨论到城市发达的原因，为什么从前的所谓城市不能像现今的城市这样的发达。明白了城市发达的原因，也能帮助我们解决城市方面的各种问题。

一国人口的众多却不是城市发达的原因。例如印度人民是很多的，但印度城市人民只占全国人口总数中极低的百分率。又如澳洲人民是很稀少的，但澳洲城市人民却占了全国人口总数中极高的百分率。这是因为在印度，人民大都是以农业为生的，并且他们的农业方法又极幼稚，完全依靠人工而不用机器。所以印度的土地虽很肥腴，出产丰富，但为供给全国人民食料起见，凡能工作的人民不得不从事于农业；大概的说起来，差不多没有什么人可以废去农业而从事于别种职业。换句话说，乡区土地差不多需用全体人民耕种，直到将来农业方法改革以后，人民永没有集中于城市的机会。澳洲的情形却与印度大不相同，其中的土地是不宜于耕种的，或者因为太干燥而无可开垦，或者因为离市场太远，农业出产品不便于销售。但澳洲的土地却很宜于畜养牛，羊，马之类，并且一切牲口和羊毛等类的销路，又是非常之广；所以其结果就使澳洲变成一种畜牧场，但畜牧事情是非常简单，极少数的人就能执行一切事务；同时关于销售这项大宗出产品的事务却甚复杂，非有极多的人不能执行。并且这种畜牧事业的利益又是很大，别处的人民往往移居澳洲做这项的生意。因此，澳洲沿海各处，发生了几个很大的商埠，其中的人民大半均以销售牲口和羊毛为生的。所以澳洲的工业虽未十分发达，但其中的城市却甚发达了。

从印度和澳洲的情况看起来，我们就可以明白那城市的发达与否并不依靠全国人口的多寡，却全靠一国的经济状况为定的。一国的经济状况如果能使一部份人民脱离农业的生活，靠别种职业为生，那末，城市就有发达的机会。在从前工商业未发达时候，当时所有的商务完全是限于一个地方的，只有那种有附属土地的国家方能有范围较广的商务，方能发生城市：这种属地也许是附属于城市的，如古代的城市国家，威尼斯（Venice）就是一个例；也许是附属于一国的，城市只是其中的一部份，例如古代的罗马在统一意大利半岛以后的情形和现代的各民族国家。

但从世界商业发生以后，全国的土地均可以变成那种有城市性质的地方，在这样的国家往往有极大的城市，其中人民均以工商业为生，同时却没有附属的土地。这样的国家，也许没有充分的耕地能供给全国人民的食料和各项工业的原料，因此，不得不依靠别处每年运进一切的食料和原料。英国的情形就是这样一个例。在二十世纪的初期，英国的城市人民已经占了全国人口总数的百分之七十二。所有的食料大半均是从美国和澳洲运来的；工业方面主要的原料，棉花，也是从美国运来的；铁质原料是从西班牙运来的。英国虽不能在其境界的范围以内产生足够的食料和原料，但英国却有方法供给极稠密的城市人民的一切需要。从政治方面着想，英国的地位也许是很危险的，但从经济方面着想，也未必有很大的不方便之处。美国的铁矿和麦地虽在其疆界范围以内，但其出产地均在西部，和工业中心点的距离相去甚远，比之英国的情形，也没有大方便之处。

总结一句，我们可以说，只有一国的经济状况能使一部份人民不靠农业为生，城市才有发达的可能。如想使人民脱离农业的生活，却还得要有两种主要的状况：第一，采用新式的改良的农事方法，使一部份人民工作所得的出产品就能足够供给全国人民的需要；第二，开垦的那种新的和较肥的土地，产生各种食料和原料。没有这种状况，工商业决不能发达；工商业不发达，城市也决不能发达。除此之外，当然还有别种方法也能改变人民的职业，使他们从农民变成工人，比仿在一个时期工人所得的工资较高于农民能得到的利益，农民也许能为极高的工资所引诱，去农务工；但同时农业方面因缺少农工所受的损失，如果没有补救的方法，或者改良耕种的方法，增加土地的生产率，或者从别处运进食料，其结果必使食料的价格增加，那般去农务工的人民就有得不偿失的痛苦，将来势必至于恢复他们的农业生活。所以这类的方法决不是永久的。

农工的缺乏也往往能使农务方法的改良。人民脱离农业大都是工商业改良的结果；工商业方面的机会多，利益大，人民就想改变他们的职业，借以增加他们经济上的利益。英国在十八世纪的时候就有这样一种情形。当时纺织机发明后，纺织业就大大的发达，多数农民就脱离了农业的关系，迁移到城市，进工厂工作。农工就因之缺乏，农业的方法就不得不改良。有许多公共的田地也就开垦了，并且耕种的方法较之从前大有进步；所以农工虽较从前减少大半，但农田的出产却反而有增无减。每亩地所产出的麦，从十七英斗增加到二十六英斗。畜牧事业也采用了新的科学方法，每头牛的重量平均从三百七十磅（一七一十年）增加到八百磅（一七九五年）。

农业方面种种的改良是因农工缺少被逼出来的，但耕种的方法逐渐改良后，农工的需要也能逐渐减少，从此以后，大部份的人民均从那种新发生的工商业中寻生活，不必像从前那样专以耕种为生。英国在一七七十年间，务农的人民占全国人口总数中的百分之四十二，到了一八四一年间，只占了百分之二十二。自从十八世纪末了，工厂设立后，需用工人之处就增加了，一切的工资也就增加，农工的工资也不得不同样的增加；所以那般务农的人民更不得不力求改良，处处想用机器代替人工，借以减轻他们的负担，同时那班因农业改良而无工可做的农工也能改变他们的职业，从工厂中求生活。

在那种新开辟的人口稀少的国家，新式耕种方法的效率是非常之高。在美国的那种大麦场，四百个农工的工作就等于那种旧国家中，如法国这样情形，五千个小地主的工作。所以在这种新国家，其中人口稀少，而人民大都均以农业或畜牧为生，只因其所采用的方法是极新式的，又是效率极高的，所以工商业虽不大十分发达，城市人民占全国人口的百分率，比之那种工商业较为发达的旧国家更高。在那种旧国家，人民有种种的旧方法，旧习惯，以后经济状况因工业革命而改变，他们决不能一时一刻改变他们的经济生活，他们必须等候好久的时候，方能逐渐改变他们的方法，使之能适宜于新的经济状况。在新国家中，这样的困难情形是没有的，人民没有旧方法和旧习惯，他们立时立刻可以采用那种最新式的耕种方法。这种新国家确能代表经济进化史上一个较进化的时代。澳洲就是这样一个例。那边的城市大概还有继续发展的可能。美国也是这样的，他们农业方面的出产品大都均是销售于外国的，并不是专为供给本国人民的。美国虽则还是一个农业国，但城市的人口近来也增加得非常之快。将来美国城市人民的数目定必超过于乡区人民的数目。

所以照现今的经济状况而论，城市人口较多于乡区人口确是一种寻常的，并且是永久的现状，无论在新国家，或旧国家，这样的现状是免不了的。乡间一切情形如能改良，乡区人民当然有增加的希望，但是新的市场不能开辟，旧的市场不能推广，乡区人民增加以后，他们的竞争势必至于较之现在增加剧烈，乡间的生活恐不容易过了。推广农业出产品的销场是增加乡区人口的主要条件；城市的发达又是推广农业出产品的销场所必不可少的。城市发达以后，才能一方面改良商务，能和别国竞争；又一方面能减低物质，增加人民的消费能力。

以上所说，只是城市发达的原因。我们如想明白城市人民的性质及其余一切情形，我们还得要进一步，另外提出一个问题，这就是为什么大群人民聚集在几块特别的地点?

这个问题的答案是很多的，概括的说起来，人民因为种种原因，移居在一块地方，城市就因之而发生。人民或因生育的关系，生在一块地方，就住在这块地方；或因血统的关系，不得不住在一处；或因某处有特别的利益，所以从别处移入，聚居在这块地方。生育或血统的原因虽很重要，但与城市发达的关系却不甚大；因为在十九世纪以前，各处城市中的公共卫生和其余一切与人民生死有关系的问题均不大注意，因此，凡在人口稠密地点，人民的死亡率往往超过生育率。如果别处人民不因种种原因移入城市居住，城市人民只有减少，决没有增加的理由。

换句话说，只有人民从外边迁入进城市，城市才能发达。但人民不但须迁移到一处，他们还得要久居在一处。这就是说他们迁移的目的必须有一种永久的性质。人民移居在一处的目的大概可以分成五种：（一）宗教的，（二）教育的，（三）商业的，（四）工业的，（五）政治的。人民因为这种种原因，聚居在一块特别地方，城市就此成立。比方在印度南部，有一个城市叫做 Trichinopoly，只因附近地方有著名庙宇一所，大群人民时常至此烧香，所以在这处附近地方，就聚居了三万余人，这城市就成立了。又如美国的华盛顿，我国的北京只因是政治的中心点，所以近来也非常发达。英国的牛津完全因为牛津大学的关系，所以能成立。

但世界上大部份的人民均是以劳力为生的，所以这经济方面的目的确是人民行动的主要标准，多数的城市大半均因工商业方法的关系才能设立，才能维持其现状，所以工商业和城市的设立及市民性质方面的关系，非得从详讨论不可。

第三章　工商业和城市的发达

工业和商业是城市发达的两种主要原因。但工业和商业却有连带的关系，商业不发达，工业也决不会发达的。没有商业，一切的工业只能供给本地方上的需要，其销路是有限的。工业之所以能发达，全靠商业推广其销路；商业之所以能发达，全靠交通的方便。交通的方便又得要靠政府有维持社会秩序，保护人民的能力。在城市发达的时候，人民必须已经进化到一种较高的文化时期，那时候一切的战争是不常发生的，那时候的政府确已有维持治安的能力。所以城市的发达与否确能表示一国人民的政治能力，及其文化的程度。

工商业是依靠交通的，凡工业中心点定必接近交通的要道。交通的道路可以分作水路和陆路，或者分做天然的和人为的道路。人造的商路也许是水路，也许是陆路，苏彝士运河，巴拿马运河，均是极著名的，影响极大的人造的商路。河流可以开深，道路和桥梁可以建筑，就在山岭之中，也能开筑隧道便利商人的往来。

但各种商路大概不是继续不断，从起点至终点，其间毫没有间断之处。在从前的时候，这种间断之处是很多的。陆路往往须改为水路，水路又须改为陆路，陆路又有平原大道，山区小路，沙漠路途的区别。水路有内地小河和大洋的区别。凡经过这种地点，陆路须改水路或水路改陆路，一切货物均须改换装运的方法；比方在平原大道用车辆，在沙漠之中用骆驼，在内地小河用小船，在大洋用海轮。这种种地点就叫做交通方面的间断之处，并因一切货物须在这种地方改换装运，所以有许多人民就聚集于此，专为那班过路商人搬运货物。这类地点在交通方面当然是很方便的，又因工人众多，所以一切工业就很容易发达，到了后来差不多均变成城市。

交通上的间断之处均是天然的，但人力却有废除这种间断之处的方法。欧洲和亚洲交通的历史就可以证明这一层。在古代时候，欧亚交通的路途是以小亚细亚的海岸为起点，以优夫拉底（Euphrates）为终点。古代的大城市，如地中海沿岸的梯埃（Tyre）和西敦（Sidon），优夫拉底河流方面的巴比伦（Babylon），均发生于这两处。以后因有航海方面的进步，欧亚的交通差不多可以全用海路，其中只有从尼罗河（Nile）到红海间小小的一条陆路，亚利山大利亚城市（Alexanderia）就发生了，因为这是从地中海运来的货物所必须起运的地点。后来威尼斯（Venice）和真拿阿（Genoa）把持了东方的商务，这两处地方就变成欧洲方面分销东方货物的中心点。到了十五世纪时候，又发现了一条新的航路，这是完全一条海道，环行非洲南部，再向北直达亚洲；当时又因航海方法的进步，所以这条路线就能适用。但从此以后，威尼斯，真拿阿均日渐衰败；沿大西洋海岸的立斯彭（Lisbon），就变成欧亚交通的中心点。在十九世纪中间，苏彝士运河建筑后，地中海方面的城市又占了重要地位，特别是马赛（Marseilles），真拿阿，和内泼耳（Naples）。同时又因航业工程的进步，较大的海轮也建筑了，所以欧洲北部，如德国和比利时沿海地方也能与东方通商，而该处也就有大城市发现。照以上所举的例，我们就可以明白，凡大城市发现的地点差不多均是交通间断之处。

人工的能力在于改良交通的道路，并减少那种天然的间断之处。铁路通行后，交通上间断之处就减少至最低度，小城市就没有存立的机会，大城市就日渐发达。世界的商业，长途的交通道路，均能使几个大城市日渐膨胀。城市的商业愈趋向于世界商业方面，交通的路程愈长，大城市的膨胀也愈快。

现代的商业处处受人力的影响，决没有像从前那样的受天然状况的支配。铁路和关税均能影响于商业的进行，和城市的发达。关税也是交通路程上的间断之处。一国的关税区域的范围如果是很小的，交通上间断之处也很多，很大的城市一定是不多的。一国的关税区域如果是很大的，就是国家的政治组织已经完备了，那末，税关的数目一定很少，其中的城市定必较大。国家也能利用税关制度限制或鼓励大城市的发达。政府如想鼓励人民集中在几个少数的大城，他们就须减少进口的海岸，减少税关的数目。政府如想使人民散处各地方较小的城市，他们就须增加进口的海岸，并设立那种特别制度，使进口货物运到内地后，才由税关人员查验，收取税款。铁路之影响于城市的发达，更是人人所知的；非但铁路的建筑能免除交通方面种种的间断之处，并且各铁路又能在规定运货价格的时候，有左右城市发达与否的能力。

总而言之，依照现今世界商业的趋向，和长途的交通道路，大城市愈趋愈大，小城市愈没有发达的机会；但因税关和铁路运货价格而发生的影响确能抵抗这样的天然趋势，使大城市不致过分的发达，小城市也不致于过分的受到种种阻力。

工商业的连带关系是显而易见的；商业发达后，工业自然能发达，商业不发达，工业也无从发达。以上所述，只是商业与城市的关系。我们再述工业和城市的关系。

最初的一种工业叫做家庭工业，就是一家以内所需用的一切物品均由该家族自行制造，自行供给，这类的工业大半均由妇女执行。每一个家族均是一个自给的团体。当时是没有商业的。第二期的工业叫做村庄的工业，当时也有了分工的制度，各项人民各自执行各的特别职业，村庄的鞋匠，村庄的铁匠，村庄的裁缝，差不多均已发现了。在那种村庄的工业制度，各家族已经不是完全自给的团体，各人各本其所长，各做各的事，并将其所产生的物件和别人交换别种需要物件，所谓“易交而退，各得其所”。一种近于商业性质的交易已经发现了，一种范围较大于家族的社会已经成立了。这就是村庄工业和家庭工业制度的区别。但这两种制度也有相同之点，这两种工业均是供给范围极小的团体的需要，那时候即使有些商业，这种商业的范围也是很小的，决不能使人民群聚一处，建设城市。

但有几处地方因有特别情形，各项职业的界限却逐渐分开，各项职业的事务也逐渐增加，一个鞋匠，或铁匠，或裁缝，往往因生意的发达，不能单独的执行那种种事务，所以他们就不得不雇用工人，帮助他们做事。以后各项工人逐渐加多，他们就各自成一团体，欧洲中世纪时所发生的基尔特（Guild）或工会，就是各项工人的团体。在从前的家族工业制度，妇女是主要的工人，到了村庄工业制度时代，男子在工业上的地位就较重于妇女，工会制度发生后，一切重要工业大半均在男子手中。这是因为当时发生了许多新工业，从其性质一方面着想，实非妇女的能力所做的，同时又因农务的逐渐改良，一小部份男子尽有余力从事于工业。

工会制度发生后，经济史上所谓那种工艺制度也就发生了。当时一切工业也均在家庭之中执行的，但各种制度和从前那种家庭工业制度却又有很大区别。家庭工业制度的特点就是各家族各自供给各的需要，和外界没有什么多大交易；工艺制度的特点是由各家族人民各自制造各种物品，他们将其出产品出卖于别人，再把出售物品所得的金钱买进各种所需用的货物。各行工人大半均为雇主工作，一切原料和工资由雇主供给，各种出产品也由雇主在市场上销售。在机械未曾发明之前，一切工作均以工人为主体的时候，工艺制度是工业史上最重要的一种制度。中国的工业到了此刻还未曾脱离这种工艺制度。只因一切工作均在家庭中做的，这工艺制度决没有影响于城市发达的能力。直到了工业再进化一步，从工艺制度变到工厂制度，城市才能发达。

工厂制度之发生，是因制造方法用了蒸气力，和各项机器的发明，如纺织机等类。在从前工艺制度的状况之下，工人可以在家等候别人把工作送上门来做；工厂制度实行后，工人须到各处工厂里边去寻工做，这就是这两种制度的区别之处。工厂设立后，一国的工业势必至于集中在几处，人民集中和城市发达就是工厂制度的结果。在世界各国工厂制度成立后，大城市决不会不发达。

但工业和商业的影响，在城市发达一方面，也有一种显明的区别。大凡商业有一种向心力能使大多数人民集中在几处，发生几个最大的城市，各小城市却未必能得到商业发达的利益；工业决没有这样一种永久的向心力，工业的发达也能同时使那种小城市发达。所以从一八八十年至一八九十年的时期，美国一百二十五个城市人民的增加率是百分之四十七又零七，其中二十八个最大城市人民的增加率是百分之四十四又零九，其次级城市人民的增加率，就是满二万五千人口以上的，是百分之五十八又零九。英国从一八八一年至一八九一年的时候，最发达的城市是从二万至十万人口的城市。这两个时期就是英美两国工业最发达的时期。德法两国因为特别情形，所以其结果和英美两国稍有不同。法国政府利用了建筑铁路的方法，特意使巴黎尽量的发达。但从事实上说，在一八六一年至一八九一年间，凡满十万人口的城市增加了百分之四十七，从二万至十万人口的城市增加了百分之五十，十万以上的城市增加了百分之四十七，从十万至二十万人口的城市只增加了百分之四十二。在德国，柏林的发达超过其余各城市。这是因为柏林是那时候新成立的德意志帝国的京城，所以其发达还有政治的原因。

凡大城市的人民多数以商务为生，小城市的人民大都以工业为生。照美国第十二次户口调查册，全国共有一百六十个满二万五千人口的城市，其中居民的总数是一五，六七四，一八一人。城市居民总数中有职业的人共八，四二〇，九〇九人，其中有百分之二十九是以商业和交通为生的，百分之三十九是以工业为生的。在纽约，商业人民占全城有职业人民中的百分之三十七；工业人民也是百分之三十七。在芝加哥，业工的有百分之三十三，业商和交通的有百分之三十五。在旧金山和波斯敦，业商的均多于业工的。但在内地的小城市，业工的往往多出于业商的有两倍余。

这是工商业和城市发达的关系。

第四章　城市发达的结果——社会的

大凡市政学者往往偏重于城市行政一方面，把全副精力研究各种行政方面。但这一方面的城市问题是浮面的，不澈底的；城市生活方面的各种势力，括包社会的和政治的，才是决定城市进步的标准。所以我们在讨论城市政府组织和城市行政之前，还得先从社会方面和政治方面讨论城市发达的结果，就是城市发达后，人民生活的各方面究竟受到什么样的影响。

城市发达时候最显著的社会现象，就是乡间人民继续不断的移居到城市中过生活。在最初时候，人民总觉得城市生活的道德方面是很坏的，所以把他们对于城市发达的现象就非常的反对。照欧洲十八世纪时候的宗教观念，城市是一切罪恶的中心点。那时候英国清教徒极力想做到的就是要避免城市方面的引诱力。法国的哲学家也大声疾呼的高唱“回复到自然”的调子。就是现今的政治哲学对于那种发生城市的文化，还免不了有一种悲观的态度。

我们如果理会了社会进化的路程，明白了城市生活的实情，我们对于城市万不致于有悲观的态度。但在十八世纪，和十九世纪的上半期，欧洲各国城市的状况确实是很不满意的，无怪发生那种悲观的态度。直到了十九世纪初期，城市中的死亡率是非常之高，除了乡间人民移植到城市之外，没有别种增加城市人口的方法。从十八世纪欧洲社会哲学家的眼光中看起来，死亡率超过生育率是城市的特点，西欧各国实有逐渐灭亡的危险。

这种理论是根据于从前的状况而发生的，现今的哲学还不能完全脱离这样的概念，并且那种反对城市的理由也均是由此发生的。但这种理论所根据的状况此刻已经完全更变了。现代城市中公共卫生的进步非但使生育率超过死亡率，城市人口能天然的增加，不必依靠乡区的移民，并且城市中的状况实较胜于那乡区中的情形。除了法国还没有更变那十八世纪的情形，其余各国的城市人民均有天然增加的趋势。在法国十六个大城市之中，有六个不能从其内部人民的生育上增加其人口。法国城市人口增加的总数中，有百分之八十七是从乡间移殖来的。照统计学者的计算，一万个巴黎人民只能生育五千九百六十九个人民。依此而推，到了第十八代以后，全部人民中一个也不能生存了。在瑞典，奥国，匈加利的城市，生育率均超过死亡率。在英国，城市人口的死亡率较高于那乡间人民，但城市人民的生育率也较高于那乡区；所以城市和乡区人民的自然增加率约略相等。在美国，因公共卫生的进步，城市人民的自然增加率较高于那乡区。所以对于城市的那种旧观念此刻早已失去其根据了。这几十年的经验就可以证明那社会尽有能力使其状况适合于城市生活，并可以减少疾病的原因，增加人民的生育力。

我们无论把那乡区人民继续不断的移殖到城市的现状，看做一种社会的进化，或看做一种社会的退化，这种运动决不是立法的能力所能阻止的。现今社会的势力非但增加城市吸引乡区人民的能力，并且同时还减轻那乡区中种种经济的和社会的束缚力。在欧战以前的三十年时期之内，欧洲各国农产的价值均有跌落的趋向。虽在许多地方，农产的价值也有暂时的增加，但其大概的趋势确是向下跌落。这是因有两种原因：第一，新地的开垦，农产出产品因之增加；第二，耕种方面的种种新方法，一方面增加农业的出产品，又一方面减轻农业的成本。所以只有上等农田中的农民才能维持他们的生活；凡下等农田中的农民势必至于受天然的淘汰，不得不另筹生计。还有一层，各处小农民逐渐减少，所有农地又逐渐归并到几个大地主手里，农工的销路就日渐减少。这也是乡间人民迁移到城市的一个原因。在英国三岛，三分之二的土地在一万二千四百七十七个地主手里。

我们如果把乡间的和城市的状况约略比较，我们就明白为什么大家愿意迁移到城市居住。乡间一切状况差不多是日日如此，年年如此，毫没有所变动，人民就觉得这种永远不变的生活非常乏味，非常无聊。城市生活却有种种的快乐，种种的激刺，种种的变更。在乡间人民的眼中看起来，这两种生活确有天渊的区别。他们对于城市方面的吸引力，实无抵抗的能力。并且城市的快乐又可以不用化钱，个个人都可以享受的：热闹的街道，极大的市场，公园和一切公共地方均可以随意游览。所以凡在休息的日子，或空闲的时期，城市人民总能有无尽期的娱乐机会。再加以城中的工资又高，工作的时间又短，和乡间比较起来，相差实非浅鲜，城市人民那能不增加呢？

除了这种种社会的原因之外，还有别种经济的原因，也能引诱乡间人民迁移到城市居住。城市中工业方面的机会这样多，各种各样的人才均有发展他们能力的机会。所以那班有才能的和勇敢的人民总不能永居在乡间。城市中教育的机会也多于乡间，非但普通学校制度较乡间为完备，并且城市中还有各种职业学校，公共陈列所，公共图书馆，公共演讲等，乡间的所谓智识阶级自然愿意到城市去利用这种种机会，增加他们的智识。在欧洲各国，那种强迫的征兵制度也是城市发达的一个原因。照欧洲各国的风俗，凡乡间人民在当兵时期之内总是驻扎在城市。

他们享受了几年城市的快乐生活，到了服务期满的时候，他们就不愿还到乡区过那种无聊生活，所以他们就往往久居在城市了。

这种种原因合并起来，其势力是非常之大，所以城市的发达实无法可抵抗的。从前欧洲各国曾觉得这一种社会的变动是很危险的，所以曾经用过种种方法，极力想维持乡间的现状，阻止城市无限制的膨胀。普鲁士一八七二年和一八七六年的法律，英国一八八八年的法律，法国一八九四年的法律，均以改良乡区政府为目的，其作用想增加人民对于地方政治的兴趣，使他们能居留在乡间。有时候各国还想改良乡间的教育，借以发展乡民的智识，使他们有抵抗城市引诱力的能力。有时候各国还想用强迫的方法，阻止人民离开乡区。直到了一八九一年，普鲁士议会中还曾提出一种议案，限止人民自由迁移的权利。凡没有能力的，或经济不充足的人民，不得自由迁移到城市。但各国这种种方法均没有发生效力，城市发达的速率还是有增无减。这就可以见得人民从乡间迁移到城市的现状是社会方面的一种大变更，是没有方法可以抵抗的。这种变更当然有种种的危险，但也是进化中所不能避免的事实。

凡个人的进化，或民族的进化，均必须经过一个环境变更的时期，人民或人群如能同时变更他们自己的种种情形，使之能适宜于新的环境，他们方能生存。生活状况经过了一次的变更，人民不得不改变他们的旧观念，旧举动，不得不有一种新的行动，新的责任。那班顽固不变的，不适于时势的人民势必至于为种种天然的，或人为的势力所淘汰。这就是所谓“天演物竞，适者生存”。天然的淘汰方法就是种种疾病或恶习；人为的淘汰方法是刑法或救济贫穷的法律。

人民受刑法的处分，就是因为他们不能适应于新环境，所以常有轨外的行动。这是一种淘汰方法的例。照普通的观念，城市人民的道德观念总没有乡区人民的那样好；城市中犯罪的人数总较多于乡区，就是一个证据。在英国，每一万个农民中，有七个人曾有犯罪行为；每一万个市民中，就有九个罪人。法国的统计也大约相同，每一万个农民中有七个罪人，每一万个市民中就有十四个罪人。

但仔细分析起来，我们就觉得城市和乡区的环境完全不同，所以这种犯罪的统计也不能一概而论；并且城市和乡区两处犯罪的种类，也有完全不同的性质，我们更不能依照犯罪的统计表，武断的判定城市人民的道德比不上那乡区人民。在人事罪一方面，如杀人，殴打，强奸等，城市人民和乡区人民所犯的次数约略相等；但在物事罪一方面，如盗窃等类，城市人民所犯的确实较多于乡区人民。这是因为在城市之中，人口众多，人民间的关系也非常深切，侵犯别人财产权利的机会也较多于乡区。所以凡是商业上一切不诚实的举动发现得非常之多。并且城市中的分工制度又达到极点，那般富户人家雇用了大群的仆从，执行各种细小事务，因此，偷窃的机会确是很多的。我们万不可以从罪案的统计而就断定城市人民的道德观念。人事罪才是确定道德观念的标准；物事罪是完全发生于城市的特别状况，不能作为道德观念的标准。从社会进化的观念方面着想，城市的情形就可以证明那般缺乏道德根据的，没有自治能力的人民不能生存于新环境之中，他们只配去过牢狱的生活。再从个人方面着想，凡没有自治能力的人民就不得不被种种势力所淘汰，如果一个社会中的人民均没有自治能力，全体社会的人也势必至于逐渐淘汰，唯一的救济方法就是由外界加入那种新的较为良善的份子。从乡间迁移到城市，人民在环境方面须受一种极大的变更，城市中为恶机会的增加就是环境更变的一种表示。人民必须有极大的自治能力，极高的道德观念，方能抵抗种种新环境中的恶势力，方能改变他们的观念和行动，使之适应于新环境的需要，方能有生存的机会。

城市中人群聚居，人民间互相依靠为生的状况，也不是乡区所有的。人民的密度逐渐增加，个人行动和全体社会福利相接触之点也逐渐增加。我们每天生活的经验，就可以证明这一层。在乡区之中，每家的卫生状况完全是每家的事，和乡区社会没有什么直接的关系，至多有一种间接的极远隔的影响。但在城市，这种情形就完全不同了。城市中有一所不卫生的和不清洁的房屋，全体社会须受到直接的障碍，甚而至于社会的康健都不能保持。卫生标准的不规定，工业方面的效率势必至于减低，工人性命也许活不久长。社会上最不能抵抗这种状况的人却须受到最大的影响。富有的人民有种种避免的方法。但那般贫穷人民是无法可避免的。他们所居住的是那种租钱最贱的小房屋，这种房屋总是连接在一处，占据城市中的一个区域。他们想避免邻居人家的影响，是万万做不到的。凡人民愈穷，互相依靠的地方越多。每家平居所执行的日常家务均与全区人民的安乐和康健，发生直接的关系。

在城市环境之中，个人的行为决不能如在乡间的那样为所欲为。比仿乡间的农田尽可以由各农民自由处理；除了几种极少数的不重要的限制外，社会向不干涉农民的自由行动。但在人民稠密的大城之中，像乡区那种同样自由行动权利就立即可以发生极危险的影响。在上海这样的大城，人民居住的房屋又小又拥挤，并且又极不清洁。到了夏季的时候，传染病一发生，人民死亡者就不知有多少。这就可以见得人民的环境变更后，他们还没有发生一种社会责任观念，他们还没有晓得在个人行动方面，有较高的标准的需要。等到社会中较为进步的，较为明白的份子逐渐尊重了那种所谓社会观念，社会责任的观念方能发生。这个目的达到了，最后的一步就以法律的手续，强迫那般无智识人民遵守行为方面的种种新标准。但在现今的时候，社会上只有极少数的份子能够约略明白个人行为和社会福利的密切关系。从表面上看起来，以法律执行个人行为的新标准当然是一种侵犯人民自由权利的举动。在我们中国这样的国家，数千年的积习总是提倡那种个人主义和家族观念，政府管理权力的增加是极其困难的。

我们如能将城市的状况仔细分析一下，我们就觉得城市生活所需要的那种新的个人行为标准只改变了“自由权”的观念，并不侵犯人民自由的范围。我们往往把自由权看做自由行动的意义，把政府管理权力的增加作为政府专权的行动。照普通人民的眼光看起来，“自由”是一个绝对的名词，是一种确定的永远不变的观念。风俗的压制是不大觉得的，人民不把各种风俗或习惯作为侵犯个人自由的行动，但各种法律的限制就看做有这样一种性质了。在进步的社会之中，个人选择的范围确有增加的趋势。需要的增加，满足这种需要的机会的扩充，是社会进步的主要要素。人民集中后，一切智识上和工业上的激刺就有发展的可能，人民各种各样的需要逐渐增加，工业的范围也逐渐推广，个人消耗方面选择的范围也大有增加的趋势。我们日常在城市中所吃的，所穿的，所用的，及职业的种类，娱乐和智识上的机会，总不是乡间所能比得上的。关于这种种事物，城市人民的选择范围，总较大于乡区人民。选择范围的扩充确是进步的要件；但同时对于个人，对于社会，均有新的危险。

全体社会对于个人的选择，是利害相关的。个人方面种种不正常的行动，非但使个人受到种种损失，就是全体社会也须受其影响。工人的工资增加后，这种危险也更大。这是因为人民的进款愈多，他们选择的范围也愈大，他们做有益事务的机会当然增加，但同时做那种有损无益的事务的机会也加多。如果人民在职业，食料，和快乐方面的种种选择，与社会福利方面不至于有所损害，政府当然不应该干涉——这样的干涉非但是不须的，并且还是一种极端的压制。但是人民方面也得要有了极大的自治力，辨别善恶的能力，方能选择那种正当的，有益无损的事物。全体人民中有这样能力的人确是很少的。欧美各国在十九世纪初期的经验确实可以给我们一种很好的教训，当时欧美各国对于工业，对于城市事务，大半取放任主义，其结果就发生种种弊端，危及全社会人民的安宁和康健。所以城市的一切食料，须先由城市政府的专员查验后，方能出售。这是为防止商民把种种不卫生的食料欺骗人民，防止人民贪□贱价，任意买食。一切房屋的建筑也得经城市政府规定种种标准，使人民不致于受那种不卫生房屋的祸患。但政府管理权的推广也经过了极长的宣传时期，才达到目的。为时势所逼迫，那种十八世纪时代的自由观念不得不更变。此刻已经过了一世纪的时候，这种观念的更改还没有完备。个人行为和社会福利到处还发现冲突之处。人民太注重于个人的权利，他们往往不能明白个人和社会的关系。

在中国，人民向没有公共的观念，每人只顾自己的方便，不晓得顾全别人的利益。所以在马路上，无数汽车，马车，洋车，横冲直撞，站岗的巡警不能执行马路章程，行人处处有极大的危险。行人走道之处，时有住户或店铺堆积各种物件，阻碍行人的来往道路。但普通人民却把这种情形看惯了，很少有人提出抗议，行人的走道塞住了，他们只得走马路。这种种现状确与城市全体人民的利益很有妨碍的。城市的环境决不是和乡间的环境一样的，市民的行为和道德观念也决不能和乡间人民相同。在城市之中，人民必须处处想到他的一切举动，将于全体社会方面有何影响。比方我把我的洋车在马路中间一停，后面来的车不及停止，势必至于把我的车冲翻，大家受到损失。又比方我的家中不讲求卫生，什么东西都是污秽不堪，非但我家人民须发生种种疾病，就是邻居人民，甚而至于全区人民也将受到我家污秽的影响，而传染各种疾病。所以城市人民的个人行动须以社会福利的标准为定夺。

以上所说只从个人方面讨论个人行动和社会全体所发生的关系。但全体社会也能影响于个人方面。个人和社会总是互相为因，互相为果，无一时可以脱离关系的。以下是从社会方面讨论社会的行动和个人所发生的关系。文化从乡间的孤独状况进化到城市的团体生活，人民依靠物质环境的程度也大大的变更。人民的密度增高后，种种人为的环境发生了，那种天然的物质环境就无存在的余地。城市中一切的公共建筑品，如街道，自来水，沟渠等类，均是供给那天然环境所不能供给的需要。城市的职务增加一次，人为环境的发展也进一步。从人民改造环境的能力，就发生极重要的结果，因为从此以后，社会进化的责任全在于全体社会的肩背上。为大多数的人民着想，环境的提高或降低的问题是由全体社会决定的。这就是说全体社会给人民什么样一种环境，人民就过什么样一种生活。欧美各国这几年来城市方面的种种改良，早已改变了大部份人民的生活。城市中各区的交通也便利了，电车变成一种娱乐工具，也是一种交通的方法。人民的眼光也因之而放大了，人民对于各种公共事务也就能关切了。

欧美的经验是从积极方面证明城市环境的改良，同时又可以改变人民的态度，和人民的观念。我们还能从消极方面证明城市环境的不良能使人民放纵于各种各样的恶习气。我们就拿娼妓这一种营业做一个例。我国各城市中娼妓营业的发达是大家所承认的。大家晓得这种营业的伤风败俗，消磨人民的志气，耗费人民的财产，对于个人，对于社会，均有极大的祸患。虽则时常也有人出来提倡废娼运动，其结果总不能有什么效果。妓馆是我们中国的一种社会制度，是人民的娱乐中心点。这是因为照现今的社会状况，除了妓馆之外，城市中差不多没有什么别种娱乐场所。大多数人民的家庭中又毫没有乐趣。在旧式的家庭，一切的举动均依照陈旧的仪式，徒务虚伪，而不从事实上增加家庭的天然乐趣。在那种所谓新式的家庭，多数的家妇只学到了西洋妇女的皮毛，只晓得从奢华一方面装面子，日日打牌，夜夜跳舞，对于治理家务的方法，什么都不晓得，其结果使多数的家庭乱七八糟，不像一个样子。在这类的家庭中，当然完全没有什么乐趣可说。社会一方面也不晓得创设种种有益的娱乐场，使人民能够避免那种劳神伤财的娱乐。城市生活的改良完全靠制度方面的改革，完全靠创设种种有益的娱乐，决不能依靠那种种空泛的辩论和运动。好公民和坏公民的区别全在于他们怎样利用他们的闲暇时间。好公民总是做种种有益的娱乐；坏公民只晓得嫖赌吃著。但同时社会方面也必须创设种种有益的娱乐场所，人民方有这样的机会，否则他们势必至于固执那种旧式的，伤风败俗的娱乐。这种大规模的改革必须由全体社会一致的提倡，一致的执行，方能有永久的和良好的结果。

从个人和环境关系的分析，我们就能得到一种根本原则：凡各级人民的道德观念和政治标准是被生活环境所影响的，环境方面一有更变，道德观念和政治标准也得因之而更改；环境的更变又只是全体社会的势力所能做到的。我们中国政治上的改革确实没有从这方面着想，所以无论怎样的改革，总不能有一种澈底的办法，而政治的状况反而愈弄愈糟，弄到了现今那种不可收拾的局面。推测其中的原因，约有三种重要的阻力：就是人民遗传性，懒惰性，和无智识。这其中又以那种遗传下来的一切观念和行为的标准为最重要，因为这是懒惰性和无智识的根源。至于环境和人民的观念或风俗不能适合，是很容易指出其中相抵触之处，但确定其中种种阻碍势力的性质是不大容易的。

凡各种政治革新的运动，总有一个主要的共同之点，就是那般改革家总想极力提醒人民的理智，使他们明白改革的必要。照改革家的观念，人民如能明白这一种政治组织或行政方法比之那种组织或那种方法，较为经济，或较为易于发生效力，改革的目的就是能立即达到。从前欧美各国市政方面的种种改革运动，如清洁街道的运动，清洁水源的运动，公共卫生的运动等，均根据于这种理智上的辩论。他们把城市政府看做一个极大的实业公司，也以谋利为目的。但这样的提倡永不能得到所期望的结果。改革家也就灰心到极点，觉得那般城市人民缺少道德，缺少公民常识，而无法可想的。他们却不能明白凡一切公共事务的改革，非有全体人民的一致行动，决不能有什么结果，几个人的单独提倡，同时没有得到公众的赞助，永不能发生真实的影响。

还有一层，政治行动的结果是很不确定的，并须过了长久的时期方能发现。所以普通人民对于这种事务往往漠不关心。至于他们自己的私事，其结果是很显明的，很切近的，用一分工夫，有一分的结果，什么事都可以预先算定。所以人民凡遇到私事和公共事务发生冲突的时候，他们总是极力注意于他们的私事，而置公共事务于不顾。所谓“公而忘家，国而忘私”的观念决不是随便可以印入普通人民的心理中，同时必须有两个主要条件，方能发生这样的观念：第一，人民的眼光必须放大放远，能看出将来的结果较重于现在的和暂时的结果；第二，人民必须有牺牲个人目前利益的精神，愿意放弃自己的私利，和社会上同样的人民同力合作，达到将来全体福利的目的。在城市的环境之中，这种精神是改革运动所必不可少缺少的。

城市环境改革完备后，人民心目中才有一种理想的城市。个人的生活就和全体社会的生活有不能分离的趋势。在人民的眼光中看起来，城市不单是生命和财产的保护者，却是维持他们生活程度和种种快乐的工具。我们所希望的城市民治主义是一种快乐生活的民治主义，并不是现今那种机械式的选举权的民治主义。

第五章　城市发达的结果——政治的

我们可以从各方面讨论城市发达在政治上所发生的影响。我们可以研究城市生活和人民的政治思想或政治行动所发生的关系，或者我们可以讨论城市发达对于全国人民的政治生活所发生的影响，这两个问题的性质是各别的，一个是心理学上的问题，一个是政治学上的问题，所以我们把这两个问题分开来讨论。

讨论第一个问题，我们须研究那环境的影响，就是对于个人或人群的智识，天性，和欲望所发生的影响。城市生活确实可以改变人民的思想和行动，使他们一切的观念和动作发生种种的特点，这就是乡间人民和城市人民的一种区别。现今各国城市人民的种种政治观念和行动决不是乡间人民的那种观念和行动，这其中的区别是显而易见的。但这种区别却也不致于过分有什么根本上的不同。我们要晓得现今各国思想方面的一切观念和习惯是发源于从前的乡区生活时代。社会遗传性的势力到了现今还是非常强盛。城市人民如想继续不断的改革他们的观念，使之适宜于城市生活的状况，我们必须极力抵抗那种社会遗传性，逐渐消灭其势力。现今城市生活方面的种种缺点大都均是出源于个人行为的标准不能适合于城市中的新环境。我们虽能看出城市和乡区人民的不同情形，但这种区别只是新近发生的，只是一种根本改变的一个起源，将来的城市人民势必至于有一种根本的改变，打破从前的旧观念，创设种种适时的新观念。

人民从乡间的环境改变到城市的环境以后，他们的政治观念免不了受到一种根本的变更。凡新环境对于旧有的习惯和行为的标准，总有一种破坏的趋势，这是社会进化的根本原则，从乡间生活改变到城市生活也有这样一种破坏性质的趋势。所以从许多哲学家的眼光中看起来，城市生活只有一种破坏的能力，把一切旧有的观念，习惯，和信仰完全打破。这样概括的论调当然是很欠斟酌的，没有确实的根据。但直到了现今时代，城市的成绩确实只有打破那种在乡区时代所发生的社会的和政治的标准，这是无可讳言的事实。我国城市还不能算十分发达，这种破坏的趋势还不能十分显露。但欧美各国的事实却是很显明的。我们举美国政治观念的变更来做一个例。

当美国政府最初成立的时代，人民对于政府取一种消极的观念，把政府职权的范围缩小到最低的限度。他们把政府看做保护财产所有权的工具，在这个范围之外，政府的一切举动就作为侵犯人民自由权的行动。这样一种观念确是当时环境和经验的结果。在英国的殖民时代，美国人对于英国殖民政策非常仇视，他们就觉得政府的权力是很可怕的，处处可以侵犯人民的自由权。在那时候的状况下，人民对于政府的态度当然是消极的，以为政府的权力非限制不可。并且那时候人民的性质又和以后的人民极不相同。凡开辟新地方的先锋队总是那般最能独立的，最能奋力处置各类事务的人民。他们的独立精神决非别种人民所能比得上的，他们对于政府的各种计画向来不能表同情的。他们所主张的是一种极端的个人主义。有了这样的人民，又有了英国政策的那种经验，再加上当时的生活完全是乡区的生活，人民对于政府那种消极的态度自然是万不能免的结果。

以后美国人民逐渐增加，各处人口的密度也逐渐增进，人民对于政府的观念也就不得不改变。第一种的结果就使人民觉得那种公共事务确有政府干涉的必要。为维持公共卫生起见，为提高人民的道德观念起见，人民不得不受政府法律所支配。人民日常生活的经验就可以证明那种无限的个人自由权的危险。因此，政府职权的范围就能向前推广一步。社会上人民间的相互关系日渐密切，个人行动和全体社会幸福相接触之处日渐加多，个人自由权的标准也不得不因之而更改。这是政治观念和社会行动间最重要的，并且是第一次的接触之处。

至于那种政治上的不干涉主义，和个人自由行动观念，在乡间也许还能暂时存在，但在城市生活之中，却万无成立之余地了。城市生活的状况逼迫人民改变其政治观念。极端的个人自由行动的弊病是非常之多，社会上各级人民又觉得政府的干涉是万不可少的，所以政治观念也就很容易的更变，毫没有发生什么重大的冲突。政府职权第一次的推广是在于公共卫生方面，因为关于这项事务，政府的管理是最急需的。新政治观念第二步的发展在于推翻那种旧式的自由竞争观念。在守旧派的美国人民眼光中看起来，自由竞争是商务上最重要的原则，是一切进步的目标，也是效率的保障。但从城市发达以后，城市人民就逐渐觉悟这自由竞争原则的种种缺点。城市中一切实业公司的合并，和那种“托辣斯”的发生，特别是那种种和公共利益有关系的事业，如电车，电灯，自来水等，就使人民明白那实业和社会间的真确关系，较之种种学理上的讨论，其效力更大。美国社会在最初的时候，总以自由竞争的原则对付这类的实业，使他们随便设立同类性质的公司，自由在一个区域之内竞争，人民于短时期之内，当然能得到贱价的利益，但不久这种种同类性质的公司就觉得这样方法的不经济，不能得到利益，因之立即发现归并的计画，把所有的同业合并起来，组成极大的专利公司，随意规定极高的价格。这类经验的教训影响于城市人民的政治观念极大，从此以后，他们对于政治的干涉实业，决没有像从前那种的不信任态度。他们往往反而提倡，反而要求政府方面的种种干涉。

城市环境的性质，与人民和环境间的互相关系，也是政治思想改变的一个主动力。城市环境决不像乡间环境那样的自然，城市环境完全是一种人为的环境，随时可以由个人的或人群的行动，随意更改。各大城市的历史确实可以证明环境状况从根本上变改的可能，这种更变又能影响于全体社会的康健，道德，和幸福。全体社会改变环境状况的大权力能在城市人民的政治观念方面，发生极有势力的影响。在这几十年之内，美国城市职务的推广却是人民改变他们对于城市态度的表示。这并不是说美国城市有趋向于城市社会主义的状况。近来政治观念的改变大概是向那种所谓工具主义这条路上跑，这就是利用城市政府的组织，想达到个人幸福，社会安全的目的，例如要求城市为人民设备种种方法，使他们能利用种种机会，得到最高度的幸福，满足他们美术上的需要。最完备的公共卫生设备，最清洁的自来水，最贱价的和最完备的交通设备等类，变成城市人民所应得的权利。

美国人民对于政治观念的改变可以直接追溯到城市生活的影响。同时我们还可以指出人民对于政府组织的观念也受到同样的影响，也有同样的变更。美国政府的组织，无论是联邦政府的，或各邦政府的，均是根据于英国十八世纪的政治哲学，其中的主要观念就是三权分立制度，钳制和平衡制度等。权力集中是英国十八世纪时候中等阶级人民所最怕的，他们总想把政府权力分配给各机关，再使这个机关监督那个机会〔关〕，那个机会〔关〕钳制这个机关，他们总以为采用了这种方法，才能防止政府的专权，才能保护人民的自由。在他们的眼光中看起来，分权制度是保障个人自由的主要条件。美国殖民人民把这种政治观念看做民治主义的根本原则。又因为他们曾经受过英国殖民政府的种种虐政，他们更觉这种分权主义的刻不容少了。他们以为殖民政府之所以能侵犯人民自由，实行种种虐政，是因为行政方面权力太大，立法方面权力太小，所以立法部没有钳制行政部的能力，所以行政部能专权，能为所欲为。因此，美国那时新设立的联邦政府和各邦政府均以这分权制度为根本原则。

美国最初的城市政府却没有采用这种原则。这是因为美国的一切政治观念和政治制度均是从英国方面移植来的。那时候英国政治思想方面最盛行的学说虽是这种分权观念，在英国，这种观念却永未曾在城市政府方面实行过。那时候英国所通行的城市政府是一种集权于市议会的制度。美国最初的城市政府也就是这一种组织。以后因为城市的逐渐发达，新问题的逐渐发生，这种英国式的市议会集权制度就不能对付种种新发生的城市问题；又因为这种集权制度和当时所通行的民治观念似乎不大适宜，所以十九世纪的初期就有城市政府改组的运动。当时人民对于城市政府的性质均不甚明了，并且城市还未曾十分发达，普通人民均看不到城市方面种种特别需要，须采用一种适宜于城市特别状况的政府组织；只因为当时联邦政府和各邦政府的组织均是一种分权制度，他们就摹仿了联邦政府和各邦政府的组织，改组城市政府。他们又确信这种分权制度能保障人民的自由权，和一切的民治制度；以后城市方面发生了种种不良的结果，他们万不能想到这种制度的不能适用于城市的特别状况，他们至多以为组织上还有未尽善尽美之处。所以他们只从组织方面更改又更改，不澈底的研究这种制度是否适宜于城市所须对付的特别问题。根本问题未曾解决，无论怎样的改革，总是改不出什么结果，所以直到十九世纪末了时期，美国城市政府的状况是腐败不堪的。

到了十九世纪末了的几十年，美国人民就逐渐觉悟了，觉得那种职权分开的，责任又分开的制度，万不能对付城市中的一切复杂问题。工业的发达，特别是那种私有实业公司中的管理方法，使人民注意到那种职权集中的，责任集中的制度的益处。并且城市行政方面有几种事务确与几种公司事务很有相像之处，人民的普通常识就使他们把公司组织方面的经验，运用到城市政府的一方面。实在说起来，城市政府确有实业公司的性质；实业公司的目的是谋事业的发达，使股东多分几个钱红利，城市政府的目的是谋城市的发达，使市民享受种种幸福。市民在城市的地位如同股东在公司中的地位。所以从实业方面发生的习惯，如集权的组织，就使城市政府在组织方面受到极大的影响。市议会权力的缩小，市长职权的增加，是政治观念改变的最主要一步。人民觉悟了那种互相争权的，各机关时常冲突的制度决不能保障个人自由权利；政府各机关的互相扶助才能使市政有进步发展的希望。为保障行政的效率起见，执政者必须有全权执行那立法机关所决定的政策。人民公意对于城市政府组织观念的更改又影响到美国联邦和各邦政府方面。这几年来各邦政府的改组运动均从减少邦立法部的职权，和增加邦长的权力入手。邦长又有任命和罢免各种行政委员会的权，所以他对于全邦的行政，有确实的监督权力。权力的集中当然又能发生责任集中的结果，以后政治上如有什么弊病发现，人民就能确定某人是应当完全负责的。

以上所述是从美国的历史证明城市发达的政治结果。但城市发达的政治结果不单限于政治观念的改变，和政府组织的更改。除了这种直接的影响之外，还有种种间接的影响，也能追溯到城市中的智识情况。在城市之中，人民间互相接触之处增加后，他们智识方面的激刺也逐渐增加。旧文化所根据的种种风俗和习惯决不能抵抗那智识发达的城市人民的批评。自由讨论和自由批评一切旧习惯旧风俗的机会又是非常之多，无论在市场上，或在别种公共地方，只须有人民聚集在一处，他们总是免不了发生各种的意见，互相交换各人的观念。人民的政治思想就决不能像从前那样的一致，各种各样的观念均有发现的机会了。这种状况确是进化的表示。人民的眼光放大了，智识增加了，他们决不能像乡区人民的那样固执自己的偏见，对于别人的不同观念，毫无容纳的余地。政治观念方面的宽容大量精神就从此发生了。所以各国的政治运动大都均发源于城市，并且又只有在城市之中，各种政策能得到各种人民从各方面的讨论和批评。但有许多学者却就因此而断定城市的影响只有那种消极的破坏，没有积极的建设能力。

照这般学者的观念，凡政治思想上的大革命均发源于城市，但从新制度的建设方面着想，城市的能力却非常薄弱。他们往往又举出巴黎对于法国政治生活所发生的影响，作为他们的观念的证据。在无论那一国，无论那一个城市决没有像巴黎在法国政治史上所占那样的重要地位。巴黎的地位确是很特别的：一半是因为法国的中央集权制度，政治上一切举动向例是从巴黎发动的；一半是因为巴黎是法国政治和智识的中心点，所以各种各样的人才均从全国各处移入，借以发展他们本能的机会。无论在政治方面或在社会生活方面，法国全国各省均是以巴黎为模范的。从法国十九世纪的历史上，我们可以得到一种结论，就是法国制度所根据的一切原则是由各省的守旧势力所维持的，而几次革命及其余的政治上的大变动均发源于巴黎。巴黎如果有了决定法国全国政策的全权，恐怕政治上的情形较之现在也许更加不稳固。

我们如想明白城市对于全国为什么有这样大的影响，我们必须从环境的更改对于人民思想和举动所发生的结果着想。乡区人民迁移到城市后，他就觉得那环境方面的根本改变，他是完全处于一种新生活的状况之下；这种新环境，和新生活能立即在他向来所有的种种观念方面发生一种反动，使他弃绝一切旧有的风格和习惯。这样一个人总是非常激烈的，他的思想和行动总是趋向于消极的破坏一方面，决不能从积极的建设一方面入手。他必须经过这个长期的消极的破坏时期，方能渐渐的改变他的观念和思想，使之适合于城市的新环境；只有到了这个时期，他的思想和行动才能趋向于积极的建设一方面。但在中间的过渡时期之内，他总是趋向于政治的激烈主义，只有破坏的方法，而没有建设的能力。还有一层，城市中种种的极端状况，如社会状况的不平等，政治权的不平等，智识能力的不平等，是城市人民日常经验中的一部份；这种状况确能打破他的平等观念，销磨他的民治精神。经济上的和社会上的不知足又能增加人民对于种种旧习惯旧观念的反动力。

有了这种种势力，无怪各国革命运动的原动力在城市发生了。法国几次的革命均发源于巴黎。德国在欧战以前，城市是社会民治党和其余一切反对政府派的产生地。在英国和美国，对于现今状况最激烈的批评也是从城市发生的。我国前清末年的革命运动，也是发源于城市，并以城市为中心点，以后革命的发动又在城市。民国成立后，人民对于政府所提出的种种抗议也是发源于城市。但我们决不能把现代城市那种消极的破坏举动看做城市的特性，这种情形只是从乡区文明进化到城市文明的过渡时期中的特质。等到将来发生了那种适合于城市的思想和观念，国家的制度必定能稳固，并且其进化的程序又未可限量。这种新思想和新观念必定如从前在那乡区生活时代所发生的同样的确实，同样的趋向于积极方面。我们如果能够领会了城市生活的种种需要，创设了那种适宜于解决城市问题的政府组织，那末，城市就能在政治思想方面有积极的建设。

如果城市生活和政治思想的关系确有上述的那种性质，从乡区生活逐渐改变到城市生活的现状当然是很重要的。城市人口增加后，政治团体中就发现了一种新的势力，能打破固有的政治标准，并能影响到民族的生活。容易为新思想所影响，是城市人民的特质，但他们对于那种根本问题，却没有一种根深蒂固的观念。各国的政党均承认这种事实，所以他们总想用种种方法限制城市人民的政治势力。执政党所最害怕的是城市，因为一切暴烈的行动和过激的思想均从城市发生的。即使城市人民的观念是赞成一党的主张，这一党也不愿意使城市在议会中的代表额数和其人口成一比例。政党为自卫起见，万不肯增加城市的代表权，致使将来受其祸患。凡政党政策在城市中总须受各种人民从各方面的批评，所以很容易发生不利于执政党的种种运动。各党对于城市方面的政治观念，非常的不信任，所以他们总把城市代表的额数限制到最低限度。美国各邦宪法之中，甚而至于有一个城市的代表额数不能超过多少数目的规定。欧洲各国虽没有宪法上的规定，限制城市代表的额数，但同时却有别种方法也能发生同样的结果，因城市的发达，各处人民时有增加或减少的变更，大概城市人民总是增加，乡间人民总是减少；除非选举区域能依照各处人民的增或减，随时变更，各处代表的额数决不能和其人口成一比例。

例如德国在欧战以前，其选举区域自一八七一年后，永未曾有过澈底的修改；照当时的规定，每一个下议员代表十万零三千人民。以后因城市人口的增加，每一个议员所代表的单位，改为十三万一千人。但柏林议员所代表的单位，在一八七一年，是十三万八千人；在一八九七年，增加到二十八万人，在二十世纪的初期又增加到三十五万人。这就可以见得在德意志帝国初成立时候，柏林就已受到不公平的待遇；以后柏林的人民虽大大的增加，而其代表和人口的比例也就逐渐加高。至于德国其余各城市的代表额数当初确实和其人口成一比例；在一八七一年，凡超过十万人口的城市人民占全国人口总数的百分之六又零九，他们的代表额数也占代表总额数的百分之六又零八。到了一八九七年，城市人口占全国人口总数的百分之十三又零九，但其代表的额数却未增加。在法国，城市在下议院的代表额数总算还公平，全国十二个大城市人口占全国人口总数的百分之十一又零九，其代表数占代表总额数的百分之十一又零三。但上议院的选举区是省，每省有乡区，也有城市，而城市中心点却不能依照其人口数目，得到一种比例的代表额数。英国选举制度的改革更有长期的历史。在十九世纪的初期，英国南部的农区占有政治上极大的势力。北方人口稠密之处只能举出四百四十九个下议员中的一百三十一个。这种不公平的状况直到了一八三二年和一八三四年的选举改革法通过后，才约略改正。就从一八三二年以后，南北方在政治上所占的势力还不到十分公平，北方的一个议员代表十三万五千人民，南方的一个议员只代表十二万八千人民。这种状况还须经过长期的奋斗才算消灭。一八三二年的选举改革法是第一步，以后还须经过一八六七年，一八八四年，和一九一八年的选举改革法，各区域代表的额数总算能和其人口数目成一比例。

以上所说是城市发达和政治思想，政治行动，所发生的关系，所以一国的宪法和政府的举动同时也免不了受到极大的影响。直到以后城市人民能够改变了他们的思想和行为的标准，使之适合于城市的状况，各国政治生活中总有不稳固的情形。种种扰乱的政治状况均发源于那城市的破坏的趋势。人民对于政府的态度，也因这种状况的更改而逐渐改变。在现今时代，我们已经承认城市权力推广的必要。自由竞争和放任主义的种种弊病，使人民不得不赞成城市政府增加其管理权力，谋全体社会的幸福。政府的行动和个人自由间已有了一种新的平衡。

阿玛那——一个试验共产制度的社会(1925)

共产制度并不只是一种无产阶级专政的制度，也不只是没有钱的人瓜分有钱人的财产的行为。我拿出一毛钱来，换你袋里的一块大洋，这是一种最下级的共产制度，是那般最没有出息人物利用共产的名义，实行侵夺别人财产的行为。真真的共产主义却是一种很高尚的理想，其目的是想打破现今社会上种种的不平等状况，实行一种公平的制度。各人各尽其能力在社会上做种种的事务，各人又依照各人的需要，从公共的财产中取用各种物件，这是理想的共产制度。

在历史上，共产制度确已试验过好几次了。有许多是完全失败，有许多确有很大的成绩。历史上试验可以证明这共产制度不是绝对不行的；如有相当的环境，相当的人物，人民之中又有多少团结力，及适当的组织，这共产制度也许在事实上是可实行的。我这一篇东西并不是讨论共产制度在学理上的根据，也不是说明那种理想的共产制度，更不是发表我个人对于共产制度的意见。我所要写出来的，只是几年前我曾经亲眼目睹的一个试验共产制度的小社会，及其中的一切情形，如经济的，政治的，和个人生活方面的状况。这个社会是在美国中部埃爱瓦邦(Iowa)，叫做阿玛那（Amana）。

这个社会约共有一万八千人民，占据二万六千英亩土地，分做七个村庄，大都是德国人。在最初时候，约在十八世纪初期欧洲宗教革命时代，有一部份德国人民独立的自成一派，组织一种宗教的社会。以后因为不能容纳于德国教会，他们就于十九世纪中期迁移到美国，在东部纽约邦内居住，过了几年，他们又向西迁移，到了现今他们所居住的地方。但是他们最初所组织的社会只是一种宗教性质的社会，共产制度直到了以后在美国才加入的。所以这个社会还是一个共产化的宗教社会，并且其主要的团结力还是属于宗教方面的。

每一个村庄的中间各有许多房屋，约从四十所到一百所，工厂和草棚等都在村庄两头。每村庄又有一个教堂，一个学校，面包房，牛奶棚，邮政局和杂货铺。住房都是两层楼的木房或砖房，格式都是一律的，很简单的四方的房屋，连木头上的油漆都没有的。这种房屋的外面是很不好看的，幸而在夏天时候，各房屋的周围都有葡萄架子绕得满满的，所以还不至于讨厌。各处的花草却是极多的，在夏天时候确是很好看的。当初这般人设立这个社会的用意原想脱离这万恶的世界，到那荒野的美国边界地方，创立一种新的社会，去过他们的清静的生活。但无论何如，你想逃出这世界总是逃不了的，你自己虽则可以仝了你的朋友到僻静地方过你们出世生活，你们虽则还可以挂出一块牌示“请大家不要注意我们让我们过我们的生活”，但外边人民决不肯让你们安安稳稳的过日子，你愈不愿意人家来看你，来看你的人愈多。如果你们试用了什么特别的制度，过一种与众不同的生活，外界人民更不肯干休，他们总得要约了几个人，带了一付照相机，一支铅笔和几张纸，今天也来，明天也来，非把你们的情形调查清楚不可。这几年来因为从外边来参观人一天多一天，所以他们也不得不在各村庄里边设立一个客栈，一方面可以容纳那般不速之客，又一方面可以做一笔买卖；他们自己是实行共产的，但对于外边的人，却老实不客气，什么都要钱的，并且又是要得很多的。他们对于外边来的人是不大欢迎的，所以你想去调查他们的制度和生活是不容易的。我记得那年我同几个朋友到这地方去的时候，第一个遇见的人就这样的问我们：“你们是不是那种最讨厌的新闻记者，这样要问，那样要问?”我们说：“不是，我们是大学堂的教习和学生。”他就回答说：“这是没有什么区别，并且是一样的坏。”以后我们遇见几个他们的人，想问他们几句话，他们总是千篇一律的回答一句“不知道”。这样的情形当然也不能怪他们，他们这种脱离世俗的观念差不多已经训练了七代之久了，他们是不愿意与外界发生什么关系，他们更不愿意把他们的内容告诉外人。他们只晓得过他们孤独的共产生活，他们决不肯像俄国共产党那样去宣传他们的政策和制度。他们的观念是根据于耶教圣经，并不是发源于马克思学说或列宁的“过激”主义。

他们的政治制度也不采用那种极端的民治主义，他们的政治思想却趋向于一种强有力的中央集权制度，治者开诚布公的执行政权，被治者心悦诚服的服从权力。管理全社会的权力是在一种十三个人所组织的董事会手里，这十三个人是每年由人民从全体长老之中举出来的。这董事会执行宗教和政治两方面的事务，所以政教是不分的。董事会又于每年十二月第二个星期二从其会员之中举出一个会长，一个副会长，和一个秘书。这般职员大概又是每年连任的。董事会每月轮流在各村庄开会，议决一切关于内部的和对外的事务。每年六月董事会公布一种账目，该社会所有的动产和不动产均详详细细的列举在账目之内。如有重大事情发生，董事会也许召集一个全体社民的会议，但他们总觉得这样的全体会议是没有用的，所以很少召集的。他们总设法使全体社民明白各种事情的状况，但同时却把执行事务的权委托于几个最有能力的人，不使全体社民参与，发生种种没有意识的讨论。这是一种很好的政策。美国别处从前也有许多同样的试验共产制度的社会，只因他们的制度太民治了，每人总觉得有发表各人的议论的职务，又因为大家说话说得太多了，什么事务都不能办了，其结果就使这许多社会一个一个的失败。阿玛那社会所以能够维持这许多年数，现在还是很兴旺的，其主要原因是因为他们情愿牺牲民治制度，实事求事的由几个人去执行一切事务。这一层确是很值得注意的。

每一个村庄是由一般叫做“长老”管理的，其人数是从七个到十九个。他们并不一定是年岁最老的人，只是在宗教方面资格最深的人物。各工厂的工头和其余人民有时候也能参与各该村庄里的事务。每村庄又各有各种账目，与全社会的公账各别的；各村庄须依照董事会的议决，执行一切事务。到了每年年底，各村庄须把一切账目交给董事会查验，但每一个村庄的账目无论有过余或亏损，该村庄或各人所能领得的物件数目还是一律的。所以这一种制度差不多也是一种联邦式的制度，每村庄对于内部事务有一定的自治权，但同时却受董事会所节制的。有许多人民总觉得这种制度未免近于贵族式的，其中治者和被治者差不多变成一种阶级。但这种制度在学理上无论怎样的不合于民治主义，但在事实上确已证明其优胜的地方。

依照宪法所规定，每一个社民在进会的时候，须把他所有的财产，无论是动产或不动产，交给董事会，作为公产，再由董事会给他一张收据，并在公账上寄上他的账。每个社民除了衣食住养病和养老由公家供给外，每年还能从公账中领到一笔维持费，其数目是由董事会依照各人的需要，各别规定的，大约是从二十五块美金或五十块。但每人所领到的并不是现洋，只是村庄杂货铺里边记上一笔账，每年可以去领值这许多钱的东西而已。每人日常所做的工是没有工资的。这一万八千社民差不多可以算有一种一致的观念，为别种同样的社会所没有的。这是因为他们有一种共同的宗教，又经过了七八代的训练，所以才能如此。外边人民想加入他们的社会也颇不容易。第一，他须经董事会严格的审查，审查合格以后，尚须经过一个试用时期，试用以后，他如果真能证明他的诚心诚意，他还须把他所有的财产交给董事会，然后再经过一种极慎重的和极复杂的礼节，他才能算是一个社民。关于社民的种种规则当然是很严格的，社民如果不守规则，须逐出社的。

婚姻问题和家庭制度是共产社会中的重大问题，特别是那种宗教式的共产社会对于这婚姻问题尤其难于解决。因为圣经上是明白的说明："凡未曾结婚的人总是注意于精神方面，想怎样去尊敬上帝；但已经结婚的人却注意于物质方面，想怎样去取悦于他的老婆。"所以他们对于这个问题着实讨论了许多时候才决定实行那婚姻制度。当初他们从纽约邦迁移到埃爱瓦邦的时候，他们有一种特别的风俗，就是凡已订婚的男女须分离一年，到了一年末了的时候，他们如果还是很互相爱恋的，他们才能结婚。结婚的礼节又是很慎重的，借以使他们两个少年男女晓得这不是一件儿戏的事。照现行的制度，一个男子非到了二十四岁，一个女子非到二十岁，是不能订婚的，并且订婚的事还须得到长老的许可，订婚一年以后，才能结婚。这种规则当然只是为审慎起见才规定，因为他们结婚以后并没有像我们所有这样大的责任，他们是不用化一个钱去养活他们老婆的，衣食住都是公家供给的。他们是极端信仰宗教的人，所以结婚以后，就得到死才能分离，离婚是绝对不准的。并且就是夫妻之间死了一个，那一个想再醮或再娶也是很不容易做到的。

一男一女结婚以后，公家就指派他们两间房屋。他们如果有父母的，往往就仝他们父母同住。所有的家具大都是本地人工所造的，但现在却也有工厂的出产品混杂其间。他们的家庭确是很有趣味的，并且是很特别的，差不多可以算是两种极不相同的主义——个人主义和共产主义——的出产品。这是因为条顿民族的个人自由观念，再加上他们爱恋家庭的趋向，使他们能够保守一种家庭的独立。每一个家庭住居在一所公家的房屋，但个人在家庭中的生活却又绝对自由的。每人又各有多少日用的物件，也是公家供给的。他们的房屋大都是一样的，每所房屋中只有卧室和坐起间，但没有厨房饭厅和客堂。在每一个家庭中，各人各有各的卧室和坐起间，每人在他的房间中差不多想什么就能做什么，绝对不受别人的干涉。每个村庄中总有好几个食堂，在每处吃饭的人数约从十六个到五十个。每日三次饭都在这公共地方吃的。

以上所述只是这一个试验共产制度的社会的大概情形。凡到这地方去过的人总不免有一种感想。据我个人的观察看起来，这个社会差不多是一个宗教的极乐国。他们主要的团结力还是宗教，他们的共产制度是以后到了美国才实行的，并且他们又不死守共产主义老祖宗的成规，如果应该变通的地方，他们总是变通办理的。他们这社会之所以能够维持了这许多年数大半是因为他们能于共产制度中加入了许多个人主义的观念。他们一方面能够发展各个人的个性，一方面各个人又能只知全体社会的利益，而不计较各个人的私利。比方在这几十年之内，他们社民之中着实发明了许多机器，和别种东西，现今全美国都知道某种东西是阿玛那人发明，但那一个发明这种东西的人却没没无闻，未曾得到一些报酬。这样的情形在别处确是做不到的。

至于在政治一方面，他们的共产制度之所以能有成效完全是因为他们没有采用那种民治的制度。他们社会中那几个当权的长老确是很专制的，长老决定怎样做，就须怎样做的。所谓全体社民的大会是绝对没有的，普通社民除了从长老之中选举董事会之外是绝对没有别种政治的权利。但这般当权的长老确能尽心极力，为全体社会谋幸福，自己毫没有一些的私心。这就可以见得一种制度的好坏，一小半是靠这制度的本身，一大半还得要靠那执行这制度的人民。人民不好，无论那样的制度都是不行的。共产制度将来是否能够大规范的实行这是一个问题，但无论如何，像现今的那种自私自利的人民，绝对不能实行共产制度的。各种各样制度的成绩都是人为的，共产制度的成就更得要靠人民的牺牲，顾全大局而不顾私利，服从公道而不闹意气，有自治的能力，不争名不争利，同时又能各尽个人的能力，为社会全体人民服务。这样的人民决不是几年之内可以训练出来的。但没有这样的人民，共产制度就很难有成功的希望。

（原载《晨报副刊》，1925 年 10 月 29 日）

论苏俄*
(1925)

开痕司先生是欧战以后全欧——不仅英国——最有名的经济学者，他那部论战后经济的名著，不但把凡尔塞和会的内容亲切痛快有声有色的写出，不但把作者抗世无畏的义勇精神永镂在战后的政史上，不但使作者成为战败崇敬的对象，他那书里经济的预言，到今日差不多一字一句的都已在事实上证实；他的主张不仅供给英国政府对欧方策一个合理的平衡与标准——实际上在全欧列强的政论界中产生了一种横贯的联合，综合智识阶级的势力，反抗与批评法国人强暴的方略，同时亦纠防德国人的狡□。（参看十二年七月《晨报副刊》“开痕司”论文。）开痕司是康桥大学的讲师。他主有伦敦出版的《国民周刊》——*The Nation and the Athenaeum*，下译的《论苏俄》文就在该刊上发表的（十月十日）。这是第一篇，以后当续译登载本刊，开痕司的观察不仅有价值并且有趣味，请读者注意。开痕司先生新娶一位有名的俄国舞女，因此我们可以猜想他可以得夫人的帮助间接看俄文书，虽则他自己没有到俄国去过。讲学社曾经去请过他到中国来讲学，当初罗素先生推荐的，他为事忙不能答应，但我们还盼望这位论事如神的学者不久可以有机会到这混乱的远东来看看。

记者

* 开痕司著，张慰慈译。

（一）

凡关于苏俄的事情很难有公平的判断。并且即使存了公平的态度，也很难把那种奇异的，自相矛盾的，更变的事实描写出来，英国人对于这种事实，不论在知识方面或在可比类的经验方面，都没有相当的底子。英国报纸没有一家派访员在俄国。所以我们（英国人）对于苏俄执政者关于他们自己所说的话是不大肯信任的，这是很对的。我们所有的新闻大都是从一班有偏见的和被蒙蔽的劳工代表方面得到的，或者是由那班有偏见的和不诚实的俄国侨民供给的。因此，我们和苏俄之间早已有了一层迷雾，苏联政府在他们的世界中所实行的种种政策和试验是很不容易使外界明晰一切真确情形。这几年来，苏俄在国外的种种宣传早已失去信用，并且其结果差不多毁灭了一切和外界传递消息的方法，这也是苏俄应得的报应。

列宁主义是由两种绝不相同的东西结合而成的，这就是宗教和营业。但在这几百年内欧洲人民的心理中，这两件事总是碰不到一起的。因此他们的宗教之新使我们惊骇；并且他们把营业附属于宗教之下，不像我们倒转头来那样办法，结果十二分低化了营业上的效率，这又引起我们的鄙夷。

列宁主义的势力并不是从多数人民方面得到的，只是靠几个极少数热心的信仰者，他们的信仰，他们的热诚，和他们的专暴，可以使他们每一个人抵上一百个不关心的人民的力量。主持这新宗教的，正如别的新宗教情形一样，是一班有新精神的领袖并且又比其余的党员见解来得高明，深知人情世故的政客们，他们会笑也会哭；以及一班挥发性的试验家，他们借了宗教的名义，不顾真理，没有怜哀心，但对于一切事实以及在应付事变的策略上，他们却是看得很清楚的，因此他们也就得到作伪的批评。这新宗教的特色，也正如别的新教，就在剥夺了人民日常生活的颜色与活泼与自由，给回代替的只是信徒们方板板的脸上的灰色表情；他们的心目中充满了传教者的内热和统一世界的野心，毫无顾忌的用种种方法虐待所有活动的反对派，既没有公道心，又没有怜哀心。我们如果说列宁主义只是一种信仰，由一般假仁假义的领袖领导了那少数狂妄的人民到处横行不法，这就是说列宁主义只是一种宗教，不单是一个政党。列宁是一个摩哈默德，不是一个毕士麦克。我们坐在资本家的舒服椅子中，如果为恐吓我们自己起见，我们可以把苏俄的共产党看做像从前阿梯腊（Attila）所领导的那般耶教信徒，用了种种凶恶的方法，执行《新约》里边的经济制度；但我们如想安慰我们自己，我们能不能希冀这种经济学幸而与人的天性是相反的，决不能赚出钱来补助传教或军备的活动，将来定必失败的？

这来有三个问题我们应当答覆的。这新宗教对于现代人民的精神方面是否有相投合的地方？这宗教在实际方面是否果然不中用，因此将来没有成在的可能？这宗教入后色彩变淡性质杂化以后是否能罗致一般民众入网？

关于第一个问题，那般对于耶教资本主义那就是专讲私利的资本主义完全满意的人们自然毫无疑虑，晓得怎样去答覆，因为他们或者早已有了一种宗教也许根本用不着什么宗教。但在这一个没有宗教的时代，有许多人们对于无论什么宗教，只须这宗教是真真新的，不是旧教的变相，并且已经证明它的主动的势力，自然会觉得有一种强有力的感情方面的好奇心；如果这新宗教是从俄国发生的，它那引诱力也就特别加强——因为俄国是欧洲民族中年纪最轻的一个弟弟，迟出世二百年，在他西边那群老大哥们已经受足中年时代的厌世观以及习惯与安逸的堕落，他还保留着他那青年的天才与天机的活泼。

因此我很同情一班想到俄国去求新生机与新灵感的朋友们。

但我们一讲到实际的事实方面，情形就不同了。就我个人说，我是生长在自由空气中的，没有宗教上的恐慌，也不用有什么害怕，赤色的苏俄所包含的事实有使我十分厌恶的地方。我们也许能够预备牺牲一切舒服和习惯，但我却不能预备承认一种信仰，它的条件是毁灭日常生活方面的自由和安宁，并且故意利用种种杀人和激动国际争斗的武器。我怎样能够羡慕一种政策，它唯一的特点就是在国内化了无数金钱秘密探听各家庭和各团体的行动，在国外又唯恐人家不乱，用尽种种方法激动别国的内乱呢？这种种行动也许和别国政府那种贪得无厌的好战争的，倾向于帝国主义的政策不相上下；但如果要我动心它那面目着实还得长体面些。我怎样能够承认一种主义，其所奉为天经地义的圣经是一种陈腐的经济学课本，那我知道非但在科学的理论上是完全错误的，并且对于现今的世界是完全无意味，不能应用的呢？我怎样能够采择一种信仰，其唯一目的是甘心吃糠不要吃米，蓄意毁灭社会的精华，利用粗俗的下等人民压迫中等和智识阶级，中等和智识阶级虽也有他们的过失，但他们总还是生命的选料，保持着一切人类进化的种子？即使说我们是需要一种宗教，我们怎样能到赤色书铺的乱纸里去寻呢？西欧那般有学问的，高雅的，有智识的人民除非已经受到一种奇异的同化，把他们观念的价值都更变了，决不能在这种地方寻到他们的理想目标。

但我们如果讲到此地就停止了，我们也许遗漏了这新宗教的要点。共产党人可以答覆我们，说这种种事实并不属于他们真真的宗教，只是革命方略中的一部份。因为共产党人相信两件事——改造世界，建设一种新制度；和革命方法为达到这目的的唯一手段。我们决不能把革命时代的恐慌或过渡时代的苦痛来评判这新制度。手段的对不对是要看目的的对不对而定的，革命正应是解释这意思的例。革命的兵士一定得压制他们自己的天性，变成残忍不堪的，无所不为的，并且自己还要过一种痛苦的生活，既没有快乐，也没有安宁——但这只是达到他们目的的手段，并不是他们的目的。

这新宗教既是世界上的一种新制度，它那要点究竟是什么呢？从外边看起来，我却不十分明白。有时候，照他们自己的代表说起来，这新制度好像是纯粹物质的和技术的，同现今的资本主义同样的；——这就是说，好像共产主义，看远一点，只是一种比资本主义更高的专门的工具，目的也同资本主义一样在于得到物质方面的经济利益，——将来共产主义能增加田里的收成，并能使天然的势力更能为人们所利用。这样说起来，他们差不多就没有宗教了，他们的主张只是便利改革起见所用的一种欺人手段，至于他们所改革出来的经济的技术，也许较好，也许并不较好。但我总是猜想他们口里说的话，只是因为我们从边攻击他们经济方面的不中用所发生出来的反动；在俄国共产党的心目中，一定有较为更关切人类的事实。

在一方面看起来，共产主义只是仿效别种著名的宗教。它提高平常人，把他当做万能。这种地方也没有什么新发明。但其里边还有一个要素。这也不是新的，但改了面目，换了一个新样子以后，将来如果有真的宗教发现，对于将来的真宗教，或能有相当贡献。列宁主义的特色是在完全超脱了神道设教的老办法，是大胆的，它那情感和伦理的契要集中于个人和社会对于“爱钱”的态度。

我并不是说俄国共产主义是改变了或是想改变人类的天性，——例如把犹太人变成没有像从前那样的贪财，或把俄国人变成没有像从前那样的荒唐。我也并不只说俄国共产主义建设了一种新的理想。我所说的就是俄国共产主义想建设一种社会的组织，凡能影响于行动方面的种种金钱原动力就须改变其重心点了，社会的好恶也须改变了，并且从前的那种模范的和可尊敬的行为都变了不是模范的，也不是可尊敬的了。

在现代的英国，一个品学兼有的少年，在进社会作事的时候，他先要计较还是做官呢，还是经商赚钱呢；他如果决定去做生意，社会上还是一样的看得起他。经商赚钱，无论怎样大规模的赚钱，在社会上看起来，并不比为国家，或宗教，教育或美术服务有什么不体面不近人情的地方，在一般人看来也许更为尊贵。但在将来的俄国，有身分的少年就万不应当去想到那一种赚钱的行业，如仝现在别国一个有身分的人不能想去做贼，或冒人签名，或作弊等事。就是我们现今社会中爱钱方面那种种最可羡慕的品行，如勤俭，节省，经济上的信用，个人的独立，家庭的独立，后来在那新制度里虽则在道德上不至有什么错误，在事实上却是很困难，差不多是做不到的，并且也不值得费这样的心。依照这新教，每一个人须为社会服务，他如能尽他的义务，社会就须维持他的。

这种制度并不是完全平均分配各人的进款——至少现在还未实行。在苏俄，一个聪明的和有成就的人就能比其余人民多得到几许进款，过较好的日子。政府里边一个行政长官有五镑金钱一个星期的进款（再加上各种不化钱的权利，一辆汽车，一层楼房，戏馆里一个包厢等等），也能过很舒服日子，但和伦敦富翁所过的日子是不像的。那般教授或官吏有六镑或七镑进款一个星期（除去各种各样的赋税），也许比下等工人的进款超过了三倍，比贫穷的农夫已超过了六倍。有许多农民也比其余农民富足三四倍。一个没有工做的工人只能得到一半的工资，不是完全的工资。但靠进款过活的人，同时决不能积钱。俄国的物价高，赋税又重；一天一天的过活已经是困苦万状了。依照俄国的递进差等赋税制度，和征收房租的方法，人民如果承认有了超过八镑或十镑进款一个星期就有大大的不利。除非冒险去受贿或作弊之外，差不多就没有什么方法可以得到大宗的利益；——受贿或作弊在俄国并不是没有，也不见得少，但无论什么人因荒费过度或天性方面的趋向向这条路上去跑，他就冒了极大的危险，查出以后，就得受罚，死刑都许的。在现今的时期，这制度也并不是完全禁止买卖方面的赚钱。他们的政策并不禁止这类行业，他们只把这类行业做成不稳当并且看作不体面。私商是一种法外人民，但也是社会所允许的，他们像中世纪的犹太人一样，没有权利，也没有保护，——是为那种对于这方面有天性上趋向的人所预备的出路，但不是平常人的一种自然或适宜的行业。

我想，这种社会改革的结果已经在事实上改变社会对于金钱的态度，并且到了将来下一代人民训练出来以后，他们除此之外，什么都不懂，那时候的影响恐怕更大哩。共产党想影响一班人对于金钱的态度有一个小小的例，这就是关于饭店里伙计不受〔收〕小账的运动。他们极力宣传凡给小账和受〔收〕小账都是不正当的，所以凡在公众地方给小账与收小账算是最招厌的，但给了小账，伙计们不拿却是没有的！

这样看来，这新办法的将来或者会把这世界变成乌托邦一类，或者会摧残人类真纯的幸福，虽则照这样热烈宗教性的办法做成的乌托邦不定就是我们想像中的乌托邦。但同时我们能否因此就可以断定，正如英美的新闻界一致断定，说苏俄的办法根本是不诚实，乃至说他们是可痛恨的存心造孽！

（原载《晨报副刊》，1925年11月4日）

我也来谈谈苏俄
(1925)

在一九一九年，美国有一个社会党首领，斯巴哥（John Spargo）写了一本书叫做《把俄国看做美国的问题》（*Russia as an American Problem*）。当时苏俄政府成立未久，一切对内对外的政策还没有十分确定，并且照那时候的形势看起来，苏俄政府是否能够站得住，什么人都没有把握，但就在这个时候，这美国社会党首领已经把俄国问题看得非常重要，并且在那本书的序里又慎重的声明说："我信我国的将来大半要看这俄国问题怎样的解决。"

美国和俄国的距离这样的远，并且其历史上的关系又不是十分深切，至于要说俄国的过激主义能够影响到美国，那恐决不至于在短时期之内所能做到的，但美国就已有人提出警告，大声疾呼的唱美国的将来要看俄国问题怎样解决的调子。但我们中国呢？在前几年，我们大部份的人民对于俄国事情差不多不闻不问，有一部份少数人民看见当初苏俄政府的宣言，就以为俄国真能帮助我们抵抗别国的侵略政策，一心一意的把他们看做朋友。我们中国人向来有一种只知注重空言而不求了解事实的趋向，自然很容易被苏俄政府那种花言巧语所诱惑。比方在民国九年四月间，苏俄外交总长翟典林送给中国政府的公文之中有一段说到苏俄对于中国的外交政策，他说：

> 苏俄政府放弃从前俄皇在中国，满洲和别处所侵夺到的一切权利。人民自己应当决定他们愿属于那一个政府，和他们所愿意采用的政体。苏俄政府把俄皇，俄国兵士和资本家所侵夺的一切矿产权，森林权，和别种权利都恢复给中国。

苏俄政府又退还我们庚子赔款，放弃俄国商人所有的特权，并取消他们的治外法权。末了，他又慎重的声明，以后中国人民如以武力抵抗帝国主义者的侵犯，俄国劳农愿以赤色军相助。

从表面上看起来，这是何等亲善的话。但这也只是表面上的话罢了。我们如果把民国九年以后苏俄政府对于中国的一切行动和政策，就可以看出他们言行之间相差的道路真是远得很哩。

但无论如何，俄国的一政策和行动，与我们中国确有最密切的关系。美国的将来，未必一定要看俄国问题怎样的解决；但我们中国的将来，确实要看俄国问题怎么的解决。现在南边广东差不多已经在俄国人的势力之下，差不多可以算是赤化了，将来万一不幸，北边无论那一部份也被俄国人占了势力，变成赤化，这两头的赤色势力就很容易包围我们中部，使之不能不同化。这一层确是最大的危险。最可怜的就是我们向来不晓得去注意这一个重大问题。近来有一部分人总算是觉悟了，晓得去注意这问题了，各种报纸上讨论俄国问题的东西也多了。这也算是我们的觉悟。但大部份的讨论都是"赤白仇友"问题的讨论，注重理想，而不注重事实，并且又大都偏向于俄国对于中国外交政策方面，而不大注意于俄国内部状况。所以现在各报上的讨论还只是一方面的，不澈底的。俄国问题既经与我们中国有最重大的最密切的关系，那末，非但俄国的外交政策能影响于我们的将来，就是俄国的内政也能直接的或间接的影响于我们的将来。

现在想研究苏俄内部的事情确是很不容易的，我们不懂俄文的人实在没有方法可以找到研究的资料。在别国文字之中，除了德文之外，差不多没有多少关于俄国的书籍和记载。在欧战以前，德国和俄国在商务的关系比较和别国更为深切，所以德国的商科学校之中总有俄文这门功课，并且德国人懂得俄国事情的人数也比较懂得别国事情的人数来得多。欧战以后，德国人更不能不研究俄国事情了。那时候俄国的纸币跌落，只有在俄国市场上，德国才能买得起一切的食料和原料。除了政治上的原因不计外，这俄国问题关于德国人民经济上的生死问题，德国那能不仔细研究呢。所以德国现在有好几种报纸差不多是整个讨论俄国经济问题的报纸。在这种地方看起来，德国人就比我们中国人高明得多了。我们从前对于这个与我们有密切关系的俄国问题完全不大关心，现在觉悟这问题的重要，也只晓得从"赤白仇友"方面发表了许多个人的主观的意见，不晓得从客观方面切实去研究俄国的事实。这几天的报纸上，特别是《晨报副刊》和《京报副刊》都充满了仇俄和友俄两方面的辩论，甚而至于互相詈骂。这类的东西现在看看实在觉得讨厌了，并且这也不是学者所应当有的态度。赤色主义不是一个仇友的问题，也不是一个学理的问题，完全是一个事实问题，就是在俄国的那种赤色主义之下，他们的经济组织究竟是怎样的，人民的生活又怎样的。我们对于这种具体的事实没有知道详细之前，一天到晚去争论俄国是我们的仇还是我们的友，这样的官司总是打不清的。所以我们希望那几个到过俄国的，懂得俄国文字，并且研究过俄国情形的学者以后不要再来空口的提倡亲俄或友俄政策，也不要高谈阔论，讲演那套赤色主义不是帝国主义的论调，我们总是希望大家能够平心静气，用一种客观的和科学的眼光去研究俄国的事实。俄国的新制度已经试验了八年，这八年的历史确是极好的资料，可以给我们不少教训。

俄国的列宁主义是一种宗教，一种信仰，其所根据的是一种特别的经济制度。我想这一层无论是赞成或是反对俄国的人大家都可以承认的。开痕司在他那篇论苏俄的文章里边（十一月四日《晨报副刊》）提出一个问题，他说："我们能不能希冀这种经济学幸而与人的天性是相反的，决不能赚出钱来补助传教或军备的活动，将来定必失败的?"比方像这样一个问题，我们可以不必从理论方面去讨论这种经济制度是否与人的天性是相反的，是否有存在的希望，我们只须看看俄国现在的情形，他们是否还是实行当初共产党所提倡的主张，一些没有改变。如果他们自己已经把他们当初所奉为天经地义的主义改变了，那就可以证明他们这般人都是一班投机者，他们利用了很好听的主义来得到政权，等到政权到手，为维持自己的势力起见，就不惜牺牲主义。我们姑且看一看俄国这八年的历史以后，再下断语。

俄国革命以后，那般当权的人都是一般理想家。他们对于经济社会和工业方面的智识只是从书本子里得到的，所以他们以为经济方面的一切事实，无论在怎样的制度之下，都是能够自动的发展。男的和女的还是各依各人性之所好，去做各人的工作。虽则发生了革命，资本主义的社会是推翻了，但资本家还是去做资本家的工作，科学家还是在试验室里边研究自然界的事物，美术家还是继续不断的创造一切美术品。这就是唯物史观的学说。并且依照他们的观念，工人即使得不到工资，还是在每日早晨集聚在工厂门口，预备进去工作；田里的收成即使收归国有，农夫还是每日"日出而作，日入而息"，预备每年的秋收。他们差不多完全没有想到在现今的社会中，工人为了什么才做工的，农夫为了什么才耕种的，资本家为了什么才举办实业的。

俄国的执政者发现了工业方面的一切事实并没有像他们学理上那样的自动发展，他门〔们〕起初是非常骇异，以后就大怒而特怒，把工业停顿的罪名归到资本家和有产阶级的身上。无论什么人不执行那革命以前他所做的一种行业就犯了反叛的罪名。工厂厂主因无利可图，把工厂的门关起来；工人因为忍无可忍而罢工，农民因田地收成收归国有，不愿意耕种，都犯了叛国的罪，作为乱党看待。其结果就使俄国那时候的情形不堪言状，人民冻死和饿死的每天总是上千上万。苏俄政府为维持它地位和势力起见，就不得不改变方针，自行取消其共产制度，于一九二一年的三月实行新经济政策。这新经济政策虽不能算是完全恢复从前的资本制度，但与当初他们所奉为天经地义的马克思学说相去已经不晓得有多少远了。从此以后，各种工作都有差等的各级工资，私商也得法律上的承认，其余一切经济的情形也都不依照学理上的共产主义。

就在一九二一年新经济政策实行之前，苏俄政府早已承认共产制度的不能实行，规定了许多例外。共产党第一次容纳人民经济上不平等的原则是发源于一个唱戏的。这确是很奇怪的。俄国有一个唱戏的叫做嘉来品（Challapin），他是俄国人人所爱听的，如同从前北京的小叫天一样。共产党又是极力想增加那无产阶级对于美术和文化方面的兴趣，所以他们对于戏曲一类的艺术是极力提倡的。他们当然能够对于戏园里规定种种平等的规则，例如他们能够把所有的坐位卖一样的价钱，但他们却不能使嘉来品出来唱戏，给他一种和普通工人同等的工资。苏俄政府的机关报纸对于这个问题讨论了好久的时候，一个唱戏的居然胆敢抗拒政府的命令，实在是无法无天了。但嘉来品确是俄国人人所喜欢的，比之中国人现在喜欢梅兰芳远要利害，共产党是少他不得的。起初的时候政府对于他哀求，哀求不能发生效力，就用了种种威吓的手段，但无论何如，他总是不听不怕，非给他相当的价钱，他决不肯出台唱戏。苏俄政府于无可如何的时候，只得允许他的要求，打破共产制度的通例。以后纸币的价值愈落，他要的戏价也愈大。这可以算是第一次的破例。以后跟了来的就有各种重要工厂中的技术人员的要求增加工资，例如兵工厂之类，这类的要求共产党也不能不承认。所以这新经济政策并不是偶然发生的，确是为各方面所逼迫，政府不得不让步而采用的。

俄国共产制度失败得最利害的地方还是在于农民方面。苏俄政府对于农民实在没有办法。从一九一八年至一九二十年之间，苏俄政府用了种种方法想赤化农民。在每一个村庄里边，政府使那般最贫穷的最无聊的人组织一种委员会，把那般有钱的农民的财产和田地充公。每一个农民又只准留住一小部份的收成，把其余的都交给国家，作为农民送给那神圣劳农政府的贡献。但这种计划却完全失败。村庄里边的阶级争斗使所有田地荒芜，没有人去耕种。农民对于共产制度毫无一些的热心，他们不肯把田里的收成交出来，所以政府就不得不用武力去强抢。其结果却使各处农民以武力抵抗，发生农民革命。在一九一九年和一九二十年的两年时候，俄国的农村差不多没有一个不反叛的。农民的革命当然是很难成功的，但他们却更进一步，完全停止耕种。其结果就发生俄国一九二一年至一九二二年间的饥荒。苏俄政府无论怎样的利害，对于这种状况就无法对付了，所以不得不让步，改变方针，实行新经济政策。列宁自己也承认共产制度的失败，所以他说：

> 在别国未曾发生革命之前，我们只有承认农民的要求，才能维持现今的地位，不至于全功尽弃。……照现在的状况，我们不能不承认中等农民经济方面的需要，否则我们就无法在俄国维持无产阶级的权力了。

所以这新经济政策所注重的是农民一方面，其中最重要的特点有两种：（一）规定一种新的土地所有权制度，（二）一种新的赋税制度。土地法典是于一九二二年的十月编制的。依照这法律土地国有的根本原则还是维持的，但关于共产制度的种种试验却废除了。从此以后，农民得到土地以后，这块土地能终身为他所有。至于赋税一层，农民从此以后须把他收成中确定的百分之若干交给政府，其余的数目可以留给自己用。苏俄政府从此以后对于农村方面事务又采用一种不干涉主义，赤色主义的势力只在于城市一方面。俄国的乡村早已没有共产制度了。

这是俄国共产制度从农民方面所得到的经验。苏俄政府的执政者总算是识时势的英雄，他们能进亦能退，就是骑在老虎的背上，他们也有方法跳得下来。将来他们也许能够更进一步，实行一种新新经济政策，也说不一定的。

从我们中国一方面着想，我们对于这样的人，这样的政府和这样的政策，万万不能处于旁观的地位。我们总得要时时刻刻的注意他们的行动和政策，我们总得要把苏俄看做我们中国的问题。

（原载《晨报副刊》，1925 年 11 月 12 日）

论妇女的智力
(1925)

妇女智力方面的特点这个问题曾经过许多人的讨论。从前虽也有男子极力辩护，说妇女的智力虽是卓著的，但大多数人，无论男女，总觉得妇女是不必用她们的脑筋的，这方面的事都得由她们的丈夫代做的。妇女职务的范围只限于衣服，烹饪，和孩儿三种。到了十八世纪思想革命时代，特别是法国革命时期，这种对于妇女的普通观念就受了大大的打击。那时候最盛行的学说就是人类生出来的时候都是平等的，人民间的不同都是出源于环境的不同，和社会上的不平等。这类的运动在事实上当然是很好的影响，但这样的观念确是很不透切的，并且又太简单了，万难把人民间，或男女间种种不同状况完完备备的解释明白。环境的不同，和社会上的不平等当然是发生人民方面种种不同状况的原因中之一种，但我们那能把所有的不同状况都归根到这一种原因呢?

十九世纪的生物学发达后，又使我们就进一步，从人民的身体和性格方面，研究人民间和男女间的种种不同特点。从剖解妇女的脑筋所得到的结果，我们可以证明妇女的智力是比不上男子的。但这种观念又是不大可靠的，并且现在也没有多少人相信了。因为人类所以能进化到现在这样的最高程度，就可以证明男女两性都有一种极高的特点；人类的进化决不能单靠男性一方面的，女性方面也是同样的重要。但无论如何，男女间的种种区别，特别是智识方面的区别，确是很显明的。不过我们要晓得男女间的区别和男女在社会上的平等是不发生冲突的，我们可以承认男女间的种种区别，同时我们还能承认男女的平等。男女性在身体方面既能是不同的，男女性的心理方面也一定是不同的，因为身和心是处处有连带的关系，同样的心在不同的身之中是万万不能的。

男女间区别中最有兴趣的一个问题就是在男女两方面，那方面的天才较多，在事实上，这个问题不能算十分重要。因为天才本来是很少有的，很难得的。但这个问题却是讨论男女问题的人时常提出来的，并且各方面对于这个问题的意见和成见又是非常之多，所以我们也不妨提出来讨论。

天才和所谓才干是有区别的。有才干的人能做人家所做得不十分好的事，有天才的人能做人家所不能做的事。凡有天才的人一定有一种异常的偏性，因为他的观念，他的感觉都和常人不同的。

这类的人一定是很孤独的，有反抗的本性的，并且做事的时候又有异常的精力。

这种精力就与普通人民那种性欲和战斗精神发生于同样的来源。但有天才的人能把它应用到别处。所以凡在性欲极强和战斗精神极利害的人民中，如古代欧洲的希腊人民，有天才的人民特别的多。

在人类之中，那一性（男性或女性），比较的异常，孤独，反叛，富于性欲或战斗精神，大概多数人民对于这问题的意见总是同意的。这种特性自然在男性方面较多一些。所以在事实上，男性中的天才较多于女性方面。这一点是无疑的。据专家调查，英国的天才之中，妇女只占百分之五有余，并且在历史上，妇女所占的数目更少，只有百分之三有余。

从前有一个女学者，叫 Cora Castle，研究欧洲历史上的著名妇女，据她所说，从有历史以来，直到现在，一共只有八百六十八个妇女，确曾发做过几许有用的事业。但这几百位妇女所以著名，也不是完全因为她们都是有本领的，其中有许多著名妇女是因为别种原因，并且还有许多是完全因为地位的关系。比方苏格兰的曼兰皇后（Queen Mary），要算欧洲历史上最著名的女子，她就是不做皇后，处于社会上无论那种地位，都得要使人注意的，但她却不是天才。又比方中国历史上的杨贵妃，她就是不做妃子，有她那样的美艳，一定也可以使人注意的，也许她在历史上留一个名，但她却不是一个天才。

不过我们这样去研究，把“天才”的范围推广，把历史上有成绩的妇女都列举出来，计算她们的数目，和男子方面比较，这种研究却没有多大的价值。妇女往往没有像男子那样容易著名，只因为妇女没有像男子那样的有出名的机会。就算她做了皇后，也没有多少机会去执行大业，为所欲为的做她的事，像中国历史上的武则天，慈禧皇太后那样，可是有这样机会的妇女能有几个呢？在各项职业和学问方面，一个人要有所成就，能够出名，当然要靠他的才干，但从前妇女却没有进各项职业的机会。所以历史上著名的大政治家，大实业家，大学者，都是没有妇女的。就想做极坏的坏事，弄得声名狼藉，一个人也得要有才，同时也得要有机会，但妇女也很不容易有这样的机会。

但广义的天才，和狭义的天才却有完全不同的性质。著名妇女没有像著名男子那样的多，果然因为妇女的机会没有像男子那样的多。但要把缺少机会来说明妇女方面那种狭义的天才没有像男子方面那样多，却是另外一件事。机会是否能帮助那种狭义的天才，是一个问题。从其性质上着想，有天才的人一定是一种异常的，孤独的人物，他对于普通社会的一切竞争是看不入眼，要出来反抗的，他对于社会上一切状况是很仇恨的，藐视的，也是从不肯和社会上的人同流合作，去寻觅那种所谓机会。实在说起来，这世界永远未曾给过天才男子什么机会。从前有一个人到西班牙去，看见路上一个衣服皱裂不堪形如乞丐的人，旁人告诉他，这就是写 *Don Quixote* 的 Cervantes。他觉得西班牙政府太不近情理，对于这样伟大的诗人，还不扶助。但他的朋友就告诉他，只因西班牙政府没有扶助，这诗人才写出这样伟大的著作，否则我们就没有这样一本书了。从这种地方看起来，妇女也许比男子更能占些便宜，因为妇女有她们的媚术，有她们的敏捷手段，这世界对于天才的妇女大概不至于像对于天才的男子那样苛刻。

在历史上，天才的妇女也同天才的男子有同样的困苦，也同样的孤身奋斗，达到最后的胜利。就在唱戏这一种行业，也是这样的。我们总以为在唱戏一方面，妇女所跑的道路是平安的，容易的。但有很多的女戏子都是出身最低卑的，很痛苦的极慢的一步一步跑，跑到顶上，享受极大的盛名。欧洲有一个最著名的女戏子，叫克来伦（Mademoselle Clarion），她留下一本自传，记载她一身的经验，其中有许多事实可以说明一个天才的女子所过的困苦生活。克来伦是一个七岁的小孩子，年纪极小，并且又是柔弱不堪的。她是由她的极□□的和极迷信的母亲养育大的。她是什么东西都不懂的，什么机会都没有的。像她这样一个人，除了终身做一个女工，还能做什么呢？但她却始终反抗，不肯工作。她母亲就常常把她一个人关在一间房里，刚巧她卧房的对面，过了一条街的一所屋里，住一个女戏子，有一天她站在椅子上面，刚巧看见这女戏子正在学习跳舞时候。她见了以后，就立即决定唱戏。但这只是一个起头，以后的困难还多得很哩。只有她的忍耐心，她的才能，方能战胜一切困难，成了大名。

平常我们所谓机会，例如社会上的平等，教育的利便，各项职业的公开，确实不能发展妇女的天才。这也从事实上证明过了。在最近时代，妇女的机会总是较从前为多，但现今著名妇女的数目却比不上十八世纪时代。英法德美都是这样的。意大利却是一个例外，但在意大利，十五，十六，十七世纪的著名妇女实较十八和十九世纪时候的著名妇女更多。就是学校教育的影响也是很少的。有人曾经查过美国九百七十七个妇女的履历，但其中只有百分之十五曾经受过大学教育。我们中国办了这许多年数的女子教育，派了女子到东西洋留学，现在已经造就出来的女子人才究竟有几个呢？我并不是说女子教育不必办，女子不必到外国去留学，我所要说的只是在这几十年之内我们女子教育的成绩差不多可以算是等于零数。这种情形当然也有特别原因。我们的女子教育办得实在太糟，各处女学堂的功课都是乱七八糟，毫无实用的东西，办学的人也不晓得女子的特别需要，从她们个性方面发展她们的才能；至我那般女留学生又大都是几个富家女子，她们出洋的目的原来不是求学的，她们在外国混了几年，回来能说几句洋话，挂了一块女留学生的招牌，在社会上出出风头，她们已经是心满意足了。但平心而论，我们却不能责备女子一方面，我们的男子教育，和男子留学生，也同样的没有满意地方。

我所以提出这个教育问题只因有许多人总以为男女间的机会不平等，所以妇女不能有多大的成就。但只从那般天才一方面着想，我们平常所谓“机会”是毫不相关的，并且种种的机会非但没有益处，并且反而有害处，因为生长在机会之中，天才的个性也许就塞住了，没有发展的希望。天才生长的地方却是最不堪的最困苦的状况之中，在这样地方，天才才有极大的发展其个性的希望。在欧洲中世纪的寺院里边，男女的机会是平等的，但那时候寺院里最有文学大才的一个女子（Hroswitha）所写出来的戏曲，却和寺院生活的状况极端相反的。所以天才的妇女没有像天才的男子那样多，其原因并不在于环境方面，却在于妇女内部的性格方面。天才是一种异常的特质，凡是异常的性格，男子方面才是较多于女子方面。并且为发展这种异常的性格，世界上所有的机会都是无用的。

天才的男子较多于天才的妇女，但同时极蠢极笨的男子也较多于蠢笨的女子。这种大智大愚都是生物学家所谓异常的态度，男子天生的变态，无论是身体方面的，或是智识方面的，都比女子的变态更多。这是当初达尔文和现今的生物学家一致承认的。从这种状况，我们对于男女区别这种问题，可以演绎出一种原则，这就是男子方面多变态，女子方面多常态。

这类极端的男女性格上的区别当然是很有研究的兴趣，但在事实上，这种区别却不是很重要的。极端的和异常的普〔性〕格自然是很少的，人民生活间的普通状况都发源于人民的普通性格。所以男女间的普通智识如有什么区别的地方，这类的区别比之那种极端的区别更加重要。我们可以从学校中的年轻男女，从各项职业中的成年男女，研究她们普通智识方面的区别。但这一种实地调查又有种种的困难。现在有许多工作虽则同时有男女工人，但男女工人却很难得的在同样的性格之下，做同样的工作。有种种的原因，如女子不能做笨重的工作，等类，使男女工人自然而然的有一种分工的趋向。因此，实地调查男女两方面的区别就很难有确实的结果。几年前有人曾经想从英国邮政局中所雇用的男女工人方面，实地调查男女性的区别。英国邮政局雇用的男女工人数目是很多的，并且邮政局雇员，无论男女，所做的工作大都是相同的，但在事实上，男女工人却也没有在同样的状况之下做同样的工作，所以这位调查员就不能得到多大的结果，他所得到的只是邮局管理员的普通意见，其大致又不偏向于任何方面的。概括的说起来，男女工人的各种工作差不多可以算是相等的，就是有什么区别，也不在于智力方面，却在于男女性的根本区别。例如男子的身体发达得比女子的强健许多，女子按时总有几天身体上的不舒服，并且女子的最后目的是在于嫁人，所以她们对于职业的兴趣没有像男子的那样大。但这种区别在男女的智力方面是没有多大影响的。

同时关于男女心理上的区别也有人用了科学的方法研究过的。新近和兰大学有一个教授，叫做海门司（Heymans），写了一本妇女心理的书，其内容就是他研究这个问题的结果。海门司是一个有经验的心理学家，他是没有成见的，并且和兰又是一个男女极平等的国家，所以他这一本书是很有价值的。但他的结论却是很简单的，男女间根本上的区别就是妇女是特别富于感情性的。所以凡是与感情有关系的种种特性，无论是心理的，道德的，或别种好的或坏的性质，在女子方面表现的总是较多于男子方面。海门司把这一层看做妇女的根本特点，并说这根本特点是不能因教育或环境的改变而更改的，因为男女性的区别不是发生于文化的环境，文化却受到男女性区别的影响。但他所说的根本区别在事实上并不能算是永久的，将来也许可以因男女婚姻选择方法的变更而改变的，男女择配时候所抱定的理想目的都可以互相影响于男女的将来。现今的妇女有这样的情形，只是因为男子要她们这样的；现今的男子也是妇女要他们有现在的状况的。为什么感情性方面的男女区别比这一层更为重要，海门司却没有说明。这也并不是不可以说明的，那种天生的变态虽则男子多于女子，但这种变态的性质却在妇女方面更为显著。“妇女的变度”确是生理学上的原则。像妇女那种偏重于生育的体格，这种变度确是免不了的，并且也可以算是生理方面的感情性。所以就是妇女智识方面那种最可羡慕的性质，只须与感情性有关系的，也许就有一种很深的生理方面的根据。

我们虽不能从经验方面，或从科学方面，证明男女智识上那种精细的区别，我们却不能不承认男女间的智力至少有几许区别。我们再从男女学生方面着想，我们的希望就觉得大一些。现今各国大都均采用男女同学制度，男女学生都在同状况之下做同样的工作，并且欧美各国，特别是德国和美国，对于男女学生又有种种详细的试验。但就在这一方面，我们入手就碰到种种错误的观念，其中最重的一种就是说，女子的身体和智识比男子发达得早。这一层当然是很显著的，就在孩儿时代，我们已经看得出，一个女小孩能比男小孩早几时说话，早几时走路。这也许是自然界的普通趋向，凡是雌类发达得总比雄类早些。欧洲中世纪教会里那般教士早就承认这种区别，据他们计算，女小孩比男小孩早发育两年，并且他们还引用了一句格言，来解说这种状况，这就是“坏草生长得快”。在现今时代，我们觉着造物似乎晓得妇女将来在生育方面有重大职务，所以赶快的使她们早早发育，预备她们能够实行这紧要的使命。因此，凡同年的男女小孩，女小孩的智识总比男小孩大些。这种事实是各国那般制定保障妇女法律的立法者所不大十分明了的，也是那般把男女学生成绩去比较男女区别的学者所不大注意的。在学校中年轻时候的智力决不是将来成人时代在社会中所需要的智力，并且我们即使让一步说，承认以后在社会上做事时候所用的智力是全在学校中读书时候一样的，我们也不能确定成年男女的区别还是同他们年轻时候的区别一样的。在最初时候，男子虽则比女子进步得慢，但女子往往到了一个时期，就停止了，不能再进步了，男子却能继续的进步，一直望前跑。

在读书时代，女子虽比男子勤学，但女子无论怎样勤学，总有一个止境的，并且这个止境比男子方面发生得早。

照学校里的成绩看起来，凡关于理想方面，或分析的智识上，男子是胜过女子，这也许是〈因〉为女子根本上不晓得用脑筋；她们对于分析事物是很不懂的。这一层大概也同妇女的感情性有关系的。在别方面，女学生的成绩是等于，或者超过男学生的成绩。在学校中的普通结果确是女子胜过男子。女子的记忆力是特别好，女子是特别勤学。但这种性质与将来在社会上做事的本领却没有什么多大关系。

总而言之，男女智力上的区别虽则是微细的，虽则是不容易查察的，却是一种根本上的区别。我们现在还没有到完全懂得妇女特性的时候，所以对于这妇女问题，有各种各样绝对相反的论调。这种种论调也不能完全差的，也不能算是完全对的，只是从各方面观察这一个问题，有人见到这一点，有人见到那一点，到了现在，还没有一个人把妇女的特点完全同时看出来。但我们却要晓得我们对于宇宙间一切事物的智识都是这样一点一点的集聚拢来的。

我前几天翻译叔本华的《妇女论》，很受了女太太们的攻击，可是这篇东西本来不是我写要我写我也写不出，她们骂我也只骂我不应该去翻译罢了。但叔本华所痛骂的就是那般上等太太们，所以我要把这篇东西翻译出来，给我们的太太们看看骂得痛快不痛快。

她们既经看过了，非但把作者骂了，还要把我这译者也连带骂及，我却觉得很荣耀的。可惜她们骂我的话都是口头的，并没有写出来给大家看，这到是一种遗憾。但同时我的手却又痒起来了，又要写一些关于妇女的东西。严格的说起来，这一篇《论妇女的智力》也不是我写的。我本来想翻译霭理斯（Havelock Ellis）的一篇《论妇女的心智》。但直译是不大适宜，这篇东西是很长的，并且其中有许多的例是无用的，所以我就用了他的意思，再加上我自己几些意思，写出这一篇《论妇女的智力》。这篇东西并不是一篇乱骂妇女的文章。同叔本华那篇《妇女论》是根本不相同的。霭理斯本来是一个研究妇女的专家，他所写的关于这妇女问题的书是很多的。他是完全用客观的和科学的方法研究妇女的特点。但就像他这样费了几十年的研究，他也没有研究出什么绝对的结论。可见得妇女是很不容易懂得的，我想一定有很多的男子虽不肯，或不敢直说出来，他们心里总觉得“妇女是怪物，我实在不懂”。要知现在人有多少的痛苦都是发源于男女间的互相隔膜，如想免去这种隔膜，男子非得完全懂得妇女不可。要是懂得妇女，又非得仔细研究妇女不可。

——慰慈附记

（原载《晨报副刊》，1925 年 11 月 23 日、25 日）

床的研究
(1925)

在现代的那种文明国，日本除外，大多数的人民都是生在床上的，也是死在床上的。一个人生出来后，最初和这世界接触的事物中，就有这只床；在死的时候，最末次这世界脱离关系的事物中，也有这只床。人民活在这世界上的时候，差不多又没有一天不和这只床发生关系的。俗语说得好，“人生一世，半世的时间是费在床上的”。这就可以见得这只床在普通一般人民目光中所占的重要地位了。不过我们的头脑简单，眼光浅薄，对于种种切身的天天接触着的事物，都以为极平常的，没有深奥的意义，一只床就是一只床，那还有别的话可说呢？人人都晓得一只床，那还有别的话可说呢？人人都晓〈得〉一只床是晚上睡觉的地方，这只床也许铜的，铁的，钢丝的，砖的，木的；也许是极美丽极繁华的床，也许是极不舒服的硬床，也许是最新式的床，也许是一种土炕，除了这种区别之外，床还有什么可研究的地方呢？

我们平常小百姓在这样的年头，连我们的衣食住三项都照顾不了，那有空闲时间和能力去研究什么床一类的问题。但我们无论怎样的痛苦，到了晚上总得要上床睡觉。我们每晚睡着的时候，白天的麻烦，白天的忧虑或痛苦都没有了，如果再做几个好梦，我们真能享受无穷无尽的乐趣。并且在床上睡着时候的乐趣和舒服又是个个人能享受的。人民在白天的社会里无论怎样的不平等不自由，到了晚上在床上睡着后，个个人是绝对平等的绝对自由的。各人所睡的床自然还有种物质上的区别，但这种区别，到了睡着以后，就立即消灭了。

床的意义的范围是狠广大，在这样一篇几千个字的小东西中，我们实不能概括的讨论这样一个大题目。我在 Balzac 的《婚姻的生理》书中，看见一章很有趣味的“床的学理”，其中所讨论的是夫妻间的床的问题，所以我就把这其中的意思译了许多写在下边。这个题目初看是好像很滑稽的，其中的话也有许多很粗俗的。可是这一套也并不是不可以公开的说一说，有时候可以使我们笑一笑，有时候也可以使我们想一想。在现今的时代，假道学家的假面具似乎是不能再带〔戴〕了。

在中国，夫妻同睡一床，差不多是千篇一律的惯例，即使偶尔有分睡的，这只是例外罢了。但从这长期的婚姻制度历史上研究起来，夫妻同睡一张床的办法决不是最初的制度。在现今的文明国家中，高等社会夫妻的床有三种办法。

（1）夫妇同睡一床

（2）夫妻在一间屋里各睡一床

（3）夫妻在两间屋里各睡一床

这篇东西就是讨论这三个办法各有的弊病。夫妻同睡一床是最普通的习惯。但这种办法却与人生快乐，康健和自尊的心理最有妨害。一个人睡着以后的相貌大都是最不雅观的，一只嘴是歪转的，一只面孔表示一种奇形怪状的样子，嘴唇里边的口水一滴一滴的滴下来，这种情形使他最心爱的人看见以后，那有不生厌恶的心。假使你的仇人在白天当你的面前把你睡着以后的形状形容给你心爱的人听，你一定要拔出刀来杀死他；可是你晚上给你同床的人所看见的尊容毫不含糊确是这样可憎可厌的。并且一个人晚上睡着后，他决不能够晓得他在睡梦里做的什么，或像什么一种样子；他或者是像一个活僵尸似的，直挺挺的躺在床上，或者鼾声如雷，使床椽震动不息。在早晨初醒时候，一个人坐在床上那种形容也是很可发笑的，两只眼睛蒙蒙的周围生满了眼珠，一只愚蠢的没有精神的面孔，夫妻俩睡在一只床上，一年三百六十日天天看见这样的状况，那种互相厌恶的心理，自然而然的会发生出来的。我们可以引用一句极粗俗的俗语，“老婆是人家的好”，这就是因人家老婆在晚上睡着时候的怪样子，是别人看不见的。大概妇女对于她们的丈夫，也许有同样的心理。睡着以后姿势极美丽的男女也是有的，可是这类的人并不多；并且睡像的佳美也是一种美术，必须时时刻刻训练的。

那般自命高尚的人无论怎样去讲高尚的爱情，清洁的爱情，夫妻间因为爱情的浓厚，所以到了晚上，就须同睡一床，但理想的爱情决计抵抗不住那事实上的爱情。上古人民总是在空心树中的黑暗地方，或在山洞里边寻觅人生快乐，这并不是因为他们怕光，所以要到黑暗地方，这只因他们不愿意把他们睡着时候的丑像显露出来。但在现今的文明世界人民聚居住小小的一块地方，因为经济上的节俭起见，因为互相防止不正当的行为起见，夫妻同睡一床的习惯就发生了。可是从此以后，夫妻俩就须同睡同起，到了晚上就须睡，到了天明就须起，都有一定的时候。但人民的欲望如果必须到了一定的时候才发动，那是何等违反自然的原则；外国人家的小孩子早晨起来以后，和晚上睡觉以前，总是到他们爸妈那边去亲个嘴，每天表示两次爱情，这样的爱情何等的不自然，夫妻间的所谓爱情也变成这种样子，这真是极大的怪现象。无怪社会上有那种夫妻，在白天时候，话也不说一句，好像是死仇敌似的，但到了晚上，只因爱情发现的时间到了，他们俩又睡在一个枕头上去做恩爱夫妻了。

总结上边这两段的话，就是（一）夫妻同睡一床是不自然的，（二）每一个人在睡着时候大都是很不雅观的，（三）每日按一定时候同睡同起差不多变成一种定期的爱情。

夫妻在一间屋内各睡一床也是狠普通的习惯。当初想出这种办法的丈夫当然也有极重大的理由：他也许晓得他的睡像不好，恐怕踢着他女人；他也许是一个极明白的人，晓得睡着以后的怪样子，各睡一床，他可以把被单盖满他的脸；他也许是要体贴他的女人，使她能舒舒服服的睡。但从各方面看起来，这种办法的害处却是很大的；我们可以举出几个例来，说明夫妻分床睡往往是夫妻间决裂的原因。

（例一）到了夜半的时候，一个年轻女子正在梳她头发的时候，她面孔上表现一种不快乐的样子；她也许今天晚上又犯了头痛或心痛的毛病，她也许觉得生活乏味，所以非常不高兴。你如果看见她那种毫无精神有力〔气〕无力的脱衣服脱袜子的形状，你也许以为她心里不晓得有多少仇恨。她那种冰冷的样子，如仝从北冰洋里来的，无精打彩的上床睡去了，她心里胡思乱想的不知想些什么，也许想到今晚她丈夫又很晚回家，也许想到今天的夜饭吃得不好，也许想到她还欠了裁缝好几十块钱，等类。过了一回〔会儿〕，她的丈夫回来了。他今天又有饭局，并且吃了几杯酒，正在兴致极好的时候。他也起身脱衣服了，在房中走来走去，把衣服鞋袜乱脱乱丢。同时又对他女人说几句话。“喂，你已睡了。”——“哦，今晚真□”——“你不答应埃，我的甜心。”——“你这样真美埃。”——“小东西，假装睡着了。”这种方法失败了，他就叹了口气，也不再说话了。他也觉得没有方法可想，只得向他自己的床上一跳，盖上被窝，睡他的觉去了。可是夫妻分睡两床的笑话就发现了。

丈夫闭上眼睛以后，他就好像做梦似的，看见他白天所遇见的妇女的美丽面孔，和美丽脚踝，他就好像一定要一件事似的，心里边的火一直向上升，没有抑制的方法，他从被窝里升出头来，看看她的面孔真美，她虽睡着了眼睛里也像有一种火似的，被窝里边她身体上的曲线也好像都看得出似的。他看得眼也红了，只得再试一试他的幸福看，他又再叫一声，但他只听一句答覆："我，我熟睡极了。"到了这个地步，他还有什么法子好想呢？他觉得天堂和地狱间的距离也没有比这两只床距离得更远。从这只床跳到那只床也许用不了一秒钟的时候，这女子也许因为义务的关系不得不敷衍他，但这种办法使那做丈夫的多难堪呢？我们姑且不计较这女子无论同意或拒绝，这种分床的办法往往使婚姻中发生种种不自然的现状，使那般要面子的夫妇不能保持一种高洁的态度。上述的情形也可以倒转来说，热度是在那一方面的，我们再〈举〉一个例出来。

（例二）有一天晚上，夫妻俩都从一个大宴会回来，女的是因为跳了一夜的舞，兴致非常之好，但男的却打了一夜的牌，输了好多的钱，明天还要还人家好几千块账哩。女的走进了房，就把底下人打发开了。她自己在梳妆台上极力修饰，把她最美丽的睡衣穿上，对她丈夫说："我这样好看吗？"但她的丈夫心里总是忘记不了明天的赌账，无精打彩的回答一声："你总是好看的。"一面说，一面还是在房里走来走去。她就走到丈夫面前，立在那里，又问一句："你为什么这样不快乐？喂！你不仝我说话了。"她用尽媚术去迷她的丈夫，总没有方法把他脑筋中的赌账忘记了。她只得一个人上床睡去了。但女子的方法是用不尽的，她看见男的将要上床时候，她又叫了一声："喂，我冷埃。""我也冷，底下人为什么不把火炉生得热些。"这句话说完以后，他就按电话叫底下人了。

假使男子不推想女子的心理，女子到了热带上，男子还在北冰洋里；女子晚上睡不着的时候，男子还是鼾声如雷；但这种种毛病还是夫妻分床睡的小毛病，算不了什么。比方女子晓得了她丈夫每晚上一睡不醒的，她还有什么事情不敢做呢？从前有一个意大利人说过一只意大利古典，形容妇女的胆大妄为。

（例三）在密伦地方，有一个男子叫做陆维谷。他有一个伯爵夫人做情人。有一天晚上，他的胆是大极了，他急于想法看他情人的脸，就是看了几秒钟，送了他的性命，他也是愿意的。不晓得用了什么方法，他居然偷进伯爵府，将要走到伯爵和伯爵夫人的卧室面前。伯爵夫人没有睡着，也许正在想望情人的时候，她听见外面轻轻的脚步声，从窗里看见外边她情人的脸，所以也就下了床偷步走出门，她的丈夫还在那只床睡得最熟的时候。她走了出来，一只手扯住她情人的手，一只手放在嘴唇皮上。她情人轻轻的说："你这样，他要杀死你的。"她毫不关心的回答一句："或许。"

就是这样的危险也不是夫妻分床睡的最大害处。我们可以假定那男子睡着以后，是狠容易惊醒的，鼻子里也永不发鼾声的，并且还能推测他女人心理上的态度。假使你把上边列举的夫妻两床分睡的害处都看得不大重要，那末，同时却还有一个最重要理由，使那谨慎的丈夫们不能不反对这类分床的办法。

婚姻中的床是丈夫自卫的地方：只有同床睡觉，丈夫才能觉察他女人的爱情的消长，这只床确爱情方向的风雨表。如果分床睡觉，丈夫对于女子的热度，女子的种种秘密心理，丝毫的不能觉察了。这是多大的危险。夫妻间的极大风波，往往是发生于极小的原因，丈夫如果没有一种可靠的风雨表，等到大风忽起时候，他既没有预备，又没有防御方法，在这茫茫的情海之中，他的地位实在危险万分的。

但同时我们也不能不附带的说一句，这种分床办法也有一种用处，这就是到了结婚二十年以后，一对老夫老妻很可以分床睡觉，决没有什么危险地方。

讲到第三种办法，夫妻在两间屋内各睡一床，我们可以说，这是一种最高明最开通的方法。假使你看见一夫一妻各睡一间屋子，你的结论是逃不了两种：他们或者只是名义上的夫妻，在事实上早已离婚了；或者是懂得快乐的秘密，把爱情看做偶然发现的乐趣，不是天天要尽的义务；他们或是最能互相体贴到十二分，或是仇恨最深的。用了这种办法，夫妻间最能为所欲为，各人各照心性的欲望，毫无顾忌的要什么就有什么。这种办法的却是使一个女子达到她最高限度的快乐。一个丈夫如能使他的伴侣快乐，当然是最大的光荣；但照耶稣《圣经》上所说，就是夏娃住在这世界上天堂里边也不能快乐，否则她也决不愿意去尝尝那禁果的味，——这万恶的源流。关于夫妻分房的办法，真是所谓"一言难尽"，我们实不愿意再说下去了。一个丈夫和他的女人各睡一房，将来免不了发生种种祸患，像这样一个人真是所谓"咎由自取，死不足惜"。

所以这三种办法都各有各的弊病。做丈夫的真难，叫他怎样办呢？

他每天总得要睡，要睡总得要有一只床，他又不能每晚外出，不在家住；他是不能不选择这三种办法中的一种。“日半世，夜半世”，床上的生活又是半世的时间。那般假仁假义的伪君子无论怎样高谈清洁的爱情，那肉体的爱情又谁能免去呢？这床，——人人所不大注意的床，——在婚姻方面所发生的影响是何等重大呢？比较起来，在这三种办法之中，第一种办法——夫妻同睡一床——的弊病要算最轻最容易补救。但同睡一床，做丈夫一定要时时刻刻的探察他女人性欲上的热度，并且又要按照那一方面的度数，调整他自己血管里的冷热。凡各事物都有代价的，人民决不能不费心力，享受任何的利益，叫你白天和和气气的，晚上睡相学得好看一些，这种代价决不能算狠高的。还有一种教训，做丈夫的不能不十二分注意的，就是预备时期总得要比实行时期更长，如同现在有许多著作家所写的书，其中的序言比这书本更多更长。

（原载《晨报副刊》，1925 年 12 月 28 日）

上海的租界
(1925)

上海的各国租界有一种特别的性质，与别的通商口岸，如天津，汉口，广州等处的各国租界完全不相同的。天津，汉口，广州的租界确是中国政府永久租给外国政府的，所以在各该处的外国租户都有租借国发给他们的地契，此项地契也只能在各该租借国的领事馆内注册。严格的说起来，上海的各国租界并不能算是一种租界，只是外国侨民的居留区域。在此区域之内，外国人能居住，能租借，但不能购买土地，但同时中国人民却能有土地所有权。外国侨民是没有土地所有权的，他们如想租借土地，能与中国地主有直接交易，商议条件，但中国地主不能把该土地卖绝给外国人。我们晓得上海租界内大部份的土地都在外国人手里，但他们当初得到此项土地的时候，原有地主都不给他们卖契的，他们所有的只是中国地方官吏发给他们的一种永久租借契。这就是上海的"道契"。

还有一层，上海公共租界的英文名词与别处各国租界的英文名词也是不同的。上海公共租界叫做 International Settlement，天津等处的租界都叫做 Concessions。这两个字的区别是很大的。Concession 包含让弃的意思，中国政府因各国的要求，愿意让步，正式把某处某地方永远租给某国政府。Settlement 这个字却是很简单的，就是别国人民居留的地方。Concesson〔Concession〕是弱国给强国的特别权利；Settlement 却是很普通的，就在欧美各国的大城之中也是常有的，美国各大城市之中往往有一部份叫做"中国城"，一部份叫做"意大利城"等，其原来的用意是与上海的各种 Settlements 相同的。现在我们所要研究的，就是为什么上海各国侨民能够反客为主，把持上海市政方面所有的职权，没有法律上的根据，把中国政府容纳他们居留的特别区域变成一种形式上的独立市场。这种变更就是上海自从开关为通商口岸以后的历史。

上海第一次与外国人接触是在前清道光二十一年（一千八百四十一年）中英鸦片战争的时候。当时英国海军大将派克（Admisal Parker）想攻打上海，该处居民就大起恐慌，幸而那时的英国海军人员都以劫掠为目的，以后上海居民给了他们十五万五千英镑，他们的目的已达，也就不再攻打了。英国第一次对待上海居民就是这样一种绑票的行为。

清道光二十二年，《南京条约》成立，中国政府就开辟广州，厦门，福州，宁波，上海五口为通商口岸，准英国人民为经商起见，在各该处居住，并准英国在各该处派一领事官，办理英国商人与中国地方官吏间的一切交涉。在最初时候，英国商人到上海经商的为数甚少。开辟一年以后，上海只共有二十三个外国人及其家属，一个外国领事，与二个教会。又因为那时上海城外都是荒地，这几个少数外国侨民就与中国人杂居在城内各处。当时在广州，因为广东人不准英国人杂居在城内，“外国人进城”的问题就变成了一个极重大的问题。但在上海，人民并不反对外国人进城，所以外国人也不一定要在城内居住。他们就由英国领事出面，与上海道办理交涉，得到在城外租地造屋的权利。英国领事首先在城外租到二十三英亩地基，为领事馆之用。道光二十六年，英国领事又与上海道立约，规定一个区域，北至苏州河，南与〔至〕洋泾浜，西至石路（河南路），东至黄浦江，准英国人民在此范围以内，直接与中国地主交涉，租借土地。这个区域约共有一百八十英亩，以后又向西推广，直到泥城桥那边的滨，其面积增加到四百七十亩。

道光二十九年法国领事又与上海道磋商，拟以洋泾浜以南地方为法租界。当时所订定之界限是北至洋泾浜，东至黄浦江，南至城墙之北，西至关帝庙及周家木桥。以后在洪杨乱事的时候，法国领事又把租界的范围擅行推广，南面直到小东门，西面直到沿泥城桥的河滨。

美国租界差不多可以算是逐渐占据的，连地方官吏的许可都没有得到。在最初的时候，美国商人往往与英国人同进退，并以英国租界为居住地方。但修理及洗刷船只等事，以虹口地方为最适宜，所以一部份的美国人就移居到苏州河以北虹口地方；又加以美国教士为生活上的经济起见，不得已而至虹口的冷静地方居住。咸丰四年美国第一个正式领事到上海的时候，他就在虹口地方居住，并挂起美国国旗。但直到太平天国时候，上海的美国租界是没有市政的组织，也没有警察；并且其范围也直到以后与英国租界合并时候，才有正式的规定。

在咸丰十三年（一千八百六十三年），英美两租界就合并起来，改组为公共租界，其正式的名称是叫做“洋泾浜以北的上海的外国区域”（The Foreign Community of Shanghai，North of the Yangking Pang）。但法国政府不赞成合并的计划，所以法国租界是不在公共租界的范围之内的，另有法国工部局管理界内的一切市政。以后各租界又屡次的自由行动，推广其界线。直到现在，公共租界和法租界所包括的范围都是数倍于当初所规定的。

这是上海各租界起源的约略情形。各租界只是划给外国商人居住的区域，不是中国政府租借给外国政府的土地。更不是外国政府依照条约所割据的。照《南京条约》所规定，上海只是一个通商口岸，中国政府准外国人在此通商，在此居住而已，除此之外，外国人并没有得到任何的别种权利。所以凡关于上海的一切行政权及市政方面的事务都应当在中国地方官吏手里，因为中国政府对于上海地方并未放弃其主权。这一层就是各外国驻京公使也曾屡次声明过，毫无半些疑问。

但在事实一方面，一切情形完全与法律相反。上海各租界的市政权完全在外国人手里，非但中国地方官吏管不到，就是在那边居住的中国人民也没有参与的权。但所有的外国人民，无论是那一国的，只须在租界以内，无论那一国的租界，如果有一种相当的纳税资格，就能参与市政，管理租界以内的一百多万人民。这是一种极大的反常的事实。

但我们考察当时的情形，外国人之所以能把持一切市政权，其最大原因是因为中国官吏愿意放弃所有权利和义务。在最初时候，外国人所居住的各区域逐渐发达，人口逐渐增加，一切市政都应举办，道路应当修造，沟渠应当开筑，凡关于市民公共利益的事务都应一一办理。但当时的中国地方官吏把这种事务都置之不闻不理，既不愿化这笔大钱，又不愿负此责任。外国侨民处于此种地位，为自己的利益起见，就自动的自行办理一切应行举办的事务。他们就自行组织一个委员会，自动的征收自己的市税，筹划一切款项，办理各项市政。所以在最初的时候，上海租界上的市政是由外国侨民，没有法律上的根据，自动的自行办理的。

前清咸丰四年（一千八百五十四年），上海的英国法国美国领事方共同拟订一种规则，适用于英法两租界，该项规则俟各该政府批准后，就能对于各该国人民发生效力。当时的英法两租界变成公共租界，照该项规则所规定，英美法三国侨民都能享受同样的权利，但同时亦须尽同等的义务。此项规则成立后，中国政府没有提出抗议，同时也没有正式承认。所以外国方面也就以为中国已经已经默认了。凡别国人民到上海居住者也得遵守此项规则。此项规则以后虽然修改了又修改，但其根本原则却至今还保存，并且还是上海租界市政权的唯一的根据。

美国租界成立后，不久就并入于公共租界，也适用此项〈规〉则。但同时法国决定退出公共租界，另行制定一种规则，适用于法国租界。法国的市政规则与公共租界的规则颇有不同的地方，其最重大的不同之处就是在法国方面，领事的权是非常之大，法国领事非但有监督市政的普通职权，并且纳税人会议所通过的一切议案和决议，非得到领事的同意，不能发生法律上的效力。

至于公共租界此刻差不多变成一种国际的区域。各条约国的领事都立于同等的地位，并且对于市政事务，与英美领事有同样的发言权。其自治权的范围是非常广泛，不受任何势力的干涉。中国人民有纳税的义务，没有参与市政的权利。工部局里边有三个华顾问，是纳税华人所举的，但没有华董事。工部局的权力较之世界上无论那一个城市的市政府还大，并且又没有监督机关在其上，差不多要做什么，就能做什么。将近二百万中国人民的生命财产都在于极少数外国人所举出来的工部局八个董事手里。但这样的制度却没有正式的法律根据，其唯一的根据只是当初几个外国领事官所规定的几条规则，得到中国政府的默认。这种情形确实可以表示我们中国人“宽宏大量，不与人争”的大国民心理。

（原载《现代评论》，第2卷第33期）

中国与国际劳工会议
(1925)

国际劳工会议和其余一切的国际会议是不大相同的。国际劳工会议不是国际间争权利的地方，也不是各国宣传政策的机关。严格的说起来，国际劳工会议的目的在于集合各国政府主管劳工事务的首领，资本家和劳动界的代表，及工业和劳工方面的学术专家，规定劳工立法的标准，以备各国政府采用，定为各该国的法律。

国际劳工会议是由国际劳工局每年召集一次。国际劳工局是与国际联盟在巴黎和会时候同时设立的，其组织大纲也规定在凡尔赛条约之内。照国际联盟规约所规定："各联盟须在本国及与本国有工商业关系的国家，使男女幼工的工作状况合于人道主义，并以公平待遇方法对待一切工人。为达到此项目的起见，各联盟国须设立某种需要的国际组织"。因此，和平条约第十三章就设立一种永久的国际劳工组织，凡国际联盟的会员国都为国际劳工组织的会员国。国际劳工组织包括两部份：

(1) 各联盟国代表的会议（这就是国际劳工会议）。

(2) 国际劳工局（设在日内瓦）。

国际劳工局是由二十四个人组成的总事部管理的，其中人人须代表工业最重要的国家。各国对于"那一国史工业最重要的国家"的问题如果发生了争执，须由国际联盟的理事部判决。一千九百十九年华盛顿第一次国际劳工会议决议下列诸国为工业最重要的国家：即比利时，法国，英国，意大利，日本，德国，瑞士，和丹麦。美国尚未加入国际联盟，所以也没有加入国际劳工组织。除了那八个工业最重要的国家之外，其余各会员国只有四国有代表在理事之中，是由国际劳工会议代表在大会之中选定的。一千九百十九年所选定的是西班牙，加拿大，波兰，和南美洲的阿根庭四国。其余的十二个理事，六个是由国际劳工会议工人代表所举定的，六个是由资本代表所举定的。所以在理事会中，一般的理事是代表政府的，四分之一是代表资本的，四分之一是代表劳工的；至于代表政府的理事又分做两种，其中八个是代表八个工业最重要的国家，其余五十个会员国只有四国能各派一个代表充当理事。理事的任期是三年。第一次选举的理事会是于一千九百二十二年满期的，今年又是改选理事会的时期，这次劳工会议所举定的是西班牙，挪威，波兰，和阿根庭四国，其余八个理事是由八个固定的国家选派的，不是选举的。还有一层，政府代表选举理事的手续和劳工资本选举理事的手续又有一个不同之点：就是，政府代表所选举的是国家，不是个人，国家举定后，再由被举的国家选派各该国的代表，充当理事，但劳工和所举代表所举的不是国家，都是个人。这次国际劳工会议资本代表举定的理事是 Sir Games Lithgow（英国），Pinot（法国），Olmetti（意大利），Carlier（比利时），Hodac（捷克），Gemmall（南非洲）。劳工代表所举定的是 Joubaux（法国），Poulton（英国），Moore（坎拿大），Muller（德国），Ondegeest（和兰），Thorberg（瑞典）。

理事会须从其会员之中选择一人充当理事长，规定其议事手续，及决定其开会日期。十个理事能正式要求理事长召集特别会议。理事会又须任命一个劳工局局长，其职务就是执行劳工局的一切事务。劳工局的职员是局长所委派的。国际劳工会议的秘书长是劳工局长充当的。除了收集及分配关于劳工方面的一切材料之外，国际劳工局还须预备国际劳工会议的议事日程，刊行英法文的劳工杂书，报告，及书籍，执行那国际争执所已经判定的条件，与及国际劳工会议所委托的其余一切事件。凡各会员国与国际劳工局长所有一切往来的文件须由各该国在理事会中的代表从别种专设的机关转进。中国政府向来没有代表在理事会中，所以中国政府也在瑞士设立一个叫做“国际劳工事务处”派了一个驻瑞士使馆的秘书充当处长，算是中国政府与国际劳工局间传递消息的中间人。

国际劳工局的常年经费是由国际联盟的经费中拨付出来的，每年约计七百万瑞士金法郎（约合中国银元二百多万元）。国际劳工局的经费约占国际联盟的经费的三分之一，中国政府每年对于国际联盟的捐助约六十来万元，所以这三百多万元的国际劳工会经费之中，中国政府也捐助二十来万元。中国政府尽了这样大的义务，同时却没有得到任何的利益。在国际劳工局的职员之中，差不多无论那一国人都有，惟独没有中国人；在国际联盟之中，中国也只有一个小小的二等秘书，每年拿他们八千来块钱的薪水。国际劳工局确是一个很完备的研究劳工问题的机关，其中的藏书楼也算是最完备的劳工的藏书楼，并且每年又有很多的出版品，都是专家对于各项劳动问题的报告及著作。但他们对于中国方面的劳工问题，差不多可以算是茫然不知，他们所注意的只是欧洲方面的劳工问题。这种情形也不能完全责备国际劳工局方面，中国政府如果明白国际劳工局的性质，如果设法使国际劳工局任用几个对于劳工问题素有研究兴趣的学者专任研究中国的劳工问题，那末，国际劳工局的设立，与中国也许能有多少利益，中国每年所化的几十万块钱也不至于白化了。

以上所述是国际劳工局的大概情形，现在再述国际劳工会议的性质。国际劳工会议每年至少召集一次。各会员国各派四个代表出席与会，二个代表政府，一个代表资本家，一个代表劳动阶级。每一个代表各有一票投票权，所以资本和劳工代表的投票权等于政府代表的投票权。资本和劳工代表也是由各国政府任命的，但须得到各该国最能代表资本和劳工的工业团体的同意。各代表能各有几个专门顾问。除了先由代表委托并得会长同意后之外，专门顾问是不能发言的。专门顾问也没有投票权。国际劳工会议虽不能制定正式的劳工法律，但能议决两种国际性质的议案：

（3）决议案 Draft Conventions 这是正式的法律案；国际劳工会议通过后，各会员国必须交付国会，决定去取；如国会决定采用，该决议案就能变为该国你的劳工法律。

（4）提议 Resolutions 这是一种普通原则，为各会员国立法时应当采择的标准。

国际劳工会议能以到会代表之过半数票决定一切事务，惟对于下列五种事务，须得到三分之二的多数票同意后，方能议决：

（1）各国代表和专门顾问的证书须由大会审查，如有三分之二的到会代表投票表决，认定某代表或某专门顾问并未依照条约所规定委派的，大会就能否认该代表或该专门顾问。

（2）国际劳工会议须在国际联盟地点（日内瓦）或由上次大会以三分之二的多数票数投票表决，择定其他地点开会。

（3）如有某政府反对下次会议的议题，该项议题非经大会到会代表三分之二的多数票投票表决赞成，该项议题即不能列入议事日程。到会代表三分之二的多数票数投票表决赞成讨论某项问题，该项问题须列入下列大会的议事日程。

（4）大会对于各项议题，如已决定采用，各该项议题是否采取决议案或提议的形式，亦须由大会以三分之二的多数票数投票表决。

（5）关于国际劳工组织的根本法律，即和平条约中的一部份，到会代表的三分之二能提出修改案，如能得各理事所代表的国家及其余四分之三的会员国批准后，既能成立。但国际劳工会议的一切决议案在各会员国不能立即发生效力。各国政府代表及其余的代表均能虽各人自己的意思，自由投票；各国政府代表大概都得到本国政府的训示，但他们对于各议决案的赞成或反对，与他们所代表的政府不能发生任何的影响。各国政府代表在大会之中对于一件议案无论怎样的投票，也能否决该议案。各会员国政府对于此项议决案之义务只是在一定时期之内，最多是十八个月，须将大会所通过的议决案交付立法机关批准或否决而已。各会员国政府如果已把大会通过的议决案或提议于法定的时期之内正式交付立法机关讨论而被否决，该国的义务已尽，国际劳工局和其余各会员国对于该国的行动均不能有任何的抗议。但各会员国如已正式批准大会所通过的议决案或提议，而在事实上并不能确实履行那议决案中所规定的条件，那末，资本和劳工各团体，其他各会员国，劳工局的理事会都能提出抗议。此项抗议如果是由劳工或资本团体所提出的，劳工局的理事会即须转知被告的政府，并请其声明那不履行的理由。如于一定时期之内，没有满意的答覆，劳工局理事会即能公布此项事实。此项抗议如果是由其他各会员国或理事会所提出的，那末，除了上述的手续之外，理事会尚能呈请国际联盟的秘书长委派一个审查委员会，查问那不履行的理由。

审查委员会的职务是在于问双方所争议的问题，将其查问的结果报告劳工局，并提议对于那被告国家的方法。审查委员会的报告及提议如果不为那有关系的各政府所赞同，那末，该案就须移交国际联盟的永久法庭判决，此种判决即为最后之判决。并且各会员国对于大会所通过的议决案或提议如果没有再法定时期内提交立法机关讨论，其他各会员国也能将此项事实提交国际联盟的永久法庭。

国际劳工的年会已经开过七次。中国也是国际联盟的会员国，所以同时也是国际劳工组织的会员国。并且中国每年所出的会费又是特别的多，差不多除了英法两国之外，就要算中国出得最多了。恐怕只从国际联盟的捐助经费方面着想，中国能算是世界的第一等国，除此之外，那就不用说了。中国既经化了这样多的钱，每次国际劳工会议开会时候，当然也派一二个代表列席会议。但中国政府对于这类事务，都不明白其真像及性质，中国政府总以为这种国际的会议是外交上的事务，所以在前六次的国际劳工会议，中国的代表都是外交部派驻在开会地点的国家的中国公使充当的。例如第一次的国际劳工会议是在华盛顿举行的，中国政府就派驻美中国公使顾维钧充当代表。以后几次大会都在瑞士日内瓦举行，中国政府就派驻瑞士中国陆徵祥充当代表。但对于今年第一次大会，中国政府农商部忽然想到那国际劳工事务是属于该部主管的，所以就即会同外交部，内务部，和交通部共同派出一个代表团，出席与会；不久就即提出国务会议，并议决派定第一和第二委员。此外另由农商部，外交部，内务部和交通部各派专门顾问一人。中国政府把国际劳工会议看得甚为重要，慎重其事的从国内派出政府委员一人，专门顾问五人，这是第一次，但这样的代表团还是一种不完备的代表团，因为只有政府的代表，没有资本和劳工的代表。

第七次国际劳工会议议事日程上所列举的议题分为两种：

（甲）理事会所提出的议题

（1）工人赔偿问题

（2）关于工人遇险赔偿事，中外工人同等待遇问题

（3）玻璃工厂每星期停工二十四小时

（4）面包房的夜工问题

第1条议题是今年第一次列在议事日程上，其余三条上次大会早已讨论过，并已拟定议决案，今年所应讨论的只是各政府对于该项议决案所提出的修改案，及最后的表决。

（乙）其他的议题

（1）讨论社会保险的报告

（2）讨论局长的报告

（3）讨论理事会所提出的国际劳工组织章程修改案

（4）改选理事

（5）讨论各代表所提出的议案

照上列各议题看起来，中国政府与这次的国际劳工会议差不多可以算是没有什么多大的直接关系；因为中国工人连最普通的最切要的保障

都没有，那配讲得到工人赔偿和社会保险等问题。议事日程的议题与中国最有直接关系的只是别国代表提出的两条议案：

（1）日本工人代表铃木文治提议，请中国派资本和劳工代表参与国际劳工会议。

（2）英国工人代表波敦提议，请中国禁止工厂中的童工。该两种提议均在议案委员会中否决，所以都没有提出大会。中国代表团本来也想提出某种议案，例如职工教育问题，外国工厂对待中国工人问题等。惟照国际劳工会议规章所规定：凡一切与议题没有关系的议案须于开会前七天送交国际劳工局长，并由劳工局付印，于开会前送交各代表各一份，再由议案委员会正式表决后，方能由该委员会提交大会讨论。这次中国代表刚到日内瓦时候，距开会日只有三天，所以已经不能提出议案了。至于紧急或临时动议，只有会长预先得到劳工会议中其余职员的同意，并于二十四小时前宣布他的意志后，方能提出。这是国际劳工会议的议事手续，凡参与该会议的代表所不可不知的。

中国政府以后如想参与此项会议，积极的进行劳工立法，非注意于下列数事不可：

第一，中国如果派代表团赴会，非派完备的代表团不可。资本代表比较起来还容易选派，因为各处大都均有商会和银行公会，一个名望较高的商人大概总有充当资本代表的资格。惟工人代表确是很难选派的，各处各有各种各样的公会，很难选择一个相当人物。但我们要晓得从工人之中选派这类代表非但在现在中国做不到，就是在多数其余的国家也是做不到的。这次日本工人的代表是东京帝国大学的卒业生；印度工人的代表是一个省议会议员；印度工人代表的专门顾问是一个律师；意大利工人代表是法西党中的一个首领；诸如此类的工人代表不晓得还有多少。所以中国政府只须选择一个关心于劳工状况，并以增加工人幸福为目的的人物，使之充当劳工代表，定必有利无害。

第二，选派代表和专门顾问，至迟须于开会四个月之前派定，方能使代表和顾问有预备的时间。因为开会时候所讨论的议题约在开会四个月之前寄到，代表和顾问如于那时候派定，他们就能根据与该项议题，逐条预备，免得将来在会场上或委员会中非但不能发言，就是连所讨论的题目都不懂。

第三，所派的代表和顾问至少须懂得劳工问题的性质，并多少能说几句外国话，能在会场上表示意见，能与别国代表交换意见。

这是中国代表团的最低限度的条件。如果连此都做不到，那就不如不派，免得政府化了钱还要被外国报纸笑骂。

（原载《现代评论》第 2 卷 35、36 期，大致相同的内容也曾发表在《东方杂志》1926 年第 23 卷第 1 号）

市民与市政
(1925)

大凡谈政治的人往往容易误把政治的范围限于中央政府的政治，他们用了全副精力去讨论宪法问题，总统制，内阁制，和委员制，还有一部份的人甚而至于去极力提倡那种空空洞洞的抽象主义，例如马克思主义，基尔特社会主义，布尔塞维克主义等类。但对于那种切身的市政问题和本地方上的政治，这般谈政治的人们反而不十分注意。这其中当然也有一种极显明的原因。所谓市政问题是新近发生的问题。我们的老祖宗并没有晓得什么叫做城市生活和市政问题。他们所过惯的生活是农村的生活，是一种自由的，放任的，散漫的，和消极的生活。近来中国的情形却很像有从农村生活变到城市生活的趋势；上海，广州，汉口，天津，北京等处的人口逐渐增加，各处的商埠也逐渐发达。但多数人民虽住在城市里，至今还脱不了农村生活的习惯，还不能明白城市生活所需要的新习惯是干涉的政治，严肃的纪律，系流〔统〕的组织，和消极的做事。

市政的重要是现今学者所一致承认的，在市民方面着想，城市政府较之中央政府或省政府更加来得有密切的关系。普通人民大概与中央政府或省政府不发生什么多大关系的，每年除了纳税之外，如果不做什么犯法的事或没有特别事故，可以永远不见一个中央官吏。不过市民与城市政府的关系是非常密切的，市民一出了门，就看见警察，市民平常一举一动，如有不正常的地方，就有警察来干涉，市民的生活，市民的财产，全靠几个警察来保护。还有市民子弟的教育，公共卫生，市民权利的保障等类，完全须靠办理市政的人有良善的计画，和适当的方法，才能有良好的结果。城市政府对于市民所担负的职务，不单在于从消极方面保护市民的安宁，防御种种扰乱社会秩序的行为，同时还得要从积极方面为市民做各种各样的事，满足市民物质的和精神的需要。消极保护的职务当然是很重要的，但比较起来，也是容易执行的，如果是一个政府连保护人民或维持秩序的能力都没有，这种政府也不能算是政府了。中国各处的市政办得无论怎样的坏，各城市总还是有几个警察装装场面。可是中国各处所办的市政恐怕也差不多有了一个警察厅就算完事，从积极方面替市民举办各种各样的事务，满足市民的种种需要，那还讲不到咧。

但现今的政治观念却都趋向于这种积极的，叫做“工具主义”的路上跑。人民需要政府，就是要政府替人民做事，这也并不是人民依赖政府的习惯，只因有许多事务，人民或私人团体就是能举办，但决不能像政府的公共机关那样的做得好，那样的事半功倍。所谓工具主义的市政观念就是利用城市政府的组织，想达到个人幸福和社会安宁的目的；例如城市政府为人民设备种种方法，使他们能利用种种机会，得到最高限度的幸福，满足他们物质上的，精神上的，和美术上的需要。最完备的公共卫生设备，最清洁的自来水，最贱的和最完备的交通设备，最美观的公共建筑都变成市民所应得到的权利。换句话说，“社会福利”就是市政的标准。我们再把“社会福利”所包含的意义分析出来，就有下列几种市民应得的权利：

（一）个人和公共卫生的设备；

（二）平衡的市税率；

（三）有目的〈的〉市教育；

（四）保障市民不为商人，房东和雇主所剥削；

（五）防止人民或财产方面的种种损害；

（六）房屋足够市民居住，房金公道；

（七）清洁的，铺平的，晚上光明的街道；

（八）种种“公共用具”，如电灯电话自来水等的设备完善；

（九）公众娱乐的设备；

（十）防止种种因死亡疾病失业所发生的困苦；

（十一）公开市政方面的一切计画政策和结果。

这种种事务都是二十世纪城市所能做得到的。城市所应当注意的不单是马路的清洁，外面的好看，同时还得要注意于市民的生计和社会问题。现今外国各城市政府大都专诚设立一个机关，管理这类的事务。这是因为市民的种种困苦都可以用相当的方法预先防止的，如果等到困苦发生后，再想法去救济，一部份人民已经受到了种种可以免得了的痛苦。从前美国有一个社会党员，他被选举某城市长后，就有一个宣言，表示他的政策。他所注意的几点就是：

（一）保障公共卫生；

（二）推广教育的范围，增加市民的智识；

（三）研究种种保障经济的稳固的方法；

（四）增加行政的效率；

（五）节省种种费用。

这样的标准确实可算是任何城市政府最低限度的标准，无论是社会党员，或是抱个人主义观念的人民都得要同意的。这社会党的市长当然希望利用政府的政策，去消灭人民的贫穷。但他所用的方法并不是现今共产党所主张的均贫富方法，却是一种很和平的方法，他只想利用公共卫生政策，去达到消灭贫穷的目的。他所预定的公共卫生政策有下列的几种：

（一）把城市政府的公共卫生部作为一种教育机关，利用公开讲演，公开试验，和展览会等，使市民明白一切疾病的根源。

（二）雇用许多有经验的产科妇和婴儿看护妇，随时去查验孕妇，并教导她们生产时期的卫生方法；婴儿的身体也得时时由看护妇查验，随时报告。

（三）学校的小学生也得由合格的医生时时严格的查验，如有疾病或体育方面有不合格的地方，当随时报告，随时诊察。

（四）市民的住房也得随时查验，其目的不单注意于清洁一方面，并且还得要由有经验的社会服务人员教导市民，怎样可以在穷困的境遇中，还能维持一种最低限度的适当的生活。

（五）承认肺痨病是一种社会的疾病，非得要用社会的全副精力去抵抗的。

（六）牛奶和食料的查验。

（七）游戏场和别种娱乐场所的设备。

这样一种公共卫生的政策也不单是社会党的政策，是任何政党当了市政的职权后都应当采用的。可是想实行这种所谓“社会福利”的政策，却还得要有一个先决的条件，就是政府的组织和行政的方法一定要很完备的，效率极高的。假使市政厅各部的浪费浪用，政府毫不想法去限制，假使城市对于造路修路等事，毫不顾虑到公共的利益，那末，这种所谓公共福利的标准是决不能维持的。

现今中国的市政和上述的标准相差还远得很咧，但怎样可以使中国市政变成为市民谋幸福的工具，确是一个很重要的问题。良好的市政至少还要有三种根本的要素：（一）有智识的市民，（二）适用的市公约，（三）有统系的行政组织。这三种要素都有连带的关系，缺了一种就不能发生良好的结果。但比较起来，第一种要算是最重要的。我们在这一篇东西里边，也专讨论市民与市政的关系。假使想把城市政府变做为市民谋幸福的工具，市民自身一定要有相当的智识，有别辨好政策和坏政策的区别，并且还须有一种政治的兴趣，能够继续不断的监督城市政府的行动。一个社会的政治就是人民对于政治所持的态度的反照。因为制度和法律都是死的，没有人去执行，决不能自动的发生什么效果。一群无智识的愚民决不能运用那种最良的民治制度。选民也得要有了意志，才能到选举场上去投票，去表示他们意志。并且选民即使有一种意志可表示，但他们对于市政方面的事实，什么都不明白，他们的意志也不能在市政方面，发生好的影响。假使市民能够明白市政方面的情形，并且能够表示一种真确的公意，他们城市政府的组织和行政的方法也决不能坏到什么地步。反转来说，假使市民是毫没有什么标准，时时刻刻被一般政客所利用，那末，任何的好制度也不能发生什么好结果。平常的种种市民运动也不能发生什么结果出来的，像四年前，北京政府有把北京市政改归市民自办的话。在三个月之内，北京市自治的团体就有了七八十个，大家开会，大家想包办北京的市政，可是一会儿这七八十个团体全都消灭了。只有市民方面继续不断的积极行动，对于种种极平常的极普通的事务，如修造马路，消防的设备，垃圾的处置等类，能够有一种兴趣，市民的心目中才能注意到市政的改革。可是对于这类极细微的事务，市民如果有相当的机会，都想晓得几些的。市政的改革并不靠个人出来唱市自治或别种的高调，只靠普通市民是否能够明白市政方面种种例行的极细微的事务。

我们常听见人家说，法律如果没有公意在背后维持它，是没有用处的，这样一种的政治原则在事实上确已证实了。可是市公约也只是一种法律，仝普通法律一样不能自动的发生效力，一样不能自动的改革市政。市政改革的动主〔主动〕力，是和社会上别种的改革一样，是要从底下发动的。假使没有这样一种从底下人民方面发动的原动力，无论怎样的改革又改革，决不能澈底的，决不能永久的。民治制度的原动力须得从人民内部产生出来的。新近关于各种的运动，我们常听见人家说，只须人民觉悟了，什么事务都容易立刻就改革了。可是这一类的人民觉悟是来得很快，去得也很快。在当时人民激怒的时候，腐败官僚的势力是容易推翻的，一时的改革计画也许容易实行的。但过了极短时期，等到人民的怒气平复后，种种旧时的腐败情形，就立即可以恢复的。

所以我们应当注意的是市民的头脑，不是市民一时的感觉。假使市民能够时时刻刻张开了眼睛，那种所谓公民的知觉是决不能睡着的。无论在那一个国家，去使人民晓得政治的腐败，他们是决不能永远容忍下去的。但是没有人去指导他们，要人民自己去发现政治上的腐败情形，他们是决计做不到的。他们平常到选举场上去投他们选举票的时候，他们好像是都懂得的，他们所依靠的是自信力，不是知识。市民各有各的私事，他们同时决计照顾不了城市的事务。即使有多少市民很想注意于市政方面的事务，但他们的观察决不是澈底的，他们的判断至多是浮面的，只是他们各人和城市政府的这一部或那一部有了接触后连带发生出来的感想。从第一个公民的眼光中看起来，市政的良否全以他门口的垃圾桶每天所倒的次数为定；第二个公民对于市政的意见又是从他的亲戚在警察厅内充当职员得来的；第三个公民的观念是完全从报纸上得来的。这种乱七八糟的观念当然不能算是人民的公意。并且这样的情形对于市政方面办事的人又是很不公平的，例如办理市政的人有了很好的计画，只因市民不明白这种计画的内容和性质，就起来反对，从各方面去攻击，使办事的人心灰意阻，不愿意再办下去。

可是这样一种情形也是很难免去的。有很多人总以为市政事务是很专门的，人民应当把全权委托专家办理。普通市民晓得什么修造马路，什么消防呢？他怎样能够明白这类专门的属于技术方面的事务呢？市民既经不懂，就不应当胡乱发表意见，他们应当听信专家所表示的意见。信任专家好像可以使市民省却种种麻烦的事，不负一些责任，享受种种好市政的利益。可是天下决没有这样便宜的事。把市政交托专家办理，市民就不用注意于市政方面的事务，是一种很危险的态度，其结果一定使城市官吏和市民间的距离愈弄愈远。实行民治主义的条件是人民的智识和思想的能力。那种所谓责任政府是完全发生于人民公意和政府政策的互相接近。市民不能把公民责任完全交托专家，如同教民不能把拯救灵魂的事完全交给教士一样。市政的各方面虽则免不了常有专门的和技术的问题，可是市政的大致情形确是普通市民所都能懂得的。

所以市政方面最重要的问题就是用什么方法可以使普通市民懂得城市的事务。最简单的答案就是公开。但市政公开又包含两层事务，第一，是事实的编辑，第二，是把那已编辑的事实灌入到市民的脑筋中去。把市政事务变成有统系的记载并不是十分困难的事。城市政府的组织稍为像一个样子，每年总有多少出版品，如市政公报之类。可是中国各城市的市政公报差不多可以算是等于废纸。其中是空空洞洞，毫没有什么详细的记载，所以是没有人看的，就是有人看，也得不到什么智识的。将来中国市政的改革，第一步是应当注意于这类的公报。市政方面的种种报告总得要确实，明白，容易懂得，并且还要出版得快。凡在城市居住的市民总是个个人希望市政办得好，所以就现在的中国城市说，各处总有人主张市政改归市民自办，或市政改革等类，但想达到市政改革的目标，决不能专靠理想和市自治的空谈所能成功的，市民一定要晓得了各该城市的种种状况或特别情形以后，才有入手改革的办法。凡关于市政的一切报告就是供给市民改革市政的材料，所以是很重要的。

第二步——把那已经编辑的市政事实灌入到市民的脑筋中去，并使他们根据于这种事实表示一种独立的意见——比较起来，是不大容易做到的。把市政公报分散给市民是没有用处的。选举之前所发出的那种种的宣传页不能有结果。就是各种公开的演讲也不能有多大的成绩。在市政方面的教育，如同在别方面的教育一样，决不是在一天或短时期之内所能造就得成的，一定要经过长期的训练，才能有成效。选民的智识一定要慢慢儿一点一点的灌入，先从最简单的事实入手，然后渐渐儿到较为复杂的事实，并且办理此项事务的人还得要有极大的忍耐性，方能使市民明了市政全部的事务。所采用的方法也不能专靠一种，一定要各种各样的方法同时并用才好。在中国各城市方面，凡关于传播市政智识的设备差不多可以算是一些也没有，不要说那般下级的人民，就是所谓上等人民对于市政事务也完全不懂。假使市民对于市政事务既不懂得，又没有兴趣或机会去研究，这样的市政决不能好到什么地方。

在欧美各国城市，供给市民关于市政智识的机关是很多，有私人的团体，有公家的机关。中国各城市如果能从每年所浪费的金钱之中，分出一半，专诚去办理市政智识的机关，恐怕各处的市政决不至于像现在那样乱七八糟的状况。但公家的机关总有一种限度，专靠法律或由法律设立的机关去教育市民是不够的。此外还有别种私人的机关或团体，其效力更大。凡是能够把一种思想或观念传播到人民方面就是教育市民的一种方法。其中最重要的一种自然是报纸。现在的人民差不多没有一个人不承认报纸就是制造民意的机关。人民都是根据于报纸所发表的事实，表示他们的意见和观念。报纸虽则不是民意的唯一源流，却是一种最重要的源流。报纸上的论文虽则不能领导民意，可是报纸的记载确有很大的影响。不过我们想从中国报纸里边去寻觅关于市政的记载，这真是像从树林里边去捉鱼一样，别处地方的报纸可以不必说，可是北京的几个大报纸很难得登载过关于北京市政的记载。北京报上所有的只是市政督办的任免，警察总监和警察厅行政人员的更换罢了，你要想从北京报纸上去晓得北京的各项市政是怎样办的，修造一条马路要花多少钱，一切的材料是从那里买来的，恐怕你得翻完这几年来北京所有的报纸，你也寻不出一段真正可靠的记载来。这种情形当然也不能完全责备北京的报纸，北京办理市政的机关没有报告出来，报馆里的主笔决不能凭空去乱写乱登的。报纸是制造民意的机关，可是报纸也得要有事实登载后，市民才能根据于事实，表示相当的意见。北京报纸上关于市政的事实一些也没有，市民自然也没有意见可以表示。凡在北京居住的人都晓得北京的市政办得糟，不过市民之中恐怕没有一个人能够明白北京的市政为什么弄得这样糟。北京报纸如果能把关于北京市政的一切事实都登了出来，恐怕北京的市民也未见得还能这样的好说话，不闻不问。

第二种的私人团体是一切商会，工会和别种团体。大凡在一个大城市之中，总有这一类的团体，他们很可以把市政研究作为他们团体的一种事务。虽则我们时常听人说起，商会，工会等是应当脱离政治关系，专诚注意于他们团体内部的事务，但市政问题的研究决不能算参与政治事务，并且市政的良否又与一个社会的工商业直接有关系的。假使工会或商会以为地方上事业的兴盛或衰败和本地方的行政事务是没有关系的，这样的地方团体是决不能有益于社会的。市民对于市政事务的漠不关心，市政才会腐败的。如果地方的团体，如商会或工会，因关切于市政事务，才加入政治的潮流，那末，这样的团体应当永远不脱离政治的。

除了上述的私人团体之外，欧美各国城市的市民，特别是美国，还有几种公家机关，供给他们关于市政方面的事实。这类机关是一种研究市政的机关，其职务是收集各种材料，供给城市官吏和市民参考。这种机关的种类是很多的，我们可以举出两个例来。第一种是美国波斯敦城的财政委员会。这个机关是市公约所设立的，其经费是由城市公款中拨付的，其职务是研究市政方面的财政和行政事务，并将其研究的结果在报纸上公布，使市民知道。波斯敦的财政委员会还能聘用各种专家，帮同调查市政事务。可是这一种方法也有种种的弊端。这委员会是公家的机关，是由公款维持的，所以免不了为官吏的势力所支配；这就是说这样一种机关，是脱不了政治的关系的。假使各委员是由市长任命的，那末，他们总得要赞成市长的政策，无论该项是好是坏，他们都管不了；假使他们是由省长任命的，那末，他们总不免了时常和市长发生种种的冲突。波斯敦财政委员会的会〔委〕员是省长任命的，所以在几年之内，市长和财政委员两方面，总是在报纸上相互攻击。这种情形虽则能使波斯敦市民晓得各项问题都有两方面，不能专听一方面的理由，但各种调查委员却也与市长和市议员一样的能在政治方面捣鬼，一样的能颠倒是非。要想使那般从公款中支领薪水的人物，完全脱离政治的关系，真心诚意的保障市民的公共利益，在事实上是很难办到的。

第二种传播市政智识的机关是市政研究所。这类的机关在美国是非常盛行，其中年代最久的成绩最著的要算纽约的市政研究所。纽约的市政研究所有了十几年的历史，其经费都是私人捐助的，所以能够完全脱离政治的关系。这样的机关不是法律所设立的，也不用依靠立法机关或市议会帮助经费，所以他们可以公公平平的批评市政方面的各种事务，不必顾虑到这一方面或那一方面。他们确实能够把各种事务明明白白的公布出来，使市民个个人能知道能懂得。

只从美国市政方面说，在这几十年之内，这一类传播市政智识的机关，无论是公家或私人设立的，所已经做出来的成绩确实不少。第一，他们已经使市民晓得城市的事务是他们自己的事务，并使市民时时刻刻张开眼睛来看，用他们的脑筋来想。市民对于城市官吏的判断也较从前公平得多了。在一二十年前，美国各城市的市民总以为一切官吏都是腐败的，不能做事的。现在他们才晓得这一种盲目攻击是有害无利的。人民公意如想在政治上占得一种势力，这种公意一定要有意识的，公平的，和建设的。人民公意一定要有了意识，才能算是公意；并且人民一定要对于各种事务有了相当了解后，才能有一种有意识的公意表示。民治主义的最大阻力就是人民的没有智识。

新近美国各城市还有一种方法，能使市民了解市政方面的一切事务，这就是市政展览。这种方法是在城市的中心地点设立一个展览场，把市政方面的事务都做了小模型，陈列其中，还有种种的图表，电影，演讲等类。这是把全部市政具体陈列出来。其目的是要使市民晓得他们所出的市税是用到那地方去了，他们所得到的利益是些什么东西。

这种种方法都是使市民明白市政事务的工具，并使他们对于那般负责人的行政人员能够公公平平的判断他们所做的事。市政方面的各项事务都可以用了一种极简单的方法，使全体市民了解。专家当然也是很重要的，可是我们万不能完全依靠专家，不注意那般普通市民。一个城市政府有了专家执行各项事务，同时缺少有智识的市民，如同一部机器不灵的汽车用了一个很能干的汽车夫，汽车夫的本领无论怎样大，还是开不了一部机器不灵的汽车。专家如果没有相当的有意识的公民帮助，决不能解决种种困难问题。民治制度不能专靠上边几个执政的人员，是全靠底下那般选民维持的。所以市政方面最重要的就是市民的市政智识。

（原载《晨报七周年纪念增刊》）

世界人口与粮食问题 (1925)

在一八〇〇年的时候，全世界人口的总数约计八百五十兆（八五〇、〇〇〇、〇〇〇）。今则世界人口的总数几已至一千七百兆了（一、七〇〇、〇〇〇、〇〇〇）。从地球上最初有人类的时期算起到一八〇〇年止，其间至少有五十万年的时候，人口的增加只有八百五十兆；从一八〇〇年起到现在，其间只有一百多年的时期，但世界人口的总数却又增加了一倍。

在已过的一百年之内，世界人口每年增加的数目约计千分之七，现今人口增加的速度较之从前无论那一个时代都高。照统计家的计算，现今世界人口每年约增十二兆（一二、〇〇〇、〇〇〇），换句话说，每年约增加两倍于比利时的人口数目，有一个著名的人口统计家 G. H. Knibbs 所计算的还不止此数，照他的计算，现今世界人口每年约增加二十兆（二〇、〇〇〇、〇〇〇），换句话说，就是每二年增加人口等于法国全国人口的数目。

每人每年所需用的食料平均约计一千磅，所以农夫每年必须较上年多供给二万余兆（二〇、〇〇〇、〇〇〇、〇〇〇）的食料，每年新增加的人口才有足够的粮食。平均计算起来，从二英亩到三英亩田地的出产品足够一人一年的食料，所以农夫每年必须较上年多耕四十兆（四〇、〇〇〇、〇〇〇）英亩田地，才能供给每年新增加的人民的食料。

现今世界人口增加的速度确是很可怕的。我们只须参看一张复利表，就可以知道一夫一妻能在一八〇〇年的时期生育出现今世界人口的数目。就照法国那种最低的生育率，一夫一妻也能在一万年之内，生育出这许多人民。照各国人口生育率平均计算起来，世界人口能于六十年之内增加一倍。依照这样的速度，到了我们曾孙的时代，世界人口就要有七千兆（七、〇〇〇、〇〇〇、〇〇〇）了；到了西历纪元三千年的时候，世界上就要有三万四千兆（三四、〇〇〇、〇〇〇、〇〇〇）的人民。所以人民的智识无论怎样的发展，工业商业和农业无论怎样的发展，食料的出产无论怎样的增加，万万赶不上人口增加的速度。

这就是马尔塞斯（Malthus）人口论的要旨。当初马尔塞斯发表他的学说时候，颇受一部人民的攻击。但人口学说的真理却愈攻击而愈显明。关于人口这问题，学者并不是专从空泛的理论着想，现在已有种种的统计，可以证明全世界出产的粮食不久就将不能供给世界人口的粮食了。

除了南北冰洋区域之外，全世界的土地共有三万三千兆（三三、〇〇〇、〇〇〇、〇〇〇）英亩，其中能耕种的地方只有百分之四十，约计一万三千兆（一三、〇〇〇、〇〇〇、〇〇〇）英亩。这块极大的世界农田究竟能供给多少人民的食料，须依照种种的状况方能决定，例如农业方法的进步，交通和货栈的设备，财产的保障，人民的勤惰，政治的状况，等类。假定一切状况同现今欧洲西部那样的情形，每英亩农田的收成如同全世界农田平均的收成，人民的生活程度也像欧洲人口较繁盛区域的状况，那末，至少也要二英亩半的田地方能供给一人一年的食料。这就是说全世界的耕地至多能供给五千二百兆（五、二〇〇、〇〇〇、〇〇〇）的人民。照现今人口增加的速度，大约不到一百年的时候，全世界的人民就要达到这个数目了。现今的小孩子也许能看得见这个日子。

在欧战以前，德国每人平均耕一英亩一分五的田地，法国一英亩半，意大利九分八，比利时五分七。但这几个国家，在粮食方面，都不是自立的，他们每年必须从外国运进大宗粮食，方能供给全国人民的食料。德国在欧战时代就发生了很大的饥荒，想了种种方法，才从外国运进了许多的食料。德国所出的粮食至多只能供给全国人民的百分之七十二，法国百分之七①，意大利百分之六十四，比利时百分之三十七。所以在事实上，德国每人每年的食料等于二英亩农田的出产品，法国二英亩三分，意大利二英亩四分，比利时一英亩七分。这几个国家国家的总平均数就是每二英亩二分农田的出产品足够供给一人一年的食料。但欧洲西部的农业方法非常完善。比利时每英亩农田的出产品较之世界各国的平均统计多百分之一百十二，德国多百分之六十九，法国多百分之二十三。意大利每英亩农田的出产品却不到世界各国的平均统计，所以意

① 原文如此，疑不确。——编者注

大利人民的衣食住三项均没有像德法比三国人民那样的舒服。假如西欧农业方法最完善的国家，每英亩的出产品超过世界各国平均统计的百分之七十，尚须耕种二英亩二分的田地方能供给每人每年的食料，那末，把将来世界人口平均的食料规定为二英亩半的出产品，不能算为太高。

但有许多人民看见日本这样小地方尚能养活这许多人民，总觉得那般学者对于这人口问题，未免太抱悲观了。在一九二〇年，日本共有人口五十六兆（五六、〇〇〇、〇〇〇），全国共有土地九十四兆（九四、〇〇〇、〇〇〇）英亩，其中耕种的田地只有十八兆（一八、〇〇〇、〇〇〇）英亩。日本人耕种田地的方法又极精良，所用的肥料非常之多。除了那种化学品不算外，所耕种的田地每英亩须用四吨半肥料。所以在表面上看起来，日本每英亩田地差不多能养活三个人。

但在事实上，日本的情形并不是这样的。日本的五十六兆人口决不是他自己的农业所能养得活的。日本的农业至多能养活四十兆人口，其余人民的食料都是从外国运进的。

有人说，假定日本耕种了全国土地中的百分之十八，就能养活四十兆人口，那末，如果耕种了百分之四十的土地，日本就能养活八十兆人口了。这样的推想也是错误的。日本那种未曾耕种的田地都是荒地，差不多是不能开垦的，并且即使要开垦，恐怕也没有许多肥料够用了。从事实看起来，日本的农业恐怕再不能多养活一个人了。

还有一层，日本人的身体小，他们所吃的食料也没有欧美或我们中国人所吃的那样多。他们每一个兵所吃的军粮只有美国每个兵所吃的半数。大概全国每人所吃的粮食，平均计算起来，也只有美国人民平均所吃的粮食的半数。在日本，每英亩田地的出产品超过美国每亩出产品的百分之五十。假使日本人同美国人吃得那样多，并同美国人那样的浪费食料，那末，恐怕三英亩二分田地的出产品才能供给每个日本人每年的食料，换句话说，日本每年的粮食只能养活十三兆（一三、〇〇〇、〇〇〇）人口了。

从这种种事实着想，全世界的粮食至多能养活五千二百兆人民，是一种合于情理的计算。照现今各处人口生育的速度着想，不出一百年的时候，全世界的人口就要达到这个数目。所以这人口问题确是一个很重要的问题。

现今世界人口生育的速度当然是不能维持的，将来世界人口愈生愈多，生活一天艰难一天，人民的死亡率势必增加，生育率势必减少。但在现今的时代，人口增加的速度确是较之历史上无论那一个时代都大。

凡能耕种的田地差不多都已开垦了，并且田地的肥质亦将愈用愈少。人民方面却提出减少工作时期，和增加享受人生乐趣机会的要求。一方面人民希望过一种快乐日子，不计及将来，只过享受男女间的快乐，生殖无数的小百姓；一方面生活愈过愈难，生存的机会一天比一天少。这两种趋势就可以证实马尔塞斯人口论的要旨。

以上只笼统的从各种统计讨论世界人口和粮食问题的大概情形。我们可以再进一步，详细分析这种种统计，看看世界各国的情形如何。

在十九世纪以前，世界各国都没有可靠的人口统计。欧洲一方面有法国人 Levasseur 的统计，要算是最可靠，照他的计算，在十八世纪的初期，欧洲共有人口九十兆（九〇、〇〇〇、〇〇〇）；从十八世纪到十九世纪，欧洲人口增加了一倍。

在一九一六年，照英国统计家的计算，欧洲人口约共四百六十五兆（四六五、〇〇〇、〇〇〇）。除此之外，欧洲人民移居美洲、澳洲和非洲各处，不计其数，他们的子孙约共一百八十五兆（一八五、〇〇〇、〇〇〇）。所以欧洲种的人民共计有六百五十兆（六五〇、〇〇〇、〇〇〇）。欧洲人口的数目差不多在一百多年之内又增加了三倍。

在一九〇六年至一九一一年之间，各国人口增加的速度如下表（这是 G. H. Knibbs 的计算）：

国名	每一千人每年增加	于多少年之内增加一倍
法国	一·六	四三六
瑙威	六·六	一〇五
瑞典	八·四	八三
奥国	八·五	八二
西班牙	八·七	八〇
英国	一〇·四	六七
日本	一〇·八	六四
荷兰	一二·二	五七
德国	一三·六	五一
罗马尼亚	一四·八	四七
美国	一八·二	三八
澳大利亚	二〇·三	三四
加拿大	二九·八	二四

法国人口增加的速度最慢，在四百三十六年的时期，才能增加一倍的数目。加拿大人口增加的速度最快，在二十四年的时期之内，就能增加一倍的数目。但这样的统计只有笼统计算起来，才能看出世界人口增加的速度；一国一国的看起来，就看不出各该国人口增加确实的速度。比方拿爱尔兰做一个例。从一八〇〇年起到一八四〇年，爱尔兰的人口从五百万（五、〇〇〇、〇〇〇）到八百万（八、〇〇〇、〇〇〇）；但从一八四〇年起，爱尔兰人口就逐渐减少，到了一九〇〇年，只有人口四百五十万（四、五〇〇、〇〇〇）。爱尔兰的政客们就要说：这是因为英国的虐政，所以他们的人口就有逐渐减少的趋势。但真真的事实并不是这样的。这十九世纪的初期，爱尔兰是一个人口极多的农业国，工业极少，又没有什么商业，人民的生活非常艰难。但以后因工业的发达，人口增加的速度就更高了。虽有大多数的人民迁移国外居住，爱尔兰人口还能于四十年之内增加了百分之六十。爱尔兰人民的生育率要算是欧洲各国最高的，但因那般年轻的能生育的男女都迁移到外国，爱尔兰本地的人口就没有增加了。

英格兰和苏格兰两处地方的情形却就不同了。这两处人民虽有很多迁移到各殖民地做那处的人民，但其本地人口的数目也继续的增加，到了此刻已经没有自给的能力了。所以在欧战时代，英国就非常害怕德国的潜艇。当时有一个时候，德国如能继续不断的击沈英国的运粮船，英国人民就能于两个月之内而死。在一九一二年，英国统计家计算他们本国的出产只能养活他们百分之五十的人民。据欧战时代粮食委员会的报告，全国的出产只能养活百分之四十一的人民。所以当时英国人民就一方面节省食料，一方面又极力增加出产，幸而这几年的收成很好，他们的出产居然能从百分之四十增加到百分之五十。

欧洲其余各国没有像英国那种状况。俄国和巴尔干半岛几国都算是欧洲的仓库。他们都运进大宗的农业器具，改革他们的农业方法，增加他们耕种的农田，却能运出大宗粮食供给别国的人民。这种情形尤以俄国为更甚。俄国是地大物博，用了那旧式的农业方法，实在不能耕种这许多田地。俄国以后采用了别国改良的农事方法，农业就非常发达，人口也同时增加。每年的生育率超过死亡，每年增加的人数约千人中的十六到十八人。俄国人口虽这样的增加，但尚赶不上食料增加的速度。巴尔干各国虽没有俄国那样的大地方，但因农事方法的改良，他们农业方面的出产也大大的增加。人口增加的速度也极高，却亦赶不上粮食出产的速度。虽有这种种情形，这许多国大部分的人民的生活也非常艰难，他们没有便利的交通，他们的政治又不良，所以人民虽居住于那富源地区，却有种种的困苦。欧战发生以后，他们经济方面受了极大的影响。将来一切状况恢复后，农业方面大概还能发达几年。照欧战以前人口和出产增加的速度比较起来，大概在三十年之内，他们总能运出许多粮食，但过了三十年，也许自顾不暇，不能再供给别国人民的粮食了。

西班牙，葡萄牙和瑞士又有一种状况。瑞士计有山地十兆（一〇、〇〇〇、〇〇〇）英亩，只开垦了千分之三十五。瑞士每年运进多少食料，但出口品非常之少，不能和那进口的食料抵账。将来瑞士如能利用那天然的水力，工业定必发达，也许能多养活许多人民。西班牙和葡萄牙都是自给的国家。他们的农业是很幼稚的，将来如能改革，也许还能多养活百分之五十的人口。

欧洲其余各国，如法国，比利时，德国，荷兰，奥国，希腊，瑞典，瑙威，和丹麦，都有人满之患，他们各国的出产万不能供给他们本国人的粮食。他们究能从什么地方得到他们的粮食呢？所谓世界粮食的仓库，除了俄国和罗马尼亚之外，还有澳洲，加拿大，印度和南美洲的阿根庭四处。今将这基础的状况讨论一下。

澳洲的地方有美国那样大，但只有人口五百万（五、〇〇〇、〇〇〇），全国开垦的田地只有百分之一。澳洲人口增加的速度也很高，能在三十四年的时期，增加一倍人口。但澳洲大部份的土地都是不能耕种的荒地，全国共有一千九百零四兆（一、九〇四、〇〇〇、〇〇〇）英亩土地，其中至多只有四十兆（四〇、〇〇〇、〇〇〇）英亩是能耕种的。所以这样说起来，澳洲的地方只有西班牙或意大利那样大。大概三十年以后，澳洲恐怕就不能运出大宗粮食了。

加拿大在这几十年之内，也发达得很快。在一九一四年，加拿大共有人口八百万，但其增加的速度却非常之高，能在二十四年内，增加一倍的人口。全国土地共有二千三百兆（二、三〇〇、〇〇〇、〇〇〇）英亩，但其中有一千五百兆（一、五〇〇、〇〇〇、〇〇〇）英亩的土地，因该处天气太寒，是不能耕种的。加拿大的出产很可以养活六十兆（六〇、〇〇〇、〇〇〇）人口。照现今人口增加的速度，加拿大在七八十年后，大概就要有这许多人民了。到了那时，加拿大恐亦没有多余的粮食出卖了。

阿根庭（Argentina）包括乌拉圭（Uruguay）的土地共有七百七十

五兆（七七五、〇〇〇、〇〇〇）英亩，其中已开垦的只有六十二兆英亩。照统计家的计算，该处能耕种的土地约有三百五十兆（三五〇、〇〇〇、〇〇〇）英亩，假定每二英亩半的出产能供给一人一年的食料，这样的地方至多也只能容纳一百四十兆（一四〇、〇〇〇、〇〇〇）人口。美国共有耕种的农田约八百兆（八〇〇、〇〇〇、〇〇〇）英亩，但现在人口有了九十五兆（九五、〇〇〇、〇〇〇），农田的收获已经不能像从前的那样丰盛，多加一分资本，已经不能多获得一分收成了。所以阿根庭将来有了四十兆（四〇、〇〇〇、〇〇〇）人口以后，恐怕也得要发生现今美国的情形。

印度共有土地七百五十兆（七五〇、〇〇〇、〇〇〇）英亩，其中已开垦的有二百兆（二〇〇、〇〇〇、〇〇〇）英亩，大约尚有一百五十兆（一五〇、〇〇〇、〇〇〇）英亩将来或者也能开垦的。印度全国人民在一九〇一年有二百九十四兆，在一九一一年有三百十五兆，在一九二一年有三百十九兆，所以印度人口差不多已经没有再行增加的希望。

除了上述的几国之外，世界上其余各处至多能自给，决不能供给别处人民的粮食。我们只看亚洲的地图，印度以西俄国以南的土地约有百分之七十五是沙漠。印度以北各处如西藏等类又都是山林的地方。人民生活艰难，困苦万状。

此外只有中国，日本，南洋群岛而已。南洋群岛约有人口一百兆（一〇〇、〇〇〇、〇〇〇）。他们都是在英国人或荷兰人的统治权之下。该处人口增加的速度也很高，每年约增百分之一。他们如果采用日本那种耕种方法，这许多群岛大约能养活二百兆或二百五十兆人口。但这都是热带地方，农业的改革决不能于短时间实行的。

日本那几个小岛差不多有人口五十六兆（五六、〇〇〇、〇〇〇）。此外，朝鲜和台湾另有二十一兆人口，也是在日本天皇的统治权之下。日本这几十年来种种的改革已经有了极大的成绩。人民也非常的勤苦，普通工人每日的工作时期差不多从十二个钟头到十六个钟头。人民的生育率增加，死亡率减少，每年所增加的人口约有七十万（七〇〇、〇〇〇）。所以他们就觉得他们的地方实在小，不能不想法占据临近的地方。从前日本吞并朝鲜时候，有一个著作家曾经说过："日本人只有两种办法，或者做一个好汉，情愿饿死；或者从邻居的后门进去偷东西吃，但日本人决不是好汉。日本却另有一种办法，这就是生育节制的方法。去年山额夫人（Mrs. Senger）到日本，实在与日本很有利益的，但日本政府并没有欢迎她。”

中国人口经过许多人民的估计，折中数目大约在四百兆之内。中国人的生育率约千分之五十，就是一千人每年生育五十个小孩，但死亡率也非常之高，尤以小孩的死亡率为更高，据一九〇九年香港的调查，该年一岁以下的中国小孩，每百人中死亡八十七人。小孩死亡率高，是一个确实的人满的征兆。

总结以上所述，各处均有人满之患，就是有几处地方如俄国，澳洲，加拿大等现在尚有余力供给别处人民的粮食，但照他们内部人民增加的速度，恐怕不久也要有自顾不暇之势。所以这人口和粮食问题确是现今最重要的问题。

（原载《东方杂志》，第22卷第2号）

巴尔沙克论婚姻
(1926)

中国的学者一天到晚讲的是什么性和理，他们是很庄严尊敬的人物，板起了面孔，著他们的书，传他们的道，立他们的言。至于与人生最切近的男女问题，他们是不讲的。假使一个人讲了这一套的话，他就不配做一个学者。外国的学者可是不这样的，他们对于什么事物，什么现象都肯讲的，并且讲出来的话又是高人一等，往往能够讲人家所讲不出的，或不敢说的话。关于男女婚姻爱情等类的问题，他们确有很多的至理名言。虽则有时候他们的话也未免太过火一些，可是他们的话都是从心里说出来的，立论的观点又是很特别的。他们确实能够老老实实的心里怎么样想，笔下就怎么样写。不比我们中国的道学先生们在人面前满口的仁义道德，在人背后无所不为，笔下写出来的东西完全不是他们心里所想的。还有一层，中国的真真学者明知这个性欲问题是很难解决的，他们也虽则承认“男女饮食，人之大欲也”，可是他们总想把礼教去抑制性的方面的欲望。如果能够弄到“内无怨女，外无旷夫”，他们最大目的已经达到，他们是心满意足，不更希望什么了。外国学者专从人民心理方面去研究男女关系的问题，凡种种风俗习惯或制度如与人民的天性相反，他们总得要攻击，要无忌惮的批评。这是中外书痴子种种不同的一点。

外国书籍中关于男女问题的奇书是很多，这次我要说的是一本法国书，叫做《婚姻的生理》(*Philosophy of Marriage*) 是巴尔沙克 (Balzac) 写的。巴尔沙克是一个著名学者，他所写的小说和别种著作共有好几十种。《婚姻的生理》是于一八二九年出版的，可是从前的外国也没有像现在这样的开通，所以这本书也曾列入在禁书之内。现在可是开禁了，英文的译本也有了。这本书中的妙论是很多，在这样一篇的东西中是写不完的，所以我想把它分开来说。这次先把他老先生婚姻观约略说一说，上次登的《床的研究》也是从这本书里来的。我的费话说完了，我们静听他老先生的妙论罢。

从男人方面着想，天底下只有两个妇女：一个是他所要的，可是不能到手的；一个是他到手了的，可不是他要的。男子对于他所要的但不能到手的女子的欲望是叫做爱情；他对于那个女子——他所有的但不要的——可是也有一种相当的义务，可以叫做义务的爱情。但这种义务的爱情是没有天然的根据，只是从法律或道德方面发生出来的，这就是说一个男子一定要抑制他天然的情欲，再从法律或道德的背后，去寻出一种男女关系的根据。但照社会上情形看起来，一个男子对于他所有而不要的女子也有一种极自然的爱情，如同对于他的姊妹的爱情，对于他所要的但不能得到的女子的爱，同样的自然。贝石〔巴尔沙〕克所要提出来的，就是这样一种似非而是的论调。婚姻是一种活的有机体，是人性中各种势力的出产品。所以婚姻也有一种生理。

至于讲到男子所要的同时也能得到的女子，可是在这世界上是没有这样一种人。因为在结婚时候，你无论怎样的爱一个女子，可是这种爱情决不能永远不变，继续存在，它是一定要消灭，更变形式后再行发现的。就从字面上说罢，所谓“要”就是“没有”的表示，因为你“没有”，你才“要”，你既经“有”了，你就“不要”了，你所“有”的只是你所“有”的，不是你所“要”的。但除此之外，却另外有两种重大理由，可以证明为什么男女间的爱情是一定有变迁的。在结婚之前，一个女子是自由选择的目的物，你爱她，因为她是女性中许许多多的一个，你所爱的是她所代表的女性；即使她有特别的美丽，或别种可以使你动心的特质，所以你才把她从许许多多女子之中选择出来，这也只是从异性方面所发生出来的现象，如同从清水之中，一个男子可以看出他欲火的反照。等到结婚以后，一个女子是属于男子的了，并且他们俩又变成很熟悉了，这女子对于她情人方面就失去了那种异性的特质，她情人又要发现那边一个新女子的美丽，这个新女子现在所处的地位就是他妻子在未结婚以前所处的地位。所以一个男子只有不忠于爱情，才能对于他的妻子忠心。结婚以后，男子决不能再爱那女子的美丽，或女性上的别种特质，他定必要从女子的性格方面发现几种引诱力，他才能敬爱这个女子。所以结婚以后他所爱的不是女子的容貌，却是女子的性格。可是这种爱情比之从前那种因容貌发生的爱情更能持久，男女俩愈熟悉愈能增加。并且女子的容貌是要逐渐衰败的，所以非但当初的那种爱情往往因结婚而消灭，就是男子所爱的目的物在事实上也不久就消灭了。我们还可以更进一步，讨论这爱情为什么一定要经过这样的变更。从它性质上着想，爱情是进步的，总是从个人方面发生出来，对于别人的一种激动力。把它看做一种表现在外面的激动力，它总是趋向于新的和比较远的目的物，从这个地位，它就再转换方向，变成一种向内的对于熟悉的目的物的激动力。所以爱情是跟了目的物的更变而同时变更的所。爱的目的物忽而发现，忽而消灭，就是爱情发现或消灭的表示，有时候趋向于这方面，有时候趋向于那方面。

假定爱情的方向是跟了天然的趋势而更改的，那末，我们人民对于这一类的事务就可以听其自然，何必费了心血去研究去讨论。可是人的头脑是最糊涂的，往往因感情上的作用，或因习惯上的关系，随时可以阻止天然趋势的进行。凡是做丈夫的，或做情人的，非得要十分的留意，一不小心，他就得要执迷不悟，紧紧捏住爱情的躯壳，其精神却早已消灭了。这是很不自然的。

在结婚之前，等到这所爱的女子到了手，男子的爱情就满足了，可是从此以后，女子的地位就改变了，男子就要更进一步，去享受这女子。这就是说男子不把这女子看做一种所爱的目的物，他就要去细心研究她这个人。这是一种实际的爱情，并不是最初那种理想的爱情。在当初你选择这个女子的时候，只因她是最能合你的理想，可是在事实上你所爱的只是你自己的理想罢了。所以婚姻的意义只是实际。是从客观方面研究一个女子，并不是情人从主观方面研究他自己的理想。但这样的见解也不能说明婚姻中种种不能解说的现象。做丈夫的有什么证据，可以证实这样的见解？他想享受一个特别女子，究竟有什么目的？义务也许能限制男子不再要别的女人，可是义务决不能激励男子去享受他所有的女人。婚姻契约的条件只使男女两方面各为各所有，这种所谓爱情确是很苦痛的。只有在结婚以前，爱情才是一种简单的激动力；结婚以后，爱情只是一种有知觉的并且是痛苦的事。它所爱的目的物是早已失去了种种的引诱力，除非那男子能够用尽心计，忍受种种痛苦，才能保持这种所谓义务的爱情。我们所要晓得的就是男子的人性方面究竟有什么特别的性格，能够预先推测将来享受的可能，能够再进一步，把爱情比忠心看得更为重要，维持到底。

这个问题是很不容易解决的。婚姻的爱却是不能以普通的理智解释明白的。但有一个字，“记忆”，大概就是解释婚姻迷谜的钥匙。人民爱护本国土地，对于别国风景的美丽，地质的肥泽，完全漠不关心，也是全靠记忆力。经济的关系不是婚姻的原因，只是婚姻的结果，婚姻的爱的唯一原因只是记忆力。爱国心也只是一种婚姻的爱，所以贝石〔巴尔沙〕克就把记忆力作为一切婚姻现象的索线。

（原载《晨报副刊》，1926 年 1 月 18 日）

俄国革命前后社会阶级状况的变迁 (1926)

在中国现今的状况之下，过激化的势力将来是否能得到最后胜利，完全要看中国人民，特别是中等阶级，是否有抵抗的能力。我并不是说中等阶级是社会上最优秀的分子，所以应当永远把持一切权力的；我所要说的，只是在现今的社会组织，中等阶级要算是一个社会中的台柱子。并且在西欧各国，中等阶级所占的重要地位也可以算是他们应得的权利，从前封建贵族的势力是他们所打倒的，专制君主的权威也是他们所推翻的，就是现今各国那种民治政体的成立，也完全是他们的功劳。现在虽则有很多人民对于中等阶级（特别是资本家，因为资本家也是中等阶级人民），有种种不满意的表示，但他们在民治主义发展一方面的功绩，确是很大的。关于这一层，凡读过欧洲历史的人总应当晓得的。西欧各国的中等阶级又各有一种很坚实的内部团结力，确有能力抵抗各种各样的势力。因此，劳工党和社会党的势力，无论怎样的大，现在还没有机会去打倒中等阶级在社会上所占的特殊地位，至于将来是否有这种机会，此刻当然没有人敢预料。西欧各国在几年之内没有赤化，就是因为有中等阶级的抵抗能力。

过激主义——本应称鲍尔希维克主义，为省字起见，就把他叫作“过激主义”——在俄国能够得到胜利，虽则其原因也是很复杂的，但俄国中等阶级人民的不中用确是一个很重要的原因。俄国的中等阶级在历史上未曾有过什么功绩，俄皇的威权也没有打倒，所以人民对于他们是不能信任的，他们又大都是一般自私自利的人，只顾自己，不顾全体，绝对的没有团结力。我们不明白革命以前俄国社会阶级的状况，我们就很难明白俄国为什么这样容易的过激化了；我们如果要预料中国将来是否有过激化的危险，我们只须看看中国现今社会阶级的状况。所以这几年来苏俄社会阶级状况的变迁很可以使我们得到一种极大的教训。

在从前专制时代的俄国，社会上最有势力的阶级有三种：（一）贵族，（二）有钱的中等阶级，和（三）官僚。其中最重要的当然是贵族，俄皇自己往往说："我是俄国第一个贵族。"这贵族阶级又大都是大地主，全俄国开垦的土地差不多有三分之一都是他们所有的。但无论从经济方面着想，或从政治方面着想，这般贵族却不是立于同等地位的，因为其中有最大的大地主，和极小的地主；并且其中还有一部分的地主是属于维新派的，他们晓得注意于耕种方法的改良，他们的观念又是趋向于进化的，甚而至于民治的方面。不过一班新派的地主和那般守旧的地主比较起来，也不见得怎样的开通，以后他们到了政治舞台上，他们的观念也是一样的守旧。

这其中也有一个主要原因。在从前专政时代，俄国政府的政策是想兼顾工商业和农业两方面的利益。为提倡工业起见，政府就不得不采用那种保护的关税政策，但这却又与农业的进步发生了阻碍，使农民不能利用那种较好的和较贱的外国农事器具和机械。那时候俄国专制政府已抱定提倡工业的决心，就不得不处处为工业方面着想，至于农业方面的利益实不能顾全了，但同时对于那般地主，还想了种种方法赔偿他们的损失。这样的政策就使当时地主贵族有自行分裂的趋向，其中有一部分自然是很愿意享受政府给他们的种种特权，舒舒服服的过他们的快乐生活，但另有一部分却很不满意，他们很不愿意享受这不应得的特权，攻击政府那种偏向于工业利益的政策，并且极力想在地方上活动，希望能够接近农民，领导农民。所以在当时的俄国，贵族之中分做两派，一派是叫做"贵族的贵族"，又一派是地方的贵族。一派是极端反动的，专制的，一派是自由的，趋向于立宪主义方面的；一派是盲目的忠心于俄皇，一派是带有民治的彩色，有时候甚而至于还想同革命党拉拢。第一派的领袖都是那时候右党的首领，第二派的领袖都和那时候的立宪党发生关系的。

但革命以后，在那种反革命发动时候，俄国贵族方面那种自由派和反动派的区别差不多于忽然之间就消灭了，在专制时代的死仇就忽而变为联盟，都想帮助这一个或那一个军阀，去打倒过激派的势力。到了军阀失败时候，这般贵族也都同归于尽，所以在现今的俄国，这一个阶级是完全消灭了，就是现在国外的那般俄国贵族也是毫无能力，决没有恢复他们旧势力的可能。俄国革命以后的几年历史，在我们或欧洲人的眼光看起来，当然是出于意料之外的，为什么专制时代的死仇敌能联络起来，为什么从前趋向于民治方面的贵族不能和民众同力合作，建设一个民治的政府。这其中的原因实在也很容易说明。俄国革命是乡下农民的革命，是从社会上最下级人民发动起来的。那次革命把一切土地所有权，除了农民耕种的土地之外，一概取消。那般趋向于民治主义方面的地主是很不中用的，无论从政治方面，或经济方面，都不能确确实实的做些事出来，能够得到农民的信仰。俄国农民又世世代代对于他们的地主是很仇恨的，现在他们的仇恨心又推广了范围，包括所有的一切贵族和地主，有时候差不多把所有未曾做过工的人都看做贵族，都是他们的仇敌。几百年被压的俄国农民忽而到了他们翻身的日子，他们就显出他们的本来面目，一方面是争公理争正谊，又一方面是抱定报仇的宗旨。同时俄国那般自由派的领袖对于当时状况又有一种错误的见解。那时候经过了三年的战争，人民的人生观当然受了极大的影响，人民生命的价值是低落了，人性中的一部分兽性就发现了，但俄国的领袖人物却不明了这其中的特别原因，从他们的眼光看起来，俄国人差不多都变成了野兽，所以就不得不用武力去驯服他们。因此，那时候发生了许多军阀，每一个军阀都想做拿破仑，旧时的贵族也都依附于这类军阀之下，至于那般趋向于民治主义或社会主义的智识阶级也深信这般狄克推多的能得胜利。所以在人民的眼光中，这一般人物都已失了信用，以后军阀失败了，他们也就跟了军阀同归于尽了。

俄国的中等社会阶级也有种种的特点。在专制时代，他们也出过多少风头，他们对于那般地方贵族反对得很利害的。俄国的资本主义是根据于帝国政府所定的计画而发展的，中等社会阶级的政治特点也就受了这种资本主义的影响。俄国政府用尽种种方法，如保护的关税政策，还有种种直接鼓励工业的政策，使资本主义能在俄国存在。俄国的中等阶级确有他们的不成文宪法，他们有他们的证券交易所的委员会，有他们的工厂厂主会议，还有各种特别委员会，参与草拟政府的工业法律。他们的势力确是很大的，有种种方法，能使政府不得不依照他们的意思，制定法律，执行政策，但这种方法却都是不正当的。所以那时候俄国有人说："俄国的中等阶级差不多对于什么事都能有法办到的。"俄国的资本主义有一种根本上自相矛盾的特点：在全国的经济和生产方面着想，资本主义所占的地位是无关轻重的，但同时俄国的资本主义却比德国，甚而至于美国，更加集中。所以那时候俄国有几个工厂的设备要算是最完备的，但俄国却还是一个工业不发达的国家。在政治方面，俄国的中等阶级也是很孤独的。俄国的自由主义不是他们提倡的，又因为这自由主义是根据于那般地方贵族和趋向于民治方面的智识阶级的观念，他们是差不多反对的。中等阶级在俄国守旧派一方面也没有什么势力，这一方面的势力是在大地主和高级官吏手中。中等阶级又没有内部的团结力，永未曾组织成立一个有势力的党派。即使偶尔有几个工业领袖，他们有极强健的个性，还有政治上的兴趣，在他们反抗强暴势力和专制政府的论调中，甚而至于表同情于革命党，但这般人物在那时候如同失路的孤鸟，无论怎样的大叫而特叫，没有人能听得懂的。

所以俄国的中等阶级既不能引导那般被压的民众，又不能得到智识阶级的赞助。那时候俄国资本主义无论怎样的发达，但其根据，就是那般工作的农民，却早已不稳固了。各处的农村日渐衰败，各项工业品在国内的销路也日渐减少。但俄国工业品的销路是注重于国内，不注重国外；成为在国外市场，俄国是不能和德国、英国、日本的工业竞争的。无论那一国的资本主义，一定有多少消极的破坏的性质，同时还有多少积极的建设的性质；但在俄国的资本主义，破坏的性质特别多，建设的性质特别少。因此，在俄国赞成资本主义的人，除了资本家自身外，差不多可以算是没有，反对资本主义的人却多得不了，这一层就能说明为什么那时候俄国的智识阶级大都是趋向于社会主义方面的。所以到了革命以后，过激派得势时候，中等阶级只有束手待毙，毫无抵抗的能力。差不多没有争斗，他是已经打倒了。那时候的过激派也莫明其妙的为什么这样的容易得胜。但当时的情形确是跟了俄国历史上的事实来的。

欧战发生以后，俄国的工业资本家更须依靠国家了，同时他们的盈余却大大的增加。在战争时代，全国的生产能力差不多都于无形之中消耗了。各农村所需用的工业物品，如铁器，和农业器具之类，都减少了。耕种的器具不完备，农业的出产也减少了，又加以那时候乡下成年男子须到前敌去打仗，农工也减少了，农业的出产更不够了。那时候德国把俄国围住了，俄国不能把物品运出国境，当然有许多物品存在国内，但因各农村的人口和器械逐渐减少，又加以种种不生产的消耗，所存的物品也不久就吃完用完。粮食的恐慌就立即发现。在最初时候，俄国政府还以为粮食的缺少，是因为农民不愿意把五谷交换那种折价的纸币，所以就把五谷收藏起来。因此，政府就把所有的五谷收为国有，同时又定出种种官价。但粮食的恐慌反而因之有增无减，耕种的田亩也减少了。各工厂所用的原料也一天不够一天。交通也阻隔了，燃料也不够了，全国的经济组织差不多从此就停顿了。人民的生活程度却大大的增加了。这次的欧战把那贫穷的俄国最后的财源消耗殆尽。

无论什么事都是有一个限度的。打仗也不能永远的打过去，总有一方面到了精疲力尽时候，总得要叫救命，停止战争，这当然是经济力最薄弱组织最不完备的国家。在欧战时候，这个国家就是俄国。俄国一九一七年三月的革命就是这样的一种表示。

在当时看起来，俄国的革命非但是那时候扰乱状况的表现，同时却还是解决这种扰乱状况的一种方法。在最初时代，这次革命差不多可以算是不流血的革命，一切破坏性质的行动也没有发现多少。那般民治派的工人差不多毫不争执，把政权交托中等阶级执行，中等阶级又和社会党联络起来，组织了一个混合政府。在当时的状况之下，社会上各级人民都须同力合作，才能救济那扰乱的现象，恢复一切秩序。但到了这危急存亡的时候，俄国的中等阶级却又露出他们的本来面目，他们实不能，同时也不肯，为公共事务尽力合作的。非但从全体利益方面着想，就从他们自己的利益方面着想，俄国中等阶级在那时候的一切行动实在是很可以批评的。俄国的资本家差不多把他们自己的利益和俄国资本主义的利益脱离了关系，所以只晓顾全自己个人，决不肯为全体，为主义牺牲几些私利。大多数的资本家因为从前过惯舒服生活，无时无刻不在政府的保护政策之下行动的，他们是没有独立的能力，同时也决不愿意放弃专制政府给他们的种种特权，反而在最扰乱的时候，自己单独奋斗去维持全国的经济组织。他们也明知从前的特权是保持不住了，但是要他们负责去奋斗，可是不愿意的。他们在无可奈何的时候，想来想去，只有逃走的一种法子。在过激派未曾当权之前，俄国的资本家早已预备收拾了他们的事业，把一切财产变成现款，汇到欧洲各国去做各种投机事业，过他们的富家翁日子了。俄国资本逐渐运往外国，所以那时候俄国临时政府也不得不设法抵制，限制国外汇兑事业。这就可以看出俄国中等阶级人民的本来面目，他们虽则在表面上，处处离不了种种爱国的口头语，但他们确是很贪心的，很短视的，不肯顾虑全国利益的。以后到了抵抗过激党的反革命发动时候，俄国的资本家也不肯拿出钱捐助军费，但他们却很希望那般反革命领袖出来救他们的。所以俄国的中等阶级是自愿脱离俄国的政治和社会舞台，自愿让出地方帮助过激党的成功。但俄国中等阶级对于过激势力虽没有抵抗的能力，俄国中等阶级社会的经济组织却有抵抗的实力。

旧时代的地主贵族是完全打倒了，这是因为他们并不是经济社会中不可缺少的分子，他们在农事生产方面是无关轻重的。全国农业的担负是全在农民身上的。但工业的情形却并不是这样的简单。在工业方面，资本家是容易推翻的，但在现今的俄国状况之下，想进行工业事务而同时没有资本家可是困难万分的。俄国工业本来是在幼稚时代，所有的无产阶级非但没有教育，并且又是没有工业上的训练，他们在经济方面实在没有自治的能力。过激党曾经试验过各种各样的政策，但都没有效果。在过激党初当权的时候，各工厂的工人委员会有管理工厂事务的全权，但其结果却在各处发生无政府无组织的状况；苏俄政府的政策改了又改，末了变成一种极端集权的组织，关于工厂事务都由几个人从上边发施号令下去，不过无论怎样的改变政策，改来改去，总是改不出好结果来。各工厂的出产大大的减少，在经济方面只有亏损，没有盈余，国有工厂制度的结果只使国家预算案列入一笔很大的支出。俗语说得好，“江山易改，本性难移”，你把“本性”从前门赶跑了，他还是从后门偷进来。所以到了后来，苏俄政府也晓得从前工厂中的那般经理是工业上所不可缺少的人物，因此，到处去寻觅，请他们回来，经营他们的工厂，但各工厂却还是政府的财产，只由政府租给那经管人而已。但这种办法也没有什么好结果，所以最后一次就不得变通办理，共产主义的政府也不得不牺牲共产主义的根本原则，承认一种半国家半私人的资本主义。这是共产主义在生产方面的结果。

在分配方面，共产主义的失败比之在生产方面更糟。实行共产主义的苏俄政府能把所有的财产收归国有，但无法禁止人民方面种种杂乱的买卖，法律条文完全不能发生效力，犯法的人民发觉以后就须受死罪，但私人的买卖却不能禁止。种种的投机事业到处皆有。货物的缺少又增加投机家的盈余，但其大部分却是贿赂政府官吏的。在一个时候，俄国所有的人民差不多都变为投机家，并且什么事都能作为投机用的。就是政府各机关间的互相交易也免不了有一种投机的性质，回扣和贿赂差不多是到处通行的。所以那时候有人讥笑苏俄政府，说他们的国有政策只在一种事业方面有了成绩，这就是“投机”。换句话说，公开的资本主义是打倒了，但秘密的资本主义却跟了发生出来，并且这种秘密的资本主义又是奇奇怪怪，我们所梦想不到的。实行共产主义的政府所打倒的只是那种旧式的中等阶级，在共产制度之下，却发现了一种新式的中等阶级，其中的人物是从各方面收集拢来的，甚而至于那当权的共产党人也有在内的。

这种新的中等阶级和那旧的究有什么区别呢？究竟是好些呢？还是坏些呢？这个问题实在不是简单的几句话可以答覆的。总而言之，这新的中等阶级确是生活甚强的，他们并未曾得到过政府的保护，政府的宠爱，但是过惯压迫的生活；他们并没有为政府的帮助所损坏过，却是生长于极困的环境中，心志坚决，实非从前那般中等阶级人民所比得上的；他们对于苏维埃制度中的各种情形懂得非常明白；他们是很发奋的，很冒险的，很奸滑的，敢作敢为的。但他们却没有从前那般中等阶级人民的那种坚实性，那种自治力，和那种可靠的特质。这是不能怪他们的，因为他们是在那种赌博的空气中得法的。他们也没有像从前中等阶级人民那样文雅，其中有大群目不识丁的强盗，和最下等人民中的那种暴发户。从他们职业的性质上着想，这般代表秘密资本主义的人物都是强盗世界的人民；所以他们对于商业信用方面那种最简单的原理原则，也不能明白的。旧时候中等阶级人民至少有几种范围很狭的，但是永久的道德习惯；新式中等阶级人民是完全不受习惯或道德束缚的。他们是社会上的一种势力，但是很残忍的很凶暴的。将来他们也许能够改组俄国的经济制度，但现在，他们却没有建设的能力。

旧时代中等阶级人民都趋向于守旧一方面，所以当然变为反革命派，但他们是没有胆量的，往往处于被动的地位。至于这般新的中等阶级人物，他们是没有政治的根本原则，他们对于革命的态度有两方面。在一方面，他们希望革命的完成，设立一种中等阶级式的稳固社会，他们已经得到的财产也可以从此有了保障。在又一方面，他们的财产确是以不正当手续得到的，在革命时候“抢强盗”的时代，他们得到极大的利益，他的手是在人家房子火烧时候烘热的，所以他们实在说不出口，财产是神圣不可侵犯的。他们所利用的是革命时代的口号，他们所注意的是抢夺的权利。他们是生长于苏维埃制度之下的，所以在主义方面，他们是承认苏维埃制度，但同时他们却想在暗底下，改变这种制度。但他们却不能单独的去改变这种制度，他们如想达到这个目的，非得一个助手不可。因此，在政治方面，他们是依附于过激主义，看重他有建设强有力的狄克推多权势的能力，并且对于他近来能够逐渐脱离革命时代的热诚，把狄克推多的真面目显出来，是非常满意的。他们还想更进一步，使这种情形变得更快一些。简单一句话，他们的希望就想把过激主义变成一种俄国式的拿破仑主义。

所以在共产制度的苏俄，社会上并不是没有阶级的，一种中等阶级已经很显明的发现了，但其中的人物却不是旧时的中等阶级人物了。中等阶级既已发现，地主阶级能否也同样的，更换了人物，重行发现呢？这样一种阶级是否已经在胚胎时期了？有许多人说，苏俄除了那种秘密的资本主义之外，还有一种秘密的地产所有权同时存在。这样的话也不是完全没有根据的。苏俄政府把土地收为国有，把房屋收为市有以后，人民在地产方面还有一种秘密的买卖。那般旧地主的所有权已经剥夺了，如有人愿意花几个小钱卖他们的契据，他们又何乐而不为呢？至于那般买主，他们大都是暴发户，冒险性极大的，投机心极精敏的，他们把契据买下来，希望将来再发生革命，或别种意外的事情，到了物归原主的时候，他们的投机生意就做着了。就是在国外，凡看相俄国森林，矿产等的人或公司往往觉得值得设法去寻觅那旧业主，化了几个钱，就可以得到他们的契据。但这类的买主可是不能成为一个社会阶级；因为人民都是依照他们的进款的来源不同而分做社会阶级的，俄国那般秘卖地契的人所得到的钱实在是微乎其微，差不多等于零数，买主所得到的只是将来的希望，差不多是一种彩票性质的契据。所以我们可以说俄国的大地主阶级是完全消灭了；俄国的中等阶级是改换了人物，在最初时候，他们的行动是秘密的，以后势力增加，共产式的政府也无可如何他们，到末了新经济政策实行后，他们总算变为合法的了。

帝制时代俄国的第三个台柱子是官僚。官僚分做两种：政府的和宗教的，因为那时候俄国的宗教是国教，凡教堂里教士的薪俸也是政府给的，他们也与普通官吏同样的在俄皇直接管理权之下。政府的官吏又分做军事的和民事的两种。过激党自以为把旧时所有的政治机关完全打破，把平民去充当各种各样的职使，简单一句话，他们以为已经把国家的机关都民治化了。但官吏的平民化和行政机关的民治化完全是两件事，决不能混而为一的。过激主义在最初的短时期之内把所有的权力交托各地方执行后，就立即改变方针，实行一种中央集权的狄克推多制度。过激党非但没有打破俄国的官僚制度，并且又把这制度的范围推广到了极点。他们把工商业收归国有后，差不多就把从前私有事业中的一切雇员都归入官吏的范围之内了。无论什么人只须有多少教育或技术的资格，并且在国家文化或经济需要方面有用处的，就须由政府支配在各机关做事，因此就官僚化了。这种办法并不是政府机关的民治化，这只是把所有文化和经济职务都变为官僚的职务。假定在最初时候，这种种职位都是由一般新人物充当的，但他们却不久就立即学到一种官气，凡是旧官僚的种种恶习和腐败情形又发现了。新官僚的腐败却替旧官僚开了方便的路径，他们在最初时候是很反对的，现在却看见他们从前所见惯的事情重行发现，他们就也很愿意的带〔戴〕了共产党的假面具，加入新官僚的团体。

俄国官僚的人物改换了，他们的性质自然也更改了。旧式官僚是庄严的，把例行的事务是看得很重要的，他们虽则不惯用他们的脑筋，没有自动的能力，但他们却是可靠的，很专门的，资格极深的。他们确是很好的属员。那般新官僚的心理却是完全不同的。在革命以前，他们与实际的生活离开得太远，其中最上等的人物只是一般理想家，其余的人物大都只有了几些浅薄的智识，没有别种的训练。假使旧式官僚往往不合时宜，不懂时代的潮流，只知保守成例，那般新官僚却不管死活的对于什么事物都去试验，把全社会翻了一个身，他们的精力是很大的，但因没有本领，没有才具，什么事都做不成。其结果就是弄得乱七八糟，不像一个样子。为救济这种扰乱局面起见，过激党也就不得不去寻觅那般已经驱逐出去的专家，不得不依靠他们。这不但是在民事方面是这样的，就是在军事方面也是这样的。有很多的红军军官都是帝制时代的军官训练出来的。这般新官僚和新中等阶级当然是互相关切的，他们更加希望拿破仑主义的能实现。

在宗教一方面，过激党第一步入手办法是把政教分离，因此，所有的教士是完全驱逐出官僚的范围以外了。过激党的目的是想完全推翻宗教，所以正式宣告宗教是人民的毒药，用了国家公款鼓励种种反宗教运动，并且利用饥荒的口实，强迫教会和寺院把所有财产拿出来赈灾。但过激党所得到的结果却与原来的用意完全相反。俄国的旧教士早已失了他们势力，他们在社会上是无声无臭毫没有关系的，但经过了这次过激党的压迫，他们却反而惊醒了，俄国教会觉得这是危急存亡的时候，非得奋斗一下不可。过激党对于智识阶级本来的用意时〔是〕很好的，所以把他们改变为国家的官吏，但他们自由创造的精神却从此消灭了。过激党对于教士本来的用意是很不好的，把他们驱逐出官吏的范围以外，但他们却从此就回到那自由的智识阶级中去了。俄国教会本来是已经死了，现在却像打了一次吗啡针以后，又活起来了。所以过激党也不得不另想方法，与一部分教士得到谅解，保护他们。无怪我们到了反宗教的实行共产制度的苏俄京城莫斯科，每星期日的上午只听得教堂里边不断的钟声。

贵族，财阀，和官僚是帝制时代社会上的三个大柱子，他们的利害关系是相同的，所以是很有联络的。革命以后，社会上另外三种人民占了重要地位，这就是革命的智识阶级，城里的劳工，和乡下的农民。智识阶级当然最能关心于全国利益，但过激党是最暴烈的分子，往往不顾全国利益，为所欲为，使国家几次三番的经过极危险的时代，所以俄国智识阶级中大部分人民是很反对过激党的，他们对于革命行为是很害怕的，对于人民，是很失望的，对于民治主义，是失了信仰。但他们却失败了，并且又〈付〉出了最重的代价。以后过激党把所有的财产收归国有，他们生活的来源就断了。以后过激党又强迫他们服务，把他们变成新政府的官僚。以后又因政府的减政主义，再把他们驱逐出来。俄国智识阶级的经济状况要算是最苦最可怜的。他们为生活起见，把志气消磨完了，自信力也没有了。

在革命以前，俄国工人的数目是不多，但其势力却甚大，这是因为俄国工业状况的特别原因发生的。俄国工业虽不大发达，但是集中的，所以工人都是集中在范围极小的区域内，所以他们能实行别处所不能实行的无产阶级专政的制度。在欧战时期，俄国的工人死去大半，但同时却因战时工业的需要，又从各处召集拢来一班新工人。他们都是没有经验的，未曾训练过的。这般人都是过激党的党员。到了过激党的工业试验时期，所有的工厂都停止工作了，工人也都离开城市，回到乡下耕种去了，那时候政府如果不先事预防，所有的工人差不多都要跑回，无产阶级专政的制度恐怕要没有无产阶级参与其间了。苏俄政府就不得不担负种种损失，使各工厂继续开工，养活这般工人。一大部分工人差不多变成政府的食客。有一部分工人或者拿工厂的出产品，或者利用工厂中的器具，做成许多东西，偷到市场上去卖大价钱。过激党的工人还有一种特权，能到粮食区域去贩卖粮食。还有一部分工人就加入那一种叫做“收集粮食的队伍”，直接或间接的抢夺农民的粮食。所以那时候的工人就变成小商人，投机者，或强盗。这是最坏的时期，现在的情形已经好得多了。

在革命时代，劳农得到的利益要算是最大，他们的田地是加多了，他们对于地主是不用支租钱了，并且在那无政府时代，赋税也不用出了。各处的田地又均分于农民，所以他们的境况是大都相同的。但同时过激党毁灭了市中的工业，到了无税可收的时候，他们就注意到农民方面。照那时候的规定，每一个农民只准留住他自己需要的粮食，把所有“剩余”的都交给国家，农民的抵抗方法就是少耕几许，没有剩余的粮食。政府在无可如何的时候，就不得不用武力去强抢，农民的答覆差不多就完全停止耕种了。苏俄政府又进一步，宣告耕种为人民对于国家应尽的义务，但农民还是抵抗，其结果就发生农民革命，和全国的饥荒。政府有的是枪炮，但一个人无论怎样去用他的枪炮，他决不能永远的坐在枪炮之上。俄国农民虽则目前失败，但最后的胜利却在他们一方面。农民也自知全国的生产是在他们手里，苏俄政府实在是无可如何他们的。以后苏俄政府在城市中实行了新经济政策，对于农民也采用了新政策，其中最重要的特点就是：（一）规定一种新的土地所有权制度，（二）一种新的赋税制度。土地国有的根本原则还是维持的，但关对共产制度的试验却废除了。从此以后，农民得到土地以后，这块土地能终身为他所有。至于赋税一层，农民须把他收成中确定的百分之若干交给政府，其余的数目可以留给自己用。所以现今农民的状况已经是好得多了。

这是几年来俄国社会阶级状况变更的大概情形，不明白这种情形，决不能懂得苏俄的政治，更不懂得什么叫赤化。

（原载《东方杂志》，第23卷第4号）

战后的欧洲农民——绿色国际（1926）

在现今的民治国家，人民在法律上，在政治方面是平等的，但在经济方面，人民还是不平等的，还是分做各种各样的阶级。可是现在的所谓社会阶级和古代社会阶级的性质是大大的不同了。在从前古代时候，社会上各阶级的界限是死的，这一个阶级的人民是没有方法可以跳入那一个阶级中去的。一个人生在奴隶阶级中，他永远是一个奴隶，无论他有天大的本领，也脱离不了奴隶的地位。现在的所谓社会阶级只是暂时的，各阶级间的人民都能从这一个阶级跳到那一个阶级，或那一个阶级跳到这一个阶级。并且各国的法律又都承认人民的平等，在表面上看起来，社会阶级制度的现象确是看不出的。从一大群的英国人，法国人，或美国人之中，我们很难区别那一个是工人，那一个是中等阶级人民。不过我们却不能因此而判定人民之间是没有阶级的区别。社会阶级最显明的证据是在于婚姻一方面：非但一个上等阶级的女子不肯嫁给一个普通工人，就是中等阶级的女子恐怕也是不愿意的。

概括的说起来，上中下三等人民是在无论那一种社会中都有的。不过照现在各国社会的复杂情形，这样一种分类是未免太含糊一些，不能确实描摹各国社会阶级的状况。依照人民的生活而说，一部份人是“劳动者”，又一部份人是“劳心者”。在劳力者一方面，凡在乡下居住的人自然是农民，在城市居住的是工人。在劳心者一方面，有一部〈份〉人专心于文学，美术或科学，普通叫做智识阶级；还有一部份人是政治，经济方面的领袖人物，可以笼统的叫做上等阶级。此外，在劳力者和劳心者之间，还有一种人民，叫做中等阶级，他们都各有一种职业，多少各有一点资本。

照社会主义家的眼光看起来，人类的历史只是各阶级互相竞争的历史。假定我们不能承认这样一种笼统的观念，我们大概也得要承认各社会阶级的状况及其变更确是人类历史中最重要的一部份。从历史方面着想，凡大变动发生时候，社会阶级的状况也跟了发生一种大变动，旧阶级打倒了，新阶级发生了。历史上社会阶级状况的更变与现今社会的组织确有大影响，很值得我们研究的。

这次欧洲的大战是历史上最大的一种事实，比得上欧洲古代罗马帝国的灭亡，中世纪末了美洲的发现，和现代工业革命的发生。所以欧战的结果也使各社会阶级间发生一种重大的变更，这是在各国都看得出来的，但在欧洲各国，这种变更更加显著，所以我想写一篇东西，专讨论欧战以后，欧洲各社会阶级所受到的影响，他们对于赤色革命的态度，及其现今的状况。可是这一个大题目，写起来未免太长，故不得不分开来讨论，本篇专述欧洲的农民阶级。

各国城市和乡区的状况自然是不同的，但在欧洲，城市和乡区的区别更加显著，非但物质的环境是不同的，就是人民的态度和时间的精神也是不同的。欧洲城市和工业中心点确是现代的出产品，举凡一切物质方面的设备，和人民日常生活上的利便都应有尽有。假使一个人离开城市，到了乡间，他就差不多到了另一个世界：繁华的街道和工厂是不见了，他所看见的只极清净村庄中的几所旧房屋，已经耕种了好几百年的农田。机械的生活在欧洲乡间差不多是看不见的。欧洲农民所过的生活和几百年前差不多没有改换多少地方。欧洲农民所代表的是工业革命未曾发生以前的旧欧洲。

实在说起来，欧洲可以算有两个世界，一个是城市的工业世界，一个是乡村的非工业世界。这个区别是很重要的，并且在现今时代更为重要。因为这次欧战已经把这两个世界的地位更变了，其结果也许能更改欧洲全部人民生活的趋势。在大战以前，欧洲是向工业化这一条路上跑的，城市的势力实在超过于乡区之上。欧战的结果却改变了欧洲进行的方向，工业的根基受到了极大的动摇，城市中各级人民都因此而受到了极大的损失；但农民在经济和政治方面的地位却反而抬高了。并且依照欧战以后的趋势看起来，农民在战时所得到的利益确能保守得住。欧洲各国的重心点好像已经从城市转移到乡区方面，受其利益者自然是农民。这种趋势确能从根本上更变欧洲社会的组织。

在一九一四年的上半期，假使有人能预料在十年之内欧洲城市和乡区的势力须这样的更变，他一定是一个大胆的预言家。因为依照这一百年之内的历史趋势，城市的势力只有逐渐增加，直到了欧战发生之前，城市的地位是早已根深蒂固，可以算是打不破了。十九世纪之内欧洲各处城市化的速度实在是出人意料之外，我们把一八〇〇年的欧洲和一九一四年的欧洲一比较，就能看得出来的。在一八〇〇年，欧洲各处的城市还没有发达，大部份的人民还都是住在乡区。就是现今城市最发达的几个国家的情形也是这样的。比方说英国罢，现在有五分之四的人民住在城市，那时候有六分之五的人是乡民。在一八〇〇年，全欧洲只有两个城市的人民是超过五十万，这就是伦敦和巴黎。那时候的柏林也只有人口二十万。并且依照现在的标准看起来，就是这几个城市也不能算是大城。那时候巴黎街道上的污泥也往往有一尺多深，柏林既没有马路，又没有阴沟，只有伦敦才算有几盏路灯。

还有一层，那时候的城市对于乡区并没有什么势力。交通的不方便往往使城市和乡区分离。一百年前，欧洲各处还没有好的道路，至于铁路一类的交通事业，那时候人民更是梦想不到的。乡区人民的粮食是他们自己耕种的，他们所穿的衣服和所用的器具也是他们自己做的。极大的工业中心点尚未产生，大宗工业制造品也未曾发现。那时候的城市当然也供给乡区人民多少奢华品，但这类货物并不是急需的，并没有多大的关系。一百年前的欧洲乡区和现在的乡区当然又有极大的区别。大多数的农民都是贵族或教士的佃户或佃奴。他们都不懂现今的农业方法，他们的生活是很苦的，很勤俭的，他们对于国家的事务是漠不关心的，他们在政治方面也没有丝毫的势力。

这是一八〇〇年时候的欧洲。一百年后，一切情形却大大的更变了。在一九一四年，欧洲变成一个新世界，比之从前，财产增加了好几倍，人口增加了三倍。可是财产和人口的增加并不是发源于农业方面，却是发源于工业方面。假使现今的欧洲还是一八〇〇年时候的乡区的欧洲，欧洲的人口是决不能增加的。一八〇〇年时候的欧洲并不是新开辟的土地，却是一个旧世界，所以那时候的人口数目确是那时候农业和商业所能供养的最高限度的数目。这一百年之内欧洲人口的增加当然不是因为农业的改良。在一八〇〇年，欧洲的土地早已都开垦了，以后农业方法的改良，也只能增加一小部份的人口；并且在事实上说起来，欧洲有许多地方，例如英国，农业方面只有退步，没有进步，现在决不能像一百年以前那样，供给大群乡区农民的生活。

所以欧洲人口增加的主要原因完全是“工业革命”，就是机械的发明，生产的增加，和交通的发达。这种情形才能使那新增加的好几万万人民能生存于世。可是这一类新增加的人民都是城市的居民。换句话说，十九世纪欧洲历史上最重大的变迁是乡区和城市间重心点的变更，从此以后，城市的势力日渐超过于乡区之上。自从罗马帝国灭亡后直到一百年前，欧洲乡区正在历史上所占的地位是很重要的，其势力总是在城市之上的。工业革命却把乡区的地位打倒了。机械的工业发达后，就把乡区的欧洲大陆改变为世界的工厂，充满了一切的工业，以工业的出产品，交换世界各处的原料和粮食。到了十九世纪末了，西欧和中欧发生了无数的城市和工业中心点，其中的人民都是依靠工商业为生的劳动阶级。

这一种城市化的趋势在欧洲各处都看得见的，尤以在英国为更利害。工业革命本来是发生于英国，所以在英国，其势力也更大。我们已经说过，在十九世纪初期，英格兰和威尔斯两处只有六分之一的人民是在城市居住。那时候的英国当然是能够自己供给自己，不必依靠从外国运进粮食，供给人民的食料。但在一九一四年，一切情形都大大的更改了。在英格兰和威尔斯，五分之四的人民是在城市，在苏格兰，四分之三的人民是在城市；英国全国变成一个极大的工厂和商场，绝对的依靠外国运进的粮食，维持人民的食料，其本国出产的粮食还不够人民三个月的吃用。德国的情形也与英国相同。直到一八七一年德意志帝国成立时候，德国的粮食非但足够本国人民的吃用，并且还有多余销售到外国。但在帝国时候，德国工业进步的速度实超过其余各国，在几十年之内，乡区和城市间的均势早已推翻了。到了一九一四年，德国的人口已经增加了一倍，其中三分之二的人口又都是在城市居住的。德国，也像英国一样，完全依靠从外国进口的粮食，维持人民的食料；这也是欧战时候失败的一个大原因。欧洲其余各国也都有这种趋势，不过没有像英，德两国那样的利害罢了。就像最不发达的俄罗斯也在这个时期之内发生了大群的城市人民。只有法国才能算是一个例外，还能维持那乡区和城市间的均势；在一九一四年，法国乡区的人口还超过全国人口总数的半数，本国出产的粮食还足够本国人民的吃用。

欧洲这一种城市化趋势对于欧洲的农业是很不利的，受害最大的就是那般农民。农业出产品的需要，因人口增加而增加；但农品需要的增加就抬高土地的价值，并使耕种的方法不得不改良。但那般农民，尤其是那般租地耕种的佃户，决无能力和大地主在农业上竞争。因此，他们就屈服于大地主的势力之下，放弃独立的耕种生活，变做农业方面的佣工；或者弃农务工，迁移到城市居住，变为工厂中的劳力。所有的土地大半都归并到几个大地主手里，大规模的耕种和大地产变为当时最盛行的现象。英国是这样的，中欧和东欧也是这样的。但法国的情形又是一个例外，法国农民又勤俭又有智识，很能保持他们小规模的耕种，维持他们的地位。可是就欧洲全部说起来，小农民的地位一天不如一天，经济方面生活一天困苦一天。

至于大地主的优胜地位也不久就被外界势力所推翻。其中最重要的原因是从外国进口粮食的竞争逐渐利害，本国农业有不能维持其地位的趋势。在十九世纪初期，交通是不方便的，运费又贵，速率又慢，所以凡是笨重的货物是很难随便运输的。各地方人民的食料不得不完全依靠本地方的出产品，就是在荒年时候，也只得借用临近各处多余的粮食。但到了十九世纪中期，铁路和海轮发明后，大批粮食能于最短时期之内，并以极贱价的运费，从这地方运到那地方。不久美国西部，加拿大，南美洲，澳洲各处又都开垦了，这种势力实在不是欧洲农业所能竞争得过的。我们可以把英国的事实来做一个例，说明欧洲农业的普通状况。当初英国地主觉得外国粮食的竞争太利害，他们就利用政权，规定几种粮食的关税率，一方面抬高外国粮食的价值，一方面保护他们自己的利益。但城市人民却要求贱价的粮食，所以后来政权到了城市人民手中，他们第一件事就是废除这一类粮食的关税率，可是英国的农业却从此牺牲了。自由贸易的英国变成世界的工业中心点，但乡区人民所出的代价实在不少。欧洲大陆乡区中各份子看见了英国的例，他们就联合起来，组织了一个农党，极力奋斗，实行保护的关税政策，维持他们经济上的利益。可是以后政权到了市民手里，农党的势力也渐有支持不了的趋势。

在十九世纪的末了，欧洲城市的优胜地位差不多可以算是达到极点了，乡区只能算是城市的附属区域。城市非但是财产，文化和政治的中心点，并且又使乡区的经济生活也不得不依靠城市。这是因为工业的进步，一切手工都已改为机械的工作，乡间人工所制造的器具一天减少一天，城市工厂的出产品一天增加一天，又因为机器出产品的价廉物美，农民也就不得不以城市机械的出品代替从前本地人工的出品。其结果却使农民方面受到极大的损失。我们假使把城市和乡区所交换的物品的价格细细分析一下，我们就可以看出工业品的价值太贵了，农业品的价值太贱了。城市人民所出的代价实在抵不上他们所得的物品的价值。城市人民非但以工业品交换农民的粮食，并且农民又须负担极重的赋税，帮同城市人民维持那城市政府和中央政府所设立的各种各样机关。所以到了一九一四年，欧洲各处的乡区都已变为城市的附属区域，并且乡间人民所出的代价又超过于他们所得到的工业物品的价值。

在这时候，欧洲大战发生了，一切重大的变动也就跟了发生了。欧洲城市中那种极复杂的，组织极完备的工业制度因此而受到极大的打击。就是西欧和海外的交通也发生了阻碍，中欧各处差不多被协约国的封港政策封闭了。从此以后，外国的粮食差不多就没有方法可以运进欧洲，就能偷运进去，其价值也昂贵得不了；同时本地出产的粮食却反而变成一种必需品。换句话说，欧洲城市和乡区间的均势于一天之内改变了，乡区却占了优胜的地位。城市人民时有饥荒的危险，乡区农民可以自耕自食，还能把多余的粮食出卖，得到向来未曾有过的重价。当时的情形差不多又恢复了工业革命以前的状况，就是城市是依靠乡区为主的。可是城市的情形比之一百年以前更加可怜。在这一百年之内，欧洲城市的人民增加了好几倍，他们又都是依靠外国运进的粮食过活的。依靠统计家的计算，欧洲人口总数之中至多有一万万人民是超过欧洲本地的生产力。这就是说，欧洲除非能够立即恢复欧战以前的工业状况，就有四分之一人民不能得到足够的食料，他们假使幸而不至于饿死，也得过一种极痛苦的生活。可是这四分之一的人民都是城市的居民。乡区人民却照旧能自食其力，照旧能财丁兴旺，不受任何的影响。欧洲各处的状况都是这样的，尤以中欧和东欧为最利害。在东部和中部，工业是完全破产了，所以城市人口就一天减少一天，死亡率是超过生育率，例如维也纳和李宁堡。但在乡区，除了俄国灾荒区域之外，各处还是照旧的兴盛。

在欧战期内，因为爱国观念的关系，乡区和城市并没有发生冲突。政府用了种种方法保护城市居民，例如限制各人所消费的食料，规定农业出产品的价格；农民因为爱国起见，毫无怨言的甘心服从政府的命令。战事结束后，又因为各处发生革命的潮流，乡区农民和城市人民还能联合起来，互相利用，各自进行各的目的。城市无产阶级所想望的是城市资本家和中等阶级的财产；乡区农民所想望的是地主贵族的地产。因此，就有所谓劳农的联合团体，最好的例就是俄国的劳农政府。俄国革命是由城市的无产阶级发动的，可是因为得到农民的赞助，才能成功。但劳工和农民的联合也只是一种暂时的，决不是永久的结合。城市和乡区的利害冲突不久就使劳工和农民分离了。农民只有一个极简单的，具体的目的，这就是土地。等到土地得到了手以后，他们就想安安稳稳的过他们舒服日子，享受一切的快乐。他们是知道农业出产品的价值，所以也希望城市人民能够给他们一种相当的代价。但城市人民却没有能力以农民所需要的工业品交换一切的农产品；城市人民所能出的代价是纸币，但农民却已经有过经验，晓得这类纸币是不值钱的。

还有一层，欧洲以后，城市劳工的行动和思想都是趋向于激烈一方面，他们的宗旨是“无产阶级专政”，他们的方法是把一切的生产工具，土地和工厂机械都包括在内，收归社会所有。但这种思想和这种方法却不能为农民所赞同。农民费尽了心血和精力，才把土地夺到手，为什么就要归社会共有呢？他们或者是以武力从地主手中抢到土地，像俄国那样；或者是以法律把大地产分做小地产，像中欧各国那样；或者是利用欧战时候的余利，以金钱购置的土地，像西欧各国那样。无论他们用了什么方法得到的土地，他们总想把这块土地作为自己所有，享受一世。可是城市里的无产阶级却主张把土地收归社会所有。从农民的眼光看起来，这只是城市人民把持势力的一种方法，虽则从今以后，把持权力者并不是贵族，也不是中级阶级，却是工厂的工人，但从农民方面着想，这种新的势力却同样的可恨，非抵抗到底不可。

因有这种种原因，欧洲各处的农民就团结起来，一致抵抗那赤色的革命行动。就在那赤色革命军已经得到政权的国家，像当初那个短命的匈牙利共产共和国，和苏维埃俄罗斯，农民也是照样的一致反对共产主义。在匈牙利，革命政府收土地为社会所有的计画就激励了全国的农民，共产政府也因之而推翻。在俄罗斯，同样的计画也是完全失败，苏维埃政府也就不得不默认农民的土地所有权。在那赤色革命失败的几个国家，农民的反对确是赤化运动失败的一个重要原因。比方在欧战后的芬兰，那时候城市的无产阶级得到了苏俄政府帮助，实行赤色革命，可是芬兰的农民就立即与上中阶级联合起来，其结果就使白色军队有实力推翻那无产阶级的势力。在德国，农民到处反对共产制度。当时德国共产党在几个大城中得势的时候，农民就把那几个城市团团围困，断绝他们的粮食，使政府军队易于平定一切扰乱的行动。在瑞士，农民组织了一个农会（Peasants’ League）帮助政府平定工人方面的激烈行动。并且那时候欧洲各国的农民都组织农会或农民政党，抵抗赤化运动。

欧战以后的农民运动与战前的农党有一个重大的区别。战前的农党是由农民和地主共同组织的，其重心是在大地主方面，农民只是其中的附属品。战后的情形却大改变了。农民在战时所得到的利益实在不少，其势力也大大的增加。他们觉得机会到了，很可以利用他们的新势力，增加他们自己团体的利益。抱定了这样的宗旨，他们既不能容忍地主的把持，又不肯容纳城市工人的共产观念。他们一方面须抵抗赤化，又一方面抱定瓜分地主产业的决心。

欧战以后，农民和地主的关系也经过一种极大的变动。欧洲东部的大地产都分散了，从前的佃户或农工都得到了土地所有权，变做独立的农民。可是因为各处情形不同，所以这土地所有权从地主转移到农民所经过的手续也各不同。假使农民和地主间的感情向来是很坏的，比方像俄国那样，那末，农民就以武力逐出地主，瓜分其土地。俄国农民虽则是极端的仇恨鲍尔希维克党，但到了反革命发生时候，他们深恐地主阶级能够恢复他们的土地，所以就帮助苏俄政府打倒白党的势力。在东欧其余的几国，像捷克和罗马尼亚，政府以法律手续把大地主分给农民，同时大地主也得到一种相当的赔偿。在匈牙利和德国，地主和农民间的感情本来是很好的，所以没有重大的更改。地主和农民都互相谅解，互相让步。地主方面因此尚能保守一部份的势力，而地主和农民的联合团体还是很坚固，能够一致抵抗城市的势力。

因为归根到底，农民所仇恨的是城市人民，并不是乡下的地主。农民仇恨城市的无产阶级及其激烈思想，已经叙述过了。可是农民所仇视的是包括所有的城市人民。在事实上说起来，农民自始至终总是反对城市的；从他们的眼光中看起来，城市只是万恶的源头。就是西欧那般较为开通的农民也免不了有一种反对城市的偏见；东欧的无智农民更不必说了。从前维也纳城在最危急时代，奥国农民看见市民饿死冻死，好像感觉一种特别的快乐，他们情愿把剩余的牛奶去喂猪喂狗，不愿意供给市民的小孩。东欧其余各国的农民也都有同样的举动。

农民运动早已超过国家疆界，变成一种国际性质的运动。现今欧洲各国各种社会阶级都各有各的共同利害关系，所以为达到共同目的起见，往往设立一种国际的组织。城市工人早已由一种阶级观念的表示，早已组织了各种各样的国际工党和国际的社会党。莫斯科的第三国际只是国际工人组织中最激烈的一种。各国上中等阶级为抵抗共产主义的势力起见，也有各种国际的组织，其中最重要的是意大利的法西党，匈牙利，德意志和西班牙都有该党的分会。除了工人阶级的“赤色国际”，和上中等阶级的“白色国际”，其间还有一个农民阶级的“绿色国际”。

这几年来，赤色和白色的名词是我们所常常听见的，并且关系赤白的争斗，我们在报纸上也是时常看见的，但我们却很少听见还有什么绿色的运动。不过在欧洲东部，这绿色国际确是一种极大的势力。从成立至今，绿色国际的年岁还不到六年，可是其会员已经有了好几百万人，其团结力非常之坚固，其政治势力也非常之大。他们的会员已经做过捷克和波兰的国务总理，并且在东欧各国中的势力大有蒸蒸日上的趋势。

绿色国际的势力虽则推广得很快，可是这几年来的历史并没有什么惊人的地方。这样一种组织是根据于战后的状况，于不知不觉之中发生的。欧战以后，东欧的几个大帝国是分裂了，许多的新国家是成立了。这许多新国家都是从旧国家里分出来的，他们的状况和一切的问题都是相同的，所以各国农民的领袖自然而然的互相讨论共同的问题，共同商议解决的办法。在一九一九年的上半期，一种国际性质的农民代表会议已经轮流在各地方开会。这是绿色国际的起源。他们的领袖都有农民那种小心精敏的特质。他们对于那种很好听的口头语，和事实上做不到的大计画，一概不采用；他们情愿在可能的小范围之内，一步一步的做去。他们差不多把全副精力集中于一个具体的计画：这就是打破大地产制度，使各农民都有小小的一块土地。绿色国际当然同时还注意于别种与农民有直接关系的问题，例如赋税问题，保护关税政策，和反对共产制度。可是从他们领袖的眼光中看起来，这类的问题都是不大十分重要，主要问题是为农民争夺土地。他们深信只要农民都变成了小地主，将来自然能在经济和政治方面有极大的势力，其余一切问题也都容易解决了。

绿色国际的主要特点就是这一种小心谨慎，注重事实，及和平的手段。绿色国际是与城市无产阶级的赤色国际极端相反的。赤色国际的目的是要立即得到绝对的权力，并想望打倒社会上其余一切的阶级。假使赤色国际将来得到胜利，那末，现今社会的一切制度都得要打破。绿色运动就没有这样一种趋向。第一，绿色运动是根据于现今社会中最重要的一种制度，就是私有财产制度。各处的农民都是个人主义的信徒。他们唯一的目的是土地所有权，和田地出产品的所有权。那几个头脑清楚的共产党党员早已承认那农民是他们最利害的仇敌。第二，绿色运动是一种极和平的运动。他们的领袖明知战争是最不利于农民，在交战时候，战场上打仗的人大都是农民，战事完结后，受到最大苦痛的人，又是农民，所以他们对于一切国际的战争，和国内的阶级战争，是一致反对的。他们主张以和平的政治和经济方法达到他们的目的，绝不愿意以武力或暴动行为争夺权利。因此，他们也不像赤色国际，并没有在各处宣传他们的主义。就是到了现在，绿色国际也只有在东欧几国，特别是捷克，波兰，南斯拉夫，保加利亚，罗马尼亚，有一种组织。他们的中央执行部是在捷克的京城，可是这也只是一种流通消息的机关，并不是一种中央集权的组织。

至于绿色运动的将来，我们此刻当然不能预料。欧洲有几部地方例如英国，差不多可以算是完全城市化了，将来除非欧洲的工业制度从根本上推翻，这几处地方的农民决不能恢复他们的势力，所以这绿色运动也许不能推广到这类的地方。在德国这类地方，农民和地主的感情是很亲密的，现今的土地制度也许不至于有什么根本的大变动。在法国这类地方，农民的境遇已经是很满意了，他们也许不至于需要什么阶级的团结或国际的行动。所以绿色运动的中心点大概只有东欧一部份的地方。俄国将来大概总是免不了受到这类运动的影响，这只是一个迟早的时间问题而已。现今的苏俄政府对于这绿色运动防备得非常严厉，比之我们防备赤色势力侵入更加严密。可是苏俄政府如果不能恢复俄国的工业生活，或不能使农民变成共产主义的信徒，俄罗斯总是一个农民的国家，将来的政权总得要到农民手里。将来的趋势如果是这样，那末，绿色运动的势力一定大大的增加，农民就要变成东欧的主人翁；并且别处农民的自觉心也许受到一种激励，振作精神，起来试一试他们的实力。到了那个时候，欧洲乡区的势力又要超过城市的势力，欧洲的城市文化也需要退回到从前的乡区文化了。

这种情形并不是绝对不可能的。欧洲的城市文化只是几种偶然势力的出产品，其中最重要的是（一）欧洲工业发达得最早，（二）交通的方便，海外的原料和食料能因之运入，（三）一种最复杂的金融和商业制度，欧洲的工业品能分销于全世界各处。可是这次大战的结果把这种大势更改了。欧洲的工业是不能占世界工业方面的第一把交椅，美国，甚而至于日本的工业差不多都已经赶上欧洲的工业。交通方面也没有战前那样方便，从海外到欧洲的运输方法较比起来已经困难得多，并且运费也增加了。至于国际金融和商务的组织也受到了一种极大的影响。战时的损失和战后的一切扰乱状况都使欧洲不能于短时期之内恢复战前的工业。可是工业不能恢复，城市人民却没有生活的方法，他们只有回农间去的一法。依照现在的情形，城市人民确有减少，乡区人民有增加的趋势。这种情形如果继续下去，再过几十年，欧洲恐怕就不免恢复从前那种以乡区为主体的地位。城市的发达果然是很快的，可是城市的衰败也是很快的，否则古代的多少城市也不至于现在都到地底下去了。

讲到城市人口的减少，欧洲有许多地方早已很明白的表现出来了。这尤以俄国为最利害。依照苏俄政府一九二〇年的统计，在欧洲俄罗斯一百八十个城市中，有三十个城市的人口已经减少了一半。李宁堡在一九一〇年有人口二百三十一万八千，现在只有一百万左右。就是苏俄政府的京城莫斯科，也只有人口一百零五万，可是在一九一五年，莫斯科人口却有一百八十万。俄国当然有特别的情形，因为俄国的工业是完全破产了，所以才发生这种状况。但同时奥国的工业也已破产了，德国的工业也差不多到了极危急时代，英国也有好几百万失业工人，专靠政府的补助费，过他们的生活。将来如果再发生一次大战，欧洲全部的工业制度恐怕就得要推翻了。

总结一句话，工业衰败了，凡靠工业过生活的人民都失了生活的根基；工厂和市场关了门，城市人民就失去了依靠。但乡区农民所依靠的是土地，土地不沉没到海底下，农民总不至于饿死。城市人民没有乡区供给他们粮食就不能生活；乡区农民没有城市还能照旧的过活。现在欧洲已经有许多农民，特别是俄国的农民，因为没有城市供给他们工业出产品，他们早已恢复了从前的农村工艺。像他们的老祖宗一样，自己织自己衣服的布，自己做自己用的工具。虽则是不方便几许，但他们照旧的过活，吃得饱饱的，穿得暖暖的，他们的几个领袖还利用绿色国际的组织，梦想将来把持欧洲的势力。

（原载《东方杂志》，第23卷第13号）

欧战前后的国际政治
——一九一四年至一九二六年间的变更情形
(1926)

一 欧战以前的情形

在一九一四年，全世界共有八个又大又强的国家，就是英，法，德，匈奥，意，俄，日，和美。他们都有极大的土地，极多的人民，极丰富的物产，并且又有一种组织完备的经济制度，在表面上看起来，差不多可以算是打不破推不翻的。他们的疆界当然是逐渐因天然形势的变动而更改的，但他们的势力确是根深蒂固，是世界政治方面一种永久的主动力。这是从四五百年欧洲历史推度出来的结论。自从这几个强大的国家发现以来，他们总是继续不断的并吞其余的弱小国家，增加他们自己的势力，凡与他们有利益的事，他们是无所不为，无恶不作，其结果就是在二三百年之内，把欧洲中世界〔纪〕遗留下来的无数国家都归并起来了，只剩了六个大国，和十几个小国。在欧战发生以前的五十年之内，这政治统一的进行差不多可以算是达到最高的限度。

从一八七一年到一八七八年，欧洲地图上独立国家的数目最少。那时候德意志和意大利都已统一了，但希腊还没有完全和土耳其脱离关系。从一八七八年到一九一四年，欧洲的情形大致是没有更动的，虽则在这个时期之内，因为希腊的独立，巴尔干半岛区域已经发现一种分立的趋向。在一百年之前，巴尔干半岛区域是直接或间接在土耳其一国的主权之下，到了一九一四年，这块区域中至少发生了六个独立小国家。但普通一般人都把这种现象看做一块地方上的特别现象，不能影响于世界大局的；并且也只因为土耳其政治的特别腐败，所以才发生的。从一七六八年到一七七四年俄土战争以后，土耳其早已不算是一个大国，所以巴尔干半岛小国的成立也只可以算是一个小国分做几个更小的国家，与欧洲的政治地图是不发生重大影响的。同时在欧洲范围以外，全世界各处土地都被几个大国并吞了，所以人民的眼光只注意于这合并的趋势，看不到欧洲东南角上一部份分立的趋势。

从一八七八年到一九一四年之间，非洲全洲，除了两个国家（Abyssina 和 Liberia）之外，差不多都被欧洲七个国家瓜分完结，其中得到最大部份的自然是英，法，德，意四个大国。几个大国同时又在亚洲扩充他们的势力。英国和俄国在东方中部的势力范围扩充到阿富汗和波斯；英国又并吞了上缅甸和南掌；法国增加了安南的土地；美国从西班牙手里夺到菲律宾群岛；日本并吞了台湾和高丽，同时又把南满洲归入其势力范围之内，北满洲是归入俄罗斯的势力范围之内。在旅顺，威海卫，和胶州，日本，英国和德国都设立了军港，想逐渐扩充他们的势力到中国内地。十九世纪下半期列强势力侵入中国自然是一件极重大的事实。从人口和物产方面说起来，中国是要算世界上第一个国家，但中国是向来闭关自守，直到了十九世纪时候，从未加入西欧大国的团体之内。中国既没有像日本那样模仿西欧的形式，打了两次胜仗，变成一个西欧式的大国，又没有像印度那样完全被欧洲征服。但世界政治的重心早已移到远东中国方面，中国问题将来究竟怎样的解决是完全要靠我们中国人的能力和决心。

欧洲势力正在推广到非洲和亚洲时候，南美洲发现了多数独立的小国。欧洲土耳其的分裂也许只是一个区域间的问题，但南美洲西班牙和葡萄牙殖民帝国的分裂是影响于全欧洲的政治生命，决不是一个小问题。在一九一四年欧洲土耳其分做六个巴尔干半岛小国时候，西班牙和葡萄牙的美洲殖民地已经变为十九个独立国家了。这是不是抵抗大国扩充势力的一种趋势呢？美国的答案是是的。北美洲政治家把列强的势力看做是欧洲的势力，决不能任其扩充到美洲大陆方面。当南美洲殖民地人民推翻西班牙和葡萄牙势力的时候，欧洲几个大国正在组织一个神圣同盟，抵抗一切的革命行动，他们确想干涉南美洲事务，或者帮助西班牙和葡萄牙恢复其势力，或者利用这个机会扩充他们自己的势力，美国为自卫起见，就不得不设法抵抗，其结果就是门罗总统于一八二三年十二月二日在美国国会的宣言，其大意是美国决不能承认欧洲列强干涉美洲各独立国的事务。这就叫做门罗主义。

门罗主义的意义是很明了的，美国政府也很有诚意保持这种主义。

但美国的用意却是消极的，只想利用这种宣言，阻止欧洲大国势力扩充到南美洲。但在事实上，门罗主义的结果却与美国原来的用意相反，因为西班牙和葡萄牙本来不是大国，但美国既能保持门罗主义，他本身的地位却变成一个大国了。其结果就把大国的制度从旧世界移殖到新世界，南美洲区域变成美国的势力范围了。但这种结果却是美国和南美洲共和国都不承认的。南美洲共和国万不肯承认他的主权是受门罗主义的限制。可是美国在新大陆上所占的特殊势力却是显而易见的。因有美国的保护，南美共和国虽则经过了长期的内乱，还能保持其独立，若是在别处，这样不能自立的国家早已被欧洲强国所并吞了。南美洲小国也像亚洲和非洲小国一样，时常同欧洲大国人民发生经济上的关系，但他们是无妨害的，决不至于发生意外的问题，不像在亚洲或非洲，这类经济的关系，往往是干涉各该国内政的第一步。欧洲各强国对于南美小国也往往借口于经济方面的问题，想实行种种军事的或政治的干涉，但美国政府总是很坚决的阻止这类的行动。所以从这一方面着想，美国确是限制南美小国的自由，就是否决他们放弃那已经得到的独立权，这当然是很有益的，但我们同时却不能不承认这也是他们自由权力方面的限制。在欧战以前的几十年之内，墨西哥，巴西和其余南美小国所以没有被法国，德国或英国并吞，只因美国的影子继续不断的把他们遮盖住，永远没有离开过他们。

所以到了一九一四年，八个大国占据了地球上大部份的面积，把持了大部份的财源，统治了大部份的人民。他们的势力实在是大得不了。这一层我们可以用统计来证明的。在一九一四年，只有我们中国还没有完全到他们的势力范围之内。除了中国，再除了美国势力范围之内的南美共和国，世界上只有三个人口超过一千万的独立小国家，这三个国家——西班牙，土耳其和阿比西亚——没有一国的人口是超过二千万的。阿比西亚又是非洲东北部的一个半开化的国家；土耳其在名义上虽是独立的，但在事实上，其主权却是不完备的。所以在这类的国家中，只有西班牙一国可以算是完全独立的文明国。至于那种人口不到一千万的国家，那时候共有十四个，但他们人口的总数还不到六千万，这就是说，还比不上德国在欧洲区域以内的人口数目。但从人口的数目上说起来，德国却是八个大国中的第四个。假使把比利时冈果（Belgian Congo）与荷兰东印度的人口，再把西班牙和西班牙殖民地人口加入在这十四国人口的总数之内，合并起来的总数也只有一万四千万，比之俄罗斯一国的人口还差一千多万。南美洲共和国的人口总数也比不上美国一国的人口数目。所以在欧战以前，只有中国的土地，人口和财源还能同各大国单独的比一比，可是中国的地位，中国的实力，却一天不如一天，还比不上欧洲的小国。

所以在一九一四年，世界舞台的势力是完全在几个大国手里。可是他们的实力也只是浮面的，没有坚实的根基。就在那时候，有一般精细的学者，放远眼光研究世界大势，早已看出他们地位的不稳固。因为这种大国是两种极大的势力——工业制度和民族主义——的出产品。当工业制度和民族主义初发生的时候，有几个国家，或因地位的关系，或因历史的关系，或因别种原因，于不知不觉之中受到绝大的利益，借以扩充他们的势力，达到大国的地位。可是工业制度和民族主义澎涨的速率，实在不是人力所能阻止的，也不是国家的政治势力所能抵抗的。在二十世纪的初期，工业制度和民族主义的发展已经到了第二个时期了，就要入手推翻他们自己在第一个时期所建设的大国制度了。

在一八一五年至一八七一年之间，欧洲经济生活的发展使那时候的小国不能在经济方面自立，因此，政治的组织也得跟了经济发展的路上跑；经济生活的范围推广了，政治团体的势力也扩充了。工业制度发展的第一个时期确是帮助那种大的政治团体的发生，并维持他们的势力。因为经济方面的需要，那时候德意志各小邦不得不组织一个关税同盟，这种经济上的联合就变成政治联合的根基，德意志关税同盟成立不久，德意志联邦也就跟了成立。这是从正面证明政治上的团结力是发源于经济的需要。同时我们还能从反面证明经济的需要是维持政治组织的一种势力。比方匈奥帝国所以能维持其地位，只因为这种政治组织是能保持多瑙河（Danube）区域和亚得利亚（Adriatic）海口间的经济上的联合。无论那一个国家都想得到一个出海的口岸，或者单独的扩充势力到海口，或者和邻国合并起来，占据一个海口。在一九一四年，欧洲大陆上只有两个没有海口的国家，这就是瑞士和塞尔维亚。到了后来，欧洲各大国为寻觅工业上所需要的原料和工业品的市场起见，他们就是有了出海的口岸，还不能心满意足，他们又推广势力到欧洲范围以外的各地方。经济独立是他们的目的。但从一八七一年后，欧洲各大国虽已伸张势力到海外，虽已变成人种复杂的殖民地大帝国，不过工业制度发展的趋势是包括全世界的，各大国的势力伸张得愈广，愈不能在经济上独立，当时的情形反而比不上工业革命以前，各国势力限于一洲范围以内的时候。

并且从人口的分配，资本的流动，货物的交换方面着想，除了统一全世界的大帝国之外，无论怎样大的国家决不能在经济方面完全独立的。在一九一四年的八个大国之中，只有三个还有那种适宜于温带人民永久居住的空地，并且也只有在俄国和美国，这类空地是与本国人口的中心点接连的。英国的空地都是在海外的，各地和本国的交通是都要靠英国海军去保持。资本家在国外投资，各国政府就往往借此实行干涉别国的内政，这一层又能证明各国的经济生活早已伸张到各国政治区域的范围以外了，就是那种政治区域范围较小的小国也是这样的。智利（Chile）的磷酸盐，俄国和美国的五谷都是出口销售于全世界各处；瑞士和比利时各项工业所需用的原料，也同英国或德国一样是从世界各处收集下来的。

在这种情形之下，全世界的交通差不多已经恢复了那小国从前因各大国政治势力伸张所失去的国际地位。铁道的路线，电报的路线，轮船的航路都是根据于各工业区域的经济需要而决定的；并且为达到最高的经济利益起见，这类交通的路线是往往不顾政治方面的疆界，甚而至于破坏各大国经济独立的目标。并且一个通商大口岸又往往不单是本国货物进出的口岸，同时也是别国货物进出的口岸。比方从意大利的口岸基诺亚（Genoa）进出的货物是瑞士，德国，意大利三国区域内的出产品，或是这三国各区域内所运进的货物；又如比利时的通商大埠盎凡尔（Antwerp）是法国，德国，比利时三国各区域所公用的口岸。从前奥国波希米（Bohemia）工业区域的出产是从易北河（Elbe）运到德国汉堡（Hamburg）出口，并不从多瑙河（Danube）运到忒里斯德（Trieste）出口，虽则那时候的波希米和忒里斯德都是属于奥国的区域。有几个小国，因为他们地位的关系，变成交通的要道。从英国到印度的邮政，有一条路线是要经过瑞士的一个隧道；从鲁尔（Ruhr）运到意大利米兰（Milan）的煤是要经过瑞士另一个隧道。凡从俄国南部运出的五谷或由别处运进的笨重货物都得经过黑海海湾，但这条交通要道却是在土耳其手里。一个波斯的乡下人能够用一把斧头，割断印度和西方的电报线。因此，几个小国的地位就变成极重要了，他们确有能力阻碍各大国经济上的发展，他们人民能够阻碍火车，轮船和邮政的通行，假使他们不禁止从流行病区域往来的船只，他们还能屠杀各大国的人民，因为微生虫的传染，比之人民的往来或货物的运输更容易更快。

在欧战发生以前的五十年之内，因为这种新的经济趋向，国际间早已发生一种新式的国际组织，其所讨论的事务并不是普通那种政治问题，却是关于邮政，铁路，航务，卫生，和其余一切各国所不能单独解决的经济问题。这类国际组织的议事手续也和国际间政治会议普通所采用的手续有两个根本不同的地方。第一，大国和小国都是立于同等地位，因为关于经济事务，小国的允许或否决也是很重要的，大国如果能得他们的同意，自然可以得到多少利益。第二，凡在国际间的政治会议中，一切问题都得要各国一致同意才能议决；但在这类的国际经济会议，多数票数就能表决一种议案。关于交通或运输等类问题自然要得各国一致同意才有解决的方法。但同时少数派也晓得在经济方面统一的办法是最有利益的，值得牺牲他们单独的偏见，服从多数的公意。这也是从经验上得到的。

所以到了一九一四年，各大国早已在经济方面，放弃了一部份他们从前在政治上所争得的特权。他们的势力是很大了，但还不够抵抗那种新发生的经济势力。他们在政治上的势力无论怎样大，他们没有一个有经济自立的能力。在欧战时，德、奥对于俄国的经济封锁政策，协约国对于德、奥的经济封锁政策，比之军队的势力或外交上的压力还要害怕得多。英国从德国潜水艇方面所受到的损失比之无论那一次的决战，陆战或海战，还要大。末了，协约国能够得到最后的胜利，也只因为他们能够把经济的实力合并起来，同时还能得到海外各中立国经济上的帮助。所以在事实上，近来因为经济势力的澎涨，各大国的势力就没有像从前那样大；同时他们在政治范围以内的势力，又因民族自觉心的发生，也逐渐有不能支持的趋势。民族自觉是新近发生的现象，对于国家基础的影响却与从前的民族主义相反，有一种破坏和分裂的趋势。

欧洲西部是民族主义的出产地。但在西欧，这民族自觉的新趋势差不多是看不见的。西欧民族早已在国家的政治区域范围之内，逐渐发生一种团结力，民族团体的范围是完全由政治区域决定的。凡在一个政治区域以内，各种语言不同的人民往往受了政治的影响，团结为一个民族，语言相同的人民又往往分散于几个政治团体之内。西欧政治团体的势力实在是很大，早已把人民间语言的界限打破了。语言不同的人民早已同化于一个政治团体之内，西欧在这几百年的历史上，除了爱尔兰之外，各处并未发生什么民族的问题。比方比利时和瑞士都是两种或三种语言不同的人民所组织的国家；法国边界方面的人民都不是说法国话的，可是在民族的感觉方面，他们却同那般说法国话的法国人完全相同的。同时在法国政治区域范围以外，那种说法国话的比利时人民或瑞士人民却没有法国的民族性。所以从政治区域的界限方面着想，西欧民族主义确是一种保守的势力。

但在西欧人民所设立的海外殖民地中，民族主义却有一种建设的能力。欧战前八个大国中的一个——美国——就是一百五十年前从英国民族中分出来的，那时候北美洲的英国殖民地人民，因受新环境的影响，发生一种独立的民族性，其结果就是北美合众国的成立。南美共和国也是同样的和欧洲本国民族脱离关系后而成立的。最近英国各自治殖民地也已发生了独立的民族性。这一类的民族主义，不像在西欧那样，人民因历史的关系，于一定区域之内，逐渐同化出来的，却是发源于殖民地人民因地理的关系，又因海外新环境的影响，逐渐发展他们的个性，和自治的能力，到了自觉性成熟时候，他们就有一种新的民族观念，建设一种新国家。欧洲民族在海外设立的自治国家都是这样发生的。这一种趋势确能抵抗从前各大国扩充后那种政治集中的势力。当初各大国的势力逐渐澎涨，从欧洲大陆推广到海外各处，这当然是一种政治集中的趋势，各大国的土地区域一天增加一天，势力一天大似一天；不过政治的趋势往往是出人意料之外的，欧洲民族一心一意的扩充势力，其结果反而分散自己势力，自己造成将来自己的对敌。这一种民族分离的趋势在十八世纪末了美国独立时候已经发现了。可是同时又有别种原因把这种分裂的趋势遮盖住了，所以就是西欧各大国也没有察觉。比方英国失去了十三个美洲殖民地后，立即得到澳大利亚洲，补偿其损失，很容易把美国分离的事实忘却了。又如南美洲各殖民与西班牙、葡萄牙脱离关系后，他们就被美国收吸到势力范围之内，在以后的一百年之内，他们在国际间的事务方面，并没有积极的行动，所以除了美洲以外，别国并未曾与他们发生什么国际间的大关系。末了，英国各自治殖民地新近所发生的民族自觉趋势使他们与英国之间发生一种特别的不确定的关系。但无论如何，海外民族主义的分裂趋势是显而易见的。所以在西欧的旧国家，民族主义保持了旧有的政治区域界限，在海外的新区域，民族主义建设了新的国家。但同时海外那种建设的民族主义和西欧那种保守的民族主义都有一个共同的特点，这就是，他们的根据都是地理上的区域，并不是语言的关系。从这一方面着想，他们同欧洲其余各处的民族主义是完全不同的。

在欧洲的中部和东部，民族主义的根据，并不是历史上固定的政治区域界限，也不是地理上的区域，却是语言的界限。西欧民族主义的特点是保守的，海外民族主义的特点是建设的，中欧和东欧民族主义的特点是破坏的，其趋势是要使政治地图适合于语言的地图。假使政治地图是较小于语言的地图，这种民族主义就要打破政治地图的界线，使同一语言的民族合并起来，组织一个大国家。反转来说，假使政治地图是较大于语言的地图，那末，这种民族主义就要破坏政治的组织，使各种语言不同的民族各自独立，分做几个小国家。第一种现象发现于欧洲中部，第二种现象发现于东部。在一八七〇年以前，意大利和德意志只是两个地理上的名词，在这两块大区域之中，各有一种语言相同的民族，分散于好几个独立的政治小国，但从一八一五年到一八七一年之间的民族（语言的）运动，和当时的经济趋势就把这两处三十一个小国合并为两个第一等的大国。不过同样的民族主义运动就破坏了东欧的政治地图，使东欧区域四分五裂，分做无数的小国，这是因为东欧国家的界限是较大于语言的民族区域。

在欧洲东部，拿破仑战争以前政治地图的发展是与西欧的情形相同，与意大利、德意志的状况完全相反。从十四世纪以后，这区域中的几个大国逐渐发展，扩充势力，归并了许多小国。第一个时期只是几个国王以个人的名义，合并两个国家，设立一种政治学上叫做身合国的组织。例如第十四世纪和十五世纪，波兰和匈牙利的合并，这两个国家的社会组织虽是相同的，他们的文化也是一样的，但他们地理上的地位是不相同的，很难合起来的，所以这两国的合并也只是短期的，第一次合并了十二年（从一三七〇年到八二年），第二次合并只有四年（从一四四〇年到四四年）。波兰和立陶宛（Lithuania）因有地理上的关系，又因那时候德意志民族势力有向东方扩充的趋势，所以他们在一三八六年的合并是有永久的性质，以后又在一五六九年时候，规定一种根本的宪法上的联合计画。同时从一四三六年以后，匈牙利是屡次倾向于波希米和奥国，到了土耳其打入西方时候，他们就不得不于一五二六年合并起来，直到一九一八年方才解散。

这三个国家——匈奥，土耳其，波兰立陶宛联合国——是东欧最古的大国，他们都是由几个小国合并成立的。此外，瑞典和普鲁士也曾在东欧占过第四把交椅，但他们所活动的中心点是在东欧区域以外，他们只与东欧区域的边界发生几许关系而已。在十八世纪的初期，瑞典的地位就被普鲁士占了去；同时俄罗斯势力扩充后，东欧大国的数目就从四个增加到五个。但不到一百年时候，波兰被俄，普，奥瓜分，东欧大国的数目又减为四国，就是土耳其，俄罗斯，普鲁士，奥大利。到了一七九五年时候，东欧所有的土地被这几个大国归并完结，各大国的土地都是互相接触的，其间并没有那种所谓缓冲区域或永远中立的小国。比方波罗的海区域已经失去其政治独立地位，不能作为俄罗斯，普鲁士和瑞典之间的缓冲区域，如同西欧，比利时，荷兰在德，法，英三大国之间所占的地位一样；山岭区域的波希米也不能像瑞士在西欧的地位一样。自从波兰末次瓜分（一七九五年）直到希腊独立成功（一八三〇年），东欧区域内独立国家的数目要算是最少的了。在这几十年之内，三个大国，普鲁士，奥大利和俄罗斯，把持东欧国际间所有事务。普鲁士的地位确是很特别的。从民族运动方面着想，普鲁士（一八七一年后改为德意志）在东欧和西欧的地位完全是不同的：在西欧，他设立德意志民族国家的根据；在东欧，因为瓜分波兰土地的结果，他也是一个民族复杂的大帝国，如俄罗斯，奥大利，和土耳其一样。直到了欧战发生之前，俄，普，奥在东欧的特殊势力还是很强大的；在表面上看起来，他们的地位还是很坚固，不能摇动的，只有几个民族主义的信徒敢在那个时候预料他们行将如土耳其一样，不久就得要分裂了。可是从他们内部的状况着想，这三个大帝国确是像土耳其一样，也有根基极深的同样病源，发作的时期就在目前。

所以在一九一四年，东欧的政治状况和西欧的情形有两个根本不同的特点。第一，东欧各大国并不像西欧各大国一样，能在海外设立新国家；第二，他们本身也不像意大利和德意志那样，是民族运动的出产品。他们确已在政治方面统一了他们的土地，可是他们土地区域范围以内的人民并没有同化，并没有一种共同的民族性。他们只是利用武力组织起来的大国家，并不是由人民心悦诚服连合起来的民族国家。西欧各国，像法国，瑞士等，也有各种言语不同的人民，但西欧各国人民却都能忘记他们言语方面的不同，自以为他们有种种共同的观念，共同的利害关系，换句话说，就是他们自以为有一种民族的特性，都是法国人，或瑞士人，不是说法国话的瑞士人，或说德国话的瑞士人，也不是说德国话的法国人，或说法兰达（Flemish）话的法国人。东欧几个国家实在没有做到这一层。他们对于这个民族问题实在永未曾解决过。其结果就使欧战前后的东欧历史受到一种极重大的影响。东欧民族问题的不能解决当然有种种的原因，其中最重要的是因为东欧的政治和社会状况并没有像西欧那样的开化，人民的眼光浅近，离不了从前那种小团体小组织的部落观念。还有一种原因是历史上那种偶然发生的意外情形，使东欧人民永久分离，阻碍他们发生一种共同的民族性。比方像波兰的瓜分，使波兰人民分散于俄，奥，德三国的势力范围之内，他们自然永没有发生同情性的机会。他们只能在较小的共同言语区域之内，互相团结起来，组织一种完全以共同言语做根基的民族团体。东欧地方本来是欧亚交界的地方，人种最多最复杂，因此，那地方的民族种类就也非常之多，有波兰民族，有立陶宛民族，有白俄罗斯民族，有乌克兰（Ukrainian）民族。

匈奥帝国是到了一九一八年才瓜分的。在波兰瓜分时期，一七七二年至一七九五年之间，奥皇 Joseph Ⅱ屡想采用德意志民族统一的方法，在他的领土之内，使各民族发生一种共同的国家观念，可是他的目的却始终没有达到。假使奥大利帝国政府能够采用一种宽容政策，以平等待遇的方法，对待各种言语不同的民族，那末，也未始不能像瑞士一样，使各民族发生一种超过言语团体范围的国家统一观念。瑞士的民族问题是以宽容的精神解决的，但奥国政府却始终没有想到“宽容”这二个字。在一八六七年，奥大利和匈牙利改组计画实行，以后变为匈奥联合王国，也只使两种最大的民族把持一切的权势而已，在奥大利，政治的权力都在德意志民族手里，在匈牙利，麦葛远（Magyars）民族把持所有的特权，至于其余一切的弱小民族都得受这两种民族的支配，在他们权力之下过压迫的生活。因此，东欧的所谓民族观念并不能统一政治区域范围以内所有的人民，只是各种言语团体的一种团结力。民族自觉的势力能帮助德意志和意大利统一他们的政治地图，但在东欧，却又使三个大帝国四分五裂。这是因为在一八一五年至一八七一年之间，中欧的言语团体是较大于那时候的政治团体，德意志区域和意大利半岛都是德意志和意大利民族居住的地方，可是那时候这两处地方并没有一个统一的国家，只有无数的弱小国家，到了各处人民觉悟了他们有同种同文的关系，他们自然容易联合起来，组织一种强大的民族国家。东欧的情形却完全不同。在东欧，因为历史的关系，各种言语团体的区域并没有一种清楚的界线，如高山大河之类，往往各团体区域之间差不多没有界线可说，各种民族早已互相混杂，并且言语的区别也只是各社会阶级，或各项职业，或各种宗教间的区别，并不是各地方间的区别。在这类的地方，东欧大国自然也很容易使人民发生一种超过言语团体的国家观念，造成一种多数言语的国家，如瑞士和比利时那样。但俄，奥，普三大国的政策不能使东欧民族心悦诚服，因此，凡关于民族统一的计画总是失败，其结果就造成东欧的扰乱局面。东欧那种言语的民族主义确是忽然发生的，各大国除了武力之外，实在没有别种的抵抗方法。不过各大国的武力也并不是推不倒的，各弱小民族如塞尔维亚，希腊，和巴尔干半岛其余民族早已打倒了土耳其的武力，设立了独立的国家。十九世纪的土耳其自然是东欧各大国中最衰弱的一国，可是维也纳，圣彼得堡和柏林政府却也像君士坦丁政府一样的不中用，没有抵抗民族主义的能力。一百多年前，奥大利政治家梅特涅早已预料那时候希腊独立的成功，将来势必摇动东欧各大国的基础。

从事实上说起来，言语民族主义的发展和那时候东欧的政治团体是没有调和的余地，决不能同时并存，或者在奥大利，俄罗斯，和普鲁士的波兰区域之内，民族主义绝对没有发生的机会；或者这三个大国须被民族主义所毁灭，如同土耳其和从前德意志，意大利区域内各小国一样。欧战以前东欧的历史只是两种大势力相争的历史，一方面是各大国的实力，一方面是一种看不见的政治观念，欧战时候所发生的经济势力总算把这东欧问题解决了。哈布斯堡（Hapsburg），霍亨索伦（Hohenzollern）和罗曼诺夫（Romanov）三个王室，内受民族主义的攻击，外受敌国封锁政策的影响，以致人民经济方面受到无穷尽的痛苦，四年欧战的结果就毁灭了世界八个大国中的三国，并使全世界发生一种革命的结果。

二　欧战以后的情形

欧战以后，各大国的势力并没有像欧战以前的那样大。这种变动并不是因为新势力的发生，也不是因为从前旧有的势力发生了什么忽然的变更。欧战以后，国际间的主要原动力还是工业革命和民族运动。这两种势力自从一百来年前发生以后，直到欧战时候，虽则逐渐改变国际间的形势，可是这种变动只是不露形的，表面上所看不见的。四年的大战却把从前那种不露形的更变整个的表现出来了。

那种所谓“大国”，是工业主义和民族主义的出产品。德意志关税同盟会，德意志帝国，意大利的政治和经济统一都是靠了工业革命和民族运动两种势力成立的。从一八七五年以后，工业主义和民族主义还是继续向前发展，但此后对于大国方面所发生的影响却是很不利的。工业革命的势力使一八一五年时候的德意志和意大利小国在经济上不能自立，其结果就促成他们的统一；可是从一八七〇和七一年后，德意志和意大利统一成功，工业主义还是向前发展，超过国家的政治区域范围，就是那种大国也很难保持他们的经济独立。到了一九一四年，德意志帝国，包括热带方面的一切属地，不能像一百多年前萨克森（Saxony）或巴威略（Bavaria）那样的经济独立了。就是英国，一九一四年世界八个大国中最大的一国，也得要靠德国和其余一切大小国家的商务，维持本国人民的经济生活。从事实上说起来，工业革命的进行使从前最大的国家不能在经济上独立，并使全世界各区域在经济方面变成一个单位。因此，各大国在经济方面存在的理由差不多可以算是根本推翻了。同时又因民族运动的发生，有几个大国还有分裂的趋势。在欧战发生以前，各大国的势力早已受到工业革命和民族运动的打击；欧战的结果使他们不能保持原有势力。

欧战后各大国的失势发生两种有连带关系的现象：（一）国际组织的势力增加，（二）欧洲大陆在国际方面的失势。在一九一四年以前的五十年之内，种种的国际组织虽则已经发生了，并且其地位也逐渐变为重要，可是其职务大都限于国际间的经济方面，例如国际邮政联合会，国际电政联合会等类。在一九二〇年一月十号，国际联盟成立后，国际组织的运动总算已经侵入了国际间的政治方面。这是很重要的一种建设计画。因为直到欧战发生时候，所谓国际间的关系差不多只是欧洲各国间的关系。在一九一四年以前，国际方面的一切事务大都是由欧洲几个国家所支配的。那时候的八个大国之中，四个国家的土地差不多全在欧洲大陆，就是德国，法国，匈奥，和意大利；两个国家的土地是一半在欧洲，一半在别处，就是英国和俄国；只有日本和美国两国的土地是完全在欧洲区域范围以外的。日本和美国虽则也是大国，但除了那种与他们有直接关系的国际事务之外，他们是向来不参与其余的事务。在经济方面，全世界各处早已发生了种种密切的关系，可是在政治方面，国际间的互相关系还是很散漫的。

欧战以后，国际间的状况却大大的变更了。欧洲几个大国以后就不能再像从前那样的把持国际事务了。在几个大国之中，匈奥是分裂了，德国和俄国是打败了，土地也失去不少，又因政治革命和经济的扰乱，他们的势力恐怕不是于短时期之内可以恢复的。同时美国，日本，英国的自治殖民地，和南美共和国却比较的增加了势力，并且对于国际事务也发生了比从前更密切的关系。换句话说，全世界的势力早已超过了欧洲一部份的势力。这一层确是巴黎和会所承认的。比方那时候的最高会议中，也有美国和日本在内，国际联盟的宗旨是想把所有的独立国都包括在内；这都是从事实上把一种包括全世界的组织代替从前那种纯粹欧洲的组织。这种办法确与现在国际间的新情形相合的，但同时却也有一种很不幸的结果。从此以后，欧洲本身就没有本地方的国际组织，处理那种纯粹欧洲的事务，并且战后的欧洲又特别需要一种公共机关，实行种种有统系的改造计画。欧洲在国际间的地位是改变了，从世界政治的中心点，堕落到一个普通的地位。因此，德国赔款问题不能立即解决，西欧的一切状况也不能立即恢复，东欧部份还须经过四年极扰乱的时期。凡关于欧洲的种种问题，我们不能在这一篇记载之中详细讨论，我们只能把大国地位堕落和国际组织范围推广，包括全世界各国后所发生的变更，约略叙述一下。

俄德奥三国的改变，失去了他们大国的地位，当然是现代历史上很重要的事实，可是从将来的趋势方面着想，还比不上英美两国因国际环境的改变，自行改变其政策的重要。在欧战以前，英美两国对于西欧人民在海外所设立的殖民都有相当的权力，英国对于它本国的殖民地，美国对于南美共和国。在这类的殖民地之中，民族自觉的观念也都已发生，并且其势力也很快的增加。但同时英美两国对于各该殖民地的关系也有不相同的地方。英国与其殖民地，因为同种同文的关系，又因为同一国王的关系，当然有一种极密切的感情，决不是美国和南美共和国间只靠一方面的门罗主义所能比得上的。英国和其殖民地的关系，美国和南美共和国的关系，有两个地方确是很相像的。第一，民族运动的发生使英美两国和其所保护的国家间的关系发生了新的困难问题。第二，这种困难问题发生以后，英美两国都早已想了适当的解决方法，取消从前那种操纵手段，采用一种合作观念，不像哈布斯堡，霍亨索伦，和罗曼诺夫三个王室始终抵抗民族主义，以致自取灭亡。

在一九一四年，凡西欧民族所设立的英国殖民地差不多都已得到了自治权；在欧战时代，英国又入手解决印度问题，使印度人民也得到几许自治权利。这种分权的趋势又实现于一九二一年十二月六号英国和爱尔兰所订的条约，设立爱尔兰自由国，于一九二二年二月二十八号英国有条件的承认埃及独立。同时美国对于南美共和国的政策也有同样的趋势。在一八八九年召集全美洲会议时候，美国政府早已开始实行一种政策，使有关系的各方面，自由联合起来，共同执行门罗主义。一九一五年十二月七号，美国总统威尔逊致国会公文之中，又正式宣言，取消从前对于南美共和国那种保护政策，实行一种根据于平等自立的合作方法。

战前英美两国的政策在欧战的时候就得到了结果。他们的政策得到事实上的结果自然也有别种原因，一半是他们的运气，一半是他们老祖宗的眼光好，选择了离开国际冲突的地点做殖民地，所以能够不受外界的干涉，自由发展其内部事务。可是英美两国政策成功的秘诀还是在于他们那种柔性的政治方法，有伸缩的能力，能以极简单的方法解决极困难的问题。在一九二六年，门罗主义还是存在，并且已经得国际联盟各会员国正式承认了；不列颠帝国也还是存在；但英美两国和其所保护的各国的关系却已大大的，虽则是和平的，改变了。甚而至于英国及其殖民地的总名称也已更改了，从前是叫做不列颠帝国（British Empire），现在改为不列颠民族共和国（British Commonwealth of Nations）。这次欧战，巴黎和会，和国际联盟的设立都已使南美共和国和英国自治殖民地得到一种新的国际地位。南美共和国的主权得到一种新的意义，英国自治殖民地在名义上还是附属于英国的殖民地，在事实上却已变成主权完备的独立国。这两类的小国现在能够脱离那与他们有关系的大国，单独参与世界政治。比方在上次欧战时候，他们能够自由决定加入战团，或维持他们的中立。直到了美国已经对德宣战后，九个南美共和〈国〉还是继续维持他们的中立，其中有智利（Chile）和阿根廷共和国（Argentine Republic），是南美洲第一等的国家。凡加入战团的几国以后都参与巴黎和会，并且在和会之中，加拿大代表有一次甚而至于和比利时代表共同提出一种抗议，攻击大国对于小国的行动。无论他们在名义上的主权是否完全，他们既已做了国际联盟的会员国，这会员资格就是主权完备的表示。所以英美的地位是很复杂的，其中有许多问题是很不容易答覆的。比方说南美共和国，除了一二国之外，都已联合了欧洲，亚洲和非洲各国组织一个国际联盟，遵守国际联盟的约章，同时美国因有种种原因，反而没有加入这国际团体，那末，这门罗主义究竟还有什么意思呢？又如英国的五个自治殖民地在国际联盟之中非但各有各别的代表，并且在投票表决议案时候还能反对英国代表，那末，这不列颠帝国究竟还有什么意义呢？可是从事实方面着想，这类的问题已经有了答案。这就是英，美两国因为采用了这种宽容大量的政策，所以能够避免那俄，德，奥三国所得到的结局。英，美两国现今的新地位虽不能确定，但他们将来的希望却是很大的，因为自然生长的政治制度有一种伸缩的能力，所以最适宜于现在环境变更最快的时代。我们此刻虽不能预料英美两国将来的变化，但无论何如，他们的将来的情形决不至于恢复从前那种欧洲式的大国制度。

所以一九一四年的八个大国之中已经有了五个国家，或者失去了大国的地位，或者改变了大国的性质。在表面上看起来，其余三个国家非但保持了他们那种旧式的集权制度，并且还增加了他们的实力，他们的财源。在一九一四年，法国，意大利和日本都比不上其余五个大国，要算是大国之中最弱的国家。法国是被德国压住的；意大利是被匈奥压住的；日本是被俄法德三国剥夺了中日战争时候所得到的利益，以后还被逼再和俄国开一次战争。但十二年以后，到了一九二六年，一切情形都改变了。法国已经恢复了一八七〇年的疆界，它的军队要算是欧洲大陆方面最强的，摩洛哥（Morocco）变做他的保护国，非洲西北部的大部份德国属地由国际联盟派他管理，并且他又变为欧洲最主要的产煤和产铁的国家。意大利因匈奥的分裂也得到绝大的利益，他的疆界是推广了，他的人口是增加了。日本因欧战的发生在远东方面的种种行动是我们中国人永远忘记不了的。

在表面上看起来，这三个国家的势力是已经达到了极点了，但同时他们也都有他们的弱点。他们是不像英美两国，不靠别种民族通力合作，共同维持他们的公共利益，他们所靠的只是自己的实力。所以他们的势力虽则是集中的，但他们却处于孤立的地位。这种孤立的形势于他们将来的发展确是很不利的。法国的孤立使欧洲西部这几年来发生种种扰乱情形。日本的孤立造成现在远东和太平洋方面的局面。意大利的孤立使他无法解决那移民出国问题。

日本和意大利的地位很有相像的地方。他们都有一个极不容易解决的人口问题。他们本国的土地都是很小的，但他们的人民却是很多的。他们的土地决不能养活他们的人民。这人口问题的解决方法只有两种，或者使国内工业发达，大群人民都能从工业方面谋生活，或者移民出国；但日本和意大利对于这两种解决人口的方法都是做不到的。他们人民的工业手艺都是很精巧的，可是他们国内却缺乏那种发展工业的原料。他们新近在国外所得到的土地既没有矿产，又没有可以殖民的大块空地。他们的侵略政策又使邻居民族恨之入骨，万难同他们在经济方面合作。所以他们只有利用移民出国政策，解决他们的人口问题。不过关于移民方面的阻力也是非常之大的。白种人民所把持的空地，如美洲和澳洲等处，差不多没有黄种人民立足的地方。日本和美国外交上最困难的问题就是这移民问题。意大利人民虽是白色人种，可是从一九二〇年以后，他们在移民方面所受到的阻力，也同黄色的日本人相差无几。美国于一九二一年制定了移民进口的新法律以后，意大利就不能无限制的把多余的人民送到新大陆。现在意大利虽则还能把大群人民送到南美洲共和国，非洲西北部的法国属地，和法国，但这样的办法却使意大利人民开拓别国的土地，做了别国的公民。

因有上述的种种原因，法国，意大利，和日本恐怕也不能维持那欧战以前的大国地位。大国的势力衰落，小国的势力就增加了。今将欧战前后参与世界政治的小国列表如下，表示他们在这十二年之内地位的变更。

欧战以前	欧战以后
（一）人口超过一千万以上的小国	
西班牙	西班牙
土耳其	波兰
	罗马尼亚
	捷克
	南斯拉夫
	巴西
（二）人口在一千万和五百万之间的小国	
（甲）西欧	
比利时	比利时
荷兰	荷兰
瑞典	瑞典
葡萄牙	葡萄牙
（乙）东欧	
罗马尼亚	奥国
	匈牙利
	希腊

保加利亚

（丙）东方中部

阿富汗

波斯

土耳其

（丁）远东

暹罗

（戊）海外温带

阿根廷

澳大利亚

加拿大

南非洲

（己）海外热带

可伦比亚

秘鲁

（三）人口在五百万和一百万之间的小国

（甲）西欧

丹麦	丹麦
挪威	挪威
瑞士	瑞士

（乙）东欧

保加利亚	爱沙尼亚
希腊	芬兰
塞尔维亚	莱多维亚
	立陶宛

（丙）海外温带

智利

爱尔兰自由国

纽西兰

乌拉圭

（丁）海外热带

玻利维亚

厄瓜多

	瓜地马拉
	圣萨尔伐杜
	委内瑞拉

（四）人口不到一百万的小国

（甲）西欧	
卢森堡	卢森堡
（乙）东欧	
阿尔巴尼亚	阿尔巴尼亚
门的内哥罗	
（丙）海外温带	
	冰岛
（丁）海外热带	
	科斯太里加
	洪都拉斯
	尼加拉瓜
	巴拉圭

依上表，在一九一四年欧战前，全世界共有十六个参与国际政治的小国，其中十五个都是欧洲的国家，第十六个国家的土地一半是在欧洲，一半是在欧洲范围以外，这就是土耳其。欧战以后，全世界共有四十七个这样的国家，其中二十二个是在欧洲的，三个是在东方中部的，一个是在远东的，在其余的二十一个国家之中，五个是英国的自治殖民地，十五个是南美共和国。

所以现代新地图上最重要的一点，是那种介于大国和小国之间的中等国家，重行发现于国际政治方面。自从萨克森（Saxony），巴威略（Bavaria），沙丁尼亚（Sardinia）和西西里（Two Sicilies）归并于德意志和意大利以后，自从西班牙于一八九八年被美国打败，故意不参与国际政治以后，这一类的国家是早已不见了。欧战以后，波兰，罗马尼亚，捷克，南斯拉夫在东欧所占的国际地位就是一八七一年以前那种中级的德意志和意大利国家在中欧的地位。并且这东欧四国彼此间及他们和其余的小国或大国间的关系也是国际上很重要的事务；这几年来，除了德法的关系之外，就要轮到这四国间的关系或他们和别国的关系，算是国际上最重要的事务了。此外，因海外国家加入国际事务的潮流，在南美洲又发现这样一个国家，这就是巴西。从人口方面着想，波兰有人口三千万，巴西有二千七百万，他们的地位都是在西班牙和法意之间的，并且他们将来物质方面发展的希望比之法国和意大利二大国还要大。

波兰的矿产，在一九二三年所规定的疆界之内，很可以比得上法国恢复了亚尔萨斯劳伦（Alsace-Lorraine）和得到了萨尔（Saar）区域的煤矿以后的情形。但波兰是不像法国，将来很有机会，能变成一个工业人口极多的大国家。巴西所有的是大块空地，能产生那世界工业所急需的大种〔宗〕原料，并且巴西的空地已经引诱了大群的意大利乡民，到那边去耕种。所以现在法国以兵力和外交帮助波兰，意大利以人力帮助巴西，造成他们将来的势力。在事实上说起来，大国和较小国家的区别已经是不十分重要了，再过几年，恐怕欧战以前国家在国际政治方面的根本的和最重要的区别就完全没有存在的价值了。

人口的统计，和物质方面的财源确是国家分类的一种根据，可是不注意到各该国的天气，地理，人民的性质和能力，这类的统计是没有多大价值的。从这较大的观点着想，欧战以后的世界小国可以分做五大类，如上表所列举的，就是西欧，东欧，东方中部和海外的两种，一种在温带，一种在热带。

西欧部份的小国就是瑞典，挪威，丹麦，西班牙，葡萄牙，荷兰，比利时，和瑞士。在欧战以前，这类国家都因地理上的关系，有一种特别的保障。瑞典，挪威和丹麦所占据的是欧洲的极北部份，西班牙和葡萄牙是欧洲极西的部份，这两处都是极偏僻的地方，所以能够避免国际间的冲突。瑞士的周围满是山，所以也有一种天然的保障。比利时和荷兰虽没有天然保障，可是他们在政治方面的地位是很重要的，西欧各大国间的均势是靠他们维持的。所以就在欧战时候，只有比利时和葡萄牙是加入战团；也只有比利时和丹麦在和议时候，得到了几许土地，改变了他们的疆界。但在战后的几年之中，他们也同欧洲其余各国一样，受到极大的影响，极困难的经济和社会问题不能解决；战时的中立早已失去了从前那种经济上的特权；并且比利时的经验又证明凡与大国利益发生冲突时候，一切的国际公约都变成了一种废纸，决没有方法能够维持各大国所保障的中立。德意志侵入比利时以后，西欧小国就自觉危险万分，他们对于国际事务的观念也就根本改变了。他们自知能力薄弱，没有维持他们独立的方法，所以他们都加入了国际联盟。做了国际联盟的会员国，他们在国际政治方面的势力确是增加了不少。

第二类的小国是海外温带的国家。他们有两种特别权利，一种是经济的，一种是政治的。第一，温带方面那种极富的空地都在他们手里，现在欧洲各处暂时都没有能力养活大群人民，同时美国的门户差不多是已经关闭，所以欧洲移民渐渐儿都要向那种地方去了。第二，他们与英，美两国的特别关系，使他们有一种特别的保障，万不致于受到别国的侵略。他们在内政方面，在经济方面，是与波兰或荷兰同样的独立，可是他们在外交方面却有大国保护的。

热带方面的小国也有同样权利，可是没有什么将来的希望。这类国家就是受美国保护的中美各国。这种地方，因为天气的关系，是很不宜于欧洲移民居住的，同时他们本地方的土人又一天坏似一天。巴拿马运河和美国南部之间的地方都是革命的出产地，他们的内政实在没有什么希望的。

东欧各国大半是欧战以后新国家。在一九一四年，东欧只有六个小国，其人口总数不到二千二百万，其土地的范围还比不上一八一五年时候欧洲的土耳其。在一九二六年，东欧共有十三个小国，其中五国，波兰，捷克，立陶宛，莱多维亚，爱沙尼亚，是一九一四年时候所没有的；其中三国，奥国，匈牙利，芬兰，只是那时候两个大国中的一部份；其中两国，塞尔维亚，和罗马尼亚，那时候只在初发生时代，欧战以后，他们都大大的扩充了，大大的更改了，有一国甚至把国名都改换了；这十三国之中只有三国，阿尔巴尼亚，希腊，和保加利亚，没有大更变其疆界，可是阿尔巴尼亚只是巴尔干战争后一九一三年成立的，东欧最古的小国希腊还没有做一百岁的大寿。在一九二六年，这十三国的人口总数一万零四百万，差不多等于美国的人口数目，其中有八千万人民都是一九一四年后从俄德奥三个大帝国中分出来的，这样的大更变当然使东欧地方在欧战以后发现极扰乱的情形。

可是东欧的扰乱情形还比不上东方中部。因为在东方中部，战事比东欧迟结束三年。协约国与匈牙利的和平条约是一九二〇年十一月二十七号签字的，与土耳其的和平条约是一九二三年七月二十四号签字的。东方中部和东欧的普通情形则大致相同；一种根据于语言的民族主义忽然发现；民族复杂的帝国四分五裂；一群独立小国发现于从前大国势力范围区域之内。比方像埃及罢，他是一五一七年被土耳其征服后，就失去了独立，现在却逐渐恢复独立时期，将来也许能够变成一个中等国家。亚洲阿拉伯区域方面的更变更加显著。这类地方从前是在土耳其的权力之下，现在各地因民族主义的发生，同时又得到西欧各大国的帮助，差不多于极短时期之间所得到的结果，等于巴尔干各国经过将近一百年时候的结果。九个阿拉伯独立国已经在该区域之内成立了，各地的政治地图当然是大大的改变了。波斯和阿富汗的疆界虽在这十二年之内没有经过表面的变动，可是这两国已经脱离了英俄两国的势力范围，变为独立国了。从一九〇九年后，波斯有许多土地是被俄国军队非法占据的，但在这次俄罗斯革命时候，俄国军队就不得不退出。同时英国独吞波斯的计画又因波斯民族潮流的发生，和苏俄政府的干涉而失败。英国非但没有承继俄国在波斯的遗产，并且因侵略政策的结果，反而把原有的势力范围都失去了。英国得了这次教训以后，就自愿放弃那管理阿富汗外交政策的特权。从此以后，阿富汗和波斯都可以算是独立国家了。

东方中部的民族主义是趋向于武力的，并且还敢大胆的抵抗那欧战时候得胜的几个大国。德奥匈保加利亚都已打败了，但埃及人民却大胆的于一九一九年的三月举兵抵抗英国，阿富汗于同年的五月与英国宣战，土耳其也以武力抵抗希腊的侵入，叙里亚（Syria）地方的阿拉伯民族国也敢与法国军队在战场上决一胜负。无论他们在军事方面是否胜利，他们的政治目的差不多是都已将要达到。现在这许多地方，除了叙里亚之外，其余各处都已独立了。

这是欧战前后，——一九一四年至一九二六年的十二年之间——国际政治变更的大概情形。

（原载《东方杂志》，第23卷第20、21卷）

战后的欧洲劳工阶级（1926）

凡靠劳力或劳心过生活的人都可以笼统的叫做劳工。依照这样一个定义，劳工阶级所包括的范围就非常广泛了，差不多除了乞丐和窃贼之外，个个人都是劳工。可是现今的所谓劳工问题和劳工阶级决不是这样的笼统的问题和笼统的阶级。我们常听人说起，劳工问题和劳工阶级是工业革命以后才发生的，可见得现今的劳工阶级是一种特种的劳工，是城市工业方面所雇用的劳工。因为城市工业方面的劳工大都是集中于小小的一块地方，他们的状况与境遇是相同的，他们又能时时见面，互相交换意见，讨论种种增进他们公共幸福的方法。因此，他们就逐渐发生一种"阶级自觉心"。从此以后，他们就变为社会上一种特别的阶级。他们的状况，他们的观念非但和社会中其他人民不同，就和那般同样以劳力为生的农民也有大不相同的地方。

现代欧洲各大城中的大群工人是工业革命的出产品。他们的人数虽多，他们的势力虽大，但他们的历史却是很短的。一百多年以前，城市劳工阶级是欧洲社会中最无关紧要的分子，但在这几十年之内，他们的势力确是澎涨得很快，所以有许多人民都早已预料他们将来的希望是非常之大，定必能变为社会中最主要的一个阶级。可是这次欧洲大战把一切的状况都改变了，在战后的欧洲社会，城市劳工阶级的地位是否还能继续抬高，或有降落的趋势，还是一个未解的问题。

从事实上说起来，欧洲几万万城市工人的运命是与欧洲工业制度的运命有连带关系的。城市工人是因工业制度的发生而发生的，并且又是完全依靠工业为生的。假使欧洲的工业衰败了，城市劳工阶级也必定衰败；假使工业制度破产了，城市劳工阶级也定必消灭。所以欧洲城市的劳工阶级和欧洲的工业制度差不多是分不开的。

假使我们要晓得欧洲劳工阶级现今的状况及其将来的希望，我们一定要先明白他们过去的历史。在十八世纪末了工业革命初发生时候，欧洲的情形与现在是大不相同的。那时候欧洲各国都是农业国，人口的总数也只有现在的三分之一。城市是很小的，并且全欧洲也没有几个。现在的伦敦有人口七百五十万，一八〇〇年时候的伦敦只有人口八十五万；现在的巴黎有人口三百万，那时候只有五十五万；现在的柏林有人口四百万，那时候只有二十万。

并且那时候的几个城市又与现在的城市性质不相同的。现在的城市大都是工业中心点；有无数的工厂，无数的工人，每天出产的大宗工业品，非但供给四周围乡区人民的需要，并且还往往销售到全世界各处。在十八世纪时候，这种现象是没有的。除了英国之外，全欧洲没有工厂，没有大宗出产品，也没有现在的那种劳工阶级。那时候的工业还是手艺的工业，是同现今中国内地的工业状况有多少相像的地方。各项物品制造的地方是一个小店铺，这是一个东家的私产，也是他一人所经管的。各种手艺行业的东家联合起来，各组织一种同业公会。在各店铺中，工作的人就是东家本人，东家家族的人，雇用的伙计和学徒。每天出产的物品是很少，并且他们又工作得很慢，只因为那时候市场的范围是很窄小，所以极小量数的出品已经足够供给人们的需要了。国外商业差不多可以算还没有发生，乡区人民因为交通的不方便，也很少与城市往来，他们所穿的衣服，所用的器具都是他们自己做的。在这样的状况之下，城市工业是决不会发达的，城市手艺工人的数目也决不会增加的，他们的地位也决不会抬高的。

这是十八世纪手工业生活的简单情形。可是工业革命发生后，一切情形都大大的更变了。旧的制度是从根本上推翻了，新的制度发生了。各种机器发明后，就把所有的工业集中在几个大城的工厂中，每天的出品比之从前不晓得要增加多少倍。轮船火车又把这大宗出品运到全世界各处销售。运输是极方便的，运价又是极廉的。市场愈推广，工业出品的需要愈增加。同时工业革命又大大的增加劳工阶级的人数。欧洲各处就于极短时期中发生了无数的工业中心点，每处充满了无数工厂，聚集了大群工人。这工业革命是于十八世纪末了发源于英国，逐渐推广到欧洲大陆各处，到了十九世纪下半期，欧洲各国就已从农业国变成全世界的工业中心点。

工业革命发生后，大群工人的经济状况与社会地位当然是和手艺时代的工人大不相同。在最初时候，这般新工人的地位远不如从前手艺时代的工人。手艺时代的工人虽则没有什么机会，可是他们在社会上的地位却是很稳固的。他们的手艺是一种行业，必须要经过长期的学习时代，还得要有多少才能，方能学得好，学得精。他们同行的人数是很少的，他们的手艺又不是外行人所能做的。那般工厂里的新工人却没有这样的地位。工厂里的工作都是机械的工作，各种各样的人民都能做的，就是妇女与儿童也都能同样的工作。训练与手艺在工厂中都是无用的。同时各处各地方都充满了人民，厂主要用多少工人，立刻就可以有多少工人，所以工人方面的竞争确是很利害的。那时候的经济状况都是新发生的，法律和人民公意都没有想到适当的解决办法，因此，种种弊端就发生了，劳工阶级所受到的痛苦确是最利害。虽则以后因法律的干涉，经济方法的改革，新工厂制度的弊端逐渐废除，但直到了十九世纪的中期，欧洲工人确是困苦的阶级，他们并没有得到一种公平的待遇。

十九世纪中期以后的情形却又更改了，各处劳工阶级的地位都抬得比从前任何时期更高了。欧洲各地方工人所享受的权利与幸福，胜过工业革命以前手艺时代的工人。十八世纪时候的手艺工人虽则有多少经济方面的保障，他们却没有政治权利的，并且他们在法律上和社会上的地位有种种的限制，他们是没有什么机会的，他们是没有教育的，他们是没有个人自由和宗教自由的。到了十九世纪中期，这种种的妨碍大都是取消了，同时，现代文明的一切利益，如交通的方便，公共卫生的设备，教育的普及，已经变成全体人民所享受得到的利益。还有工业的进步自然而然的能使工人受到极大利益。工厂的出品愈多，每件出品的本钱愈轻，物价也就因之而低落。物价愈低，人民对于物品的需要也愈高；市场的范围愈推广，劳工的价值也就愈抬高了。所以到了十九世纪末了，各处的工资都有增加的趋势，欧洲的普通工人都能享受他们老祖宗所未曾梦想过的福气，他们所吃的，所穿的，和所住的地方，都比从前好得多，并且他们还有种种的机会，种种的娱乐，都是他们老祖宗所梦想不到的。

欧洲工人地位的抬高，幸福的增加，一半也是他们自己奋斗的结果。就是在从前最痛苦的时期，劳工阶级的地位也有两个极重大的优胜之点：第一，他们的人数逐渐增加，第二，他们的团结力逐渐增加。他们都是集中在几个大的工业中心点，受到种种相同的激刺，又有种种同样的痛苦，如极低的工价，极长的工作时间等类，他们自然而然的能得到一种相同的观念，并且能够通力合作的进行种种增加他们公共福利的方法。因此，就发生所谓劳工运动。

劳工运动是从两方面入手的：一方面是经济的，又一方面是政治的。经济的劳工运动是注意于生产者的组织，并且把全副精力集中于种种经济的问题，如工资，工作时间，工厂状况等类。这就是工团主义。政治的劳工运动是注意于选民的组织，其一切行动是与别种政治团体一样的。这一种趋势是表现于各国的社会党和工党。

我们讨论劳工问题，一定要把劳工运动中这两种趋势分开的。经济的和政治的劳工运动虽在表面上看起来，有种种相同的地方，可是其所采用的方法是大不相同的，并且又互相争胜。欧洲各国同时都有工团和工党，但工团和工党间的关系及其所占的地位是各国不同的。直到最近时期，英国工团的势力总算超过工党；但在大陆各国，工党的势力总是超过工团的。德国却是一个例外。在德国，经济的和政治的劳工运动却能同时发展，非但没有相互冲突之处，并且这两个方面的运动又能互相帮助，得到最高限度的利益。德国劳工运动的领袖早已看出分工合作是一种最适当的办法，所以没有偏向于任何一方面。因此，德国的工团永未曾想超过工党的势力，工党也没有想赶过工团的势力。其结果就使德国在大战发生时候同时有势力最大的工团和势力最大的工党。

但德国只是一个例外。在别处，劳工运动中的两方面是分得很清楚的。在一九一四年欧战发生时候，各国的工团和工党都有一个国际的组织。工团的国际组织是叫做“国际工团联合会”（International Trades-Union Federation），其总机关是在德国柏林。工党的国际组织是叫做“社会主义的国际”，普通叫做第二国际（Socialist International），其总机关是在比国布鲁塞尔（Brussels）。

劳工运动非但从职务方面着想，是分做经济的和政治的两方面；就从进行的精神方面着想，又分做急进和缓进两派。凡是工人，对于现今的工业制度，总是喜欢批评的；可是其中有一部份工人却承认工业制度存在的理由，他们只想在现今社会组织的范围内，极力改善劳工的状况，还有一部份的工人根本否认现今的社会，并想用革命的方法，推翻一切制度。但急进派和缓进派的区别并不依照工团的界限分的。欧洲各国有急进的工团，也有缓进的社会党。但在表面上看起来，工团主义是因为注重于经济问题，如工资，工作时间和工作状况，似乎是趋向于缓进一方面；工党既有较为概括的主张，和较为理想的目的，似乎是偏向于革命这条路上跑的。

同时还有一点，我们也不得不注意。这就是：工团是完全现代的出产品，与工业革命以前那种手艺的同行工会是完全不同的。但劳工阶级方面的革命运动却并不是新发生的现象，历史上无论那一个时代都有这种现象。现今劳工阶级中的革命份子只是模仿从前社会中的被压迫阶级的行动而已。

在这一百年之内，欧洲各国劳工阶级的革命行动时而发生，时而消灭。从普通的趋势说起来，我们可以说，十九世纪末了的一二十年是最平安的时期。劳工阶级状况的改善使大部份工人都能满足。就是那般最不满意于现今社会的学者，他们一心一意希望一种新的社会组织，拯救人民的痛苦，也很不赞成激烈的革命行动，至少他们还觉得革命的时期没有成熟。这就是欧洲大陆各国的缓进社会主义党，和英国的费边(Fabian）社会主义党。这般人物在十九世纪末了激烈思想方面都占极重要的地位。所以当时激烈的工人只占极少的少数，并且又是普通一般人民所不信任的。

二十世纪的开头却发现了劳工阶级方面的革命运动。激烈派的人对于和平派的缓和政策，忍无可忍，不能再忍下去，所以他们又极力鼓吹激烈的行动。那般不满意于当时经济趋势的人又都加入激烈派的工人团体，所以他们的党员日渐加多，他们的势力也因之增加。在十九世纪下半期，工资确已增加了，所以当时物价虽也增加，生活程度虽也提高，工人的状况反而比之从前好得多。那般有手艺的工人当然是得益最大，至于其他无手艺的粗工虽不能得同等的利益，可是从普通的情形说起来，所有各级各项工人的状况都比一二十年之前的情形好得多了。

但在二十世纪的初期，这种情形却改变了。工资的增加没有像从前那样快了。可是生活程度还是照旧的那样高，并且物价的高贵又是向来所未曾有过的。换句话说，非但一切生活必需品的价钱要比从前高贵，并且工人又把从前的奢侈品看做现在的必需品，必需品的范围推广了，工人的生活愈困难了。工人的生活程度是已经改变了，就是物价没有抬高，数目相同的工资现在决不能像五十年以前那样满足工人的需要，维持他们的生活。一个工人总觉得他是应当比之他的祖父吃得好一些，多一些。他又希望较好较大的房屋，较体面的衣服。他还希望他房屋的周围应当较从前干净又美观。

但这种种的愉快都有一个代价的。以后物价愈高，工人愈没有能力过舒服日子。其结果就使城市工人发生一种不满意的态度。他们觉得他们的地位是没有从前好了，他们对于现今的社会制度就存了一种仇视的心理，所以对于一切革命的学说，也就听得进了。所有一切激烈的主义，如沁狄克主义（Syndicalism）和共产主义，或鲍尔希维克主义都是二十世纪初期发生的。欧战以前的几年确是欧洲最扰乱的时期，各处都是不断的发生罢工和革命运动。

欧战发生后，那经济的和政治的劳工运动都受到极大的影响。在政治一方面，一切的革命行动差不多于无形之中消灭了。各国的工人都为爱国心所激励，自愿牺牲他们阶级的私利，一心一意的为国家奋斗。只有极少的分子还是继续保住他们的激烈态度，主张联合各国的劳工阶级，与别级人民抵抗。在经济一方面，欧战的影响更大了。战事初发生时候，欧洲各国的工业正在衰落时期，工人的工资不能增加，同时失业的工人日渐增加；可是战事一发生，一切工业品的需要忽然增加了无数倍，各国的工业就发现一种极兴旺的状况，其结果就使劳工受到极大的利益。失业的工人是没有了，工资是增加了，劳工阶级就交了极好的好运。但战事延长下去，劳工阶级的爱国热心渐渐儿冷淡了，种种扰乱的行动也渐渐儿发现了。各国政府因财政的没有办法，只有滥发纸币。可是各项物价却就因之而抬高了，就是工人每日所得到的极高工资也不能使他们维持一种满意的生活程度。一九一七年的俄国革命又鼓动了欧洲各处的激烈份子，使他们存一种极高的希望。

战事完结以后，欧洲的劳工状况更糟了。在战争时代，大部份工人还以为战胜以后，他们总可以安安稳稳的过好日子，对于实在情形，往往为感情所蒙蔽，一时看不见，又想不到。但战事结束了，他们得张开眼睛，看一看实在状况。当时的情形实在不是可以乐观的。各国差不多都已到了民穷财尽的时代，又有数目极大的国债，并且对于将来的事情又没有一些的把握。在这样的状况之下，只有全国人民一致的同力合作，采取经济的原则，实行减政主义，也许能够救济当时的危局。照这样的办法，工资是一定要减少，工人也不能过战时极高的生活程度。但工人却不愿意牺牲他们目前的利益。

所以欧战的结果使各国人民大大的失望，尤以劳工阶级为更利害。劳工和资本的冲突变成一种不可免去的事实。又因为当时的恐慌情形，人人存了一种自危的心理，都觉得非极力的奋斗，就没有存在的希望，所以一切的状况，更弄得糟不可言。在物价飞涨时期，工资又有减少的趋势，工人更觉得非用全副精力，争夺他们的利益不可。他们又不能确实明了究竟能够争夺到多少利益，所以他们的要求变成没有限制的，得步进步，得尺进尺，永远不能满足的。资本阶级看见这种情形也只有极力抵抗，寸步不让。欧洲各国战后的工业状况实在是扰乱不堪的。没有一国能够免去工人罢工，资本家关闭工厂的事情，尤以西班牙的情形为更糟；西班牙的劳工阶级和资本阶级都用了极激烈的手段，互相争斗。

同时在劳工阶级之内，急进和缓进两派的冲突也是很利害的。缓进派只想在现今的社会组织之内，改善劳工的状况。急进派却想采用俄国鲍尔希维克党的方法，根本推翻现在的社会。每一个工团，每一个工党差不多都变成这两派的战场。各国的情形是很复杂的，我们不能把各国劳工阶级内部的冲突一一说明，但我们却可以把国际方面的劳工阶级内部的冲突来做一个例。

在一九一四年，欧洲劳工阶级已经有一种国际的组织。但战事发生以后，劳工阶级的国际组织却就消灭了。国际工团联合会和社会主义的国际都已无形之中解散了。各国的劳工都能为爱国心所鼓动，尽心竭力的为国家奋斗，把国际观念根本推翻了。战争初发生时候的短期热度过去以后，各国劳工领袖当然也想到种种问题，如和平条约，战后的工业改革，和恢复劳工阶级的国际观念。各交战国又召集了国内的劳工大会，讨论种种关于劳工的问题；以后西欧几国的劳工又召集了一个协约国的劳工联合会，讨论他们公共的目的和政策。同时有几个中立国的劳工团体很想在战时恢复劳工的国际组织，所以他们在瑞士和瑞典召集过一次国际工团联合会和社会党联合会。只因协约国和德奥劳工团体不愿意在一处开会，所以这两次会议都没开成功。

一九一七年俄国革命和鲍尔希维克主义的胜利又使劳工阶级内部发生一种新的复杂情形。我们已经说过在战事初发生时候，各处劳工都是很爱国的，可是同时还有一部份少数工人，把阶级自觉心看得比国家更重，极力攻击他们的政府，并且要求劳工阶级的团结，实行他们的阶级战争。这般激烈派的劳工阶级曾于一九一六年与一九一七年在瑞士召集过几次国际会议。现在俄国鲍尔希维克党得胜了，他们就把总部迁移到莫斯科，进行他们的革命事业。他们非但想推翻现今的社会组织，并且还想打倒劳工阶级中的缓进派。

到了欧战完结时候，国际劳工会议又有实现的可能了。并且那时候各国劳工领袖又觉得此种会议非常重要，非立即举行不可。各国的外交代表团将要在凡尔赛开和平会议，但在和平会议中，劳工阶级是没有代表的。所以多数的劳工领袖觉得劳工阶级也应当同时在凡尔赛召集劳工会议，以便议决劳工的目的，并使和平条约中加入一部份关于劳工的条件。

还有一个原因，使劳工阶级不能不召集一个会议，这就是鲍尔希维克宣传组织一个赤色国际和平派的劳工领袖很想恢复一九一四年解放的国际组织，就是那个第二国际。但鲍尔希维克党却说：这第二国际早已在一九一四年消灭了，现在决没有恢复的可能；所以他们就根据于共产主义原则，另行组织一个第三国际。

缓进派的劳工阶级于一九一九年在瑞士京城召集一个劳工会议。但俄国鲍尔希维克党绝对不肯到会，并且还正式发表一个宣言，极力攻击缓进派的劳工阶级。第三国际也同时在莫斯科召集会议。

可是共产党无论怎样的捣乱，缓和〔进〕派的劳工阶级还能把他们和平的要求写入在凡尔赛的和平条约之中。国际联盟约章第十三节设立一个永久的国际劳工局，并又规定九条关于劳工的根本原则：

（一）劳工不能作为商品的一种。

（二）凡雇主和被雇者，为达到法律所规定的目的起见，均有自由集合的权利。

（三）凡被雇者的工资须足够维持各该国及当时所谓合理的生活程度。

（四）每日八个钟头或每星期四十八个钟头工作时间为一种标准，凡未达到此种标准者须以此为立法的目的。

（五）工人每星期至少休工二十四小时，并须以星期日为休息日。

（六）禁止童工，并须规定种种方法，使幼年工人不致因工作而妨害学业及生理方面的发育。

（七）男女工人，如做同样价值的工作，须得相同的工资。

（八）各国关于劳工状况所规定的法律须注意于所有合法居住在国内的工人的经济方面的平等待遇。

（九）为执行保护工人的一切法律和规定起见，各国须采用一种工厂检查制度，并须使妇女也得参与检查事务。

这是凡尔赛条约所规定的关于劳工立法的标准，也是劳工阶级的自由大宪章。并且这几条规定并不是一种纸上空文，国际劳工局每年收集了许多关于全世界各处劳工状况的材料，每年的国际劳工会议又讨论并议决种种关于劳工问题的重要议案。出席国际劳工会议的人物又是各国政府，资本家和劳工阶级三方面的代表，所以各方面的意见都能提出讨论，共同商议解决的办法。

同时欧洲各国的工业状况还没有恢复战前的情形，劳工与资本的冲突还是很激急的。但现今欧洲劳工方面的趋势却是偏向于缓进派的主张，并不偏向于急进派的主张。共产主义的赤色潮流可以算是已经过去了。到了一九二〇年的初期，欧洲除了俄国之外，共产党在各处所占到的根据地都已失去了。在匈牙利，芬兰与德国共产党的势力好像是春天的雪，不久就即融化完了。

并且俄国那时候的情形又使劳工阶级大大的失望。俄国革命以后，那般当权的人都是一般理想家。他们对于经济社会与工业方面的智识大概只是从书本子里得到的，所以他们以为经济方面的一切事实，无论在怎样制度之下，总是能够自动的发展。虽则发生了革命，资本主义的社会是推翻了，但资本家还是去做资本家的工作，科学家还是在试验室里边研究自然界的事物，美术家还是继续不断的创造一切美术品。这就是唯物史观的学说。并且依照他们的观念，工人即使得不到工资，还是在每日早晨集聚在工厂门口，预备进去工作，农夫还是每日“日出而作，日入而息”，预备每年的秋收。他们差不多完全没有想到在现今的社会中，工人为什么才做工的，农夫为什么才耕种的，资本家为什么才举办实业的。

俄国的执政者发现了工业方面的一切事实并没有像他们学理上那样的自动发展，他们起初是非常骇异，以后就大怒而特怒，把工业停顿的罪名都归到资本家和有产阶级的身上。无论什么人不执行那革命以前他所做的行业，就犯了反叛的罪名。工厂厂主因无利可图，把工厂关了门；工人因忍无可忍而罢工；农民因田地收成收归国有，不愿意耕种，都犯了叛国的罪，作为乱党看待。其结果就使那时候俄国的情形不堪言状，人民冻死与饿死的每天总是上千上万。苏俄政府为维持其地位与势力起见，就不得不改变方针，自行取消其共产制度，于一九二一年的三月实行一种叫做新经济政策。这新经济政策虽不能算是完全恢复从前的资本制度，但与当初他们所奉为天经地义的马克思学说相去已经不晓有多少远了。从此以后，各种工作都有差等的各级工资，私商也得法律上的承认，其余一切经济的情形也都不依照学理上的共产主义。

自从俄国实行新经济政策的消息传出来后，各处的劳工阶级对于共产主义的信仰就减少了。他们以为共产制度既经发生了极不好的经济结果，只有恢复一部份的资本制度，一切的困难情形才能减轻几些，那末，究竟为什么还要去忍受革命的痛苦呢？俄国既已自行取消了共产主义的原则，这一种大规模的试验究竟是值得不值得呢？这一类清醒的思想的结果就打破了一部份人民的共产迷，欧洲共产党党员的数目就大大的减少了。我们当然不能说共产主义就从此根本推翻了。在事实上，现今共产主义的势力还是不小。俄国鲍尔希维克党还没有放弃那全世界革命的希望；他们还是用了种种方法，到处鼓吹，甚而至于用了大宗金钱收买工党党员。但现在共产党的势力和党员确实没有欧战完结的几年那样大那样多。假使俄国没有继续不断的供给金钱，假使俄国没有这样用了全副精力宣传，恐怕欧洲各国的共产党都早已消灭了。

总而言之，现今西欧与中欧劳工阶级的趋势已偏向于缓进这一方面，他们并且也已恢复了战前的团结力。在一个时期，劳工阶级中也有一群骑墙派，他们既不联合第二国际，也不联合第三国际，他们都是见风转舵的人物。但到了一九二三年，这般骑墙派的劳工都加入了第二国际。战后的一切困难情形，与急进和缓进两派劳工的激烈冲突都能使那般有智识的工人从根本上想一想他们自己的地位，看一看目前的工业状况。他们细心考虑以后，总觉得在现今社会制度的范围内，实行种种建设的计画，是最稳当的办法。恢复战前的工业状况是一个极大的问题，并且也是一个极重要的问题。假使欧洲的工业状况不能于最近时期内恢复，好几万万人民只有迁移到欧洲区域以外的国家，或回到乡下耕田，或饿死。这不但劳工阶级是这样的，就是别种依靠工业为生的人民，如中等阶级等类，也何尝不如此。幸而欧洲人民特别是劳工阶级，已经有了觉悟，他们只想在可能的范围内，改革一切状况。劳工领袖都愿意在资本制度之下进行一切改革计画。照他们的意思，资本制度的缺点并不在于劳工与资本的关系方面，只是资本家自己的错误政策。他们要求将来对于工业政策方面也得有几句话。他们自认除了苦力之外，还能供献多少智力。他们承认生产的减少，与劳工和资本都不利的。他们所希望的只是一种较为完备的资本主义的组织，错误的政策能减少，出产能增加。欧洲资本家说：工资应当因出产的减少而减少。劳工领袖说：出产应当增加，维持工人的工资。现在欧洲劳工与资本的冲突大概都出源于这一个观念的不同。这一层已经可以证明欧洲劳工阶级是没有赤化的危险了。

欧洲的工业问题现在虽不能完全解决，但一切情形比之前二三年已经是好得多了。各阶级中那般有智识的领袖又互相讨论，极力想调和他们各阶级间的利害问题。但他们究竟能够做到什么地步，还得要看将来的结果。

（原载《东方杂志》，第23卷第22号）

战后的欧洲中等阶级
（1926）

这次欧战的结果，使各国社会各阶级的地位过一种重大的变更。欧洲农民阶级与劳工阶级战后的情形已于上几期中叙述过了，这一篇专论欧洲中等阶级的状况。

欧洲中等阶级战后的困苦情形，较之社会上任何那一级人民都要超过好几倍。在欧洲各国，无论是交战国，或是中立国，中级的人民——如那般靠薪俸过活的人，有职业的各种人民，店铺里的东家，或小资本家——所受到的经济方面的痛苦实在是最大最利害的。他们确是这次欧战的牺牲品。可是欧洲各国中等阶级的灾况也各不相同，不能概括的说定。在俄国，这一个阶级的人民差不多等于完全毁灭了。在中欧，他们也逐渐衰败了。在西欧，他们在极重大的负担之下，也差不多要站不住脚跟了。但各处的趋势却是相同的。在无论什么地方，中等阶级人民自从一九一四年后，确是一天比一天贫穷，一天比一天困苦。中等阶级人民最痛苦的时期是否已经过去，现在的趋势是否已经改了方面，还得要看将来的情形，才能说定。但中等阶级人民经过了这次的灾患以后，他们确已觉悟了他们地位的危险，发生了一种“阶级自觉心”。他们的团结力比之从前更加坚实，他们的奋斗精神比之从前更加利害。这种情形在现今欧洲各国已经发生了极重大的政治结果，将来也许有更重要的事实发现，也说不一定的。

欧洲中等阶级将来的运命何如，我们暂时可以不必猜想。他们现在的地位确已远不如从前了。这次的欧战差不多好像把他们从一个高山的顶上推到山脚下去了。他们的极盛时代是在十九世纪时候。就在十九世纪之前，各城市商人的地位与职业的境况已经是很好的了。但工业革命却给了中等阶级一种绝无仅有的机会。只因他们所处的优胜地位的关系，又因经济发展的趋势的关系，他们能够收获那工业革命所产生的大部份财富。他们是富足了，他们的人数也增加了，他们在各方面的势力也大了，所以同时他们又能够得到政治方面的权力。中等阶级的势力充满了全社会，凡人民日常的行动，差不多都带有中等阶级的色采。所谓十九世纪的欧洲文化，只是一种中等阶级的文化。

二十世纪开头时候，中等阶级的兴旺运气却有衰落的预兆。经济发展的趋势差不多是改变了方向，似乎是照顾不到中等阶级的利益了。大宗资本的逐渐集中到几个大资本家与大工业家手中，各种税率的增加，都是很不利于中等阶级的。同时人民的生活程度差不多于一百多年之内提高了一倍，更使中等阶级受到一种极不利的影响。所以在欧战发生的时候，中等阶级的境况已经远不如二三十〈年〉之前了。这种种新发生的不利于中等阶级的趋势虽则已经是很显明，但还不至于十分利害。从表面上看起来，欧洲中等阶级还是很兴盛的，他们都是心满意足。在政治与经济两方面，他们的势力还是很大的。他们对于那时候的文化有一种很坚实的信仰，其余人民也都把他们看做当时社会的台柱子。

在一九一四年，欧战发生了。当时各阶级人民，除了少数例外，都很勇敢的很热心的为国家尽力，为国家奋斗，但中等阶级人民的爱国热诚确实不是别种阶级所能比得上的。他们是现代文化的信徒，也是民族国家的信徒，所以他们的爱国心能使他们忍受任何重大的牺牲。这种情形尤以那般职业阶级更加显著。中等阶级人民的品性本来是很高尚的，他们是很肯尽力于公共事务的，甚而至于对于那种与他们私利有冲突的主义，他们尚能尽力赞助，很热心的提倡。比方像公共教育，社会改革与国防等事，虽则都是增加他们自己赋税担负的政策，他们却是尽了他们全副精力提倡的。职业阶级人民永未曾提出过那工业团体所时常提出的要求，如减少工作时间，限制出口等类。凡有职业的人民又是最要顾全面子的人，他们总想维持一种相当的社会生活标准，其结果就使他们发奋做事业，并使他们对于子女们的教育极力注意，务使年轻子弟初入社会服务时候，都得要有相当的准备，能够在社会上立得住脚。

在欧战期内，欧洲各国的中等阶级确实都能牺牲自己，为国家奋斗。他们的少年子弟都到了战线上，他们的老年人与妇女们都加入种种的团体，从各方面帮助战场上的军队。凡关于种种爱国的行动，他们是决不肯落在别级人民后边的。比方说战时的赋税，爱国公债，食料的限制，不支薪俸的服务等类，他们总是很热诚的担负。

这是中等阶级在战时的牺牲，但他们究竟得到了好处没有？他们忍受了这样的重大牺牲以后，他们的境况比之社会上任何那一级的人民更痛苦，并且那种表示爱国热度最高的份子（职业阶级）又是最痛苦的人民。资本家因战时工业需要的增加，他们口袋里的金钱早已装满了。劳工阶级的工资是已经增加了好几倍。但中等阶级，特别是职业份子，非但没有得到好处，并且还得要一方面对付那提得极高的生活程度，又一方面担负那种压迫的赋税。他们在精神方面觉得已经尽了他们应尽的义务，也许能得到多少愉快，至于在物质方面，他们的损失确是算不清说不完的。

欧洲中等阶级的困苦情形早已引起那般研究现代政治学者的注意，因为他们是明白这种情形对于社会与政治所发生的影响是很大的。在欧战完结后的几年，中等阶级的地位是最可怜的。在无论什么地方，物价是涨得高极了，各国政府又滥发纸币，其价格又是落得低极了，同时还有各种各样极重的赋税，中等阶级处于这样的状况之下，他们的日子真不好过。各处的情形当然有不相同的地方；在西欧，中等阶级的境遇还算比较的好些，但在俄国，却糟不可言。就是在西欧，他们的种种负担也已经是负担不起了。

我们就把英国中等阶级战后的境遇来代表西欧的情形。不过我们要晓得，英国的情形要算是最好的了。在英国，中等阶级人民只能张开眼睛，呆看物价的飞涨，他们的希望是一天减少一天。他们是决没有能力救济他们自己危急的情形，自己觉得好像一群老鼠似的，捉住在老鼠笼里了。如果做得到，他们也要求增加薪水，并且偶尔也达到他们的目的，或者增加了薪水，或者得到一种特别奖金，可是薪水的增加决不能抵销物价的飞涨，所以还是无济于事的。他们只得把裤带拉一拉紧，忍饥忍冻的维持他们的生活程度。他们的境遇比之劳工阶级更要痛苦好几十倍。非但中等阶级是过惯比劳工阶级较高的生活程度，并且那时候工人的工资已经绝对超过职业人民的薪水了。英国各城市发给马路上清道夫的工资，比之学校教员所得的薪水还要多。依照工团里的章程，就是极粗的粗工也不准承受一种工作，其工资是等于普通教士的薪水。在几家大报馆，印刷房里印报的工人很可以藐视主笔房里写文章的几位先生。社会上一切工作的价格差不多完全改变了，这不是一步一步的渐渐儿改变的，却是出人意料之外的忽然变故。

西欧各国，如法国与意大利的中等阶级的境遇，与英国的情形大同小异，可以不必细述。但中欧的状况却还要糟哩。中欧中等阶级的状况可以把德国的情形来做一个例。在德国，中等阶级在战争期间，也像在别国一样，同样的为国家奋斗，同样的忍受种种极重大的牺牲。他们所得到的报酬也像在别国一样，一种绝无仅有的困苦生活。德国又因纸马克的大跌价，中等阶级人民的生活是更痛苦。资本家与劳工阶级都有能力出得起战后的物价，但那般靠薪水或利息过活的中等阶级只有忍受饥寒。在欧战以前，无数的体面人家每年化了几千个马克，能够过一种很舒服生活，欧战以后，这几千马克还不够吃一顿饭。他们只有把家里的一切器具，以及几代传下来的宝物，一件一件的拿来出卖，等到最末的一件东西卖出，他们就不晓得怎样过活了。

奥国和中欧其余几国的中等阶级，所受到的痛苦，也同德国差不多。但俄国中等阶级的运命要算是最坏了。在别国，中等阶级的境遇无论怎样的困苦，别级人民对于他们还表示多少的同情心，并且他们自己也总觉得有一线的希望，将来能够有一种方法，改善他们的境遇。但在俄国，他们的生命差不多是已经完了死罪，他们的财产是都已充公，他们是法律范围以外的人民，共产党又抱定宗旨想把他们杀尽灭尽。俄国旧时代的中等阶级差不多可以算是毁灭了。

这是欧战完结以后三四年之内欧洲中等阶级的大概情形。在最近的三四年之内，一切情形又改变过来了。除了俄国之外，其余各处中等阶级的境遇似乎是好得多了。可是建设的速度无论怎样都赶不上破坏的速度。俄国能于极短时期之内毁灭一个中等阶级，欧洲各国费了好几年的苦心，还不能恢复中等阶级原来的状况。但这几年内一切的趋势确是都向建设这条路上跑，中等阶级虽不能完全恢复原状，确有改善他们境遇的可能。其中最主要的势力还是关于经济方面的，特别是纸币减少，因之物价能低落。有许多地方的赋税近来也逐渐减轻。假使经济方面能够得到一种稳固的现象，假使新的战争能够不再发生，全世界的物价大概都有一种低落的预兆。这种趋势是很利于中等阶级的，因为凡靠薪水，或利息，或别种固定的进款过活的人当然能得到物价低落的最大利益。

我们可是不能就因之而推想中等阶级立即能恢复欧战以前的原状。他们这一次实在是跌得太深了，假使有极好的机会，他们恐怕也得要到了他们儿子或孙子时候，方能爬得到他们原来的地位。不过就是在这几年之内，中等阶级中那几个有能力与奋斗力的份子早已觉着一种新希望，很想联合全阶级的人民，通力合作的恢复他们战前的原状。换句话说，中等阶级也已发生了一种“阶级自觉心”。

在欧战以前，中等阶级差不多没有表示过他们的“阶级自觉心”。他们尝过了战期与战后的痛苦味道，才受到一种教训，才晓得在现代的社会上，非有一种团体的势力，决没有胜利的希望；他们也晓得他们的人数是多的，他们的潜势力又是很大的，其结果就是这几年来欧洲各处所发生的中等阶级运动。

欧洲中等阶级运动又可以分作两种：第一种是纯粹中等阶级的，其态度是消极抵抗；第二种是联合社会上其他阶级，特别是上等阶级，一致积极反抗他们的共同仇敌——城市中那般激烈的无产阶级。英国的中等阶级联合会（Middle Classes Union）是第一种运动的例；意大利的法西党（Fascisti）是第二种运动的例。

中等阶级运动是最先发现于一九一九年，其地点是德国北部。那时候德国北部有好几个城市是被激烈的无产阶级占去了。这般激烈派在德国是叫做斯巴达西斯党（Spartacists），等于俄国的鲍尔希维党。他们在德国也采用俄国的方法压迫中等阶级。可是德国的中等阶级也就利用无产阶级的阶级竞争观念对付过去。首先发动的是那般医生，看护妇，医院里的助手，与药房里的药师。他们组织了一个联合会，正式宣言对于无产阶级罢工。凡无产阶级的病人一概不看不理。斯巴达西斯党也以极激烈的手段对付那般医生，并且又正式宣言，罢工只是无产阶级的特权，非别级人民应当实行的。但医生们始终抱定宗旨，过了极短时期，就发生了极大的效力。一种行业人民的罢工，就能不废兵力，又没有外边来的帮助，使斯巴达西斯党放弃两个已得的城市。

这是一部份中等阶级人民第一次表示他们那种有组织的势力，但从此以后，欧洲各国都有这类的行业发现了。过了几个月的时期，英国发现一个中等阶级联合会。这个组织是于一九一九年春天在伦敦成立的。那时候在伦敦又开了一个全英国各地方的代表大会。大会主席把这个组织的宗旨在开会词中说得非常明了，他说：“中等阶级联合会的宗旨，是为保护社会中那般人民没有其他方法保护他们自己家庭的与政治的权利。”他又对出席的代表说：“假使你们有了一种适当的组织，你们就可以变为国内最大的势力。你们也许能够抵抗所有的工人，你们能够抵抗资本家，你们甚而至于有能力抵抗政府。”

他们的大会又制定一种宪法，其开首的几句就说：“我们所负担的赋税已经使我们没有生存的能力。我们是受到下等阶级与上等阶级双方面的夹攻。”

在宪法之中，联合会的目的又正式宣布如下：

“为鼓励社会中各阶级间的互相谅解，并使国家赋税由各级人民平均担负。”

“为革除中等阶级方面种种不公平担负，并使他们以团体的力量保护他们的利益，不至于被立法或工业方面所压迫。”

“为监督立法与行政，凡中等阶级利益如有不公平待遇之处，设法修改法律。”

“为扶助会员个人的利益，惟此种利益必须与中等阶级的普通原则有关系的。”

此外，中等阶级联合会又发表一个对于英国人民的宣言，其中最重要的一部份如下：

“中等阶级联合会是与社会等级或宗教区别没有关系的，其所注意的只是那种在资本与劳工之间的种种利益。从这方面说起来，中等阶级只是与中等利益有关系的人民。在政治与经济事实方面，人民是可以分作三部份，其中两部份是极端的。第三种是中等阶级。各个人是否属于这个阶级须由他自己，依照消费者的资格，纳税者的资格，立法者的资格，自行决定的。资本家为自卫起见已经有了组织，劳工阶级为增进他们利益起见也有了组织。但在资本与劳工组织中，中等阶级是没有代表，又没有地位，可是中等阶级自身却还没有组织，所以就免不了受资本与劳工两方面的压迫。中等阶级人民就是那般靠智力吃饭的，所有工业，商业，各种职业人民，以及其余有固定进款的人民都包括在内。一个人的进款就可以决定他的地位。凡一种特别职业，或事业内部的事务各有各的职业或事业的团体处理；但关于普通的政治或经济事务，这一般人民，以及其余不属于特别团体的中等阶级人民，在现今的状况之下，决不能有全体一致的行动。中等阶级联合会就要联合这般没有组织的没有代表的中等人民，组织一个强有力的团体，保护他们的公共利益。这样一个有组织的强有力的团体定必能影响于全国政治与经济生活的发展，使之趋向于和平这条路跑。”

英国中等阶级联合会并不是一个新政党，并且对于普通社会状况也没有主张根本的改革，可是其成绩确是很大的。在现今英国的政治与经济方面，中级阶级联合会确有一部份势力。约略计算起来，他们的会员也有好几十万人，并且又能从各方面，推广他们的势力，使他们团体的实力能够影响到政府政策上，与别级人民的行为。新近英国政府的减政主义与所得税率的减低，大半是中等阶级联合会鼓吹出来的。我们可以举出一个例证明之。有一次，英国邮政局长正式宣布电话与电报费须于某日涨价。（在英国，电话与电报都是国有的并且是都归邮政局管理的。）中等阶级联合会立即出来干涉，并且又在国会里极力运动，打消邮政局长的政策。英国国会根据中等阶级联合会的意见，立即议决电话与电报费非得到国会批准后，不得增加。

这几年来，英国时常发生工潮，人民生活方面受到种种的麻烦，中等阶级联合会也就屡次出来干涉。他们虽不是根本反对劳工阶级，但对于各种公共事业中工人的罢工是极端反对的。凡工人想利用罢工扰乱普通人民的生活，因之得到他们的要求，中等阶级联合会就要干涉，用种种方法抵抗罢工的工人。好得他们会员的人数很多，其中各种各样行业的人都有，他们到了万不得已时候，就能从其会员之中，选择一班懂得某种行业的人，执行那罢工工人所放弃的工作。中等阶级联合会会长的报告里，举出许多实例，说明他们曾经用了什么方法，打消这类的罢工。他说：

"在设斐尔特（Sheffield），那供给全城电灯的电厂工人为表同情于罢工矿工起见，要挟将于星期六晚上全体罢工。罢工的消息于星期六下午传到中等阶级联合会设斐尔特支部秘书。他立即赶到打球场上，把这事情告诉他们会里的会员。凡懂得电务的人都自愿出来尽义务。他又走到各市民家里，把一切情形讲给大家听，这一般市民中自然有各种各样的人，各行业的人也有，店铺里的东家也有，各项工人也有。等到他走完这许多地方，他手上已经有了一张二百多人的名单，是自愿晚上到电厂里工作的。

"他有了这张名单，他就到电厂里见经理，并把这名单给他看。电厂经理就把工头叫来，问他：'你们今晚要罢工吗?''是的。'工头回答。'好罢，'经理说，'中等阶级联合会已经有了二百多人。这厂是不会停工的。'

"工头听见了这消息，非常惊慌，他说他要回去与工人商议。过了几分钟，他又回来了，并说：他们是不罢工了，今晚还是照样开工。

"这次的罢工就于无形之中打消了。"

这是英国中等阶级联合会所做的事。他们对于任何方面所发生的不公平行动，无论是资本方面，或是劳工方面，或是政府方面，都一概反对抵抗。

法国也有一个同样的中等阶级的组织，叫做公民联合会（Civic Union）。公民联合会的目的是没有像英国中等阶级联合会那样广泛。他们的宗旨是只限于抵抗法国激烈派的劳工的种种革命行动。法国的劳工比之英国劳工激烈得多，很多的法国劳工领袖与大部份的工人早已变做了共产主义的信徒了。

法国公民联合会成立的时候，正是法国共产党势力最盛时代。在一九二〇年的春间，法国的赤党预备于五月一号实行全国总罢工。他们的计划是要推翻一切公共事业，阻碍交通，饿死城市居民，然后再以极迅速的方法占据全国的主要城市，夺到法国的政权，设立那无产阶级专政制度。

在这最危急时代，一群有决心的公民组织一个团体，其目的是帮助政府，在工人罢工时候，由其团员执行那罢工工人所放弃的工作。普通一般人民又都赞成这样一种行动，公民联合会中的会员就增加了不少，其中男女都有，并且又都有一种相当的技术或手艺，随时可以补充那罢工工人所离开的职位，保障城市人民不致于因工潮而减少任何的日常需要品。

公民联合会团体的组织是非常坚实，其中央执行部是在巴黎，并且还有一个秘书处，与一群支领薪水的永久职员，随时与政府，报界，或别国同样的团体办理一切交涉，或交换意见。他们的组织虽则是中央集权的，但同时各地方支部职权的范围也是很大的；因之他们既能极迅速的决定一种政策，表示他们团体一致的行动，又能使各支部自由处理各地方上的事务。他们还组织了一种游击队性质的人，各地方如果发生了紧急事情，没有预备对付的方法，就可以求救于中央执行部，派游击队来帮同办理。

法国中等阶级既有了这样强有力的组织，抱定一种反抗赤化的决心，同时政府军队的势力又非常之大，激烈派劳工领袖的心也就软化了，激烈派工人的热度也冷下来了，一九二〇年这一次极大的工潮也就过去了。这次全国总罢工的计画完全失败。有多数工人明知已经处于失败地位，所以就不愿意罢工；至于罢工的一部份工人也就过了二十四个钟头后，即行复工。不过就是这样，那时候的情形已经是很危急了，交通也停止了好几天。

在一九二〇年，工潮最激烈时候，法国公民联合会就能在事实上证明他们的会章并不是一种废纸，他们的会员也不是能说不能行的人物。他们在巴黎一方面的活动，特别重要。比方说罢，有一次巴黎的铁路要求公民联合会供给一千多个人，执行各种各样的工作。公民联合立即供给铁路公司一张分类的名单，凡被召的人个个都放弃他自己的职业，到铁路公司报到。公民联合会又供给了公共汽车公司无数的人员。电车公司里的开车人，买票员等类，有一个时候也都是公民联合会所供给的。市政公所里自来水，煤气与电气几部份事务，有一个时候也都由公民联合会会员执行的。那时候的工潮是平静得很快；否则，公民联合会中各种各样的人物都有，巴黎城中关于公共事业的事务都要由他们会员执行了。

法国经过了这次大风潮以后，工业生活是觉得平静多了，公民联合会也没有一九二〇年时候那样活动。可是这个团体却还是存在，他们的势力还是很大，到了必要时候，他们还能重复做一九二〇年所做过的事。所以共产党的机关报说：这公民联合会是反革命派中最有势力的团体。

以上所述只是中等阶级运动中的第一例，要算是和平派的运动。此外，还有第二种中等阶级运动，其性质不单是消极防御，专以合法的手续，保护中等阶级的利益，并且还要联合社会上其余的阶级，积极抵抗无产阶级所实行的社会革命。假使一个国家发生了社会革命，所有上中阶级的人民，为时势所逼迫，并为自卫起见，实不得不联合起来，一致抵抗他们的公共仇敌。这也是人民对于社会革命的一种天然的反动。所以社会革命愈激烈，上中两个阶级的团结力也愈坚实。英法两国，并没有发生社会革命，所以他们的中等阶级人民也没有与别级人民联合的必要。

在中欧地方，反革运动的势力是非常之大。中欧确是保守与破坏两种势力的大战场。照战后的二三年情形看起来，中欧好像就要被那种赤色潮流所压倒。从波罗的海直到地中海的区域，共产主义实行其总攻击，其势力非常凶猛。在一个极短时期之内，匈牙利，芬兰，与德国的一部份地方居然变为共产化了；在中欧其余地方，共产党又极力的鼓励那种“阶级战争”观念。

可是不久就即发生反动的势力了。社会上各阶级人民，无产阶级除外，人人自危，个个觉得大祸的将到，所以就即联合起来，通力合作，一致抵抗他们的共同仇敌。在这种联合的团体之中，中等阶级热心最勇于做事他们[①]。这几年来所经过种种不幸的事，使他们不得不拼命的与赤色势力决一死战。他们也明知社会革命是与他们这一部〈份〉人最不利的，俄国的情形早已警告了他们。这是关于中等阶级人民的生死存亡，他们实不得不出死力来抵抗。反革命军的军官虽则是别阶级的人民充当的，但大部份的军队都是中等阶级人民。他们又供给反革命军一切的财力与智力。无怪共产党把中等阶级看做他们的死对头。

无论在芬兰，或匈牙利，或意大利，或德奥，一切反革命运动的来源，精神与作用都是一样的，都是由中等阶级人民主持的。我们可以把意大利的法西党来做一个例。在一切反革命运动之中，意大利的法西主义要算是最有计画，成绩最大，并且别国的反革命运动又都受其影响。

法西主义是产生于意大利那种不稳固的政治与社会生活。在意大利，政治的扰乱与阶级的冲突就是在欧战以前早已很显明的。欧战以后，这种扰乱状况与冲突反而有增无减。意大利工人受了俄国鲍尔希维〈克〉主义的感化，存在了一种极大的奢望，自以为从此以后是他们的日子到了，毫无顾忌的到处横行，对于中等阶级人民，极端的仇视。那时候的意大利政府又弱不堪言，毫无抵抗的能力。所以各阶级人民，特别是中等阶级，就不得不自行想法，保护他们自己的生命财产，其结果是法西党的产生。

于极短的时期之内，法西党就有了好几十万党员，其组织是完全军队式的，他们手里有的是军器，他们又抱定决心的利用这种武器。于是就发生共产党与法西党的大决斗，那时候意大利政府的地位实在可怜，既没有镇平内乱的能力，又没有任何的主张，只处于一种旁观者的地位，任凭这两党去大决斗。全意大利差不多都变成共产党与法西党的战场，每天死伤的人数不计其数。我们可以举出一个例来证明这次决斗的激烈与法西党组织的完备。在一九二二年的五月，波伦亚（Bologna）又发生了他们两党的大激战，这一次可是法西党打败了，死了好几十人。但在四十八个钟头之内，波伦亚城外就到了六万个法西党员，打破了这城，烧毁了共产党的机关与报馆。再过几个月，共产党是完全打败了；到了一九二二年的年底，法西党也就推翻了意大利政府，设立了他们法西党的专政制度。

中等阶级在法西党内所占的地位是往往容易被人误会的。法西党领

① 原文如此，疑不确。——编者注

袖慕沙里尼（Mussolini）是从前的社会党员，他的父亲又是一个铁匠出身，所以他也不能算是一个中等阶级的人物；并且法西党得胜以后，其中又加入了好多的工人，因此，中等阶级在法西党内所占的重要地位是很不容易看出来。但我们把法西主义仔细分析一下，就可以看出这法西主义在发端时候完全是一种中等阶级运动。其战斗人物都是中等阶级人民，当初计画法西党的政策与进行的方略又都是中等阶级中的智识份子。假使没有中等阶级的赞助，没有中等阶级的那种热诚，法西主义决不能在意大利有今天的势力。德意志，匈牙利，与欧洲其余各处同样的反革命运动都有这种情形。

这种种事实，都可以证明欧洲中等阶级虽则经过了这几十年来的苦痛，还没有消灭他们的志愿，还保持他们的能力。至于他们将来的状况，还得要看社会状况的大势。他们的运命，实在是与欧洲的工业和社会生活分不开的。假使欧洲的工业制度不至于推翻欧洲，欧洲的社会秩序不至于被共产主义所扰乱，中等阶级总能占到一部份的势力。他们如果能够同心合作，自然能增进他们全体的幸福，不过恐怕也能改变社会发展的大势罢。将来社会发展的大势如果是不利于中等阶级的存在，他们无论怎样的奋斗，也很难保持他们的优胜地位。

总而言之，在现今的欧洲社会之中，中等阶级是少不了的；就像俄国那样完全毁灭了旧的中等阶级，这几年来，新经济政策实行后，也有一种新中等阶级发生的趋势。但中等阶级中各种份子的运命恐怕也各不相同。那般工业商业与职业份子已经过了战后的危机时代，将来钱币与工业状况逐渐恢复后，他们的地位也很有起色；但那般智识份子的前途却还没有这样好，实在是不能乐观的。现在全欧洲智识阶级人数已经是减少了很多，他们阶级中近来的死亡率很高，生育率很底，在最近的时期内，他们的人数恐怕没有增加的希望。人民在生活极困难的时候，衣食住三种物质上的需要还顾全不了，决没有时间与兴趣去注意到精神上的需要。这种情形与将来欧洲的文化一定有很大的影响，确是很重要的一个问题，决不是几句话可以说得完的。战后欧洲智识阶级我们下期再讨论罢。

（原载《东方杂志》，第23卷第23号）

英国的殖民地
(1927)

一　不列颠帝国

英国的政治制度都是复杂不堪的，都是经过极长的历史，才逐渐变化到现今的状况，一种政治的组织往往已经于无形之中经过了无数次的更变，同时还能保持其原来的形式。英国人在政治上所最注意的只是政治的结果，假使能够达到他们的目的，他们就不管一切形式上的手续，不顾一切政治制度与组织。在这几百年之内，他们政府的内部也像法国或别国一样，曾经发生过好几次重大的改革，可是他们政府的形式并未曾受到同样的影响。在形式上，现今的英国政府与从前政府相差的地方，并没有像在事实上那样远。所以我们研究英国政府的组织，往往觉得英国政治上自相矛盾的地方非常之多，政治制度的形式与实际不能一致，更使我们觉得这样的组织实在是太复杂了。我们只从这一个国家的名称方面着想，就觉得够复杂了。

别的国家只有一个名称，例如法国，意大利，西班牙等国都没有第二个名称。但英国却有好几个名称，好像我们中国人，在孩提时代有一个小名，到了成年以后，有名，有字，还有种种别号。英国的势力逐渐推广，土地逐渐增加，英国的名称也逐渐加多，好像我们中国人从孩提到成年时代，名号逐渐增加一样。英国的种种名称又是同时并用的，从这种种名称方面，我们很可以看出英国势力扩充的趋势，及英国与各殖民地间的关系。

英国这名词本来是专指英格兰一块地方。威尔士是于一二八四年被英格兰并吞的。在一七〇七年，英格兰与苏格兰合并以后，国名就改为大不列颠，包括英格兰，苏格兰，与威尔士三处地方，其土地的区域约计八万八千英方里，现在共有人口四千四百万。英格兰海岛的西面还有一个海岛，这就是爱尔兰，其土地的区域约计三万英方里，人口只有四百五十万。一八〇〇年大不列颠与爱尔兰合并后，国名又改为大不列颠与爱尔兰联合王国。以后英国的势力扩充到海外，并吞了无数的殖民地，英国及其海外属地的总名称就叫做不列颠帝国。近来又因各自治殖民地的发达，地位的抬高，很不愿意居于帝国政府之下的殖民地地位，所以不列颠帝国这名词又非正式的改为不列颠民族共和国（British Commonwealth of Nations）不可。这是关于英国种种名称的来源。

不列颠帝国，或不列颠民族共和国占据了全地球的四分之一土地，共计一千二百万英方里，有人口四万五千万。现今全世界人口统算起来只有二十万万，假使把全世界人民拢统计算起来，每四人之中就有一个英国国籍的人民。在全世界六大洲之中，没有一处没有不列颠民族共和国的土地。在欧洲，有不列颠群岛，及其他的海岛；在北美洲，有加拿大，纽芳兰，牙买格，与西印度群岛中的各岛；在中美与南美，有不列颠洪都拉斯，不列颠几内亚，与福克兰群岛；在澳大利亚洲，有澳大利，新西兰，新几内亚，与南太平洋群岛中的各岛；在非洲，有南非洲联合国，罗台西亚，塞拉勒翁，冈比亚，乌干达，善齐巴尔等处及其他属地，保护国与委托治理地。苏丹本来是由不列颠与埃及共同治理的，但从一九二四年后，不列颠即完全把持这一块极大区域的管理权。在亚洲，印度及其所保护的各小国当然是不列颠民族共和国中最重要的部份，同时锡兰，香港，马来，及南洋群岛中很多的地方也都在其版图之内。还有巴力斯坦与美索波达迷亚现在也归英国管理的。欧战以前的埃及在法律上是土耳其帝国中的一部份，但在事实上，早已归英国治理。欧战时候，土耳其加入了德国一方面，英国政府就把埃及改为保护国，一九二二年英埃条约订立后，埃及总算是一个独立国，但同时英国还保留种种特权。这是不列颠民族共和国中最重要的几部份，无怪英国人可以大吹而特吹，说每天二十四个钟头，没有一刻时候的日光能够离得了英国的国旗。

二　英国殖民地的发达小史

英国殖民地的发达要算近代历史上最特别的最奇异的一件事实。当初的英国并没有什么伟大的目的，想把其势力扩充到全世界。在最初的时候，英国只于无意之中在海外得到了几处地方，以后又因工商业的发达，英国人民就觉得那海外根据地是于工商业方面很有利益的，所以就注意到殖民地的推广。可是英国政府并未曾有过什么殖民政策，英国的势力是于不知不觉之中扩充出来的，英国的殖民地是于无意之中得到的。英国本来是一个工商业的国家，工业革命是首先在英国发生的；又因地理上的关系，英国是一个岛国，所以又不得不注意于海军方面的设备，以后就变为一个海军的国家。有了海军的保护，商人就能与海外各处通商，人民就能到海外各处居住。但英国政府从未鼓励过人民移居海外。不列颠帝国不是英国政府建设的，却是英国人民所设立的。英国殖民的先锋队是商人与移民，英国政府只在后边慢慢的跟上来的。在海外的英国商人与移民都是最不守本分的人民，他们总是喜欢糊里糊涂的闹乱子，以后等到闹乱子闹大了，英国政府为顾全面子起见，也就糊里糊涂的被卷入漩涡里去，帮同他们无理的商人与移民胡作乱为，抢夺人家的财产，占据人家的土地。所谓国际大事，往往如此，都有点近于儿戏。可是英国人的运气真好，他们无论怎样的胡作乱为，到了战争时候，他们靠了海军势力的强大，总是占胜利的，其结果就造成这样一个伟大的不列颠帝国。

从历史方面着想，英国的殖民史可以分做两个时期：第一个时期是从一六〇〇年东印度公司组织成立时候起，直到一七八三年《凡尔赛和约》承认美国独立时候为止。第二个时期是从一七八三年到现在。在第一个时期的一百八十三年之内，英国从法国方面抢到了北美的加拿大，替他们商人在东印度方面争到了一个根据地，再在北美沿大西洋海岸设立了十三个殖民地。以后这十三个殖民地的独立，使英国受到极大的损失，可是英国政府却也因之得到一种极好的教训。所以在第二个时期，英国政府对于殖民地就改变了政策，并且发生极好的效果。这第二个时期所得到殖民地又是非常广大，较之所失去的十三个美洲殖民地要大好几倍；这种殖民地的取得方法是各不相同的，比方澳大利亚洲的土地是由英国人首先发现的，所以就根据于这一点，把全洲占据去了；非洲的土地是完全以武力争服的；加拿大与印度是从第一个时期所占据的根基地逐渐推广其势力。现今不列颠民族共和国，较之美国革命时候所推翻的殖民帝国，区域更广，人口更多，并且在表面上看起来，各处人民又觉得比那时候更满意。

美国革命是英国殖民历史上的一个大纪元。从美国的革命，英国政府得到一种极有价值的教训，可是并不是美国人所希望英国得到的教训。有许多人民，甚而至于几个历史家，有一种极错误的观念，都以为美国革命强迫英国政府给与其他殖民地一种完全的政治自由权。这是不对的。美国革命以后，英国其他殖民地的地位并没有更改，他们的总督还是由伦敦派出来的，并且不受殖民地方面的节制，是完全独立的。在美国建国以后的五十多年之内，没有一个英国殖民地曾经得到一种完全的自治权利。殖民地的自治权还得经过几次奋斗，才能得到。英国政府从美国革命所得到的教训，是关于工商业的管束方面。美国革命的原因，英国政府明白得非常透切。十三个殖民地反叛的原因完全是经济上的苦痛；殖民地人民同时当然还有许多政治上不满意，但政治方面的问题大概不经过武力，也许能解决的。美洲殖民地人民并不是希望实行男子普通选举制度，或责任政府制度，才革命的。他们自己的新政府成立以后，也没有实行这种种制度。他们所最不满意的，并使他们不得不反抗的，是英国政府干涉他们的工业与经济生活。他们是绝对不能容忍那时候英国人的普通观念，以为殖民地的设立是只为祖国的利益起见，美国独立以后，英国政府很能明白经济苦痛的势力，因之以后对于其他殖民地的经济方面，就采用一种放任的政策。

这是英国政府从美国革命所得到的教训，这也是建设不列颠新帝国的主要原因。在经济自决权与政治自治权的两种权利之中，经济自决权自然与殖民地的兴盛更有关系。以后英国人的势力扩充到全世界的六大洲，他们更进一步，对于那种有自治能力的殖民地，给与经济的与政治的两种自治权利。现在加拿大，纽芳兰，澳大利，新西兰，爱尔兰自由国与南非洲都是自治的团体，除了名义之外，这许多地方在事实上早已变成民治的共和国。不列颠民族共和国所包括的部份却是很不容易分类的，因为其中有各种各样的区域，既没有一种有统系的组织，又没有殖民行政的计画。从种类方面说，其中有王国，有帝国，有自由国，有自治区域，有共和国，有联合国，有属地，有保护国，有被保护国，有与别国共管的区域，有委托治理区域等类。英国政府对于殖民地的政策向来没有一定的标准，糊里糊涂的任凭其自由发展，等到问题发生了，再想适当的解决办法。种种自相矛盾的政策，与异常的行动是英国政府所常有的事。只有几年前，非洲西边有一个小岛 Ascension 是归海军部管理的，海军部只派了一个海军军官，同时把这小岛作为一只兵船看待。

各殖民地的人民又是各不相同的，差不多全世界各人种各民族的人都有在内。在几处地方，大多数的人民都是欧洲民族，如加拿大与澳大利；有几处地方中的主要民族是欧洲人的子孙，但同时还有多数的土人，如南非洲联合国；可是在多数的区域中，土人的数目都要超过欧洲人的数目好几倍。从不列颠帝国全部的人口计算起来，欧洲人种的数目还不到六千万，只有美国人口的半数。六千万的白色人民管理得住超过四万万的别种颜色人民，这岂不是一件出乎常理之外的事情！

别国人民往往觉得不列颠帝国的情形似乎是头太小尾巴太大，恐怕不能持久。三十年前，德国有一个学者，在柏林大学讲演英国殖民制度时候，他说："不列颠帝国如同一盘散沙。将来假使发生大战，这盘散沙就即要翻覆的。"不列颠帝国的组织自然与德意志帝国的组织绝不相同的，德国的组织那样的有统系，那样的集权！可是到了大战发生时候，德意志帝国因为经不起这大风波，翻覆了，但不列颠帝国的势力反因战争而增加了。

三　英国殖民地的分类及其互相的关系

不列颠帝国区域的广泛，人种的复杂已经叙述过了，并且其中人民的语言，宗教，法律，与社会习惯又各不相同，所以各处政府的组织也是各不相同的，差不多没有两块地方有完全相同的政府组织，从完全自治的政府到完全不自治的政府之间的各种各样政府都可以从不列颠帝国各区域中寻得出来。但从各区域的大体方面着想，我们也有种种方法把他们归入几类。假使我们把不列颠联合王国及其附近的海岛，爱尔兰与印度除外，凡在英国国旗之下的各区域可以分做六种。第一种是各自治区域，这许多区域从前也叫做殖民地，不过因为这名词是包含一种附属的意义，所以现今是不用了。不列颠民族共和国有五个自治区域（爱尔兰自由国与北爱尔兰除外），就是加拿大，纽芳兰，澳大利，新西兰，与南非洲。

第二种是半自治的区域，就是有一种自治政府，但同时英国还保留几种特权。印度是一个例，摩尔太也包括在这一种内。第三种是没有自治政府的区域，一切的行政都受伦敦政府节制的。其中有许多区域也有一个殖民地的立法机关，上议院是任命的，下议院是选举的。又有许多区域有一个一院制的立法机关，其中有任命的议员，也有民选的议员。

在几个区域中，民选的议员占多数，在别处，任命的议员占多数（如香港）。还有几个区域是完全没有殖民地的立法机关。这第三种的区域有时候是叫做王室的殖民地，不过这个名称是不大妥当，因为在许多地方，英王是不能以命令立法的。

第四种是保护国与被保护国，特别是印度那方面的小国。在形式上，这类国家是独立的，其政府是由本地的国王，受英国政府派在各该处官吏的监督而执行的。第五种是由国际联盟委托治理的区域，或者委托于英国政府，或者委托于其他的自治区域。末了，还有几种不能归入上述五类的区域，如埃及的苏丹既不是自治区域，又不是殖民地，又不是保护国，又不是委托治理的区域。在法律上，这块地方是英国与埃及共管的区域。还有新赫布里底是英法共管的区域。大概不列颠民族共和国的各区域都可以归入上述的六种之中。

不列颠民族共和国各区域互相的关系也是一个很复杂的问题。严格的依照法理学说讲起来，不列颠帝国在内政方面只有一个主权完备的政府与立法机关，就是不列颠联合王国的政府与立法机关，其余一切的政府与立法机关都是附属的。但照英国宪法上的习惯说起来，不列颠民族共和国有七个独立的区域，及其属地，与三个半独立的区域。各区域的独立地位及其互相的关系可以列表说明之。

一独立的区域

（一）（甲）不列颠与爱尔兰的联合王国，包括英格兰，及威尔士，苏格兰，与北部爱尔兰。

北部爱尔兰有一个地方政府与立法机关。

（乙）联合王国的属地：

（1）在不列颠群岛之内的：

The Isle of Man，Jersey，与 Guerney（附带 Alderney 与 Sark）这几处地方都有不受英国政府节制的立法机关。

（2）在不列颠群岛以外的：

凡没有责任政府的殖民地与保护国，其一切行政都受英国政府节制的。

(a) 有立法机关的殖民地，其上议员是任命的，下议员是民选的。

Bahamas，Barbados，Bermuda.

(b) 有立法机关的殖民地，人民只能选举一部份的议员；但同时却没有规定政府官吏须在议会中占多数议席。

British Guiana，Geylon，Cyprus，Jamaica.

(c) 有立法机关的殖民地与保护国，其议员或是全部委派的，或是一部份民选的，但无论如何，政府官吏须在议会内占多数议席。

Hong Kong；Mauritius，Seychelles，Straits Settlements；Gambia，Gold Coast，Nigeria，Sierra Leone；Kenya，Nyasaland Protectorate，Uganda Protectorate；Falkland Islands；Fiji；British Honduras，Leeward Islands，Grenada，St. Lucia，St. Vincent，Trinidad，Tobago.

Kenya，Gambia 与 Sierre Leone 还各有各的附属的保护国。

(d) 没有立法机关的殖民地与保护国。

Gibraltar，St. Helena；Ashanti，Nigeria Protectorate Northern Territories of the Gold Coast；Basutoland；Islands included under the Western Pacific High Commission，Aden with adjacent Protectorate；Northern Rhodesia.

(3) 委托治理区域：

Tanganyika Territory，Togoland，the Cameroons，Palestine；

Iraq；

Trans-Jordan territory.

(4) 被保护的国家：

(a) 内政独立，外交受英国政府节制的国家：

British North Borneo，Sarawak.

(b) 内政也受英国政府节制的国家：

The Federated Malay States，the Unfederated Malay States，Brunei，Zanzibar，Donga.

(二) 加拿大 (The Dominion of Canada)。

立法与行政大权是由联邦政府与各省分别执行的。联邦政府又直接监督西北区域与育空 (Yukon) 区域两处的事务。西北区域有一个委派的，育空区域有一个民选的议会。

(三) 澳大利 (The Commonwealth of Australia)。

这也是一个实行联邦制的自治区域。政权是由联邦与各邦政府分别执行的。

属地：

Papua；Norfolk Island.

委托治理区域：

New Guinea；Nauru.

（四）新西兰（The Dominion of New Zealand）。

属地：

The Cook Islands.

委托治理区域：

Western Samoa.

（五）南非洲（The Union of South Africa）。

各省政府只执行一种附属的立法与行政职权。中央政府的权力是较大于加拿大与澳大利亚的联邦政府。

委托治理区域：

South-West Africa.

（六）新芳兰（The Dominion of Newfoundland）。

（七）爱尔兰自由国（The Irish Free State）。

二　半独立区域

（八）印度（India）。

（1）不列颠印度（British India）。

立法与行政职权是分配于

（a）印度议会与政府

（b）各省区。

（2）印度小国（Indian States）。

内政方面的独立职权是各不相同的，但在外交上，都没有独立的权力，并且又都没有国际地位的。

（九）摩尔太（Malta）。

在内政方面，这一个岛是有责任政府的，只因这岛又是英国海军的军港，所以英国政府对这岛政府有种种的限制。

（十）南罗台西亚（Southern Rhodesia）。

这区域也有责任政府，但为保护土人的利益，为保护不列颠南非洲公司的矿产与铁路权利起见，英国政府对这区域也规定种种的限制。

这是不列颠民族共和国各区域互相的关系。在外交方面，不列颠民族共和国还是一个单位，一切外交事务都是由英国政府负责办理。至于各自治区域政府究竟能否改变或影响英国政府的外交政策，完全是不列颠帝国内部的事情，在国际法上是不发生问题的，但从欧战后国际联盟成立以来，各自治区域的国际地位却更改了。在国际联盟里边，不列颠帝国还是一个单位，凡关于普通的国际事务还是由英国政府负责办理。但国际联盟同时又承认加拿大，澳大利，南非洲，新西兰，与印度为会员国。从一九二三年后，爱尔兰自由国也同样的承认了。这许多自治区域在国际联盟里，也同英国一样，享受同等的权利。并且各自治区域代表在国际联盟的行动又是对于各该区域的自治政府负责的。

四 英国政府与自治殖民地的关系

在不列颠民族共和国的十个大区域之中，除了英国本部之外，共有六个自治区域，就是加拿大，澳大利，新西兰，南非洲，纽芳兰，与爱尔兰自治国。当初在十九世纪中期英国政府给与殖民地自治政府时候，曾经保留六种特权：就是殖民地宪法的制定与修改，公地的管理，移民，商务，高级司法权，与外交。到了一九一四年欧战发生时候，这种种特权的大部份差不多已经交还各自治地区域了。现在他们都能制定与修改他们自己的宪法，都能自由处置他们的公地。印度虽则也是不列颠民族共和国中的一部份，他们都禁止印度移民入口。他们又都各有各的关税政策，甚而至于从英国进口的货物也得要交纳进口税。在一九一一年加拿大还想与美国订立互相让步的关税条约。所以从内政方面着想，这许多自治区域完全是独立的国家，可以不受英国政府的干涉，自由处理一切的事务。

可是在英国的政治上，法律与事实是完全不符合的。各自治区域只是事实上的独立国。在法律上，英国国会对于全不列颠帝国的区域还有一种无限制的至尊无上的立法权。各自治区域的宪法只是英国国会所制定的法律，并且其性质也与其余的一切法律一样，随时可以由英国国会修改或取消。各自治殖民地的总督还有特权否决议会通过的议案，并且殖民地议会的法律就是得到了总督的同意，伦敦政府还能否决。但这种种权力只是法理上的权力，在事实上，英国政府对于各自治域区早已放弃了。

在英国政府之中，殖民地总长是英国政府与海外各区域间的一个中间人，一切往来的公文都由殖民地行政机关经管。从一九二五年的六月十一日起英国政府又新设立一个行政机关，专管各自治区域一部的事务，叫做 Secretary of State for the Dominions。各自治区域也各有代表在伦敦，甚而至于各自治区域中各邦或省也有代表在伦敦。他们都是由各自治区域政府委派的，他们的职务大部份是属于商务方面的，但各自治区域政府也往往利用他们，与英国政府办理一切交涉。所以近来他们的职务的性质又逐渐趋向于外交方面了。澳大利政府又于一九二五年的一月委派一个特别外交代表，常驻在伦敦，并且又在本区域政府之内设立一个通信秘书处。各自治区域又往往各有代表在别国，他们差不多是执行一种领事的职务。几年前加拿大还得到有一种特别权利，能够派一个公使在美国华盛顿，专任办理加拿大与美国的一切交涉。但加拿大却至今还没有派定公使。爱尔兰自由国确有一个代表在美国。

从选派外交代表的权，就要连带的讲到各自治区域与外国缔结条约的权，就是他们是否有缔结条约的特权？关于这一层，我们在上边已经提及过了。在外交上，不列颠帝国还是一个单位，一切缔结条约的事务还得由不列颠帝国政府一手承办。不过几年前加拿大曾与美国订立一种关系渔业的条约，并且这条约是加拿大政府代表签字的。可是严格的说起来，这一次加拿大与美国订立条约是得到英国政府的特准。在形式上，这条约是由加拿大代表签字的；在事实上，这条约还是英美的条约，因为这条约非但对于加拿大人民适用，就是对于其他有英国国籍的人民都能适用的。所以缔结条约的权还是在英国政府，但英国政府与别国订立的条约如未得到自治区域的同意，就不能在其范围之内发生效力。比方上次欧战以后《凡尔赛条约》是由英国代表签字的，但其中却有明文规定："除非自治区域的议会正式表示同意，此条约的条文在各该区域之内是不发生效力的。"

在十九世纪中期维多利亚女王时代，英国的大部份人民，特别是自由党党员总觉得那海外殖民地如加拿大，澳大利与南非洲等处，从英国本部着想是没有多大利益的。这许多地方须由英国海陆军保护，有时候甚而至于使英国政府与别国发生困难的交涉。英国政府给他们种种的利益，但他们却没有好处给还英国。这类区域如同将熟的果子一样，到了完全成熟时期，就得要与祖国脱离关系的。有许多英国人还以为殖民地自治政府的成立就是将来完全独立的预兆。可是到了十九世纪下半期，帝国主义观念发生时候，英国人对于海外殖民地的态度就根本改变了，他们觉得英国国旗能飘扬于地球上每一大洲每一海洋是一种极大的光荣与威严。同时还有一班帝国主义的学者，历史家如西利（Sir John Seeley），诗人如吉卜林（Kipling），极力的鼓颂英国势力发展的光耀，激动英国人民对于殖民地的兴趣。其结果就发生种种帝国主义的联邦计画。

帝国主义的联邦计画是要把不列颠联合王国及其自治区域，联合起来，根据于美国联邦的组织，组织一个大联邦。从一八七一年起“帝国的联邦主义”（Imperial Federalism）这名词初次发现后，直到现在，各杂志中关于讨论这大联邦计画的文章是很多，还有许多专论这问题的书籍，还有鼓吹这种运动的团体与学会。依照这帝国主义的联邦计画，除了现今的英国政府与各自治区域的政府之外，还要设立一个帝国的内阁与一个帝国的议会。帝国的内阁是由英国与各自治区域的代表组织的，其职务是处理一切与不列颠帝国全部有关系的事务，并且还须对于一个代表英国与各自治区域及其他属地的帝国议会负责。

帝国主义的联邦计画虽则没有完全实行，但在最近的四十多年之内，不列颠帝国联邦运动早已发生了一部份结果。在现今的不列颠帝国政治组织之中，除了英国政府，各自治区域政府与殖民地政府之外，还有几种超过各区域的帝国政治组织。其中最重要的一种是叫做殖民地会议，或帝国会议（Imperial Conference）。第一次的帝国会议是于一八八七年在伦敦召集的，到会的代表共有一百二十一人，他们是英国，各自治殖民地，印度，王室殖民地，与各保护国的代表。这帝国会议一共开九次，就是一八八七年，一八九七年，一九〇二年，一九一一年，一九一七年，一九一八年，一九二三年。第十次的帝国会议于今年（一九二六）十月十九日开会。参与帝国会议的代表数目却有逐渐减少的趋势，到了一九一七年，只有不列颠联合国与自治殖民地有出席的代表，总共只有二十多人。各代表都是由各区域政府选派的。从一九〇七年起，这会议的名称是从“殖民地会议”改为“帝国会议”，“自治殖民地”的名词也改为“自治区域”。并且从此以后，帝国会议又设立一种永久的秘书处。帝国会议的宪法也确实规定了，每四年召集一次，但有紧急事务发生，又能随时召集，出席的代表是英国国务总理与殖民地总长，各自治区域的国务总理及其他各区域内阁中的重要阁员，凡关于会议时候所讨论的问题，各区域各有一票投票权。

但这帝国会议并没有宪法上的职权，其所讨论的问题只是一切与帝国全部有关系的事务，其目的只是征求各方面的意见，非正式的决定一种共同行动的标准。可是近来这帝国会议的地位却逐渐抬高，确已变为帝国行政方面最重要的机关。在一九一一年以前，帝国会议所讨论的问题，只是海底电线，航政，邮政，版权法，商标法，移民的进出口，入籍法等类。这类的问题也可以算是重要的，不过其重要的程度还不够上使各处的国务总理亲自出席。但在一九一一年的帝国会议，英国外交总长把外交上的危险及种种困难问题在会议中秘密提出讨论后，这会议的地位就抬高了。在一九一七年的战时帝国会议，印度的代表初次加入，参与讨论帝国全部的事务。

除了帝国会议之外，不列颠帝国还有一个重要的政治组织，这就是帝国内阁（Imperial Cabinet）或战时帝国内阁，是于一九一七年的三月成立的。其中的会员就是英国战时内阁中的五个阁员及帝国会议中自治区域与印度的代表。帝国内阁的成立确是不列颠帝国历史上一件重大事务。英国国务总理路德乔治于一九一七年的五月十七日在下议院宣言：此后无论在战时或在和平时期，帝国内阁每年至少须开会一次，其会员就是英国国务总理及其他与帝国事务有关系的阁员，各自治区域政府的国务总理或其代表，与印度政府所委派的印度民族代表。这个宣言现在虽则还没有实行，但这样一种组织以后却随时可以实现。

讲到帝国主义的联邦计画，现在却还有种种不易解决的困难问题，一时恐怕还不容易实行。如果使各处人民总投票表决，这计画一定会失败的。不列颠联合国与各自治区域都不愿意放弃他们那种独立的财政政策。并且他们人口的数目相差太大，在将来的帝国国会之中，他们决不能有同等的代表数目。假定将来组织的帝国国会共有议员三百个，那末，像新西兰一个区域，依照人口的比例，只能占到五个议席。所以像新西兰等类的区域预料在将来帝国国会中占不到多少势力，他们是很不愿意受这样一个机关支配。帝国主义的联邦计画假使对于印度移民问题没有确实的办法，澳大利，新西兰，南非洲，与加拿大西部的几省一定是反对的。还有南非洲的荷兰民族与加拿大的法兰西民族对于这联邦的计画也是极端反对的。并且自从帝国内阁设立，帝国会议的地位抬高后，还有许多人民觉得关于帝国事务方面已经有了适当的办事机关，无须于帝国主义的联邦组织。

总而言之，帝国主义的联邦计画虽则也许有达到目的的可能，不过还得要经过长期的宣传，或国际政治方面发生意外的变故，才能实现。

五 结论

英国政府与各自治区域政府对于帝国政策方面有种种不同的观念，这是在帝国会议中已经屡次表示过。第一个问题是外交问题。假使英国与别国发生战事，各自治区域当然不能立于旁观地位，当然也得要加入，各尽其一份子的能力。但从各自治区域一方面着想，他们总觉得英国政府也应当随时与他们商议一切事务，预先使他们明白外交上的趋势，及一切的政策。伦敦政府也已承认这一种原则，可是要严格的实行这原则却完全没有办法了。英国的自治区域散处于全世界各处，又因地理上的地位关系，各区域政府对于各种国际间的问题决不能有一致的观念。但办理外交上的事务，最要紧的是神速，决不能迟疑不决，以致失去机会。比方说上次欧战开始时候，英国政府只有四十八个钟头，决定其政策。假使要使英国政府把一切外交事务都与各自治区域商议后再行决定政策，那是绝对不可能的事。因此，现在英国政府只有在可能的时候，与各自治区域商议外交政策，到了万不得已时候，也只得单独行动了。

第二个问题是国防问题。英国政府总觉得各自治区域是应当补助英国海军多少经费。因为这笔费用数目实在太大，并且各区域又能因之不必另行设立海军，就从公理方面着想，各区域也是应当帮同担负的。可是要规定一种适当的办法又是很难做到的。所以现在英国全部海军的军费都是英国纳税人所负担的。

第三个问题是关税问题。各自治区域在关税方面大都是采用保护政策，但对于从英国方面进口的货物又大都特别优待，税率往往减到普通税率的三分之一。他们总觉得这一种片面的优待是很不公平的，英国也应当给他们一种交换的条件。但英国却采用自由贸易的政策，对于任何方面进口的货物没有极高的税率。

这是英国与各自治区域间几种最不容易解决的困难问题。不列颠帝国内部组织是非常疏松，种种问题又这样复杂，将来的命运确是没有人能预料的。我们是不能根据于历史的前例，推测其将来，因为历史上永未曾有过像不列颠帝国这样大的政治组织。

（原载《东方杂志》，第24卷第1号）

革命以后的德国市政
(1927)

一、绪论

德国经过了四年的大战，又经过了八年战后的扰乱状况，国内一切政治与经济生活的基础都受到了根本的摇动。德国在这八年以内所经过的种种痛苦，如《凡尔赛条约》与道斯计画（Dawes Plan），国内的革命与纸币的风潮，都是影响于政治与经济发展的主要原动力。那时候的种种困难问题又是继续不断的发生，人民困苦的情形真是达到极点。可是他们德国人并不因之心灰意阻，他们还能维持一种整齐严肃的气象，努力奋斗下去，近来他们的政治与经济状况已经渐有起色，他们的困苦时期早已成为历史上的故事。德国人那种坚忍的决心，奋斗的精神确实可以使我们醉生梦死的中华民国人民惭死。

这八年以内的德国城市当然也经过同样的困苦时期。我们回想战后几年的德国城市状况，我们再看一看他们最近一二年来的情形，我们实不能不佩服德国人的伟大能力。德国城市已经安安稳稳的渡过这次的大风波。他们早已走过了极危险的路程，他们已经走上了平安的大道，他们将来的希望实在是不可限量的。德国城市能够这样迅速的渡过大风波当然有种种的原因，一半是因为德意志城市自治的观念与制度是根深柢固，差不多已经有了一千来年的历史；一半是因为德意志民族的特性，他们那种整齐严肃的气象，与奋斗的精神。

从一九一八年以后的德国城市发展状况是一个极大的题目，我们很难在这一篇东西之内，把这题目的各方面详细说明，我们所能做到的只把这几年来德国市政的大概情形约略说一说。

二、德国城市在宪法上的地位

第一，我们先讨论德国城市在宪法上所占的地位。德意志共和国，也像美国一样，是一个联邦政府的制度。德意志各邦，如普鲁士，巴威略，萨克逊尼等类，包括中古时代遗留下来的三个自由城市，都是自治的邦。依照联邦宪法，德国联邦政府对于几种问题虽有绝对的立法权，对于别项问题，与各邦有共同的立法权，但各邦却有独立的立法与行政职权的范围。凡关于城市政府方面的职权是属于各邦政府的，不属于联邦政府的。在这几年之内，德国有一部分人民很想划一各城市的政府组织，制定一种联邦的城市法典，并且德国几个较大的城市也都赞成这样一种提议。因此联邦的城市法典草案也早已拟定。可是这样一种计画似乎是太偏向于中央集权一方面，大部分人民都觉得时机还未成熟，所以这联邦的城市法典虽已拟定，却还没有实行。德国各处所实行的城市法典还是普鲁士城市法典，巴威略的城市法典，萨克逊尼的城市法典等类。不过在普通的政治讨论之中，德意志城市自治政府这名词确实是很可以用的，因为德意志各邦的城市法典都是根据于几种共同观念，其内容虽有不相同之处，但其大致的根本原则都是相同的。各邦的城市法典都有一个共同的来源，这就是一八〇八年斯泰因（Stein）所制定的普鲁士城市法典。那时候普鲁士被法国拿破仑打败以后，斯泰因的城市法典是使普鲁士恢复原状的一种主动力。斯泰因的观念使德意志地方自治制度有种种的特点，与英美法意各国地方自治制度完全不同。我们先把德国地方自治制度的重要特点约略说明。

在德国，凡关于地方政府组织与职权的一切法律须适用于全国各地方。这是一种根本原则。欧美各国，除了英国之外，也大都承认这样一种原则。比方像英国那种适用于一个或几个城市的特别法律在德国是没有的。德国只有因特别事故，更改各城市的界限时候，才制定这一类的特别法律，德国各城市也不能得到法律上的特别权利。

德意志各邦的城市法典还有一种根本原则，凡各城市，不必得到立法机关的特别允许，就能执行一切关于地方上的事务。各城市当然有种种法律上所应尽的义务，例如救济贫穷人民，修造街道与马路，城市教育的设备等类，可是除此之外，德国城市因为有自治的权利，还能随意执行种种关于地方上的事务，就是与私人事业发生了冲突，也无关紧要的。这一层是与英国城市的情形完全相反的。

末了，德国城市与各邦的关系也是很明晰的。自从斯泰因的时候起直到现在，德意志法律把城市自治差不多看做城市独立一样。这当然不是中世纪那种城市主权观念，现今的城市是国家的一部分，其权力方面自然有种种必需的限制。可是这样一种原则与法国那种把城市看做国家的被保护者的观念却完全相反的。德国的观念与英美的观念大致相同，把城市看做自由团体，不必得到国家的指导，可以依照自己的意思，执行自己的事务，不必得到高级机关的同意，可以随意选择自己的官吏，包括市长等类的官职。

这是德国城市自治的根本观念，也是一百多年来德国行政法方面的特点。一九一八年的革命并没有更改这种制度。革命时候各邦的城市法典大都是陈旧的，例如普鲁士城市法典中的大部分还是一八五三年制定的城市政府法律。当时德国政府从君主的改为共和的，人民急于把新共和宪法的精神灌入到政府的各部分，他们当然也不得不修改那种陈旧的城市法典。因此，在那几个较大的邦，如巴威略，萨克逊尼，浮登堡，绍伦吉亚，关于城市政府的新法律已经制定了，经过了。但普鲁士的城市法律还是一种临时法律，因为普鲁士的城市新法典虽已制定，虽已由内阁提出国会，但国会至今还未曾通过。在这类新法典制定时代，德国确有一种危险，因为政府官吏对于地方自治向来是不能表示同情的，他们也许会利用这改造时代的机会，增加中央监督城市的权力。但依照现在的情形说起来，凡关于德国城市自治的根本原则确实没有更改。

三、德国市民的选举资格

德国革命虽没有更改城市与各邦的关系，可是地方政府的其他方面却受到了极大的影响，比方革命以前与现在的城市选民资格已经大大的不同了。革命时期的民治潮流既能把德国的君主政体改为共和制度，德国城市的选举制度自然也不能不受其影响，所以德国新宪法所规定的国会选举法同时也是各邦与各城市的选举法。依照新宪法所规定，凡德意志男女，年满二十岁以上者都有选举权，并且各种选举都须依照比例代表制度办理。

从德国城市政府方面着想，这选举资格的改革是一种极大的改革。德国各处，特别是普鲁士从前所通行的三级选举制度是从根本上推翻了。所谓三级选举制度就是依照选民纳税的多寡把他们分做三个等级：纳税最多的人民，纳税次多数的人民，纳税最少的人民，每级选民各自投票，各选市议会中三分之一的议员，三级选举制度使普鲁士的市政由少数有钱的人把持，因为税款中的大部分是由百分之十到二十的人民交纳的，这一部分少数人民，就能举出三分之二的市议员。例如在柏林，全体选民差不多有五十多万，但第一与第二级的选民却不到五万。三级选举制度又使人民的选举票不能有同等的价值，确是违反民治主义的根本原则。从选举一方面着想，民治主义有两种根本原则：（一）一人一票，（二）一票一样的价值。在革命以前的普鲁士，各人虽有一票选举权，但各选民在选举场上所占的地位却是很不平等的，第一级选民所投的票有很大的价值，第三级选民所投的票没有什么价值。

还有一层，在革命以前的普鲁士，当选的市议员中的半数必须在本城市区域范围以内有地产所有权。假使选民完结以后发现当选的市议员中有地产资格的不够半数，那末，凡得到票数最少的同时又没有地产的当选人须辞职，另由选民从有地产资格的候选人中选举补充。这样的规定与第一第二级选民是不发生什么问题的，因为他们大都是有地产的人民。可是在第三级选民之中，有地产的人民是非常至少，他们在选举时候往往不得不选举上两级的人民代表他们。但从革命以后，这种种情形都已改变了，财产的资格与纳税的资格都已从根本上推翻了。每一个成年人民都有一票选举权，并且又是价值相等的选举权。

德国选举改革的结果当然增加了无产阶级人民在市议会中的代表。比例代表制度又提高了各政党的地位，使他们变为法律所承认的正式团体。在革命后的几年，市政方面新发生的困难问题自然是很多，一切情形又非常复杂，可是那时候的种种不易解决的问题却渐渐儿都有了相当的办法，建设进行的顺利实在是出于当时人民的意料之外。反对现今社会制度最激烈的共产党无论怎样总没有方法得到政权，实行他们无产阶级专政的理想。德国各级新政府的职务虽则非常繁多，但执政者的经验与办事能力也一天增加一天，事务愈困难，他们对付的手段与方法也愈高明。因此，德国是从政体改革以后，种种新的计画虽则非常之多，新的制度也采用了不少，新发生的政党又不知其数，但各城市对于这几年来的大问题都是对付得非常高明，办理得非常完善，有时候虽偶而因之发生各种冲突，与议会内的争斗，可是这种种困难状况并未曾阻碍各城市解决他们的各种问题。

四、德国城市政府的组织

在几邦之内，一院制与两院制市议会的组织问题变为一个极大的问题。除了民选的市议会之外，一个城市究竟是否还应当另设立一个行政委员会，享受普通两院制立法机关中第二院的权利？凡关于一切重要的议决案，这两院是否须一致同意？这一类的问题是那时候改革时代各处所讨论的问题。在革命以前，德国各城市有采用一院制的市议会组织，也有采用两院制的。在改革时代的讨论中，人民有赞成一院制的，也有赞成两院制的。所以其结果，这两种制度现在还是继续存在。可是一院制的组织，因为较为简单，议事时候较为容易得到迅速的议决，并且又没有互相钳制的弊病，比之两院制似乎是较为合于人民的心理，所以现今采用一院制市议会的城市也较多于那两院制。

德国市长的地位本来是很重要的，这一种制度又是世界著名的。各国学者所写关于德国市长各方面的著作不晓得有多少。在那种采用一院制市议会的城市中，市长的地位更加重要，差不多变成市政方面的中心点。这问题是与城市行政官吏的地位很有关系的，在地方自治一方面着想，这又是一个很重要的问题。德国的地方自治向来有一个特点，这就是十分注重于那般有专门技术的官吏所执行的职务。这类官吏的数目是很多，他们都把城市行政事务作为终身的事业，其中职位较高的几个官吏往往是大学毕业院内的毕业生，各有好几个博士学位。各城市的市长也大都是那般有博士学位的人充当的。大多数德国市长总是精通法理的学者，各行政机关的官吏，如教育，工程，与卫生等类，总是各有各的专门技术与学问。这般官吏的地位是稳固的，因为他们的任期是十二年，不是与市议员同进退的。市议员的任期只有三年或四年。因此，城市行政官吏尽可以专心做他们所应做的事，只须有了相当的成绩，将来就有极大的希望。至于市议会内各政党势力的消长，他们大可以不问不闻。从各国的经验上看起来，这确是政治上一种极好的根本原则。在常态的政治状况之下，凡专心于一切建设工作的官吏一定能够站得住脚，就是市议会改组，敌党得势后，他们也可以保持地位，不至于因党派的关系而更换的，这也是从各国政治经验上所得到的教训。

依照德国的习惯，凡在一院制市议会的城市中，市长非但是行政方面的长官，同时又是市议会里的主席。这两种职权使市长在城市政策方面有极大的势力。在新近改组市政制度时，德国有一部分人很想减少市长的势力。共产党与一部分社会党员都是赞成一院制市议会的人物，他们主张市议会有表决一切事务的全权，市长的职务只是执行市议会的议决案而已。可是他们的计画只有在一个邦内成为事实，这就是绍伦吉亚（Thuringia）。德国的激烈分子曾在这邦内执行过大权，所以能把他们的主张写入在法律之内。依照这一邦的城市新法典，市长不是市议会的主席，只是市议会的执行官吏，因此，他的任期也减短了，只有三年，与市议员的任期相同。但除了绍伦吉亚邦之外，别处都没有实行这新计画。在其他采用一院制市议会的各邦，如来因河区域的普鲁士，巴威略，浮登堡，巴顿，市长的任期还是很长的，他是市议会的主席，同时又是城市行政长官。这是德国向来的办法，也是与那种有专门技术的官吏制度很配的。

至于什么叫做真真的城市民治主义，各人的意见各不相同，决不能有一种大家同意的答案。在新德意志，有一部分人民总以为直接立法制度是真正民治主义中最重要的一部分，代表制度应当靠人民否决制度的补助。因此，德国有几个城市曾经主张采用人民否决制与行政官吏直接民选制，可是到了现在，这种制度在市政方面还没有实行。但民选的市长德国已经有了几个。

五、德国城市的财政

这几年来德国城市的财政行政确实很有趣味的。我们所应注意的，有两件事实：（一）纸币的暴跌；（二）财政行政的改组。

我们可以先约略说一说从一九二〇年至一九二三年中的事实。那时候纸币的跌价差不多从根本上推翻城市的预算制度。一个金马克到了每天有一个价钱，在第一天值十万纸马克，第二天二十万纸马克，第三天一百万纸马克，再过几天也许值到一万万纸马克，以后还是继续狂涨不已，并且一涨就涨了好几百万。在这样状况之下，一切收支的计画都不能成立了。比方各城市今天规定了各市民的税额，明天再去收款，那末，恐怕收到的钱还不够抵偿写账单的那张纸的价值。各级政府只有继续不断的加印纸币，才能使库里边不至于完全空虚。联邦政府开了一个例，滥发联邦的纸币，增加国家银行的纸币，间接由国家银行方面得到款项。各邦政府就照样去做，各城市政府为境况所迫，也就不得不如此。当时德国各城市所发行的临时纸币，一天增加一天。联邦政府为维持纸马克的价值起见，禁止城市政府发行纸币，可是并未发生什么效果。当时德国联邦政府又允许代替各邦政府开支办事人员与官吏的工资和薪俸，代替城市政府担负百分之六十的这类债务。就是这样一种违反地方行政原则的救急办法也没有什么效果。只有到了一九二三年的十一月，金马克发行后，纸币的祸患才算终止。可是在这几年之内，财产与事业的毁灭数目不晓得有多少，全国人民的经济生活与各级政府的行政受到了无穷无尽的损害。

德国现今的经济状况总算是恢复不少了。各城市在这三年之内因为奋斗的结果，也总算能够恢复了从前的预算制度，可是他们的资本与财产差不多都已毁灭了。从前各城市从私人方面所得到的各种基金都镕化完了。但各城市所有的债务也差不多根本取消了。他们所有的地产却没有跌价，德国城市向来有尽量购置地产的习惯，所以有许多城市虽则经过了那几年的恐慌时代，此刻还有很大的财产。

讲到第二层财政行政的改组，这是从联邦政府的财政新法律所发生的。联邦政府的财政新法律是关于赋税的改革，可是与城市政府确有一种极大的影响。一九一九年的德国新宪法本来是趋向于中央行政与立法方面的集权，对于各邦是很不利的。这种趋势在财政方面是更加利害。凡在联邦制的国家中，把国家收入分配于联邦，各邦，与城市三种政府本来是一个极困难的问题。这三种政府的政费都是依靠赋税的，并且各级政府又都想多争到一些是一些，决没有心满意足的时候。在普鲁士，除了这三级之外，还有两种地方政府，一种是区政府（Kreise），又一种是省政府，所以一共有五种政府平分国家的赋税收入。在欧战以前，联邦政府所依靠的是关税与间接税，如酒税糖税之类，一切直接税如所得税地产税与营业税都归各邦与城市。欧战以后，联邦政府把这制度根本改变了，这是因为联邦政府财政担负的加重，所以不得不增加其收入。依照新政府的赋税改革法案，从前各邦与城市所靠为大宗收入的所得税现在已改为联邦政府所征收的税，但联邦政府须把其中的百分之几交回各邦与城市政府。

从全国着想，所得税的统一当然是一件好事。但因为德国各级政府组织的复杂，现今那种所得税制度——把所得税的收入分配于三种政府区域——是不能不改革的。这差不多是德国人民一致的意见。这是一个极复杂的问题，我们只能将其大致情形略说一说。其中最重要的一点，就是依照现在的办法，联邦政府把所得税收入的一定数目分给各邦与城市，可是各级政府所得的款项与他们的需要是没有关系的。从地方自治的原则上着想，各城市应当根据于每年的预算案，自行定夺所得税收入的数目。换句话说，所得税可以归联邦政府征收，但各城市应当另行加收一种附加税，其税额由各城市自行定夺。这是德国从前的办法，只有这样的办法，才能适合于自治的根本原则。关于地产税与营业税，德国城市是向来自治的，现在也还有自治的权利。德国联邦政府也晓得这种税款是城市政府所少不了的进款。

恢复所得税自治权的要求确是根据于自治原则而发生的。所谓真真的自治政府就包括自由决定征收赋税的权利。凡由中央政府根据于各区域人民的数目或别种标准，从国库里支配各区域政费的方法都是违反自决的原则。这种办法非但在学理上是说不过去的，就是在事实上也很不对，因为财政方面的一种主要原则是量出为入，根据于各城市的一切需要，再行规定其赋税的收入；中央协助地方政费的办法就违背这一种原则了。城市失去了自行规定赋税收入的权利后，城市的行政也势必至于失去其责任心，并且自治制度的根基也势必至于推翻。从城市的官吏方面着想，假使他们能从中央政府得到大宗款项，他们的责任也减轻了，他们的职务也减少了，他们不必在市议会内用尽心计去争夺一切政费了。可是赞成城市自治的人民总想帮助城市恢复其赋税自治权，至于因赋税自治所发生的弊端与麻烦却是无关紧要的小问题。幸而现今德国多数人民都觉得现行制度不能不更改，并且联邦政府也已正式宣言，将于一九二七年四月一日提出议案，恢复各城市自由增加与征收所得税的附加税。

六、革命以后德国市政的成绩

我们可以约略说一说一九一八年革命以后德国城市物质方面的建设。这几年德国城市大部分的工作还是清理战时与战后的一切损失与负担。

在欧战期内，德国城市行政方面的一切工作都停顿了，所以这几年的德国城市必须赶紧做那时候所没有做的工作。公共建设好几年没有修理了，现在必须修理或改造。公共机关中的一切设备也得重行修理或添置。道路也已年久失修，现在也得要大大的修理。诸如此类的工作是很多，并且又都是很费钱的工作。

此外，各城市又增加了许多从欧战与战后扰乱时期所发生的负担与职务。从战场上回来的兵士须想法替他们恢复职业或行业。所有的伤兵与残疾的人民须设法安置。无数的孤儿寡妇也须设法供养。经济的扰乱又大大的增加了失业的工人；许多年老的男女积蓄了一世的时期，才积了几个钱，在欧战以前，他们很可以无忧无虑，靠几个利钱吃到老死，可是经过战后的纸币风潮，他们都是倾家荡产，变为极穷极贫的人民。他们又都是要面子的人，决不肯在马路上做乞丐的，所以他们都得依靠城市政府的慈善事业。还有被协约国所割据的土地中的人民大部分都回到德国各处，可是各城市中一切建筑的工程早已停止了好几年，各处早已人多屋少，正在没有办法时候，忽然从外省来了无数人民，这房屋问题就变成一个最困难问题，最没有办法的问题。

凡关于这种事务的主要负担都在城市身背上。总结一句话，我们可以说那时候德国市政的费用是大大的增加了，可是同时城市的进款却又大大的减少了。联邦政府与各邦政府也大致相同。在联邦的预算案中，赔款一项的数目已经占了不少。工商业纳税的能力，又因销路的减少与失业工人的增加，大大的减少。这种种情形当然一半是因为战败的关系，一半也因为全世界经济恐慌的关系。只有拼命的努力与奋斗才能使德国逃出这样困难的地位。因此，这几年来德国各级政府行政的目标就是严格的经济。“节俭”变为政治上最重要的一个纲目。联邦政府，各邦政府与城市政府都有“节俭委员”或“节俭委员会”。他们都能用尽心计去干，干出一种办法。预算案内能够免去的费用都被删去，为减少政费到最低限度起见，行政的方法也经过一番极大的改革。各级政府中无用的是官吏，虽都是考试出身，都有法律保障，也都被免除殆尽。

德国的纸币风潮已经过去了三年多，各城市一半因为时势所逼迫，一半因为他们真肯干，真能干，现在总算能够使他们预算案上出入两方面相抵。一切费用当然须大大的减少，就是种种必须的教育与慈善事业也不得不牺牲。办理财政的人都是抱定“没有款项就不化费”的宗旨。

德国城市向来在经济方面所执行的事业是很多的，欧战以后因经费缺乏，这种种事业就不得减少。关于这个问题我们应当约略说几句。从前德国城市办理公共事业的职权是很大的，所以有种种完全营业性质的事业在德国早已由城市办理的。自来水，煤气，屠宰场，市场差不多都是由城市政府经管的，各大城的电车与电灯厂也在市政府手里。各处海港除非是邦政府的财产之外，也往往由市政府经管的。差不多所有的储蓄银行也都是市政府所组织的，此外，各处还有城市的墓地，博物馆与戏园等类。

欧战时期又增加了各城市不少极复杂的事务。协约国的封锁政策使德国缺乏各种需用的物品，无论是战事军用品，或是人民日常所用的物品都不够了。因此，凡各种物品，从战时各项工业所需用的五金起，到人民所吃的五谷牛奶鸡蛋与所穿的衣物鞋袜，都得由政府管理，由政府分配，好像在一个围城以内的情形一样。这一类的事务都是由城市政府办理的。所以那时候德国城市行政的困难情形确是异常的，各城市能够办理得有条不紊，实在不能不使人佩服。欧战以后，凡办理这类事务的官吏与人员都没有得到别种工作的希望，同时城市政府也不能继续保留这班人员。这确是一个难解决的问题。但在战后的几年之内，德国各城市的开支逐渐减少，“战时社会主义”的全部组织也完全消灭了。只有一些的遗迹还遗留到现在，这就是政府管理人民的房屋事务。按照现今德国与欧洲各处的状况，人多屋少，关于房屋事务，政府在事实上确有不得不管理的形势。只有到了将来房租增加以后，资本家愿意投资于房屋事业，政府才能放弃这类管理权。现今德国各城市的房租只恢复了战前的地位，可是普通的物价却增加了百分之五十，并且几种重要建筑原料的价格已经增加了一倍。因此，私人的资本决不愿意建造房屋，并且在事实上，私人也只有得到了政府的帮助，方能建造房屋。为帮助私人建筑起见，政府对于一九〇八年以前所盖造的房屋，征收一种附加税。这种房屋所有抵押借款都在纸币风潮时期取消了，房主确实得到了一种意外的财，从公道方面着想，公家应当分润一部分。这就是征收这类附加税的用意，现今所收到的税款差不多有战前房租总数的百分之四十，这是一笔极大的进款，其中的半数是津贴各项建筑事业的。这一种战时遗留下来的职务也大都是由城市执行的。近几年来房屋的建筑或者是由城市承办的，或者是由建筑公司得到城市的帮助才盖造的。城市政府参与建筑事务确有一个很好的影响，这就是提高新盖房屋的质地。所有战后的建筑都十分注意于方便与美观两方面。

可是城市建筑与城市补助建筑公司或私人建筑都不是解决房屋问题的办法。这个问题实在是太复杂了，决不是政府行政机关所能解决得了的。现今德国所缺少的房屋至少有一百万所，这就可以见得这问题的大了。可惜现今私人资本还不能推行这种事业，解决这问题，将来房屋问题的解决还得要靠私人的资本，但现在还没有到这解决的时候。

七、德国城市社会主义的发展

这几年来德国城市社会主义的发展也是一个很有趣味的题目。在革命时代，除了民治主义之外，人民所最注意的要算是社会主义的理想，但在以后纸币风潮发生时期，人民就觉悟了一切事业的社会化是极危险的。纸币的时价是早晚不同的，所以关于一切事业不得不有一种迅速的决定，可是城市政府机关既有种种委员会，又有各种极复杂的法律手续，对于各种事务万难立即决定的。那般主张经济的个人主义者向来是反对城市社会主义的，到了这个时期，他们的议论就有人听了。他们说，在当时的困难状况之下，一切事业如煤气，电气等项决不是政府所能办得了的，即使能办，其效率也是一定甚低的。在欧战发生后的一二年，人民要求把一切事业改归城市政府办理，现在就有反动，人民反过来要求市有事业改归私人办理。其结果就是把城市从前旧有的事业照旧归城市政府办理，换句话说，凡与人民日常生活有关系的事业，特别是自来水，煤气与电气，还是归城市所有，由城市办理。管理手续方面也有多少的改良。比方市有的各厂都归并起来，变成一种公司性质的组织，但其全部的股份都是城市政府所有的。这样改革后，管理方面就能有私人公司那种柔软性质，不必死板板的依照政府机关办事手续或法定的程序。此外，还有一种方法，也能使市有事业得到一种柔软的办事性质，这就是由市议会把较大的职能委托于办事董事与委员会，他们就可以不必提出市议会，自行决定一切事务。大概的说起来，凡与人民日常生活有关系的事业在表面上还保持一种市有的性质，可是其管理的方法与形式却更改了。关有私有与市有这问题，现在德国各城市已经承认一种原则：凡私人能办理较为完善的事业由私人办理，但人民的利益如因市有而能得到较为完备的保障，这类事业都归市有市办。

城市事业的纳税问题是这几年来城市政府与私人事业所争执的一个问题。依照最近的规定，凡一切营业性质的事业都得要纳税，但在市税一方面，这只是账本上记一笔账而已。

八、德国的市公债

欧战时期与战后几年的德国城市是没有方法可以借债的，到了战后的建设时代，城市借款变为一种少不了的需要，也是一种极重要的问题。“节俭”当然是必须的，限制一切费用也是必须的。可是一个城市，特别是一个大城，决不能停顿了十来年时期的建设工作，还能维持其地位。市政方面种种设备如煤气，自来水，电气厂，电车，阴沟之类都得要重行改造，一半是因为好几年没有修理，旧有的设备大都是不能再用了，一半是因为这几年来技术方面的进步是甚大，德国城市也不能不改用新的方法与新的设备。并且还有种种地方，因市民需要的增加，一切设备也不得不扩充。这就是那几个最偏向于减政主义的人民也得要明白一切大势，明白城市是应当供结〔给〕市民的需要，如汽车路的设备，航空的设备，运动场与体育室的设备等类。

这种种的设备都是化钱的事务。城市政府并不是一个生产机关，其大部分的经费是借得来的，或是内债，或是外债，或是长期的，或是短期的，笼统的叫做市公债。可是那时候的德国内部是穷得不〈得〉了，内债是绝对无望的。从世界的金融市场看起来，前几年也只有美国市场有余力供给别国的长期借款。不过德国城市举行外债还有种种困难问题不得不预先注意。第一，德国政府恐怕城市借了外债，假使数目太大了，德国其他工业与农业所需要之款项反而无处可借了。还有一种危险是将来德国的汇兑也许因外债太多而发生不稳固的状况，并且德国人民的经济生活依靠了外国资本，根本上也是很危险的。因此，那时候德国联邦与各邦政府都极力的劝戒各城市，想了种种方法阻止一切城市的外债。依照联邦与各邦政府的意思，城市应当举办的各种事务尽可以延期到金融较为宽裕的时候，不必在这极贫穷的时代急于举行。但同时却有几种极紧急的事务，不能不立即举办的，凡关于这一类万不能延期的城市外债，联邦政府有一种极严格的监督权。德国各处向来都有一种关于城市公债的规则，凡一切市公债的计画须由邦政府的监督机关审查，如未得其正式同意，市公债是不能发行的。假使这类市公债是在外国发行的，那末，还得要经过联邦政府的监督机关审查，得其同意。这样严格的审查，严格的监督，当然有很好的影响。城市的外债计画经过这两次的严格审查后，得到联邦与各邦政府的批准，就可以算有了双重的保障：第一，这类外债是必需的，第二，这是在举债的城市的能力之内的。

在一个时期，德国城市的借款手续变成非常复杂。因为那时候有一班投机的美国人，冒充了美国资本家的代表，到德国接洽各项借款，其实他们都是没有责任的，他们的目的只在于几个回扣。同时德国各城又恐怕不能借到美国资本，所以各城市各派了代表亲自到美国接洽。这两班人物，在德国的美国投机家，在美国的德国城市代表，把借款的事弄得糟不可言，种种招谣〔摇〕撞骗的事都发生了。近几年来，这一般人却不常有了，借债的手续也已回复了常态。美国银行家曾替德国城市办了好几笔靠得住的借款，也有替城市单独办理的，也有替几个城市以团体的名义办理的。各城市如柏林，哥仑，德勒斯登，门占，都曾单独借过美国外债。在团体的借款之中，最重要的要算是德国储蓄银行联合会的借款，德国各城市都是这联合会的会员。

美国借款的特别担保品当初也是一个极重要的问题。但德国城市是反对特别担保的，因为城市的财产与赋税是一切债权者的担保，假使美国债权者有了特别担保，其他债权者就没有担保了，这是未免不公道。幸而以后美国债权者也没有要求到底，这特别担保问题总算是消灭了。并且近一二年来德国国内的金融也流动得多，所以有许多城市也能在国内金融市场发行长期的公债。

九、柏林市政府的组织

革命以后德国市政的大概情形已经约略说了一些，德国最大的城市自然是柏林，假使我们不把柏林政府最近的改组叙述一下，这一篇东西是不能算完备的。并且革命以后的柏林已经改为大柏林，其政府的组织也已改为一种小规模的联邦组织，所以我们更不能不附带的说几句。

在一九一一年时候，柏林及其四周围的小城因经济上的密切关系，早已由一种联合的计画，其目的是要筹画大规模的城市设计，并保存周围的森林。以后因欧战的发生，这计画是停顿了。直到了一九二〇年的四月二十七日，普鲁士的议会通过一种法律，组织了大柏林的城市政府。现今大柏林所包括的土地共有二十一万五千英亩区域，人口四百万。其地位是与美国纽约和英国伦敦相等的。

大柏林有一个中央的城市政府组织，其各区域还有各区域的城市政府组织。中央与各区域的关系似同联邦制中联邦与各邦的关系。大柏林中央城市政府有一个高等市长，一个普通市长，一个行政委员会，有会员三十人，与一个市议会，有会员二百二十五人。两个市长与三十个行政委员是市议会所选派的。行政委员中有十八个是支薪的，十二个不是支薪的。支薪的委员任期十二年，不支薪的四年。市议员是由普通选举制度选出的，选举时候的选举票是秘密的，各党的代表是根据于比例代表制度分配的。一九二〇年的法律把大柏林分为二十个区域。各区域各有一个区议会，凡由各该区域所举出的市议员同时又是区议会内的当然会员，但区议会还有另外的区议员。各区又有一个行政委员会，是区议会所选派的，但没有市长。

大柏林中央政府与各区政府的关系是很复杂的。大概说起来中央城市政府的职务是限于公共建筑，交通，教育与卫生。警察权是在邦政府手里。各区域的职务是限于那几种纯粹的区域以内的事务，但同时也代理中央城市政府执行该区域内的一切事务。中央城市政府与各区政府各有各的预算案，但中央城市政府的费用往往超过二十个区域政府费用的总数。

十、结论

这几年来德国城市所经过的苦痛确实是最利害的。欧战的损失，赔款，与世界金融的恐慌都使德国城市受到无穷无尽的苦痛。但德国城市却并不因之心灰意阻，还是继续奋斗，渡过这个难关。经过了这十二年的风波，斯泰因改革计画中主要部分还没有受到影响，城市自治的原则也没有打破。现今德国城市经过了这番试验以后，其胆量比之从前更大了，将来的成绩实在是无可限量的。

（原载《东方杂志》，第24卷第5号）

萨各与樊才第的案件

(1927)

萨各与樊才第的案件从一九二〇年闹起，闹了七年多时间还没有解决。同时这案件非但惊动了全美国，并且已经惊动了全世界。美国麻色珠赛邦各级法庭审查这案件有六年多时候，直到今年才判定于四月十号执行这二人的死刑，以后又因各方面的抗议，麻色珠赛邦邦长就宣告缓刑，定于八月十号执行。但在八月初旬，对他们表同情的人又起来抗议示威。纽约的地隧铁道也炸毁了一段，他处也发生了暴动，甚而至于欧洲各处美国使馆与领事馆也都受民众的威吓。麻色珠赛邦邦长又宣告缓刑十二天，延期到八月二十二号。

我们看了这数星期的报纸，一定要问一问萨各与樊才第究竟是什么样的人物？查一查他们究竟做了什么样的事竟致这样的惊动全世界？

萨各与樊才第并不是什么大人物，他们都是意大利的侨民，萨各是一个鞋厂里的普通工人，樊才第是一个小城里的鱼贩。他们也没有做过什么惊天动地的大事，他们只是无政府主义的信徒，反对战争，反对帝国主义者的侵略政策，并且一心一意的想打倒资本主义。在欧洲战争期内，美国实行强迫征兵时候，他们就逃到墨西哥，逃避当兵的义务。战后回到美国，又时常宣传他们的无政府主义。所以这两个人早为一般“美国主义”的忠实信徒所深恶而痛嫉的，并且在七年以前美国“清赤”运动盛行时候，美国司法部也早已注意到他们，早想借一个名目，把他们驱逐出境。正是这时候，有两个小城内前后发生了两件杀人劫财的案子，警察寻不到正犯，不能破案，就有人疑心到他们二人身上。恰巧有几种偶合的证据，容易牵涉而不容易解释，于是这罪名就归在这二人身上，法庭定了他们的死罪。这一来，便把无政府党里边两个无名小卒变做名满天下的人物了。

这件案子既已闹了这许多年数，闹得很大很复杂，如果要明白这案件的性质，且听我把其发生及经过的大概情形约略述一述。

在一九二〇年四月十五号下午三点钟，South Braintree 地方有一个鞋厂的开支员，带了一万五千七百七十六元美金从公事房出来，预备到厂里去开支，但走到大马路上，他与他的同事就被两个强盗用手枪打死。当时又从后面开上一辆汽车，强盗把钱箱丢入车内就立即跳上汽车，开快车逃走。两天以后，这辆汽车在附近的森林之中寻到。

Braintree 盗案发生时候，警察正在侦缉邻近一个城市（Bridgewater）中所发生同样的案子。据一般人的观察，这两件盗案都是一帮盗匪所做的，他们都乘汽车逃走的；并且据当时目睹的人说，盗匪又都是意大利人。在 Bridgewater 所发生的盗案，盗匪的汽车是向 Cochesette 城市开走的。Bridgewater 的警察长就在 Cochesette 城内侦查一个有汽车的意大利人，名字叫做 Boda，警察长查出两件事：（一）Boda 的汽车是在汽车行内修理，所以他即知照汽车行东家，将来有人领这车时候，须立即报告警察。（二）Boda 是与一个激烈人物名叫 Coacoi 同居的。

在一九二〇年四月十六号，就是 Braintree 盗案发生的次日，这位警察长曾经到过 Coacoi 的家，并且看见他匆忙的收拾行装，急于要离开远行的样子。以后在那寻到的强盗车附近的地方又发现一辆汽车，这位警察长就认定这是 Boda 的汽车；同时他又根据于他的新发现断定 Coacoi，Boda 的朋友，是带赃款逃走的盗犯。可是在当初时候，他还没有想到这几点，他还以为谁到汽车行里领那汽车的人就是这盗案的嫌疑犯。在五月五号的晚上 Coda 同了三个意大利人来领汽车了。可是这几个意大利人却有需用这汽车的重大理由，我们不能不把这其中事实约略说一说。

一九二〇年的春天是美国清赤运动最利害的时期。那时候他们有一个朋友，叫做 Salsedo，是被美国司法部关在纽约办事处的第十四层楼上。五月四号就发现这个被监禁的意大利人死在马路上。他的一班朋友得到了这消息，自然是惊慌得不了，一方面要藏匿一切宣传品，又一方面还要通知他们所有的朋友。因此，他们是急于要用一辆汽车。那天晚上到汽车行领车的四个人之中，两个就是萨各与樊才第。汽车没有领到，但警察方面却得到报告了。萨各与樊才第便在电车上被捕，Boda 是逃走了，还有第四个人 Orciani 是第二天捉到的。

这位警察长就想把两件盗杀案都推在他们身上，但在事实方面却做不到。因为Orciani在这两件案子发生日子都在工厂内工作，并且有人出来正式证明，所以法庭就不得不把他放走。萨各是一个工厂内的工人，可是他在四月十五号这一天请了一天假。所以他就免不了做了一件盗案的嫌疑犯。樊才第是一个鱼贩，所以没有厂主可以出来证明他在什么地方工作，他就变了两件盗杀案的嫌疑犯。

萨各与樊才第就做了盗杀案中的要犯，于一九二〇年五月二十一号在麻色珠赛邦的邦法庭开始审判，审了七个多星期，于七月十四号完案，定为第一等的杀人罪。

从表面上看起来，这件案子也只是一种普通的盗案。两个人是已经打死了，金钱是已经被抢了，唯一的问题就是萨各与樊才第二人是否正凶。关于这问题，双方相冲突的证据是非常之多。替国家做证人的共五十九个，为被告做证人的共九十九个。在审判时期，美国人民的反赤反共运动正是非常厉害，法庭与检察官未免利用民众心理，在法庭上有意使他们二人供出他们的激烈主张和不爱国的行为。我们把审判时候的问答，略举几条，就可以明白这一层。

检察官问　樊才第先生，所以你在一九一七年五月想逃避当兵的义务，就离开美国。

答　是的。

问　国家正在战争时候，你就逃开，你就可以不当兵了。

答　是的。

在审判萨各时候，这一类的问答很多了。

问　你昨天是否说你爱一个自由的国家?

答　是的。

问　你在一九一七年五月是否爱这个国家?

答　我没有说——我也不要说我不爱这个国家。

问　你是否逃到墨西哥，不愿意替你所爱的国家当兵?

答　是的。

问　假使你的妻子需要你的时候，你就逃开，这是否就是你对于她所表示的爱情。

答　我并没有逃避她。

问　你想你国家正在需要你的时候，你就逃避，这是不是应该的？

答　我是不主张战争的。

问　你不主张战争吗？

答　不。

问　你想你的做品是胆怯的行为吗？

答　否。

问　你想你的做品是勇敢的行为吗？

答　是。

问　你想逃避你的妻子是勇敢的行为吗？

答　否。

…………

问　你昨天说你爱一个自由的国家，这究竟是什么意思？

答　请给我一个机会解说明白。

我从小在意大利时候，我就是一个共和党的人。我想共和制度总能给人民很大的教育与发展个人和家庭的机会。这是我的理想。但从我到了这地以后，我觉得一切情形与我的理想完全相反。我在意大利的时候，我的工作反而没有像在此地那样苦。我在意大利也能像在此地一样的自由。一切工作状况是相等的，但在意大利是舒服得多，每天工作七小时或八小时，吃也吃得好些。这是实在的事实。美国是一个较大的国家，所以一切好的食料自然是很多，可是也只有有钱的人才能吃得起，不是劳工阶级所买得起的。我在此地做了十三年的苦工，无论怎样勤苦，我也不能把钱存入银行，我也不能把我的孩子送进学校。所谓自由主义是要使各人有机会表示他自己的思想，并不是像二千前的西班牙要各人遵守一种至尊的观念。我的观念可是错了。我在此地看见最有智识与教育的人捉进牢狱，关了数年，死在里边。例如Debs是美国的一个大人物，只因他是一个社会党领袖，所以关在牢狱，他此刻还是关在里边。他所要求的是使劳工阶级有改善生活的机会，能把子弟送进学堂，抬高他们的地位，但你们却把他送进牢狱。这是为什么呢？只因为资本阶级不愿意工人子弟有进学校或哈佛大学的机会。……你们尝说Rockfellers，Morgans给了哈佛大学五十万，又给了另外一个学校一百万；你们每天称赞他们，说他们是大人物。我却要问一问，谁有进哈佛大学的机会？Rockfellers化了一百万，劳工阶级能得到利益吗？一个贫穷工人每星期得工资二十一元或三十元，就是八十元，那有能力把子弟送进学校？……工人养大一个儿子是一件很不容易的事，等到这个儿子长大，你们的 Rockfellers 你们的 Morgans 又要把他送到战场上去送死。为什么呢？因为现今的战争是商学的战争，是百万家产的富翁的战争。我也曾经替爱尔兰人做过工，我也同德国人，法国人，与别国人民共过事。他们都是很好，我很爱他们。我为什么要去杀他们呢？所以我是反对战争的。

…………

这是萨各所供说他的主张。可是这一段口供与这件盗案有什么关系呢？检察官为什么要这一套话，迫他宣布他的政治主张呢？依常理而说，美国那时候正在反赤运动非常厉害时期，法庭为维持公道起见，万万不应在审判案件时候，牵涉被告的激烈主张，激动陪审员的偏见。可是在萨各与樊才第案件，检察官却用这样的手段，很像有意煽动陪审员的感情，影响他们的判断力。陪审员的判决是于一九二一年七月十四号送交法庭的。以后被告方面屡次想翻案都没有结果。再后上控到麻色珠赛邦的最高法庭，该法庭又于一九二六年五月十二号判定无误，拒绝重审。

在审判这案时候，法庭所认为最重要的证据是从死人身上所取出的枪弹。萨各被捕时候，身上有一枝〔支〕手枪，是一种 Colt 自动手枪。经专家的研究，死人身上取出的枪弹也是从一种 Colt 自动手枪发出来的。但这不能算是充分的证据，因为同样的手枪里都可以发出这样的弹子。在法堂上，法官与这位专家的问答如下：

问　你对于这枪弹是否从这手枪放出，有意见吗？

答　有。

问　你的意见何如？

答　这是可能的。

法官问到这句话，就不再往下问了。这位专家以后自己曾声明，如果当日法官再问，“你能断定这一颗弹确是从这一支手枪放出的吗？”他的答案一定是否定的了。在这一点上，我们不能不说法官当日颇像有意舞弄证据，惑乱陪审员的观听。

现今被告方面已经得到一种新证据，非但可以证明萨各与樊才第不是杀人的凶手，并且又能积极证明杀人盗财的确是另一群盗匪。从前同情于他们的人不满意于法庭的判决，要求覆审，只因法庭在初审时候的态度不公平。现在被告方面要求覆审是因为发现了新证据已经可以证明此案是别人所犯的罪。

在一九二五年有一个葡萄牙人叫做麦特路（Madeiros）犯了杀人的罪，与萨各关在同一个牢狱里。在十一月十八号。他托狱里的信差，送给萨各一张便条，其中说：

“我招认 Braintree 鞋厂的罪案有我在内，萨各与樊才第并没有参与其事。”

一个犯人对于另外一个犯人的招认是没有什么价值的。当时萨各得到了这纸条，他并且起了种种的疑心，以为这是一种诡计。可是他的律师晓得了这件以后，他就详细调查，并且得着下列的事实。

在一九二〇年，麦特路只是一个十八岁的小孩，但却已经犯了罪案。他是与一群意大利强盗为伍，时常抢掠货车。有一天晚上，他们约他到 South Braintree 抢鞋厂的开支员。因为他是一个新手，所以他只能做一个助手。他们同去的有三个意大利人与一个开车的。放枪的人是一个年近四十岁的意大利人，其余的人只站在汽车相近地方看守。但麦特路招认时候，他始终不肯说出这一群人的真姓名。可是根据于他招出的话，人家就能推测其他一切的真实情形。比方他说，他们一群人专抢货车的，在 Providence 地方确有这样一群著名的盗匪，叫做 Morelli Gang，并且他所列举的一切人物与事实，又与这群人的情形很相合的。

这种种新证据发现后，被告的律师团就要求法庭覆审此案，可是法庭为了种种条文上与手续上的拘束，至今还不肯受理覆审的要求。

（这篇的材料都是从 Frankforter's “The Case of Sacco and Vanzetti”，节录出来的。这一篇极详细极精密的文章是在三月的 *Atlantic Monthly* 发表的，现在已另有单印本）

（原载《现代评论》，第 6 卷第 143 期）

民族主义与帝国主义（1928）

一

孙中山先生在《民族主义》讲演里边说："民族主义是一种思想，一种信仰，和一种力量。"这就可以见得所谓民族主义只是人民心理上一种主观的态度，不是一种具体的事实。一个民族所包括的人民是非常广泛，无论是一个平民或一个贵族，都是一种民族中的一份子。"民族"这名词并不像"国民"这名词那样是国家所给予人民的一种权利。比方说："我是中国的国民"，这句话所包含的意义就是"中国国家已经承认我是一个国民，承认我能够享受国民的种种权利"。假使说："我是中国民族的一份子"，这句话所包含的意义只是"我是天生的一个中国人，无论我的地位阶级智识与能力是怎样，我总觉得我是属于中国民族之中的。"所以这样说起来，民族观念很像上古时代的血统观念，能使一群人民自然而然的发生一种团结的自觉心，但民族观念的范围比之血统观念的范围更广大，其势力亦更伟大。在一个民族之中，各种各样状况的人都有，并且他们又是出于至诚，没有人为势力的逼迫或允许，自己觉得成为人种方面的一个单位。因此，在欧洲中世纪末了，社会上的趋势一方面是反抗封建式的阶级统治，又一方面反抗思想与行为方面的束缚，民族观念的精神就日渐发达。

欧洲民族主义的根基是于中世纪下半期时候就已打好了。那时候表示于宗教，言语，生活间的共同文化已推广到范围极大的区域。因为当时的扰乱状况，人民的势力还不够在这区域内组织一个政治的团体，推翻各种各样已成的势力。但那时候的欧洲已经分为好几个大区域，叫做国家，其界限是由种种方法划定的，或根据于地理上的天然界限，或以历史上的偶然事故，或因地理与历史方面所发生的不同言语，在这类区域内的人民就自然而然的发生出一种团结的新观念。在每一个区域之内，各人民又自然而然的发生一种恋爱土地的观念，把他们这块地方叫做祖国。

所以民族并不是一种言语的，也不是政治的，又不是生理的，却是一种精神的团结力。可是民族的特质却很不容易找出来的。凡所有人类的种种特性，无论是语言，或特别的风俗，或宗教，或政治生活的习惯，没有一种可以作为民族的特质。差不多没有两种民族所根据的具体要素是相同的。瑞士民族是没有共同语言的，犹太民族是没有共同土地的，至于共同种族，那是更不成立了。世界无论那一国的民族都是聚集无数种族不同的人民合并而成的。比方我们中国民族之中，有几百万的蒙古人，百多万的满洲人，几百万的西藏人，百几十万的回教突厥人。并且在历史上，中国民族不晓得归并了无数的南蛮北狄，成为一个民族。可是我们中国民族的人种无论怎样的不同，我们四万万人民经过了这许多年数的共同生活，自然而然的有一种团体的自觉心，自以为成为一个民族。

二

民族是人民心理上的一种态度，是一种精神的团结力，但人民间精神团结力的种类繁多，民族只是其中的一种。为什么民族的精神团结力在现代历史上的势力与影响，都不是别种精神团结力所能比的呢？为什么中国各种各样人民的民族精神团结力能发生重大的历史结果，而国际间同宗教的或劳工阶级虽也有一种精神团结力，但其重要万不能与民族的团结力相比较呢？为什么思想，生活，经济利益绝对不相同的人民，只因他们是属于一个民族的，到了国家发生危急时候，就能同心同力，一致对外，把他们私人不相同的利害关系完全忘却呢？

我们可以说，各民族的人民间自然有种种不相同的地方，使我们能区别他们属于这一民族或那一民族。在西方的白种人民之中，一个英国人是与一个法国人不大相同的，俄国人与意大利人也是不大相同的。在东方，一个中国人与一个日本人自然是不相同的，可是日本人与中国人的区别还没有一个江浙人与东三省人，或东三省人与新疆或西藏人的区别那样显著。一个广东人与山东人的区别比之广东人与台湾人的区别还要显著。这就可以见得人民外表的相同并不是民族精神发生的根源。民族精神之所以能有绝大的势力可以算是两种势力造成的：第一，国家；第二，国家在历史上发生时候的社会状况。

国家本身原来也是一种极大的势力，凡国内人民没有一个不受其影响。国家成立后第一步工作就即把其人民的利益与别处人民的利益分别界限。比方现今欧洲那几个国家成立以后就把那种表示于宗教，学问，法律与风俗的中世纪文化逐渐民族化了。国家的法律与行政都是在一定界限以内执行的，所以凡在同一个国家界限以内居住的人民久而久之就会发生一种同情心，使他们与那些在别国法律与行政统治下的人民分离。各国种种状况的发展又是各别的，所以更使人民发生一种异同的观念。末了，当各国交战时候，人民为了生死关系，往往不得不通力合作，一致与别国同样组织的人民抵抗，他们自己团结的精神也就因之而增加了。

讲到那第二种造成民族的势力，就是国家在历史上发生时候的社会状况，我们必需要约略叙述最初时代的历史。古代人民是以部落为单位。各部落往往因人口增加，食料不够，侵入别处地方，与别部落人民交战或合并。历史上各时代各种蛮族的名称时时变更就是各部落合并后另改新名称的证据。中国历史上汉朝时候许多蛮族的名称到了唐宋时候就没有了，同时又发现新的蛮族名称，这就可以见得古代各部落的地位是很不稳固的，旧的消灭，新的发现，是常有的事。可是古代人民的迁移与现今帝国主义国家的殖民政策大不相同。现代的殖民帝国占据了一块殖民地后，往往可以把原来的土人灭绝，自己做这地方的主人翁。从前匈奴人，蒙古人，土耳其人侵入别处国家，虽野蛮，但决没有这样的结果。那时候所有的财产都是土地的出产品，所以战胜者为他们自己的利益起见，一定要保养那被征服区域的佃奴，使他们耕种田地。还有被征服区域的年轻妇女也是极好的战利品，但上帝却给了她们一种最奇妙的报仇方法，使她们能于无形之中改变或同化那战胜的精神与血统。这就是新民族的起源。

从我们中国民族方面着想，我们可以说，新疆西藏人与中国人成为一个民族完全是因为清朝统治了二百多年时候，以法律与行政把这几处地方的人民混合了，使他们有一种团结的自觉心，这就是上述第一种造成民族的势力。蒙古满洲人与中国人成为一个民族是靠上述第二种造成民族的势力。我们在光复时候或光复以前无论怎样仇恨满人，现在满人改了一个汉姓以后，我们就不觉得有什么区别的地方。现在无论汉人或满人都觉得同是中国人，同是属于中国民族。

三

以上所述是民族成立的大概情形。民族主义国家的根基也就是这样成立的民族。欧洲在中世纪的扰乱时代，社会上的阶级无论怎样多，人民却早已觉得他们是英国人，或法国人，或波兰人，或俄罗斯人。他们所想望的团结是民族的团结。所以他们就帮助国王，扩充其权力，把贵族教会与一切社会阶级打倒；或者捧出一个势力最大的贵族，打倒其他小贵族。这种运动的结果就产生现代的民族主义国家。

民族主义国家把社会上种种阶级合并后，组织成一个强有力的政治团体，同时又扩张君权，一方面结合封建时代遗传下来的势力，把权力集中，行政统一；又一方面攻击教会的势力，把政教分开。内部冲突的乱源，就从此免除；巩固的政治组织，也就从此成立。所以民族主义国家成立后第一个时期是君主专政的时期。民权运动还得要再等二百来年才发现。到了民智开通，工业革命发生后，欧洲各国人民才有把君主神权说的学理基础打破，实现民治主义的。这是民族主义国家的第二个时期。

但在欧洲范围以外，欧洲各国在近一百年来设立了许多殖民地，组织了殖民帝国，差不多把民族主义国家的民族基础与地理基础根本推翻。欧洲的政治家说："十九世纪是民族主义时代，二十世纪是民族帝国主义时代。"所谓民族帝国主义就是以本国民族做根据，把势力扩充到世界上任何地方，用欧战以前德国人说的话，"是在太阳底下抢一席地"。这是等于说，民族主义只适用于本国，不适用于别处，对于别处须采用帝国主义。

四

"帝国主义"这名词现在是听惯了。所谓帝国主义就是一种侵略的政策：凡一个国家，无论是君主国，民治国或共和国，一心一意想把其势力扩充出来，占据其国界范围以外的土地，这类国家都可以叫做帝国主义的国家。可是这样的观念在几千年前的历史早已发现过无数次，并且那种包括极广大土地，极复杂人民的大帝国也屡次发现于东方与西方的古代历史。古代的大帝国又叫做“世界帝国”，因为他们都有征服世界的雄心，想把他们所知道的区域都并吞在本国范围以内，种种地理上的界限，人种的不同，语言与宗教的不同均不能为他们进行的障碍。所以现在的帝国主义就是古代世界帝国观念所遗传下来一种扩充国家势力的方法，一种侵略别国的政策。在讨论现代的帝国主义之前，我们必须约略叙述古代“世界帝国”的大概情形。

古代的大帝国都是以武力造成的。这是因为古代种种状况与一切观念均不能使一个国家以和平的方法扩充势力，与邻近国家联盟或合并，组织一个较大的国家。古代社会的团结力是血统观念，但血统观念是范围很狭小的一种观念。古代的交通又绝对不能使一个大区域的人民在政治上同力合作。此外，还有人民间的嫉妒心，独立观念，个人权力的虚荣心，这是古今相同的，也是那种以和平方法扩充国家的阻力。所以在古代，只有权力战胜了其他一切的势力后，大帝国才能成立。

古代人民的生活大都是很苦的，只有在那天气温暖土地肥润的大河流区域，如黄河，尼罗河之类，人民才能吃得饱，穿得暖，并且还能有多余，财产的观念因之就逐渐发生了。这类地方太富有了，别处人民移入的或侵入的也非常之多。人口众多后，就有城市发现，因为城市是动产的记号，也是动产的中心。城市的存在又能证明当时已有一部份人民可以不必工作，能食他人劳力的出产。城市是财产的集中点，因为是财产的集中点，所以又是权力的集中点。城市的设立是造成古代大帝国的第一步。古代帝国如中国，波斯，埃及等都是由过惯城市生活的人所造成的。在最初时候，这类城市就是国家。以后许多城市就互相接触，可是各城市间却又互相嫉妒，互相争斗，直到最后一步就是其中最有势力的一个城市把其余的城市都征服了，变为大帝国的中心点。

在城市以内，权力组织的完备决非是游牧人或农业人民所能达得到的。那班依靠土地为生的农业人民，每天只知勤于农事，要算在所有人民之中最没有能力利用他们的财源，争夺权力。游牧人的团结力是较胜于农民，并且为防御或侵略起见，也很能于极短时期内联合起来，他们又能将所有财产向任何方向搬运。他们的马或骆驼是一种很好的运输工具，他们的牛羊是赶在前面，他们的车辆装运所有的器具与孩儿妇女。假使游牧人与农业人接近了，农业人民总是抵抗不住的，如从前黄河流域间中国农民遇着北方来的以游牧为生的匈奴或蒙古人，我们中国人就没有办法了。但这类游牧人的文化是不够造成永久的大帝国。他们的团体是不十分稳固的，他们的行动是来去无常的，他们是没有执行帝国职务的忍耐性。可是他们如果有了一个异常的领袖，如从前的蒙古人，土耳其人，阿拉伯人，他们也能推翻一个已成立的大帝国，但他们除非丢弃旧时一切习惯与生活，恢复他们所毁灭的制度，他们是维持不下去的。所以只有过惯城市生活的，有能力维持秩序与执行权力的人民才懂得组织大帝国的秘密。

中国历史上够得上称为大帝国的时期就是秦汉唐宋元明清这七个朝代。在秦以前，中国永未曾统一过，不能算是帝国。春秋战国时代的列国大都只能算是城市，不能算是国家，就是要称国家，也只能算是城市国家。以后战争了数百年才有秦始皇出来，统一中国，建立东亚第一次的大帝国。秦始皇在东方历史上的地位如同亚历山大在西方历史上的地位，他们都是以统一世界，建立世界帝国为目的。可是秦始皇死后，中国还有人能继续维持那一统的中国，亚历山大死后，他的帝国也就分崩瓦解。这是东西两个最早帝国的不同地方。

五

古代西方欧洲最重要最完备并且最近于理想的世界帝国是罗马帝国。罗马帝国也是起源于城市国家，由几个拉丁民族合并而成的罗马内部的历史，在起初时期，也与希腊城市相仿佛。但到了后来，意大利的政治发展就改变方向，渐渐显露出东方帝国的性质。希腊与罗马政治趋向的不同，大半是由于地势的不相同。意大利比希腊容易统一，里边各部份的界限分得清楚，无论平原或山地皆适宜于耕种，只因没有海口与海岛，所以不大宜于商业。因此，意大利文化虽发展得迟，但直到罗马统一全岛后，其元气是完全保藏在国内。以后罗马与东方民族接近，发生战争的时候，其势力已经非常之大，其制度已经非常完备，其地位又是居中，所以能集中其一切势力，把其余的民族，一个一个的征服。在那时候的西方文化世界，除了罗马以外，没有一个国家有保护海洋，与保护文化世界边疆的能力，所以罗马就不得不担负这个责任，不得不东征西伐，成为古代西方的领袖，把地中海相近的民族统统合并起来，组织一个大帝国，共有三千英里长，一千英里阔的土地，与一万万人口。

罗马灭亡后，世界帝国的观念还是继续存在。从上古时代传到欧洲中世纪的两个重要理想，就是世界帝国与世界宗教。在那扰乱时期，有许多想想家，许多政治学者，为对付封建式的无政府趋势，为维持秩序安宁起见，往往想到这世界帝国的组织。还有一个耶稣教会又极力用其势力来扶植帝国主义，做到西欧半一统的地位。沙耳门帝国，与神圣罗马帝国就是这样的生产品。

以后到了十九世纪起头时候，欧洲发现一个拿破仑，雄心勃勃，想征服欧洲各国，并想把其势力推广到欧洲范围以外的地方，组织一个世界帝国。他利用那时候革命的潮流，挂起“自由，平等，博爱”三大主义的旗号，想把罗马几百年做成的事业，在一个时代做成功。可是他却没有想到那民族主义在欧洲政治生活方面所有的绝大势力，所占的重要地位。拿破仑的兵力无论怎样雄厚，他总打不倒那团结力坚固的民族。他一失败于西班牙，再失败于英国，三失败于俄罗斯，从此以后就不能有所振作了。

欧洲自从中世纪以来，那野心家的世界帝国梦想永未实现，强有力的统一全欧的政治组织永未发生，许多独立的小国家能长期的维持其地位，完全是靠民族主义的力量。并且这次欧战的结果又把那三个民族复杂的国家，如俄德奥，根本解散，分出几个较为合于民族主义的国家。这就可以见得世界帝国是决不能存在于现今的政治状况之下了。但那现代的帝国主义者还是执迷不悟，还做他们帝国主义的梦，还用了侵略政策压制各处弱小民族哩。

六

孙中山先生在他的《民族主义》第四讲里边说：“欧战以前，欧洲民族都受了帝国主义的毒。什么是帝国主义呢？就是用政治力去侵略别国的主义，即中国所谓勤远略。这种侵略政策，现在名为帝国主义。欧洲各民族都染了这种主义，所以常常发生战争，几几乎每十年中必有一小战，每百年中必有一大战，其中最大的战争，就是前几年的欧战。”他又说：“欧洲数年大战的结果，还是不能消灭帝国主义。因为当时的战争，是一国的帝国主义和别国的帝国主义相冲突的战争，不是野蛮和文明的战争，不是强权和公理的战争。所以战争的结果，仍是一个帝国主义打倒别国帝国主义，留下来的还是帝国主义。”所以帝国主义又是现代世界政治中最重要最重大的问题，国际间的关系，各国的内政，没有不受到极大的影响的。假使我们要明白现代政治的状况，我们不能不先明白那关于现代帝国主义的种种事实。

我们先说现代帝国主义已成的势力及其所包含的范围。现今十个帝国主义的国家所有的殖民地与保护国，占全地球面积的一半，比欧洲全洲面积大七倍。世界上六万万人口，计全体人类的三分之一，是直接在帝国主义国家的治权管理之下。此外，还有中国，波斯，土耳其，亚比色尼亚，阿富汗，与几个南美国家，也曾受到帝国主义的侵略；假使我们把这许多国家都包括在内，那末，全世界三分之二的面积，与十万万人口，都受欧洲的，美国的，或日本的帝国主义的支配。假使我们拿各帝国主义国家的土地或人口及其殖民地比较起来，我们就有以下的统计。英国每一个人民，无论男女或小孩，各有十个黑的，粽〔棕〕色的，或黄的殖民地人民。法国每一亩地各有二十亩殖民地土地。意大利只有其殖民地的六分之一大，葡萄牙二十三分之一大，比利时八十分之一大。西欧各国与其殖民地区域比较起来，只等于巨大人物旁边站的矮人而已。法兰西共和国抢夺土地的功绩胜过中世纪沙耳门皇帝的战功。哥伦布所发现的新大陆土地还比不上现代帝国主义国家所征服的区域。英国帝国的区域比之罗马帝国最盛时代还要大得多。一个英国人所夺到的土地比之拿破仑所征服的还要大。

七

近世欧洲政治史只可以算是帝国主义侵略史。法国政治家屡次宣言，那殖民地的征服非但是应当的，并且从法国方面着想，又是急需的，自从第三次共和国成立以后，法国差不多已经得到了将近五百万英方里的属地。意大利的爱国志士总说殖民地的扩充是意大利的神圣职务，意大利近来虽没有好机会，虽有种种的阻碍，但也抢到将近一百万英方里的土地。英国人更进一步，甚而至说管理世界上杂色人种是“白人的负担”，凡是文明的民族决不敢放弃这种责任；所以在这五十年之内，大英帝国范围之内又加入了四百万英方里的土地，其他那种种尚未正式并吞的保护国与势力范围区域还没有计算在内。

德国在俾士麦当权时代，一心一意的注意内政，并没有在非洲或亚洲设立殖民帝国；但到了后来，德国也就不得不投入世界政治的旋涡，但因时间太晚了，所以只抢到了非洲与东印度群岛中将近一百万英方里的土地，把持了土耳其的亚细亚帝国，末了在一九一四年时候，更孤注一掷，激动全世界战争，其结果尽其所有输给其他帝国主义的国家，奥匈是德国的联盟，也想靠了德国的帮助，把持巴尔干半岛区域。还有俄皇，既有了欧洲与西伯利亚这样大的区域，还不能满意，还极力想法把他的势力侵入中亚，波斯，满洲与蒙古，更虎视眈眈，对于土耳其，西藏，与阿富汗等处不肯放松。日本也就学得欧洲帝国主义国家的方法，抢得台湾，高丽，满洲一部分，德国的太平洋海岛，更于欧战期内，对于中国提出二十一条件，想把中国变做他的保护国。在十九世纪期内，各大国除美国外，均用了全副精力，在海外各处设立极大的殖民帝国。就是美国，也不能免去这种潮流的影响，也在太平洋内与中美海岛内夺到小小的几块土地。

还有许多小国家也同大国一样的有帝国主义的行动。比利时在中非洲有绝大的财产。葡萄牙的殖民地区域比欧战以前德国的殖民地还大得多。西班牙还有摩洛哥的一部份土地，与从前历史上余剩下来在各处的零碎殖民地。荷兰有了东印度群岛的伟大帝国，很可以与各强国并驾齐驱，希望从世界政治的把戏中，得到种种的彩品。这是现今帝国主义国家的大概情形。

八

下列二表就是现今十个帝国主义国家在世界各处所占领的土地与人民数目。

表一　土地（以一千英方里为单位）

	非洲	亚洲	太平洋	美洲	总数
英国	四二〇三	二一二六	三二七九	四〇〇八	一三六一六
俄国		六四〇〇			六四〇〇
法国	三七七三	三一七	一〇	三六	四一三六
葡萄牙	九二七	七	一·六		九三六
比利时	九三一				九三一
美国	三七		一二二	七五二	九一一

续前表

	非洲	亚洲	太平洋	美洲	总数
荷兰			七三四	五五	七八九
意大利	七八〇				七八〇
西班牙	一二九				一二九
日本		八六	二八		一一四
总数					二八，七四二

表二　人口（以百万数为单位，×记号指人口不满百万）

	非洲	亚洲	太平洋	美洲	总数
英国	六五	三三三	八	一一	四一七
法国	三五	二三	×	×	五九
荷兰			五〇	×	五〇
俄国		三五			三五
日本		一九	四		二三
美国	一・五		一一・四	九	二二
比利时	一一・五				一一・五
葡萄牙	八		×	×	九①
意大利	一・九		×	×	二②
西班牙	一				一
总数					六三〇

九

帝国主义的势力已经影响到全世界的各区域。有了帝国主义，那包含全世界各种各样区域的大帝国才能产出；有了帝国主义，那与全世界有关系的外交也就发生。英国已经不是欧洲的民族国家，却是一个普遍于全世界势力的中心点。欧洲的外交家占据了全地球的大舞台，随心所欲的试演种种国际关系的戏剧。往往在欧洲一个国都内办理的一件外交

①② 数字原文如此，疑有误。——编者注

事务能影响到地球上四方无数人民的运命。比方一九〇四年的英法条约与美洲的纽芳兰是有关系的，与大洋洲的几个群岛是有关系的，与亚洲的暹罗是有关系的，再与非洲的摩洛哥，埃及及其他殖民地是有关系的。这就是所谓世界政治。帝国主义确是世界政治的基础。

从这观点着想，最近国际关系历史上的种种联盟与战争都有了一种新意义，差不多没有一个例外，都是帝国主义潮流在表面上所显露出来的一些形迹。在一八九三年，英法两国为了非洲几块地方，将近发生战争，其原因就是帝国主义的竞斗。假使美国对于古巴没有帝国主义的野心，一八九八年美国与西班牙的战争是决不会发生的。假使英国帝国主义的势力没有达到南非洲，历史上决不会有一八九九年英国与南非洲共和国的战争。中日战争是完全发源于日本帝国主义者的野心。日俄战争又是帝国主义者争夺高丽与满洲所造成。一九一四年欧洲大战最大的原因也是帝国主义。现在也许还有人相信那次的战争是德皇一个人的野心所造成的，可是一切证据都与这种信仰完全相反的。欧洲各大国缔结联盟的标准也就是帝国主义的利害关系，并不是人种，政治或文化的相同。德国，奥匈与土耳其因近东问题的关系，结成一个联盟。共和的法国与君主的英国又结成一个联盟。甚而至于政体绝对相反的国家，如自由的英国，与专制的俄国，也能结成一个联盟。

这类的例近代历史上是非常之多。在一九一四年欧战开始时候，德国政府宣布保全比利时与法国的土地，英国外交总长就急于提出一个问题：责问德国是否要抢夺法国殖民地。在战争期内，当法国战场上最紧急时期，协约国还抽出军队，占据德国的殖民地，与土耳其的区域。德国政府将战争目的秘密通告美国总统威尔逊，其中最重要的部份是关于殖民地的处置。各协约国虽表面上说得光明正大，为保护条约的神圣而战争的，为保全弱小国的领土而战争的，但暗中早已互相秘密订立了许多条约，瓜分德国的殖民地与土耳其。在巴黎和会时候，各协约国又根本打消威尔逊的民族自决主义，随意支配战败的土地；只为顾全面子起见，另外又想出一种换汤不换药的新制度，叫做委托治理制度。这就是把从前德国的殖民地与近东几处区域作为国际联盟的领土，再由国际联盟把这种土地委托各国治理。可是国际联盟分配这类委托治理区域，还是依照各协约国间从前所订立的秘密条约。

十

欧战的结果打倒了一个德国的帝国主义，可是别国帝国主义的势力反而增加许多。战后各帝国主义竞争的剧烈是从前历史所未曾有过的。现今的时期又是国际经济竞争最利害的时期，那种可以作为殖民地的未开化区域又是早已瓜分殆尽。除了南北极区域之外，现今地球上面已经没有无人占领的广大区域，可以作为各大国的殖民地了。

同时那种被帝国主义国家所压迫的民族现在就渐渐儿觉悟起来了。在最近的几年内，各被压迫民族之间充满了民族自决的反抗精神，并且在这最短期内已有可观的成绩。土耳其民族已经可以抵抗得住欧洲的侵略，埃及民族已经达到独立目的，印度的民族主义也已有很大的势力，波斯与阿富汗的民族也能把英国的势力推翻，解脱所有一切的束缚，菲律宾人民也更严厉与更激烈地要求他们的独立。世界被压迫的民族的抵抗力充分养成时，便是帝国主义的末日了。

（原载《东方杂志》，第 25 卷第 15 号）

革　命
(1928)

所谓革命就是取消一种向来存在的制度，另行设立一种新的制度。普通人民总以为革命是忽然而来的，不能预料的，进行很速的。这是错误的见解。革命却是一种很慢性的社会运动。人类历史上所有重要的革命都是酝酿了百数十年才发生的。在欧洲的近世史上，英国革命，美国独立，法国革命，以及最近的俄国革命都不是偶然爆发的事情，追溯每一次革命的原因，至少有一百来年的历史。我们中国辛亥革命的原因可以算有最长期的历史。自从满清入关以后，他们用尽了种种的残忍方法，威迫我们服从，如扬州十日，嘉定三屠等类，我们对于清廷，那有一天是心悦诚服过，驱逐他们出去的观念时时刻刻在多数人民的心目中。可是就在这样情形之下，也得要酝酿了二百来年，才有太平天国洪秀全等出来推翻满清一部份的势力；洪杨失败以后，还得要再过六十来年的时候，才能达到光复的目的。假使我们要想把辛亥革命的原因源源本本的写出来，我们差不多就得要写二百多年清朝全部历史。

在革命的酝酿时期内，社会上自然有种种特别的情形，可以使我们看出革命的朕兆。最早发现的一种朕兆就是人民间，有一种不安稳的普通状况，种种不满意的态度于不知不觉之中表露于他们的言语与行动方面。这是因为人民天性方面几种最重要的欲望被社会环境的势力压迫下去，没有方法可以得到一种最低限度满足的希望。同时社会上的一切旧制度又不能应付现状，使人民间种种被遏止的欲望另寻出路。政府又柔弱无能，既不能改革一切状况，使人民欲望能有满足的希望，又没有胆量用一种高压手段，把人民压倒，使他们失其抵抗能力。在现今的国家，那一国没有一部份人民的欲望不能有满足的希望，只因一切制度能应付现状，政府又有坚强的势力，所以不致于发生扰乱情形。并且历史上还有一大群人民的欲望遏制到极点，其结果也并没有发生革命，只有一部份人民死亡，或降到奴隶的地位。这就是因为有强有力的政治权力存在。凡战败国家的情形也是这样的，如一九一四年至一九一八年德国所占据的比利时与法兰西的一部份，一九二三年法兰西与比利时所占据的罗尔区域，一九二一年鲍尔希维克党专政时代的俄国，各该处人民的欲望无论怎样遏止到极点，占据者却有余力维持秩序，阻止一切革命行为的发生。

但在革命发生以前的国家，其政府是完全失去能力，那班当权的特殊阶级又是腐败不堪；他们甚而至于连政府的例行事务都办不了，不要说抵抗社会上革命行为的趋势。凡革命发生以前的政府都像犯了血亏的病症，麻木不仁，失去其行动的能力。在法国革命发生时候，那班贵族早已不能像他们老祖宗那样能为国家打仗，能为国家执行一切职务，但他们却还保留着从前的种种特权。路易第十六是一个好好先生，但他是没有决断力的，意志不定的。他的政府也许是很廉洁的，但决不是能够对付危急局面的政府。还有他的王后与重要官吏都是很文雅的人物，并且对于那时候文人的著作也都读过，可是都没有决心，没有能力，并且对于时局的趋势，也莫明其妙。所以到了革命将近发生的时候，他们就手足无措了。所以革命的发生，一定要有两种主要原因同时存在，一方面是人民天性方面最重要的欲望被遏止了，又一方面是政府失去其维持社会秩序，应付社会现象的能力。

但因近代物质文明的进步，与种种的新发明，人民的生产力自然而然的也能增加。财产与智识增加了，他们的观念与信仰也都更改了。他们对于生活状况，从前还受得了，现在却忍受不住了。他们对于从前所崇拜的一切风俗习惯与制度现在就能看出其不公平不道德的情形了。他们对于所信仰的人生观现在就觉得其可笑了。法国革命时候路易第十六的政府无论如何总比从前路易第九的政府要好得多。可是路易第十六是在断头台上送命的，路易第九的名字是列在圣人的名单之内。一七八九年活烧大地主的法国农民是欧洲大陆上最富足最有智识的农民，同时波兰与匈牙利的农民真被压迫到极点，真穷，真没有智识，但他们却想不到“革命”这两个字。总而言之，凡没有饭吃的人是决不会革命的，只有有了饭吃又想吃大鱼大肉的人才会革命。社会上被压迫阶级的财产，智识与势力的增加是最靠得住的革命朕兆。

社会上的阶级大概可以分为压迫与被压迫两种阶级，中间还有一种中立的智识阶级。假使智识阶级与被压迫的人民站在一条战线上，那末，革命是一定要发生的。智识阶级能在消极方面使被压迫阶级把他们的攻击集中在几点，提出几个很显明的标题，如辛亥革命是驱逐满清政府，十六年的国民革命是打倒军阀，打倒帝国主义；再在积极方面又提出几个目标，使革命的人民都向这条路上跑，如法国革命时候的“自由，平等与博爱”，国民革命的“民族，民权与民生”。这类的目标都是理想的观念，革命以后能否达到目的是另一个问题，可是在革命发生时候及革命时期确有神秘的势力，能激动人民的革命精神。比方像俄国革命领袖列宁，脱洛斯基等并不是普通的政治家，他们是传布圣马克思学说的传道者。共产主义是他们的新宗教，马克思《资本论》是他们的《圣经》。因此，他们那种没有军事训练的，军械不充足的，赤色军队也能战胜英美法各国有训练有军械的联军。他们的胜利完全是由于精神上的原因。

革命是社会的改组，并不是社会的分裂。革命时期并不是无政府时期，却是极专制的时期。克林威尔与列宁并不是无政府主义者，却是极端的专制者。在革命时期，政府的势力非但没有减少，反而增加得多了。法律的数量也增加了，并且这类法律又是以极严格的方法，极严厉的手段执行的。革命当然不是依“法”的，但革命却是一种“太上法律”，能制定一切法律，也能毁灭一切法律。现今世界上所有的政府及其法律大都是根据于革命而来的。

凡革命的朕兆，及革命发生后初期的状况，大概是各处相同的。但过了初期以后的发展，各国革命就有各种不相同的情形了。这是因为革命份子的人物不能有一致的观念，他们也分成和平，守旧与激烈三派。大概在革命初发生时期，和平派总是占胜利的；但以后他们也许能维持其地位，也许被守旧派打倒，也许被激烈派打倒。欧战后德国，奥国，捷克的革命是属于第一种，就是和平派始终能保持其地位。一八四八年的匈牙利与普鲁士革命，是和平派被守旧派打倒的革命。一九一七年的俄国革命是和平派被激烈派打倒的革命。守旧派得势就得要恢复革命以前的一切状况，革命的大牺牲是白牺牲的。激烈派得势就得要把社会根本翻身，将来的结果是好是坏又是一个问题，可是普通一般人在当时都觉得受不了社会翻身的大牺牲。

孙中山先生规定革命建设程序为军政训政与宪政三个时期，确是防止守旧与激烈两派得势的一种方法。只要依照二十五条《建国大纲》切实去做，我们或者能于最短期限内进入宪政时期，制定将来的根本法律。可是现在的训政时期确是一个最危险的时期。从前各国革命都有这样的危险时代。照各国的情形看来，在军政时期，人民都有相当的热忱，极大的牺牲都受得了，极苦的工作都愿意做，他们总是一心一意希想军事平定了，就能达到理想的目的，过他们理想的生活。但军事平定以后，未解决的问题还是非常之多，一切情形又不是他们在军事时期所想望的。人民有极高的热度帮助革命政府的军事政策，人民却很难有热忱帮助新政府的一切建设计画。到了军事平定以后，一切有形的危险都扫除了，但人民的团结力也就因之消灭，当权的革命份子又往往自分党派，发生种种争权夺利的怪现象。在革命尚未成功时期诚实可靠的人物现在也不免为利欲所引诱，做出种种自私自利的行动。他们甚而至于还觉得他们是有功革命的人物，所以应当享受种种特别权利。他们的亲戚朋友都把持了各处的优差美缺，如有舞弊的消息传流出来，他们有了革命伟人抱腰，自然可以毫不顾虑。这是从各国革命史上，可以常常见到的情形，我们应该引为殷鉴的。

还有一种现象，我们也可从别国从前的革命看出来的，就是一切旧时的军阀政客官僚的影子虽在命革〔革命〕时都打倒了，可是他们的正身却都混入到新政府，为新政府服务了。此外，还有一般投机份子也都混入了新政府的官吏阶级之内了。所谓投机份子就是那班没有政治信仰的，只想在政治中混名混利的人物。在当初革命的趋势尚未确定时，他们是不加可否，立于旁观的地位；到了革命的胜利有十二分把握时候，他们对于革命的主义比之革命党人物还要热心。他们加入了革命党，他们说出来的话都是革命党的口气。他们出席于各种各样的会议，用尽种种方法抬高他们在党内的地位。他们是有能耐的，又是自私自利的人物，所以很容易在新政府内占据最高的地位，使新政府的声名扫地。

政府是和人民一样的，太得意了就要改变其本来面目的。失败时候的理想观念到了得胜时候就要充满了自私自利的心理。在英国清教徒革命时期，国会议员战胜后的行为与革命初期比较起来，真是道德堕落最可惨的一段历史。从前最诚实的最廉洁的人现在把他们的亲戚朋友都拉入政府，占据极重要的地位，至于这班亲戚朋友究竟有没有执行重要职务的能力与资格，他们全不计及。他们又一心一意做出种种的弊端，一心一意为他们的私利着想。后来克林威尔把他们驱逐出国会，他们的口袋已经装满了金钱。法国革命时候也有同样的情形，所以拿破仑的政变容易做到。

总结以上所述，我们可以说，革命是一种极慢性的社会现象，其发生的时候至少须经过数十或数百年的酝酿，革命成功以后又须经过长期的扰乱局面，才能恢复常态。所以凡经过革命而成立的新政府一定有一段困难万状的历史。

法国自从一七八九年革命以后所经过的扰乱情形是读过欧洲历史的人所共知的。理想中的自由平等与博爱，三大主义的目的没有达到，一切政权却反而被一个专制的拿破仑所把持去了。法国人民在拿破仑的军事专制之下，绝对没有反抗能力，他们只有容忍十四年拿破仑的威权。拿破仑被欧洲联盟各国打倒后，法国还得要经过一次的复辟（一八一五年），两次的革命（一八三〇年与一八四八年），一次的战败（一八七〇年被普鲁士打败），才于一八七五年制定了那现行的宪法，恢复了民治的政府。美国革命也经过了十三年的极危险时期（从一七七六年到一七八九年），确定的联邦宪法才算成立，政治才走上正轨。总而言之，凡革命发生以后，无论那一个非得要经过几年极扰乱时代，政治不能恢复常态，人民不能过安稳的日子。

我国辛亥那年的革命只是种族的革命。满清政府推翻后，种族革命的目的总算达到，但政治改革的运动却大大的失败了。自民国元年至十六年政治上腐败的情形，国内扰乱的状况，人民所受到的种种痛苦，总算达到极点。在前清时代，国内只有一个专制皇帝，在民国的十六年时期内，各省的大军阀小军阀，腐化恶化的官僚政客们都变为专制皇帝了，他们虽没有皇帝的名位，没有皇帝的形式，但他们的权力确是无限制的，是与从前皇帝相等，处处可以压迫人民，处处可以剥夺人民的权利。种族革命的目标是很简单的，是很确实的，普通人民很容易明白其中的意义；政治革命的标题是很复杂的，很宽泛的，普通人民很难了解这标题所含蓄的意义。一个有形的异族的专制皇帝是容易打倒的，无形的同种的专制皇帝是很不客〔容〕易推翻的。从袁世凯到张作霖的十六年民国历史中，被打倒的军阀人数也算不少了，可是一个打倒后，第二个就立即跟了起来，甚而至于打倒一个，随即发现二个或三个。他们的势力一天大似一天，他们的地盘一天扩充一天，他们的军队也一天多似一天。十六年的民国历史可以算是各军队争夺地盘的历史，是我们中国历史上一个黑暗时期。

好了！现在这个黑暗时期已经过去了。我们希望从此以后，一帆风顺，早早由军政变为训政时代，再由训政变为宪政时代，于最短时期内制定我们国民想望了十七年的根本宪法，使政治走上正轨，使一切情形恢复常态，使全国人民能安安稳稳的过日子。

（原载《东方杂志》，第 25 卷第 18 号）

欧美诸国的市长
(1928)

欧美诸国城市政府都有一个行政首领，普通叫做市长。但各国文字中均各有一个各别的名称。例如在德国叫做 Germeistre，在意大利叫做 Syndie，在西班牙叫做 Alcade，在法国叫做 Maire，在英国叫做 Mayor。美国各城市的行政权，或在市长手里，或在一个委员会，或由一个雇用的经理人执行。各国城市的行政首领非但在名称方面这样的不一致，并且各城市行政首领的任用方法、任期、职权和势力，均是各不相同的。

在欧洲各国，城市的行政首领或由中央政府机关任命，或由市议会选举。市议会选举的方法较中央政府任命的方法更为通行，欧洲各国城市一概没有民选的市长。在普鲁士市长是由市议会选派的，大概是由市议员范围以外的人民中选择一个充任的。市长的任期差不多都在十二年以上。在德国革命以前，市长的任期大都是终身的，各大城市的市长不是一个普通公民，却是一个很有经验的专门人才。他的薪俸是很大的，并且将来退职以后，还能得到一种养老金。他的职位完全是一种职业，并不是政府中的一种差使。他是市议会上院的议长，又是该院中的主要人物，但他没有否决两院议案的职权，也没有重要的任命权，也不直接执行城市政府中各行政部的事务。他是一个普通的监督，督查各行政部的事务，并使各部和衷共济，分任城市行政方面的各项职务。德国市长在法律上的职权并不甚大，惟多年的习惯，早已把市长的地位抬得甚高，所以他能有一种指导的能力。

法国市长也是由市议会选举的，大概总是从市议员之中选举一人充任的，他的任期是四年。他是不支薪俸的，但市议会每年照例拨付一笔款项，作为市长的公费。他是市议会的主席，也和其余各议员同样的有投票权，但对于市议会的议决案没有否决权。城市政府中重要的职位，都是由他任命的，但各项官吏法定的资格却规定得很严格，他决不能随意派委。并且城市官吏又没有一定的任期，凡任命以后，不能无故免职，所以各项官吏职位的缺额，除非现任官吏死了以后，平时决不出缺的。城市每年的预算案由市长编制以后，再提出市议会。城市的一切政费也都归市长经营。至于各项行政机关，如街道、给水、卫生等类，也在市长的监督权之下，但市长却有一个或一个以上的副市长帮助办理。副市长也由市议会从市议员之中选择充任的。

法国市长有双重的地位，他不但是城市的行政首领，同时又是中央政府的代表。以中央政府代表的资格，市长公布那内务总长或省长的一切命令。他又负责编制选民册。关于编辑户口册和其余一切涉及全国的事务。他也有重要种种的职务。但各类的事务大都均由市政厅中那般永久官吏所承办的。他并不是一个市政的专门人才，也不是以行政为职业的人物，但他在未曾充当市长之前，总已充当过好几年的市议员或副市长，所以他对于市政事务大概总有多少的经验和阅历，并且法国的习惯又往往继续选举那前任的市长连任，所以他对于市政事务决不是一个门外汉。

在英国，市长的势力没有像德国或法国那样大。英国市长也是由市议会选举的，他的任期只有一年，他是市议会的主席，但不能选派市议会的委员会，也不能任命城市官吏，也不能管理行政方面的各项事务。市议会的议决案不得他的同意，也能同样的发生效力。他是没有薪俸的，但市议会往往拨付他多少经费，作为他的公费。英国市长每年的费用是非常之大，凡从国外或国内来游历的名人，须用他招待，一般捐款簿须由他列首名，提倡捐助。所有一切慈善的，或社交的事务亦须由他首先发起。他的地位是很高的，但没有什么权力。关于政策方面的事务，是市议会多数议员议决的，关于行政方面的事务，是由他的属员执行的。依照法律，他的职务是很轻的，不必费多大时间。但依照习惯，市民方面无论发生什么事故，或对于市政有什么不满意地方，或要求什么样的利益，个个人都要请市长代为求达目的。市议会选举市长时候所采取的标准，并不是要选举一个真能办事的人，只因为某人是某地方上的著名人物，人民应当尊重他，所以把他举为市长。但近几年来，英国劳工党占了势力以后，他们在许多城市内，就从劳工界之中，举出市议员和市长。将来劳工党如能逐渐发达，并能维持他们的政治势力，市长的地位也许更变，但现在我们尚不能预料。英国市长并不是中央政府的代表，但伦敦市政府如与城市政府发生什么交涉，市长就要做双方的中间人。

照以上所述德法英三国市长的大概情形。我们就可以看出他们有一个共同的特点，就是他们都是由市议会举出的，并对于市议会负责。从这方面着想，市长和市议会间的关系差不多像国务总理和国会的关系，但市长选定以后，市议会却不能指挥他怎样执行他的职务。从事实上着想，市议会实无指挥市长的必要。市议会定必明白某人的态度和性质后，才把他举为市长。市议会决不致于举那种倔强的，与多数市议员宗旨相反的人充当市长。一个守旧的市议会所举出来的市长，一定是一个著名守旧人物，一个趋向于激烈派方面的市议会，一定举一个志同道合的人充当市长。从欧洲各城市的大概情形而论，凡举为市长的人物大都均做过多年的市议员，或副市长，或市行政官。市议员对于他的态度和性质，都已非常明白。市议会决不会举出一个反对派的人物，等到他接任以后，次第与市议会为难，发生种种的困难问题。并且英法两国市议会在市政方面的至尊地位，早已为人民所承认，现在已无疑问。在欧战以前，德国市议会是否是市政方面最高的机关，尚有问题，但从一九一八年革命以后，市议会的地位亦已抬高，不能再发生什么问题。总而言之，欧洲无论那一国没有那种独立市长的观念，也没有这样的习惯。

世界上只有美国和坎拿大把市长的职位作为城市政府中的独立机关，坎拿大当然是受美国的影响。美国市长职权的逐渐发展，从最初没有什么势力的市议会主席地位，变成现在的独立地位，是城市政府历史上最显著的特点。这就可以证明一种政治制度能因环境的更变而逐渐改变其性质。到了后来，就与原来的制度没有一些相像的地方。美国现今的市长与一百年前的美国市长绝对没有相像的地方，并与其余各国的市长，也很少有类似之处。美国市长都是民选的，他的任期是从一年到四年，大概在大城之中，四年任期最普通，小城的市长往往任期二年。只有极少数城市每年选举一次市长，但各城都有延长市长任期的趋向。

美国市长的权力很难以简单几句话说明，因为各城的情形是各不相同的。照美国人民的普通观念，市长是城市的行政官吏，没有参与城市立法事务的职权。但这句话实不能描摹美国市长的地位。美国市长确实不是市议会的议员，但他对于市议会的行动，却有很大的势力。第一他能随时在市议会中提出议案，他能出席市议会，把他的意见提出，或以公文叙述他的提案，送交市议会。在表面看起来，这种提议议案的权没有什么多大关系，市议会不必一定依照他的提议办理，市议会尽可对这类的提议置之不理。但在市议会中，市长一定有他的党羽，他未提出议案以前，往往预先与他的同党议员商议过了，所以他的心中早已预先明白了大部份市议员的态度。市议会对于市长的提议所采取的态度，并不专靠该种提议的内容何如，还得要看市长在市议会方面的政治势力如何，然后方能定夺。市议员如果得罪了市长，他自己本人，或他所代表的区域决不能得到什么益处。他如果能提出种种交换条件，要求市长承认，作为他对于市长的提议所投的同意票的代价，他又何乐而不为呢？所以市长对于那种纯粹的立法事也有很大势力。这一层是我们所不可不注意的。

市长提议案的权势从积极方面使市议会依照他的意志制定种种条例或规则。他同时还能从消极方面阻止市议会制定那种他所反对的条例或规则，这就是他的否决权。凡市议会所通过的一切议案，须由市长签字承认后，方能发生效力。市长如果不赞成某项议决案，他能于一定期限以内，把原案送回市议会，并声明他不赞成的理由。如果过了法期，市长没有把原案送回市议会，他就是不赞成。未曾签字，该案却也能发生效力。市长如把原案送回，市议会可以覆议该案，如得到法定数目的市议员同意，普通是三分之二，该案也能成立。但在平常时候，三分之二的同意票很难得到，所以市长的否决权实在有很大的势力。在市长的行政职权中，最重要的就是任命城市官吏权。大多数城市的行政部长和各委员会委员都是民选的，但现今民选官吏的数目已较从前减少得多了，有许多财政方面的官吏，如审计和库藏等官职，也是民选的。因为这类重要官职应当是独立的，不应当由市长任命，致使随时受其节制。还有许多城市教育委员会也是民选的，因为决定城市教育政策应当使各级人民都有代表参与其事。除此之外，其余各项城市行政官吏大都是市长任命的。并且这几年来，市长的任命权又大有增加的趋势，但在许多城市，市长所任命的人员须经市议会批准承认后，方能发生效力。

市长第三种职权是编制预算案，提交市议会，但只有少数城市的市长有这样的职权。在从前的时候，美国各城市都把编制预算案作为立法方面的职务，是由市议会委托委员会执行的。英国各城市此刻还是这样的。美国有许多城市此刻也还是这样的。直到最近的几年，美国联邦国会和各邦议会中的各委员会也有提议支付各种款项的职权，但在美国各级政府，预算制度最为不满人意，尤以那种分区选举的市议会的状况为更甚。在这类的市议会中，编制预算差不多变成各区域相互抢掠公款的行动。就是在那全区选举议会，预算制度方面的弊端也非常之多。最显著的即浪费浪用的。市议会又相互推却一切责任。因此之故，近来美国各城市才把预算事务作为行政职务，并使市长担负编制预算案的责任。有少数城市另外设立一种预算委员会，市长是该委员会的委员长。

各国市长还有许多各种零星的职务，其中有许多是属于社会方面的。在美国市长有监督城市行政的职权，但市长如果没有任命和罢免官吏的权，没有规定预算的权，这种普通的监督行政权势不能执行的。此外种种社交方面的职务是非常繁杂，例如欢迎一切著名人物，接待人民或团体的代表，出席一切公共集会并发表意见。此种事务均须费去极多的时间。他差不多没有多少时间执行他的例行公务。市长又是城市政党的首领，所以有许多党务又须他照料。欧美市长确是一个极忙的人。

在这五十年以来，美国市长的职权确已大大的增加，世界各国的市长没有一个能与他相比。纽约市长是世界上最有势力的市长，在他的职权范围以内，他差不多能同别国皇帝那样的专制。他的权力比各邦邦长更大，很可以同欧洲的立宪君主相比。

宪　法（节录）

（1930）

第一章 绪论——法治与人治

世界各国所有的政府都是人治的政府，同时又是法治的政府。所谓政府只是人类的一种组织，法律也是人造的。政府没有人执行，法律没有人解释，都是死的，不能自动的发生结果。我们有时候觉得法律比人重要，又有时候觉得人比法律重要；法律与人究竟那一方面更重要完全要看我们对于当时解释与应用法律的方法是同意或不同意为定的。假使法庭解释与应用法律的方法是与我们有利益的，我们就觉得法律的重要，并且又以为这是一种法治的政府，但同时其他的人民因同样的方法而受到损失就要觉得人是重要的，这是一种人治的政府。

所以在现代的民治状况之下，我们是不能把人治政府与法治政府的界线划分出来。法律是出产品，人是产生法律的。严格的说起来，人与法律的关系是分不开的。没有人解说与执行的法律既没有意识，又没有生气。我们常常说到“活”的法律，或“死”的法律，但这只是一种比喻的话。法律的生气是假借的，如同物质方面或智识方面各种出产品的生气一样。是从人的生命方面借用的。脱离了人的关系，一个法治的政府就没有自动的能力，是无用的，所以同时也是无害的，并且除了在想像力范围以内，决没有存在的可能。

没有法律的人治政府在事实上也是不可能的。假使像法国无政府主义者蒲鲁东（Proudhon）所说：“国家的真正形状是无政府主义”，那末，现今的国家还没有变到这种真正形状。凡是群居的人民或是自愿，或是默认一种权力的制裁；但对于人群执行权力就不得不需要法律。有了法律，无论是治者或被治者方面，都觉得较为方便。这只是普通常识。

所以“法治的政府”与“人治的政府”只是比较的名词。在法治的政府，人民群居所需要的一切规则都是预先制定，预先公布。概括的说起来，被治者都可以知道这一切规则，知道他们自己的行动是否在这类规则所规定的范围以内，又知道违背了规则，须受到什么样的处罚。但这类规则却是种类繁多，并且又不都是绝对确定的，有许多是很普通的，有许多又是很复杂的。人民关系方面的一切状况也是非常复杂，同时又变化无常，万不能依照那固定的规则，一致的办理。因此，就不得不有各种法官把这类规则解说明白，应用到那随时发生的各案件。这种情形却又把一个法治的政府加上人治的性质。不过就是这样，这类政府所注重之点还是法，不是人，法治与人治的数量比较起来还是更为重要更为永久。虽则有时候也有不公平的状况发生，大概所有由人执行的政府都偶尔免不了有这种状况，但武断的违背确定的规则只是特别例外而已。

人治政府所注重之点却与法治政府相反，是人不是法。人治政府也许有种种规则，作为人民行为的标准，但规则是不重要的，解说与应用规则的人才是重要。这类规则可以武断的解说，不必依照前例，随时反覆更变，甚而至于等到事情发生以后，再由政府另行制定新的与特别的规则。在这种状况之下，不公平是常有的事，不是例外。被治者是不能明白他们在法律范围以内的权利与义务。

所以法治政府与人治政府的区别只是数量上的区别，不是质地上的区别。但这种数量上的区别却是一种很重要的区别，因为同时又包含精神上的区别；在政府如同在人类其他制度一样，精神是主要的特点。

依照这样的解说，现今各国的民治政府都可以算是法治的政府。在每一个法治的政府，法律的种类是很多的，概括的说起来，可以分为两大类：一类是管理政府的法律，又一类是政府管理人民的法。第一种是叫做宪法，第二种是叫做普通法。这许多法律性质不同，重要不等，最高的一种就是宪法。我们所要讨论的也就是这最重要的一种法律。

第二章　宪法的性质

“宪法”这名词在中国是早就有的，例如《书经》上边说的“监于先王成宪”，《晋书》上有“宪令稍增，科条无限”，又有“稽古宪章，大厘制度”，《唐书》上有“永垂宪则，贻范后昆”，《中庸》上有“宪章文武”等类。凡这种种“宪”字的意义均含有法度，法典，或法令的意思在内。

在欧洲，“宪法”这名词也是在古代就有的。有人说，希腊时代的雅典在纪元前六二四年至四〇四年的中间曾经有过十一种宪法。并且政治学的老祖宗，亚里士多德，也曾收集了当时的许多宪法，在他的《政治学》里边，曾经讨论过“立宪政府”，“最好的宪法”，“宪法的定义”等类问题。罗马学者也说到宪法与普通法，制宪权与立法权的区别。

世界各国都有一种宪法，或类似宪法的法度与法典。但从其历史上的来源，形式，内客〔容〕，固定性，与永久性方面着想，这许多宪法都是各不相同的。因此，我们就很不容易下一个确当的宪法定义。法律家与政治学者确已给了我们许多宪法的定义，但这类定义只可以算是那一个国家的宪法的定义，并不能算是一切宪法的概括定义。我们可以批评这种定义，但也没有方法可以修改。我们姑且约举几个例。

有一个美国法官 Justice Joseph Story 说："宪法是人民以主权者地位设立的根本法律或政府基础。"但有许多国家的宪法都不是人民设立的，人民只默认而已；所谓人民主权至多亦只是一个极空泛的名词。

英国学者蒲徕斯（Bryce）在他的《美国平民政治》中把宪法看作"规定政府组织，及人民与政府间各种权利与义务的根本规则或法律"。但有许多宪法并没有规定政府与人民间的权利与义务。

所以学者们对于宪法的观念也不一定能与一切实际上的情形完全相合。但他们的宪法观念之中却有一点是完全与一切事实相合的，并且又是他们一致同意的，这就是上述的与其他所有宪法定义中的"根本的"这几个字。各国宪法无论怎样的不同，这一点总是相同的，既称为宪法，那就是根本的法律，是一种基础，凡法律与政府其他的规定无论怎样的重要，只是基础上部的建筑物。

从宪法在法律中的地位上着想，这是极顶的，超过于一切法律之上。从宪法与其他法律的关系上着想，这又最下一层的基础，其他一切法律是靠其维持的，并且又必须依照其基本原则。所以我们可以说宪法是一国的最高法律——最高一层的极顶，同时又可说是一国的根本法律——最低一层的基础。

我们虽则可以说无论那一国都有一种类似宪法的法律，但把宪法看做超过普通法律的根本法律观念却是经过一个极长时期逐渐变化出来的。在欧洲中世纪时候，城市，公司，教会与封建贵族的权利有时候是规定在一种有契约性质的约章之内。从这样的惯例，人民往往再进一步，要求国王特许他们种种权利，规定在成文的约章之内，算是国王与人民间所订立的一种契约，规定以后，就是国王本人也得遵守。这一类的约章也许可以算是以后成文宪法的先锋。

在十六世纪时候，一般学者的著作中又发现一种"根本法律"观念，就是超过于普通法律的基本法律观念。这种观念是发源于法国，再散布到英国及其他各国。法国的自然法律派学者早已把国家的根本法律与国王的法律分开；所谓根本法律就是历史上遗传下来的，并经人民一致承认的习惯与原则，凡未得国会的同意，国王是不能更改的。在英国，詹姆第一曾经在他的演说中说到“根本法律”，并把这种法律看作是神授的，他自己是法律的保护者。在他的儿子查理第一时代，这种观念又在国会与国王冲突方面占到一个重要地位。并且英国国王所公布的几种重要法律有时候也就叫做“宪法”。

所以查理第二时候所规定国王与教会关系的法律就叫做 constitutions of clarendon。到了十七世纪时候，“宪法”这名词又屡次发现于英国人民为开辟新大陆所组织的各种公司的规约内，各殖民政府的组织法中，及几个学者的著作中。当时几种较为重要的文件，如一六四七年克林威尔兵士所订定的《人民约法》，一六五三年克林威尔公布的《政府组织法》，美洲殖民地议会在革命时候宣布的各种宣言与议案等，均可以算是现代成文宪法的先导。从十七世纪下半期起，“宪法”这名词就指那种较为根本的法律，特别是关于政府的组织。美洲殖民地于十八世纪下半期与英国脱离关系，把他们新政府的组织大纲叫做宪法以后，这个名词就有了现今那种确定意义，是指一国政府组织的根本法律，成文的或不成文的。

从一七七六年美洲殖民地宣布独立起至一七八九年美国联邦宪法成立时止，这十三年时期可以算是现代历史上第一个并且最重要的制宪时期。在这时期之内，现代的成文宪法是初次发现于美国新独立的十三邦，那最重要的最有研究价值的美国联邦宪法也于一七八七年在费立特而费埃城制定，于一七八九年公布实行。

美国联邦宪法已经有了一百四十年的历史，要算是各成文宪法中历史最长的一种。法国发生了革命以后也即仿照美国的先例，入手制宪，其第一次成文宪法是于一七九一年的九月公布的。德意志各邦也即行仿效，在一八一四年至一八二九年间，多数的邦均已采用成文宪法，只有普鲁士与其他几邦直到十九世纪中期才制定宪法。欧洲其他几国亦均逃不了这种潮流，在十九世纪中期以前，先后公布一种成文的宪法，如西班牙（一八一二年），挪威（一八一四年），丹麦与荷兰（一八一五年），葡萄牙（一八二二年），比利时（一八三一年），意大利与瑞士（一八四八年），奥大利（一八六一年），瑞典（一八六六年）。总计自一八〇〇年起至八八〇年止的八十年之内，欧洲各国曾经公布过三百多种的成文宪法。到了十九世纪末期，除了英国，与德意志联邦中的一邦外，欧洲其他各国都有一种固定的成文宪法。

最近欧洲大战以后的几年之内又是一个重要的制宪时期，因为欧战结果俄德奥三个大帝国是都分裂了，从他们旧有的区域以内划出了许多新国家，旧邦改造，新邦建立，都得要靠确定的成文宪法做基础的，所以在这十多年之内，又发现了十多种的新成文宪法，就是德国，普鲁士及其他各邦，奥国，捷克，南斯拉夫，俄国，波兰，邓席克自由城，厄司陀尼亚，芬兰，腊忒维亚，匈牙利，爱尔兰自由国。

第三章　宪法的种类

从人民参与政权的数量做标准，宪法可以分为自由的，民治的，贵族的，等类宪法的本身上着想，又可以分为汇集的与制定的。汇集的宪法就是那种出源于风俗惯习的宪法。这是历史上进化的结果，并不是人民在确定的时期制定的。这类宪法大都是由历史上各时期的风俗，习惯法的原则，法庭的判断案等类积聚而成的，其起源的时日是不能确定的，其修改的手续也是很方便的，随时可以因风俗习惯的改变而更变，不必以正式的程序来改订。制定的宪法是正式由制宪会议或国王在确定的时期制定与公布的，其内容都表示于一种成文的凭据。所以制定的宪法又可以分为两种：钦定的宪法与人民的宪法。

汇集的与制定的宪法的区别是与普通所谓不成文的与成文的宪法区别约略相同。所谓不成文的宪法就是那种逐渐发展而成立的，其大部份的原则并没有确实规定在一种或几种的正式公文。历史上积聚下来的风俗，习惯，法庭的判决案，与立法机关在各时期所制定的重要法律，合并起来，就成为一种不成文的宪法。这是依照社会情形自然而然发生出来的，并不是制宪会议或其他机关在确定时期制定的宪法。这是自然生长的，并不是人造的宪法。

成文宪法是正式制定的宪法，大部份的原则都是规定在一种成文的凭据之内。这是人造的，不是自然生长的宪法。凡关于政府组织及其行为的根本原则都经过一种协议的手续，正式规定下来的。

大概说起来，成文宪法的全部总是在一个时日制定，是规定在一种正式的公文之内的；但也有规定在好几种的公文之内，并且其制定的时日又是不相同的。例如法国宪法是由三种根本法律及其修改案合并而成的。又如从前奥国的旧宪法也包括五种根本法律。还有匈牙利的宪法是由六百五十多年时期内（一二二二年到一八七三年），所制定的重要法律合并而成的。

凡成文宪法总有一种最高的效力，其性质是与普通法律不同的，其成立及修改的手续也与普通法律各别的。在采用成文宪法的国家，制宪权与立法权大概是分开的，有两种立法机关，制定两种法律：一种是宪法，有最高效力，又一种是普通法律，是附属的。普通法律条文一定要依照宪法条文的规定，才能发生效力。

这样一种区别虽是很普通的，但采用成文宪法的国家并不都有这种状况。有少数的成文宪法并不是由特别的制宪会议，却由普通的立法机关制定的，所以从法律上着想，其性质也与普通的法律相同。例如奥国从前的根本法律只是立法机关所制定的法律。意大利宪法虽不是立法机关制定，是国王钦定的，但其地位是与普通法律相等，并且又能以普通的立法手续修改。西班牙的宪法中没有修改手续的规定，立法机关也许就能以普通立法手续修改。在这类的国家，制宪权与立法权是没有区别的，所以宪法的效力并不能高出于普通法律之上。

但成文与不成文宪法的区别也只是一种表面上的区别。成文宪法不一定完全成文的，不成文宪法也不一定完全不成文的。成文与不成文的区别只是一种数量上的不同，并不是性质上的差异。我们似乎不能根据这种表面的区别，把宪法分为成文的与不成文的两种。所有成文宪法，经过了长久的时期，自然而然的就会有种种不成文的份子，如法庭的解释，与风俗习惯等类，加入其内。美国宪法是成文宪法最好的一个例，其中关于总统的选举方法，总统的职权，国会的议事手续与立法程序，法庭的职权等类，虽在形式的条文上，还没有更改，但在事实上，却已大改而特改，早已失去当初制宪者原来的用意。一百四十来年以前制定的宪法，还能适用于现今工商业最发达，社会情形最复杂的美国，全靠种种无形的修改，于成文宪法之中随时加入不成文的份子。

并且从经验方面说起来，一个国家也万不能把宪法原理原则完完全全写出来，规定在几条条文之内。就是做得到，这样的宪法也只能适用于一时的社会，不能适用于极长的时期。这是因为社会的种种情形是时时更变的，宪法条文一经规定以后，是不容易随时修改的，死版版的宪法条文是不能适用于时时更变的社会情形。一种宪法的适用与否要看这宪法本身是否适合于社会上的实际状况。所以凡是采用成文宪法的国家，必须时时以非正式的手续修改宪法，使之能适合于社会上随时更变的状况。成文宪法之中是万不能免去种种不成文的份子。成文宪法的年岁愈老，不成文的份子也愈多。

再从那一方面着想，所谓不成文宪法也往往有许多成文的规定。凡风俗与习惯固定以后，往往就得记录下来，规定在法律条文之内，这是古今立法的趋势。大多数法律或是风俗与习惯的结晶，或是根据于当时社会上的需要而制定的。风俗与习惯是很不确定的，差不多各人有各人的见解，难免不因之发生种种误会，种种冲突，所以必须要记录出来，才能有确定的性质，人民方面才不致于因见解的不同而发生争执。同时各时期的社会需要也得由法律正式规定，正式承认，方能免去人民与政府间的冲突，方能维持社会的治安。

英国宪法是不成文宪法最好的例，但其中一部份却已变为成文的。例如关于国王与上议院的职权范围，司法的权力，下议院的组织，下议院与选举团的关系，均已有成文的规定。英国宪法中成文的规定大都是风俗与习惯的解释，就是最重要的《大宪章》也不是一种新规定，只是把不成文的习惯变为成文的规定。英国宪法中的成文部份自然没有不成文部份那样多，并确成文的部份又是分散于各时期各种各样的法律之中。所以把英国宪法称为不成文宪法，并不是因为其中没有成文的规定，只因那不成文的部份，比之成文的部份又多又重要。

所以这一种的分类方法，把宪法分为成文的与不成文的，既没有科学上的价值，又很容易混乱事实。例如意大利的宪法是认为成文的，但其中不成文的部份却很多很重要，依照成文与不成文宪法分类标准，意大利宪法是与美国宪法归入一类，但在事实上，其性质是与英国宪法很像的。

因此，又有人提出刚性宪法与柔性宪法的区别。这一种分类方法是根据于宪法与普通法律的关系，并不依据宪法的来源或其形式。如果一种宪法在法律上的效力是与普通法律相等，修改的手续也与普通法律相同，这就是柔性的宪法。如果一种宪法有最高的法律效力，其地位是超过于一切普通法律，其修改的手续也与普通法律有繁简的区别，这就是刚性的宪法。柔性与刚性的区别并不在于成文的或不成文的。柔性的宪法也许是成文的，但其修改的手续却很简单，大致与普通法律的修改手续一样。刚性宪法是与普通法律的界限分得很清楚的，并且也不能像普通法律那样的容易修改。

英国，意大利，西班牙的宪法是柔性的宪法，美国及其他的成文宪法都是刚性的宪法。英国宪法是不成文的；意大利与西班牙宪法是成文的，但其中却没有规定修改的手续，所以其结果就使他们用普通的立法手续修改宪法，并使这类宪法在修改手续方面与英国宪法立于同等的地位。美国与其他的成文宪法均规定修改的手续，所以都不能用那种修改普通法律的手续修改的，这类宪法均是刚性的。

但刚性与柔性宪法的区别有时候也很难分别的。因为那种所谓刚性宪法，虽有法定的特别的修改手续，但除了这种特别的手续之外，却另有其他简便的修改方法，如法庭的解释，风俗与习惯的发生等类，都能在事实上，不在形式上，更变宪法的规定。依照刚性与柔性宪法的区别，美国宪法自然是刚性的，英国宪法自然是柔性的。假使美国宪法只能依照宪法内规定的手续修改，那末，美国宪法的性质就极其刚性的，因为这是一种极繁杂的手续，宪法修改案是很不容易通过，正式成立的。但在美国，除了正式的修改手续之外，还有别种简单方法，也能更改宪法。美国宪法所以能应付现代社会上一切的需要，完全是因为这宪法是随时可由种种非正式的手续更变的。

还有一层，我们必须注意的，就在于“宪法”这名词上。照一般人的观念，因为英国宪法是不成文的，就以为在英国，“宪法”这名词是包含一切的根本法律，法庭的判断，及历史遗传下来的风俗与习惯；因为美国的宪法是成文的，就以为在美国，“宪法”这名词的意义只指这一种成文宪法，把所有解释宪法条文的法律，法庭的判断，及一切有关系的风俗与习惯都屏弃在外。但在事实上，美国的重要法律，法庭判断，及风俗习惯往往也与宪法条文有同样效力。

假使我们把关于美国政府组织及其运用的一切根本法律及重要惯例都包括在“美国宪法”这名词以内，那末，这宪法的柔性也未必一定比不上英国宪法。我们可以举一个例来说明这一层。在这一百年之内，英国宪法的一种重要改革是一八三二年与一八六七年的选举改革法，推广选举权的范围。全世界人民都知道这是英国宪法史上的重要时期，是英国宪法经过重要改革的纪念日。但在十九世纪的上半期，美国也经过同样的改革，选举权的范围也同样的推广；可是美国的选举改革不是修改宪法的结果，却是各邦制定新选举法的结果。在宪法初成立时期，美国各处的选举权是限制得很严格的，现在却已全国实行普通选举制度。美国选举权的资格不是联邦宪法，却是各邦自行规定的，所以能够不经过修改宪法的手续，从根本上改革了。

我们再举一个例，美国最高法院有宣告法律为无效的特权。这并不是宪法规定的，但这种职权却已执行。像这样重大的更变，虽没有经过修改宪法的手续，当然不能不算是宪法范围以内的更变。美国政府组织与精神方面的几种重大的更变都没有经过修改宪法的手续而成立的。

所以我们不能只根据于修改手续的难或易，就断定一种成文宪法是刚性或柔性的，我们同时还得要注意到各该宪法内各条文的意义是否广泛，解释宪法条文机关的职权与政策，及风俗与习惯发展的限度。在相当的状况之下，一种成文宪法也许是很柔性的，也许很能适合于社会上一切的新需要。

政治制度浅说（节录）

（1930）

第一章 人民与政府

从一般人的眼光中看起来，所谓政府恐怕就是几个官吏而已。上海的东洋车夫大概以为马路上的巡捕就是政府，乡下农民以为县长及其衙役就是政府。这是因为与东洋车夫接触的政府势力只是巡捕的权力，与乡下农民接触的也只是县长的权力而已。但政府的意义却决不能这样浅薄。简单的说起来，所谓政府是一种租织，其目的是为人民或人民的团体服务的，其所管得到的事务范围是非常广大，差不多包括人与人在社会上所发生的一切事务，就是所谓公共事务。

但历史上各时期确有各种理想哲学家，想像一种虚幻的自然世界，以为在这样状况之下，人民可以过一种不受政府干涉的自然生活了。“日出而作，日入而息，帝力何有于我哉”，这是中国几千年前理想哲学家所想像的那一种自然生活。这一种观念又往往使那般有智识的人民对于政府采取一种不愿注意的态度。

可是人种学方面种种研究的结果，已经证实了政府与人类历史关系的几个重大的要点：就是（一）在数万年以前，当人类祖宗差不多与禽兽相似时期，所谓“政府”确是没有存在的可能性，但（二）在全部的人类历史上，并且就在那有历史记载以前的时期，只要人类有了社会生活确实的表现，政府就已变为造成人类生活的一种主要要素，同时（三）凡人类社会愈进化，文化愈复杂，人民依靠政府之处亦愈多，政府在人类事务方面所占的地位亦愈重要。

在现今的城市生活，人民与政府的关系更加深切。城市市民每日自早晨起床至晚上睡觉时，差不多时时刻刻都受政府的保护，同时又有政府的种种规定，限制他们一切的行为。他们每天所吃的食物，大都是经政府查验过，所用的东西，又大都经政府收过一种普通税或特税。每个市民早晨出门到他的工作地方，或坐自用汽车或洋车，或乘公共汽车或电车，或步行，但无论何如，在这“行”的方面，人民与政府接触的地方实在是很多，汽车与洋车都得有一块捐牌，这就是表明政府已经允许这辆车可以在公共的马路或大道上行驶；公共汽车与电车公司的营业权都是政府所特许的，各车辆又须在政府所指定的地点停止，并且其票价又大都是政府所规或定核准的；就是步行，一切马路与道路也都是政府公款所筑造的，并且还有种种马路章程，凡是行人或车辆都得要遵守。

讲到每人每天的工作，其与政府接触之处却更多了。假使他是一个学生，他每天的工作差不多可以算是完全在政府的指挥之下做的。在公立学校，一切课程都是政府规定的，教员也是政府的雇员。私立学校的课程也得要依照政府所规定的标准。并且学校本身非预先得到政府的许可，不能成立。假使他是一个普通商店或工厂的职员，他也得到要受到政府的种种影响。工作钟点，工资标准，卫生设备，交通状况等类，都是与工商业大有关系的要素，可是同时又都在政府的管理权之下。我们平常就是寄一封信，打一个电报，也往往都觉着政府的无上威权，因为邮政与电政都是政府所办的事业，并且政府有权检查人民的函电。

每个市民把每天的事务做完了，他就想去寻一种娱乐来消遣。假使他到公园散步，舒养心身，他就走到了政府的公地，处处须遵守政府所颁布的管理公园章程。假使他到戏园或电影场消遣，他所看的戏或影片都已经过政府机关检阅，凡有害风化的一切剧本与影片，一概不准表演，并且戏园与电影场的建筑，又必须依照政府所规定的标准。

以上所述只略举数例而已。总而言之，凡社会文化愈高，人民依靠政府之处亦愈多。比方在乡区之间，上边所举的几个例大都是不能适用，一个农民可以不靠政府的帮助，过他的日常生活，自己供给自己的饮水，燃料，及大部份的食料。但这并不是说一个农民就可以高唱“日出而作，日入而息，帝力何有于我哉”的调子，完全可以不用政府了。在欧美各国，特别是美国，政府替农民所做的事不知有多少，凡农民的收获是要销售的，政府就得用尽种种方法给他们便利，并且保护他们不至于为资本家所欺骗；农民耕种的时是需要资本的①，政府就在各处设立农民银行，帮助他们资本；政府又建筑道路，便利农民的交通与运输；末了，所有农民个人所不能做的，或不能抵抗的灾害，政府就得设法替他们做，或替他们防御。从这种种事实，我们就可以得到一种原则，这就是人民的福利与快乐及其生活方面需要的满足，都得要靠那统治他们的政府的性质而决定的。我们再从这几点略约讨论政府的重要。

人民生活方面最重要的一点就是康健。保护人民身体康健的方法，一方面必须有清洁的食料与饮水，又一方面必须有种种设备消灭一切污秽之物。可是在现今的城市生活，无论穷人或富人都没有方法可以确定他们所吃的食物与所饮的水是否可靠的，不致妨害卫生的，所以政府为

① 似不通，原文如此。——编者注

保护人民的康健起见，就不得不把一切食物与水源预先检查，只有那种合于清洁标准的食物方能在市场销售。至于消灭一切污秽东西的设备，那是更非市民个人能力所做得到的，所以政府就不得不建筑沟渠，排去一切污秽与污水；市街方面的垃圾亦不得不大规模的清除；更有那种有传染病症的人，亦非得用政府的势力，把他们与其他人民隔离，务使他们的病症不至于传染到别人。末了，现今医学方面已发明了种种预防传染病症的方法，如种痘，打预防针之类，可是也只有政府的命令才能强迫人民种痘，才能强迫人民打各种预防针。

在现今的工业社会中，有许多职业，或因工作环境的不良，或因机械的危险，往往对于工作人员的生命与康健是很危险的。为保护这一般人民的生命与康健起见，政府就不得不强迫工厂厂主或其雇主装置各项设备，保护工作人员的安宁。现在的城市生活又往往使无数人民每天在火车，电车，或公共汽车中来来往往，为保障这般旅客生命的安宁，并为防止一切疾病的传染，政府又不得不强迫这般所谓公用事业公司有种种卫生的设备，及其他一切预防的准备。

这几种例只证明政府的工作与人民的康健及其物质方面的幸福是有极大的关系。假使一个政府真能从这方面用功夫，切实办理，人民享受康健的机会一定可以增加，并且每人又大概可以活足其寿命。

人民的福利及快乐与政府的关系既如此重要。可是一个人生在这世界上，不是单求自己的福利而已，也不是单求自己快乐而已。凡是一个人，总得还有一种职业，或终身的事业。从各个人方面着想，这种职业或终身事业是极其重要的。一个人所选定的职业，无论是那一种，他总是希望有所成就，并希望在其所处的环境之下能够享受最高限度的种种利便。可是一个人的职业及其将来成就的限度，也完全要受政府的影响。我们略举几个实例说明这一层。

假使一个人是想将来做一个律师，医生，或教员，他是一定要有各该项的专门学问与智识的。在预备时期，他必须要经过十多年的教育，从小学到初级中学，高级中学，专门学校，或大学。这种学校或是公立的，或是私立的，他所读的课程大半是政府机关所规定的；在未曾执行各该项业务以前，他还得要经过政府所规定的一种考试，得其许可以后，才能执行；既已允准执行业务，他还得要时时刻刻遵守政府对于各项业务所规定的一切章程与法律。

假使他是以商业为生的，他也逃不了政府的势力。如果他的事业发达了，他大概是一定要组织一个公司；可是要这样做，他就不得不依照政府颁布的公司组织法与管理法，在政府机关注册，得其许可。如果他的事业是有特别性质的，如银行，保险，或其他公用事业，政府对于各该项事业的各方面，就有种种详细的规定，他不得不处处遵守。如果他的事业是属于工业方面的，政府也有种种的规定。他与他的雇员及工人的关系有劳工法律的规定。政府也许不准他雇用十四或十六岁以下的童工；也许不准他所雇用的女工与童工每日工作八小时以上；也许对于几种工人的工资有特别的规定；也许规定厂内的一切设备一定要合于一种规定的标准；也许还有强迫的工人保险法，雇主对于各雇员一定要花多少保险费。同时各工厂所买进各种原料的价值，与卖出各种货物的价格，又受政府方面各项政策的极大影响，凡关税政策，铁路运价，与赋税制度，都有左右物价的绝大势力。所以政府与工商方面的关系是非常之大。

假使一个人只做一个普通工人，或只靠手艺为生，做一个所谓手艺工人，照普通人民的眼光看起来，这类自食其力的人，大概总可以不受政府的影响，与政治无关系了；可是在事实上，并不如此。在欧美各国，有几种手艺工人，如理发匠，水电技术工人，也是要得到了政府许可，才能执行其业务。就是普通工人，也直接或间接受到政府各种影响。他加入工会权，他与工会以外各工人的关系，他与雇主的关系，都是政府以法律规定的。他的工资的数目是政府经济政策的结果。他所住房屋的租价，与他所吃食物的代价，也是与政府的经济政策很有关系的。

末了，讲到农民的生活，大家总以为是最自由，可以为所欲为，与政府没有关系了。可是在现今的社会中，农民的所谓独立生活早已成为一种历史上已经过去的事实。现今的农民也得要靠工业中心点，供给他们衣料，器具，及一切的用品；也得要靠大市场，甚而至于世界市场，销售他们出产的一切原料。农民也同社会上其他人民一样，早已束缚在那极复杂的现代生活中，自己没有什么单独行动的余地。农民的兴败盛衰，不单靠自己的勤俭或懒惰，同时还得要靠国家的政治状况，政府的能力及其政策。比方在一个时候，美国农民卖了一车牛皮所得的代价，还不够买一双鞋，卖了一斗麦，还不够在城内饭店里吃一餐饭，他们就自己觉着绝对无能为力，不得不就农民阶级之中联合起来，要求政府矫正这样的状况。并且政府维持治安的能力及其一切政策，如关税政策之类，对于农民方面更有绝大的利害关系。

以上所述只就各种人民的个人方面略述人民与政府的重大关系。我们再从各种人民的社会方面着想，如家庭生活，社会环境，教育与娱乐，政府所占的地位也是一天比一天重要，现今的家庭与家庭间的一切关系都是由政府以法律规定的。怎样可以使人民不犯法，减少社会上的犯罪行为；怎样可以使人民都有衣食，消灭社会上的贫穷状态；怎样可以革除人民方面其他一切不正当的行为。社会方面种种不好的状态，造成一种完善的社会生活，这都是政府所应当解决的问题。教育是已经大家所公认为政府的职务，并且其所包括者，不单是学校而已，同时又有藏书楼，博物院，及其他有教育性质的事务。娱乐也已变为政府所应管理的事务，特别是在城市之中，政府不得不为市民设备一切公园，打球场，运动场之类；管理一切戏院，跳舞场，咖啡馆，与弹子房，并取缔一切有伤风化的影戏片及戏曲。

总而言之，现代政府的工作关系人民的生命，自由，财产，与幸福的营求，非常重大。一个人从生在这个世界起，直到老死离了这个世界为止，他一生的状况差不多没有一时一刻不是受这政府影响的。所以无论什么人，总得要晓得一些关于这个大势力，“政府”，的性质及其组织。

第二章　什么是政府

孙中山先生在他的《民权主义》第一讲里边说：“许多人以为政治是很奥妙很艰深的东西，是通常人不容易明白的。所以中国的军人常常说，‘我们是军人，不懂得政治。’为什么不懂得政治呢？就是因为他们把政治看作是很奥妙很艰深的。殊不知道政治是很浅显很明了的。……‘政治’两个字的意思，浅而言之，政就是众人的事，治就是管理。管理众人的事便是政治。”

这简单的几句话说得非常透切。只因为我们平常人的眼光看不远，放不大，一天到晚只晓得照顾自己的私事，既没有余闲，又没有能力去计及其他事务。“各人自扫门前雪，不问他人瓦上霜”是人人奉为天经地义的一句格言，其结果就使众人的事变为无人的事，政治变为很奥妙很艰深的东西。

政治既是管理众人的事，那末，“政治”两个字所包含的事实就是人群的现象，就是人与人在社会上所发生的关系中的一种，换句话说，就是上一章所述政府所管理的一切事务。照这样说起来，政府也就是很浅显很明了的一种组织。我们只看一看这一个世界，所有的人民都是群聚在几个政府之下过生活的。我们首先注意到的是一群一群的所谓民族团体。中华民国就是这样一个团体，约共有四万万人民。在我们的东面，有五千六百万人的日本民族，在日本政府的统治权之下过生活的。再向东去，经过太平洋，就有一万万人的美国，在美国的北面是八百万人的坎拿大，南面另有一个民族团体，叫墨西哥，约有人民一千四百万。从美国再向东去，经过大西洋，我们又找到一个有四千七百万人民的民族团体，叫做英国。在欧洲大陆有三千九百万人民的法兰西，有五千九百万人民的德意志，有一万三千万人民的俄罗斯苏维埃共和国，及其他很多较小的民族团体。

以上所列举的是现今世界上最显著最重要的几个民族团体。究竟什么是民族团体，这是一个不容易答覆的问题。假使我们仔细观察各民族团体，我们就可以看出每一个团体又包含无数的小团体：有一部份是完全政治的区域，如邦，省，州，县之类；有一部份是以宗教划分的，如天主教人，耶苏教人，犹太教人等类；有一部份是以种族划分的，如英国的英格兰人，苏格兰人与爱尔兰人，又如中国的汉满蒙回藏；还有一部份是根据于经济状况的不同而发生的，如劳工团体与资本团体之类；末了，还有一部份是根据于言语风俗习惯观念及其他种种情形的不同而发生的。可是这类性质不同情形各别的各小团体，各有各的不同的目的，各有互相冲突的利害关系，却能联合在一个政府之下；靠了这个中央政府及各政治区域的地方政府，公共事业可以做了，公共需要也有方法可以供给了，公共政策可以决定了，种种利害关系方面的冲突也可以调和了，目的方面的不同也可以使归于一致了，同时各个人的一切行动也有确定的限制与一定的管理方法。

但人类社会的种类是很多的，但从根本上着想，却都是相同的。人民群居在一处，过共同的生活，成为一个团体，完全是因为他们要以团体的势力做几种那个人所不能做的，或做不好的事务。无论是极简单的非正式的像一个运动会，或历史甚长的习惯甚深的像一个家庭，或一个社会，或人民众多的权力极大的像一个国家，只要是一个有机体的人类团体，其根本原则都是相同的，就是共同合作。人类团体为执行其职务，并为达到当初组织这个团体的目的，团体中各个人一定要尽各个人应尽的义务，执行各个人应做的各事。各个人为团体，团体又为各个人，这是群众生活的一种根本原则。可是各个人一定要先尽了那团体一份子的义务，然后整个团体才能为各个人服务，否则团体的生命恐怕尚要发生问题，其他更不容说了。这就是说各个人是一定要服从团体的，一定要受团体的监督与指导的，一定不准做一切与团体利益相反的事务。

所以每一个人类团体，无论其性质与大小若何，一定要有几种方法，能使各个人时时刻刻服从团体的意志，决定什么事务是团体及其中各个人所能做的，什么事务是不能做的，并规定团体中各个人间的互相关系。换句话说，团体对于各个人一定要执行相当的权力。在那种纯粹自由结合的团体，如运动会之类，各个人当初进会时候，即表示自愿服从该团体的一切规则与章程，这是加入做团员的最重要条件。这类的团体为实行其权力起见，预先指定一个人，或叫做会长，或叫做指导员，代其执行一切职权。在家族，部落，或国家这类团体之内，团员的资格不是自由加入的，却是天生的，所以各个人就生长在这类团体的权力之下，并且依照习惯，又须绝对服从这种权力的执行方法。社会学可以告诉我们各个人是怎样服从这种权力的，为什么要服从的。但在政治学上，我们可以不必追溯这一段最古的人类历史，我们所应当晓得的，就是没有团体的至尊无上的权力，团体生活与团体活动都是不可能的了。

团体对于各个人的权力，及其执行的方法与手续，就与我们现在所谓政府执行的权力一样。当初各个人究因何种原因，或因自由结合，或因强力的威逼，或因习惯的势力，才愿意甘心服从这团体的权力，那是另外一个问题；我们所应当注意的，就是凡各团体一定要有权力对于各团员执行其一切风俗，习惯，规章与法律。这就是政府。

凡人类各社会或团体都得有这个特点：就是团体有权力能强迫团内各个人服从其意志。在人类社会中，这种状况是同自然世界中的地心吸力一样，都是不能逃避的。假使团体不能统治团内各个人，那末，团体生活就没有存在的可能性了，并且各种的人类社会，如家族，教会，政治团体，甚而至于文化，都不能存在了。只有各个人各自为生，没有任何的公共生活。可是在事实上，我们晓得这种状况是不能有的，因为人类是决不能过那一种单独的生活，因为人类的天性之中，有一种势力自然而然的强迫我们过一种团体生活。这种原理既已为人人所公认，并且各团体最后的团结力既是团体的无上威权，换句话说，就是政府，我们能否即断定政府是根据于人类天性而发生的呢?

团体的无上威权是以两种方法表示出来的。第一，关于许多的事务，各个人受了风俗习惯势力的影响，不得不遵照团体的意志。最好一个例就是社会上的一切礼貌。所谓礼貌也只是根据于风俗习惯而发生的，可是这一类的风俗习惯是各该团体或社会阶级中各个人所赞同的，又因为实行已久，差不多已经得到全团体公意的默认，确有使各个人不得不遵守的势力。所以在事实上，这类的风俗习惯能自然而然的风行于全社会。人群心理上确有一个很大的特点，就是各个人为一种自然势力所逼迫，于不知不觉之中，极力使他本身与团体采取一致的趋向，使他的思想言行也与大多数其他人民合并成为一致。人民服从礼貌方面的风俗习惯，并不是因为有什么高级长官的命令，也不是因为不服从的结果须受什么刑事方面的处罚。但在事实上，人民对于这类风俗习惯，比之对于高级长官的命令，更加服从。这是因为不服从的结果，可以使个人与团体隔离，断绝一切社会的交际，并发生其他种种不舒服的恶果，比之刑事上的处分，更要难受。所以我们可以说人民遵守一切风俗习惯，完全因为人类的天性实有不得不使他们遵循。这一种的团体裁制权也可以算是一种政府，可是严格的说起来，只能算是一种非正式的政府。

因此，所以就有人说：如果政府真要有充分的效力，其一切法令与规则，一定要根据于人人所承认的风俗与习惯。并且同时还有人甚而至于主张“无为而治”，废除社会上一切有形的制裁，各个人的行为即能于不知不觉之中，依照其团体所公认的风俗习惯为标准。假使在一个人口稀少状况简单的固定的小社会，我们也许可以想像能够发生这种情形，但在现代的复杂社会的世界，这样情形是万难发生的。

一个几百人小团体的公共事务也许是很少很简单，也许可以完全包括在那全体团员所公认的风俗习惯的范围之内，可是在一个包括几千，几万，几百万人口的大社会，只以风俗习惯作为社会制裁的方法，在事实上，是不容易做到了。凡有数万或数百万人口的社会一定是占据很广大的区域，并包含无数的小团体。各小团体人民也许有共同文化，共同语言，许多共同风俗与习惯，但同时各小团体间的不相同之处也一定是很多，并且还免不了有种种利害方面互相冲突之处。在这样状况之下，整个团体的团结力一定是很薄弱，一切旧风俗旧习惯的势力也势必至于减少，全体一致承认的新风俗新习惯恐亦难于发生。这样大群人民的公共事务又一定是很多很复杂，万难完全包括在风俗习惯之内，受其制裁。并且在现代那种时时变化的社会，旧风俗旧习惯很容易根本推翻，但同时却不能发生根深蒂固的新风俗新习惯。

因有上述的种种原因，凡是一个大社会，决不能完全依靠风俗习惯作为社会制裁的方法，同时一定还要有一种较为正式的较为有统系的方法与手续，使各个人服从团体的意志，受团体的支配，并管理各个人间的一切事务与行动。这就是团体表示那无上威权的第二种方法，叫做正式的政府。这种社会制裁方法的特点，就是在团体之内，设立确定的机关，其职权是决定什么事务是各个人或团体所能做的，什么事务是不能做的；并且各个人如有违背那已经表示的团体意志的行为，这个机关或其他机关就能处以相当的刑罚。这一类的团体行动往往称为政治的行动，据政治学者的意见，只有政治的行动，才能包括在“政府”这名词的范围之内。

虽则“政府”这名词的意义本来是很广泛的，可以包括社会制裁的各种方法，虽则所谓政治的与非政治的行动有时候亦很难区别，但我们所讨论的只限于那种有政治组织的社会，所以我们也就依照向来的惯例，把“政府”这名辞作为团体的确定机关，举凡对于各个人的行动及制裁，都是由这个机关表示与执行的。

第三章　政府的起源

政府究竟是怎样起源的？这个问题曾经经过政治学者们极长期的讨论与研究，并引起种种极激烈的争论。可是到了现在，我们还不能确确实实的说定政府的来源，无数政治学者研究的结果只给我们不少关于政府起源的学说，每一个学说自然有一派学者极力主张，极力辩护，同时还有别派学者的种种非难与攻击。其中有许多学说完全是想像的，没有事实上的根据；有一部份可以算是类似科学的，因为也曾采用一部份的科学方法，根据于一部份的科学的材料，推翻其他学说中种种非科学的谬论；至于那种最合于科学的理论却最不能满足普通一般人的心理，因为普通人民总是希望有一种圆满的解说，可是合于科学的理论总有一个脚踏实地的起点，决不能根据于种种不完备的材料，推论出一个整个的解说。

大概研究政治起源学者们的结论都是根据于他们主观方面的态度与作用而发生的。有一般人专以研究学问为智识上的消遣方法，如能依据他们的理想，得到什么结论，他们就心满意足，不再深究了。有一般人先有了一种成见，然后入手找寻种种与他们成见相合的事实；还有一般人往往提出政府起源的一种学说，作为他们赞成或反对某种政府制度的根据；只有极少数的科学家专为探求真确事实，才入手研究政治起源，并把他们研究的结果贡献出来，不顾其影响与结果何如。所以我们对于各种政治学说，不能专从这学说本身着想，同时还得要追求当初主张这种学说的人究竟有何种作用。关于政府起源的问题，我们先把几种重要学说略约叙述，然后再总结现今政治学者普通的观念。

神权说　政府起源最古的学说要算是神权说。大概古代的政府都是拿神道设教，借此巩固政权，不是说政府是神建设的，就是说由神的命令建设的，因为是神的命令，所以人民不得不绝对服从。欧洲自从中古时代以后，因十六世纪宗教改革的结果，各国专制皇帝的势力又推广到教会方面，神权与政权更分不开，所以当时君权神授说又盛行于各处。各国君主都想利用这种学说来保持他们自己的地位。英国詹姆司第一说："如有人说上帝有那件事不能做，便是无神，便是不敬；如有人说君主那件事能做，那件事不能做，便是大逆不道。"法国路易第十四也说："我辈帝王都是全圣全能的上帝所生的映像。"

神权说的用意是要把事实上统治的人看作上帝委任的，所以人民都得承认他所行使的政府权力是正当的；可是把政府看作适合神意的，政府无论要做何事都可以算是神的意思，结果便没有人为的余地，善政恶政只有听天命罢了，如想改造政府便是逆天。这样荒谬绝伦的学说在事实上当然不能成立，所以在欧洲，其所根据的原则早已在二百年前推翻了。可是这种学说确是在历史上占到很大的势力，差不多没有一国不受到其极大的影响，并且其寿命又特别的长，直到了一九一八年最后主张神权说的德皇才退出政治生活，到荷兰去过他种花锯树的清闲生活。

还有最可注意的一点，就是到了二十世纪的时代，这神权说又好像有复活的趋势。比方在美国，有许多人把他们政府的宪法好像也是看作神授的，是神圣不可侵犯的，所以是不能批评的；是太完备了，所以是不能更改的。这种观念确有一部份美国人宣传了好几年，将来究竟是何结果，现在谁也不能预料，假使真能变化到从前的神权学说那样，恐怕将来美国政治就免不了一种风波。还有苏维埃俄罗斯政府把列宁看作一个大教主，列宁主义看作神圣不可侵犯的信条，又模仿宗教的形式在政府各机关中实行纪念周，对于那般表示不满意于现政府的人民，即以反革命三个字定其罪名，或处死刑，或驱逐出国。这就是承认政府一切权力都是正当的，也就是神权说的用意。

契约说　契约说的政府起源论可以算是欧洲民族与那种根据神权学说的专制政府长期战争的结果。依照这种学说，原始的人民是生长于一种自然世界中，完全不受政府权力的节制，只因他们要享受社会生活的种种利益，所以他们自愿放弃那天然的自由状况，互相订立一种极郑重的契约，组织一个政府。在英国清教徒革命时候，一个哲学家浩布思即以契约说为根据，极力拥护君权，依照他的主张，契约是各人与各人订立的，不是人民与君主订定的，君主是不受契约方面的拘束，所以其结果就与神权说相仿佛，把事实的政府作为正常的政府，人民无论何时不能与之抵抗。同时却另有一个学者，洛克，也以契约说为根据，替革命党人说话，他以为政府的权力是由人民于订立契约时候委托的，所以须受契约的限制，并且政府的基础也完全在这契约，不得人民允许，政府就不得征收赋税。以后还有法国卢梭在他的《民约论》中极力发挥这种学说，供给法国革命一种学理上的根据。美国革命时候一般领袖都是洛克卢梭的信徒，把他们的学说看得同如《圣经》一样。《独立宣言》中差不多把这契约说的政府起源说得非常明了。人生有与生俱来不可割让的权利，如生命，自由与幸福的营求，“为保障这种权利，人民才设立政府，其一切权力均得被治者的同意；假使政府违背这种目的，人民就有权利去改组，或取消，同时另行设立新政府，务使其所根据的原则及其权力的组织确实能保障他们的平安与幸福。”这是《独立宣言》根据于契约说的原则所宣布的政府起源。又在联邦宪法的序文内，美国的革命领袖把这契约说作为人民意志的直接宣言：“我们，合众国的人民，为组织一个较为完备的联邦，为维持公道，为保障国内安宁，为使我们及后代子孙能享受自由幸福起见，才制定此美国合众国的宪法。”

契约说在政治历史上的功绩，确实是很大。近代政府的组织，与法律的观念，几乎没有不受契约说的影响。国家法律承认个人人格的价值，人民自由权的观念，都是契约说的效果。可是到了十九世纪时候，因学者们都从历史事实上追求政府的起源，才发现这理想的契约说完全不合于历史的事实。古代的政府不但没有由契约设立的证据，并且事实上还有许多不由契约设立的证据，可以考求出来的。古代社会不是受团体的拘束，便受习惯的约束，各个人那能够发展个人个性，那能够自由独立互订契约呢？十七十八两世纪的欧洲是一个梦想自由平等的时代，几个思想家于不知不觉之中便把预先想好的自由平等的境界，推想到没有政府的原始社会上，假定这是自然世界的状况，他们的结论就是契约说的政府起源。可是契约说虽已被历史事实从根本上推翻了，但这一派学者的理想确有感动人民心理的极大势力，确能把一种玄想的世界为实在的世界开辟一条发展的新路程。人民信仰了这种理想的学说，才能连带的信仰那政府不得被治者的同意，就没有存在的权利。其结果就是一切专制政府都推翻了，民治式的政府通行于全世界各处。就是到了现在，契约说影响于人民心理方面的势力还是很大，欧战时候无数人民的观念是不是把这民族自决问题——各民族有自由采择一种政府组织的权力，作为战争的中心问题，美国前总统威尔逊是不是正式宣言："为保障民治主义在这世界上的安全，美国才加入战团。"

血统说　依照这种学说，最初的人类社会是一个家族，包括一个家长，及其妻，子，媳。这许多人都有血统的关系，是由一个祖宗传下来的。家长的意志就是这个家族的法律。以后人口逐渐加多，一切事务逐渐复杂，就发生种种管理上的困难，所以一种政府式的组织就不得不应时势的需要，逐渐发生出来，凡一切公共事务都归这个机关管理，凡内部的一切关系也归其处理。依照一派的学者，这样的家族以后就扩充出来，变为宗族，由宗族变为部落，再由部落成为民族。

可是这种所谓父系的家族并不是普遍于各文化未开的民族，也不是任何民族进化史上所必须经过一个时期。在许多未开化的人民中，另有一种家族制度，叫做母系的家族，就是家族中的重要份子是母，不是父；传统是依据母系一方面的。自从这种家族发现以后，血统说的政府起源论就经过一次的修改，这派的学者往往把母系与父系的家族混在一起，作为人类社会进化史上的二个各别的时期。

但近来人种学方面种种的新发现又证明人类社会的进化并没有一定的程序，也不是一定要经过几种特别的样式，才变化到现在的情形。人类社会确有极长期的进化史，可是其进化的趋势及其所经过的程序却是千变万化，各社会往往都有各别的情形与现状，我们万难找出一种普遍的原则，确定人类社会的进化必须经过那几个时期与那几种形式。我们现在虽不能明白最初社会进化的实在情形，但无论如何，凡将要进化到政治式的社会总有那种根据于血统的父系家族的组织；并且血统的观念与血统的精神就是在现今的民族国家中又占到极大的势力。这就是以血统观念解说政府起源所得到的结果。

强权说　凡一切政治制度都是根据于武力而发生的，这就是强权说的政府起源。强权说也是一个很老的学说，但人民与君主两方面似乎都不能赞同。醉心于民治主义与契约说一类的人民当然不肯深信那政府的基础只是武力而已；从前那般专制君主也决不肯放弃神权说的观念，承认他们自己的权力只靠武力得来的，以武力维持的。

但最近的社会学者与人类学者却很趋向于这种学说，他们都以为有组织的社会与政治制度的来源只因为强有力的人，能够以武力战胜其他人民，使他们服从其意志，组织一个团体；以后再把其势力扩充出来，包括很多的人民，很大的区域，成为一个政治的社会。我们当然承认战争是最初社会中人民的天然趋向，是他们财产名誉的唯一源流，也是组织政治制度的最大势力；可是最初社会的成立同时也有种种其他的主要势力，如血统关系，地理方面的关系，宗教信仰，经济上的状况等类，我们也不得不同等的注意。

总结以上所述，我们可以说神权说与契约说纯粹是哲学家想像创造的，毫没有事实上的根据。血统说只能说明几个人类社会的起源与发展，不能说明最初那许多很小的，分立的，性质不同的团体怎样能够合并起来，成为一个政治团体。强权说确有很多的证据，并且又可以证明凡一切政府都是以铁血造成的；但这一种学说却太注意于武力一方面，没有同样的注意到其他造成政治社会的势力，如地理的，经济的，宗教的主动力等类。

政治制度起源的问题实在包含两个问题，一个是最初时代政治制度的起源，又一个是国家的起源。关于最初时代政治制度的起源，我们在这几十年之内已经晓得了不少的事实。人类学者研究的结果已经证明政治制度是与社会同时发生的，无论怎样的社会总有一种政治制度。在最初那种父系的家庭中，家长是最长最有势力的人，一家之中的人民，也许因为惧怕家长，也许为血统或习惯的关系，也许因为生活方面有合作的需要，才团结起来，成为一个社会团体。这种家庭组织当然不是普遍于最初的人类社会，可是现今的政治制度确是从这类的社会生活中变化出来的。同样的状况当然能使最初人民组织范围较大的团体，如宗族，部落等类。凡在一个山谷中或河流旁边居住的人民自然能有一种一致的态度与团结的观念，他们同时也许还有血统的关系，也许还有相同的宗教信仰，也许还要抵抗共同的仇敌，也许过惯同样的渔牧生活，也许服从一个共同的首领；假使他们有这类的共同关系，他们的团结力自然能更加坚固，有永久的性质了。

在人类社会从野蛮进化到文化时期的路程中，那最初的政治组织就以确定的土地区域为根据，变为一个国家的组织。依照多数学者们的意见，当时更变的方法是完全依靠武力的，但同时我们也不能不注意到其他的势力。国家组织的主要特点就是人口众多并且一切状况又逐渐复杂，他们居住在确定又广大的区域中，同时还有一个势力极大的政府，在这区域以内执行一切对人对物的极广大权力。政府权力是很显明的与习惯，宗教及其他社会制裁方法分开了，并由确定的人或机关执行。世界上最先发现的国家就是古代许多东方帝国。

政治学大纲（节录）

（1930）

第一章　政治学的性质

第一节　什么是政治学

大凡研究一种学问，非晓得这种学问的确实性质，便很难下手。所以大半的教科书往往在起首的第一章第一节就下一个各该科学的定义。但是定义也不是一定可靠的，如非我们已经把一种科学的全部详细研究过，完全懂得，定义是没有什么大道理。这里边很有几层理由：（一）因为凡成一种科学，其内容必包括许多事实，至于定义便只是由这许多事实中找出来的通例。并且研究这种科学的人或加入一些主观的见解，独立自成一派，故往往同说一种科学，范围广狭，彼此各有不同。想拿简单几句话，把这种科学的内容完全表示出来，那是不容易做到的事。（二）因为初学的人把这不完全不赅括的定义囫囵吞下，单记几个笼统的通则，忘却许多具体的地方，拿这种空空洞洞的学说去应付事实，如同医生记些汤头歌诀一样，那能够切实应用呢？（三）因为科学的定律，都是人的假设，社会是进化的，学理也是时时刻刻变迁的。科学的内容不能定，单把其抽象的意义弄定了，岂不是离开具体的问题，空谈抽象的名词吗？

孙中山先生在他的《民权主义》第一讲里边说："许多人以为政治是很奥妙很艰深的东西，是通常人不容易明白的。所以中国的军人常常说，'我们是军人，不懂得政治。'为什么不懂得政治呢？就是因为他们把政治看作是很奥妙很艰深的。殊不知道政治是很浅显很明了的。……'政治'两个字的意思，浅而言之，政就是众人的事，治就是管理。管理众人的事便是政治。"

这简单的几句话说得非常透切。只因为我们平常人的眼光看不远，放不大，一天到晚只晓得照顾自己的私事，既没有余闲又没有能力去计及其他事务。"各人自扫门前雪，不问他人瓦上霜"，是人人奉为天经地义的一句格言，其结果就使众人的事变为无人的事，政治变为很奥妙很艰深的东西。

政治既是管理众人的事，那末，"政治"两个字中所包含的事实是人群的现象，是人与人在社会上所发生的关系中的一种。所以政治学是社会科学的一种。我们在学校书本子里所读的功课可以概括分成两大类：自然科学与社会科学。自然科学就是天文学、地质学、物理、化学等类，其所研究的对象均是自然界中各种有形的物体，很容易使我们了解各该科学的性质及其范围。比方说植物所研究的是花草树木之类，就是一个小孩子，一听到植物这名词，他心中也许会想起包括在一类中许多同样的极熟悉的物体。又如说动物学是研究飞禽走兽的科学，地质学是研究地球的科学，我们看见这种名词就可以想起其中所包括的许多物体。所以我们对于这种种自然科学的意义，不觉其奥妙艰深，只觉其浅显明了。

但我们对于社会科学的态度与自然科学完全相反，我们只觉其奥妙艰深，不觉其浅显明了。这种错误的态度是发生于这两大类科学性质的不相同。社会科学是研究人群社会中一切的现象与事实。人民因群聚在一处而发生的现象与事实，及人民对于这种现象与事实所发生的观念与解说，均是社会科学所研究的资料。这许多现象大都不是具体的事物，而各人对于所发生的观念，又各不相同，各有各的主观的偏见，所以往往使人觉得奥妙艰深，非若各种自然科学，其所研究的均是各种有形的物体，毫没有研究者主观的偏见参杂其间，所以很容易使我们懂得明白。

但仔细想起来，这许多社会现象非但是浅显明了，并且又时时刻刻离不了我们的心目中，可惜我们平时不大十分注意罢了。比方我们早晨拿起一张报纸来，就看见其中所载的均是关于社会上各方面的事实；我们走出了自己家里的大门，就到处看见各种各样的社会状况；我们做错了事，或侵犯了人家的权利，说得要捉将官里去，受政府的干涉和支配。在从前生活简单时候，人民也许可以各人过各人的生活，和别人不发生什么往来，也许可以一生一世不闻世事，和社会不发生多大的关系。不过在此刻复杂的社会里边，这种孤独的生活是万万做不到了。无论何人，只要在这世界上生活，就得随时随地与旁的人接触，发生种种的关系。社会上的秩序，须由有政治组织的团体来维持，我们各人的权利，也须由同样的团体势力来保护。这许多事实，这许多现象，通同是社会科学的材料，也许是因为太平常了，天天看惯了，我们就不去注意其中所包含的重要意义。

社会现象是根据于人类的天性而发生的。我们常听人说：“人是政治的或社会的动物。”这就是说没有一个人是可以过单独的生活。自有历史以来，无论在什么时候，无论在什么地方，人民总是群居在一处，互相扶助，过共同的生活。就是在最初的时候，人民就已聚族而居了，无论什么人总是有一个家族的。在一个家族之中，所有人自然有一种特别的感情，一种特别的利害关系。在人类以外，有许多动物也有这家族一类的团体；不过人类的家族团结力稍为强些，组织比较完善些。此外还有一个大特点：就是人类在家族以外，另有几个范围较大的团体。人群团体的种类繁多，名目不一，不过概括说起来，可以笼统的叫做“社会”。

“社会学”这名词可以算是研究社会现象的科学，是各种社会科学的总名词。这样说起来，那几种专门的各别的社会科学，如经济、法律、政治等类均包括在社会学的范围之内了。各种专门的各别的社会科学所研究的资料大半是相同的，他们的区别只在于研究时候的观点不同而已。比方说犯罪行为这一种现象，是经济学者、法律家、政治学者大家所注意的，所研究的。但他们研究这种现象的宗旨却是大不相同的。经济学者所注意的在于犯罪行为的结果与原因，其结果究竟使社会上受到多少经济方面的损失，其原因究竟是否在于社会上经济的状况。法律家所注意的在于扰乱治安与违法一方面，研究怎样可以用法律的手续，阻止或责罚这种行为。在政治学者的眼光中看起来，犯罪行为是反抗政治权力的举动，与国家的存在，也许会发生危险的影响。

但社会学与别种专门的社会科学均有确定的范围。社会学是研究社会的普通状况，凡一切人类社会，不问有无政府，不论古今中外，均在社会学范围之内；政治学所研究的单是那种有政治组织的人类社会。政治团体与普通的人民团体是很有区别的，普通人民团体再加上政治组织，就成为一个政治团体。凡是社会为达到其所需要的目的而有一种组织，并且其中还有一种权势，能执行一切权力，我们就可说这个社会已经成为一个政治形式的社会，叫做国家。

既有了这个国家，关于这国家的客观方面，就有种种事实与历史：第一，国家的起原与发展，在历史上所经过的状况及其形式。第二，国际间的各种关系，他们所打的仗，所订的条约，及各种并吞联合等事。第三，国家对于各个人所发生的影响，就是我们所谓“文化”。这种种事实与历史都是政治学所研究的资料。政治学的题目是国家——人群的一种组织，同经济学的题目是财产、生物学的题目是生命、代数学的题目是数目一样的。政治学的目的就是研究人与人在这种有政治组织的社会中的一切动作。所谓“政治的”是指一切与国家有关系的种种事实、势力、与现状而言。所以政治学就是科学的国家智识，是一种公民的常识。

换一句简单的话说，就是孙中山先生所谓“管理众人的事便是政治”。人类的历史是没有一个时期没有国家的，无论何人都不能逃出国家的范围而能安稳度日，如同鸟兽不能飞出空气的范围而能生存。国家既包含所有一切的人民，所以国家的事就是众人的事。我们从落地时候起，直到老死，差不多可以说没有一时一刻能够直接的或间接的脱离国家影响。同时人民自己又是政治的中心，是造成政治的原料，有怎样的人民，才有怎样的政治。一国政治的良否，全在于人民自己；有了好人民，才有好政治，没有好人民，永远不能有好政治。人民有了公民的常识，有辨别各种制度或政策的能力，并且没有自私自利的心理，对于一切事务全以社会幸福为目的，对于执政人物能继续不断的监督其行动，公公平平的批评其政策，使全体人民能够明白其中一切实在情形，使政治方面各种事务能完全公开，那末，所有人民就能把政治看作很显明的很浅近的，同时政治上的一切改革也就易于举行了。

我们如果把政治学的内容仔细分析起来，就有下列的四大部份：

（甲）说明国家性质是怎样的，组织是怎样的，——叙述的政治学。

（乙）历叙国家如何发生，如何进化，——历史的政治学。

（丙）研究政治中普通的根本观念，和原理原则，——纯理的政治学。

（丁）讨论现在的国家应该怎样组织，怎样管理，——实用的政治学。

所以政治学是研究国家如何发生，如何进化，找出因果变迁的公例（历史的政治学）；并观察现在国家的性质及组织，和所处的环境，所发生的变端（叙述的政治学）；更从这种性质、组织、环境、变端之中，找出根本观念和具体的原理原则（纯理的政治学）；拿来做怎样应付现在政治环境，解决现在政治问题，创造新政治局势的工具（实用的政治学）；这就是政治学的涵义。

第二节　政治学是不是科学

有许多人说：政治学不是科学，因为政治现象的特质是不确定的，变化无穷的，没有一定的秩序及连续的关系，所以很难用严格的科学方法来研究。法国学者孔德（Comte）否认政治学为科学，他有三个理由：

第一，关于政治学的方法、原则、和结论，政治学者没有共同的意见。

第二，政治现象是不能有无间断的发展。

第三，政治现象是万不能预先察觉的。

我们讨论这个问题，必须先说明究竟什么是科学，什么是科学的性质，然后再看政治学是不是在科学的范围之内。这样才能解决这个问题。

科学的定义本来是很难说的，简单讲起来，凡是精密的有系统的知识总体，都可叫做科学。无论那一样科学，都不是凭空结撰的，总要有个对象。这个对象，就是宇宙间万事万物的现象。宇宙间万事万物既然有个现象，必定有个所以成这个现象的理由。科学就是用人类的知觉，把现象的原因结果的道理，抽将出来，作成有系统的解说，拿来做人生应付事事物物的工具。做学问资料的宇宙现象，就是由人类知觉所认识的宇宙现象。不经人类知识研究过的，不是有系统的解释，都不能叫做科学。譬如蒙昧野蛮民族，虽然也在宇宙之中生活，却不懂得宇宙现象的道理，所以蒙野的时代没有什么科学可说。就是偶有一知半解，不是偶然碰着，便是一种迷信，也不能叫做科学。照这样看来，科学只是知识的写真，只是文明的产物。

凡用正当的方法，去研究宇宙的现象，都可得到知识。知识是从研究宇宙现象得来的，科学是从知识发生出来的。现象的范围就是知识的范围，知识的范围就是科学的范围；所以现象的范围，也就是科学的范围。科学的范围怎样大，就是科学的资料怎样多。

科学有三种性质：

第一，科学是假定的真理。

第二，科学是进步的东西。

第三，科学是现在用的工具。

我们可以先把这三种性质说个大概。

宇宙现象好像一个谜，人类的知识好像解谜的钥匙。这个谜本是无穷无尽的，同数学中不尽数一样，除得一个单位，还有无穷的单位。宇宙现象既然是一个无穷无尽的谜，猜到一层，还有一层，我们所猜到的，当然是一个不完全的解释，是一个暂时假定的解释。现在科学家求科学律例，至少要用三层工夫：第一层在搜集事实。搜集的方法有二：一，考察事物的自然现象和自然变迁，这叫做观察。二，设定方法，使物变化，看看结果如何，这叫做试验。对于天象历史，用观察的方法；

对于理化医药，用试验的方法。但这种事实是杂乱无章的，既不能用之解释物理，又不能用之据往推来，不过古语所说的“知其然”罢了。第二层在暂定假设。把所见的事实联贯起来，假设一理，是真是错，不能预定，不过据此而后可以推论罢了。第三层在实地试验。多求事实，考查他们的结果，看能不能合乎预想的假设；如果处处和预想的假设相合，才可叫做科学律例。照这样看来，科学不过是证明过的假设，不过把这个假设认为现在适用的，认为现在解释各种现象顶方便的法子罢了。

我们如果承认科学是人造的假设，我们应该承认这种假设是随人类知识变迁的，不是天经地义永久不变的。所以科学的方法虽然在考求往事，科学的目的却在发明新理。往事是我们发明新理的工具，并不是多识前言往行，把古人由经验得来的老法子记熟了就算了事。真正的学者，应该把宇宙看做一篇未做完的文稿，天天在这里修正，把学问看做航空的飞艇，时时刻刻在这里进行。宇宙间也许有一种永久不变的真理。但只能认定我们的解释天天朝真理上走，不能说我们的解释就是真理。天地间无论那种学问，初发生的时候，总搀杂许多迷信的解释和错误的见解在内，到了后来，越发进步，才达到知识的解释和比较正当的解释的地步。归总一句话，总是后来的解释，比从前的解释越发精密，越发适用，越发近乎真理。所以科学是一种渐渐进步的东西，不是往复循环，毫无长进的东西。

科学原来是人造的，是为人造的，是人造出来供人用的，所以科学的目的，就在指导人类的行为。判断科学的功用，全看他在人生实际上有什么效果，对于人生行为发生什么影响。譬如我们跑进深山密树之中，迷失路途，不知从那条道走去才是正路。在这个时候，我们不是找出人行的足迹，顺着足迹走去；便是爬上树梢，看看方向，朝着有人烟的地方走去；再不然，只有顺着河流走去，走出山口，再找正路。这三个方法中，那一个方法能引导我们逃出迷途，便是那个方法的功用。顺着足迹走，爬上树梢看，顺着河流跑，是方法。找到正路，就是方法在人生实际上发生的效果，就是方法对于人生行为上发生的影响。若是在这个时候，没有足迹可寻，或没有高树可上，没有河流可见，这些方法便是无用的废物了。要想使那种科学在那个时候发生那种功效，必定要看这种科学能不能应付当时的环境，是不是适合当时的需要。周鼎商彝，是周朝商朝应用的东西，天堂地狱中的苦乐，不是身在天堂地狱外的人应该研究的。我们生在今日，不是生在周朝商朝，要这些周鼎商彝何用？我们生在地球上，并不生在天堂或生在地狱里面，说那些神话鬼话干什么呢？所以我们应该把科学看做现在应用的工具，拿来应付环境，解决事实，并做引导人生行为的指南针。

所以科学的范围非常广大，宇宙间所有一切的现象和事物，均是科学的材料。政治学的题目是国家——人群的一种组织，政治学的目的就是研究人与人在这种有组织的社会中之动作。我们已经说过，所谓“政治的”是指一切与国家有关系的种种事实、势力、和现象而言；所谓政治学就是科学的国家知识，所以政治学当然是包括在科学的范围之内。政治学的原理原则是人造的假说，拿来解说政治社会中万事万物现象的。这种原理原则都是应付环境的一种工具。环境在那里时时刻刻变迁，旧的原理原则不适用了，必定要有新的来代替他。原理原则更改后，政治组织又须因之而改革。所以每一种原理，每一种组织，只能应付某时某地的环境，并不是包医百病的“百效膏”“万应锭”。譬如欧洲中世纪，本是个战争不息四分五裂的时代，所以那时的改〔政〕治学，都想把国家主权法律秩序等观念，造得格外的尊严。当时的政治组织，就受了这种观念的影响。到了十八世纪以后，人民看见国家法律的干涉太严，且当蒸汽发明以后，机器发达，生产增加，人人都想自由向海外发展，所以那时的政治学骨子里都是个人主义放任主义。这种主义发生后，政治组织又因之渐渐改革。到了十九世纪下半期，因为自由竞争的结果，资本家占了便宜，把一般无钱无势的劳动家，都压到第四层社会下去了。所以现在的政治学骨子里总带点社会主义的臭味，想拿国家权力来调剂经济上的不平。此刻的欧美各国，又在那边讨论改革政治组织的方法。可见得政治学里边的原理原则，都是从某时某地某种情形中找出来的，做救济某种环境的工具。照这样看起来，政治学的性质，又合于上边所说的科学的三种性质，我们那能不把政治学当做科学看待呢？

第三节　政治学与别种科学的关系

政治学在科学上的地位　科学本可分为两种：一是研究天然现象的，如天文学、地理学、物理学等；一是研究社会现象或人事现象的，如社会学、政治学、经济学等是。前者叫做自然的科学（natural science），后者叫做社会的科学（social science）。政治学就是社会的科学中的一种，同社会学（sociology）差不多没有很大的区别。不过一个范围广些，一个范围狭些，一个和国家有直接的关系，一个和国家没有直接的关系罢了。社会学所研究的是人类社会，不问有无政府，不问古今中西；政治学所研究的，单是有国家和政府的人类社会。但是人类社会中总有许多经济的活动，艺术的活动，伦理宗教的活动，不直接受国家支配的，所以社会学的范围却比政治学的范围大。政治学在科学上的地位，可以从下表说明之：

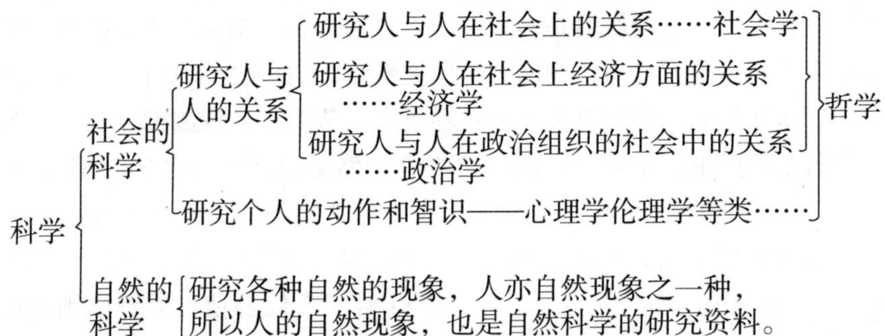

政治学与社会学的关系　社会学是一切社会科学的基础，其所研究的是社会组织的势力、形式、与发达的情形。政治的组织，就是建筑在社会组织里面，和社会的现象有绝大关系的。因为有这种种的关系，所以这两种科学没有自然的界限可分。不过笼统说起来，社会学所研究的是一切人类所组织的社会，换句话说：就是研究人类社会组织的科学。政治学所研究的是人类所组织的特别社会，换一句话说：就是研究人类政治组织的科学。照这层意思说起来，政治学的范围只研究人类政治的组织，和社会学相比较，范围狭一点。社会学解释的单位是个人，说明人类相互的作用，和相互影响的动作；政治学所研究的单位是国家，这种国家是和国民种族家庭个人不同的，是社会中特别的一部分，所以范围比较狭小一些。

政治学与历史的关系　历史的职务是叙述接续不断的往事，研究各种制度怎样发生，怎样变迁，怎样进化，寻个趋势，找个法则出来，做现在或将来做事的指导。政治学的职务不只是说明现在的制度就算完事，必要研究现在的制度所以发达的原因，和所以进步的道理，寻个趋势，找个法则出来，做现在或将来政治进行的指导。这是历史和政治学目的相同的地方。历史家想下判断，必定要拿往事作材料，比较其长短，找出公例。政治学家想下判断，也必要拿往日政治制度作材料，比较其好歹，找出原理。福礼门（Freeman）说："历史是过去的政治，政治是现在的历史。"这两句话固然有点偏重政治现象，把历史的范围看得太狭，但是由此可以知道历史确实是政治学的中心，确实是研究政治学的材料。我们如果要驳福礼门的话，固然可说有许多历史，如美术史、科学史、宗教史、工业史等都不是研究政治学的材料，然而总不能说政治的研究，不以历史作中心、作基础。我们也固然可说有许多纯粹政治哲学政治理论不是历史，然总不能说纯粹政治哲学政治理论绝不必拿历史作研究资料，绝不是从历史中找出来的。不过历史的研究限于过去的现象，要知道从前的现象“已经怎么样”，政治学的目的是创造现在或将来的现象，要知道现在或将来的现象，“应该怎么样”。但是“应该怎么样”是从“已经怎么样”中试验出来的结果，并不是全凭空想造出来的。所以柏哲士（Burgess）说：“历史而无政治，虽然不是个死尸，也是个跛子。政治而无历史，好像是闭着眼睛，在暗中摸索的人。”这就是历史和政治学的关系。

政治学与经济学的关系　从前的经济学，如亚里士多德所说的，不过是现在的财政学。到了中世纪以后，经济学才从国家的方面，趋向到国民的社会的方面，变成了为人类社会谋幸福的工具。自从社会主义的经济学发生以后，政治的组织，大概都趋重于经济的方面，国家好像又成了谋经济发展的工具。国家的制度，由经济情形决定，国家的政权，由经济活动的人民管理，所以近来的政治学几几乎和经济学打成一片。各国社会主义派所组织的政府，就把国家当做调剂经济发达的唯一机关。近来最重要的问题，就是国家对于为经济原素的土地劳力资本应该怎样支配？对于生产分配消费应该怎样管理？这些经济学的根本问题，现在都变成政治学的根本问题了。经济是人类生活的基础，政治就是建筑这种基础的事业。所以现在的政治学万不能离开经济学去讲的。这就是经济学和政治学的关系。

政治学与伦理学的关系　伦理学是研究人生在世应该怎样行为的科学。古代社会的生活，大概多以种族宗教做根据，习惯就是法律，道德的观念就是政治的观念。后来文化渐进，习惯道德和法律政治渐渐分开，个人或社会所承认的是非，和国家所承认的权利义务，也有了区别。但是道德和法律仍然不能说是毫无关系。现在社会上的伦理观念，也有许多可以作政治上的政治观念。伦理学是叫人应该怎样行为的工具，政治学也是叫人应该怎样行为的工具。人生的天职在谋人类最大的幸福和公共的安宁，国家的职务也在谋人类最大的幸福和公共的安宁。伦理学讲究人生应该怎样行为的，国家是帮助人生应该怎样行为的，政治学是指导国家应该怎样帮助人生怎样行为的。这就是政治学与伦理学的关系。

第二章　研究政治学的方法

我们既已承认社会科学是与自然科学不同的，研究的方法当然也不能不有点差异。自然现象的变迁因果，差不多都有一定的律例，不能拿人力改变的；社会现象的变迁因果，一半由于天然的趋势，一半由于人为的趋势造成的，不像自然现象有一定不变的因果公例。譬如炭素的原子，石炭酸的分子，总是相同的。至于社会的单位，往往这个和那个大不相同，并且其一切的现象也没有普通不变的死律例，可以管得着的。所以要想拿科学的方法来研究政治的现象，在科学方法不完备的时代，是很不容易做到的。这就是从前政治学所以不能成为科学的原因。到了十八世纪以后，自然科学的方法大大进步，社会科学也受到这种影响，有许多人对于社会的现象，就拿研究物理化学等自然科学的方法来研究。所以十九世纪欧洲各国，竟成了一个创造社会科学的时代。我们姑且把几种较为通用的方法的长短，约略下一个简单的说明。

第一节　社会有机体说或生物学的方法

什么叫做社会有机体说的方法呢？就是说国家也同社会的有机体一样，其组织单位就是个人，其性质就是那组织单位的人民的性质。所以断定国家生命的进化是与个人生长的进化完全相同的。和社会有机体说相近的，就是生物学的方法，把国家生活进化看作和生物的生活进化一般。往往拿解剖学的术语来说明国家的组织，拿生物学上所有的方法名词，来分析国家的机能，解释国家的生命。孔德研究社会，特用“社会的物理学”（social physics）、“社会的生理学”（social physiology）等名词。斯宾塞也说社会有“保持的官能”（sustaining system）、“分泌的官能”（distributing system）、和“管理与使用的官能”（regulating and expending system）。这派学者大概都讲究分析，注重个体，说全体进化都是由于个体进化造成的。

社会是人类精神的结合，并不是一种有机体。社会有机体说和生物学的方法，都把社会的生长进化看作和生物的生长进化一样。但我们应当晓得一个社会所以能够组织起来的主因却是人类的精神。我们虽然可说社会的构造长进有些像有机体，却不可直说社会就是有机体。这种方法是把国家的分子看作无目的、无独立的生命、无自由的意志，好像人民是为国家而生的，不是国家为人民而设的一样。这种观念，在国家工具说大盛的时代，当然没有价值了。

第二节　比较的方法

比较的方法就是研究现在的各种制度，或从前的各种制度，拿这些制度做材料，用研究人的判断力，来比较这些制度的长短优劣。这种研究的方法，很有几层好处：（一）不受一国一时政治现象拘束，（二）可得许多政治的新模范、新方法、与新观念。但同时也有许多缺点，因为无论那种制度，都有所以造成的特别原因。比较的研究，必定要先明白这种特别原因。然而要想在现代的国家之中，找出两个国家有共同的历史基础，有共同的政治社会制度，进化的经过又恰到了同等的地步，大概是绝不会有的。这是什么缘故呢？因为政治制度没有不是应付特别环境的。环境不一样，制度的精神当然也不一样了。从这种人民的性质不同、经济的情况不同、社会的境遇不同、法律的标准不同、政治的经验不同、历史的习惯不同的国家之中，找出一个通则，想拿这个通则去对付异时异地的国家，那能不生出许多错误呢？比较的方法仅能找出普通的趋势，很不容易找出具体的和医治环境的药方。若比较的方法不同历史的方法并用，把特别环境看得太轻，把现有制度看作无根之果，确是一桩很危险的事。

第三节　实验的方法

社会虽然是人造的东西，但是很不像下等动物，可以做试验的材料。也不像物理化学，可以随意取得材料，供人随时试验，来证明预想的结果。社会不是一种东西，可以拿在手中，用解剖的方法，把其各部份分析出来，试验那所有的原子分子是什么，也不能用火烧法，用融化法，来试验其变化是怎样的。试验自然科学，可以取旁观的态度，听其自然变化；试验社会科学，就不能这样办了。比方我们想试验“布尔札维主义”，看这一种主义能否实行，绝不能指定一个国家，做我们随意试验的试验室。就是假定可以指定一个国家来做试验室，然这种国家之内，必定有历史、有人民、有风俗、有习惯、有制度，绝不能与发生“布尔札维主义”的国家的内容相同。换一句话说：就是既不能造成绝对相同的国家，就不能试验那同样的主义。勉强试验，原因既然不同，结果亦当然大异。炭素的原子，石炭酸的分子，凡是炭素，凡是石炭酸，都是一样的；社会的分子原子，既不是这样简单，当然也不能完全相同了。想拿不相同的材料，试验出相同的结果，是决不会有的事体。

但是政治虽然不能用试验物理化学的方法来试验，也不是绝对不能实行试验的。政治试验并不用故意造出试验品，只要把历史上曾经实验过的方法，拿来做现在新试验的工具。凡国家公布一种新法律，发明一种新制度，或决定一种新政策，无一日不在随时试用，随时修正之中。要想判断一切制度、法律或政策的利弊，必定要看试验的结果如何。因为政治学是人生对付政治环境的工具，所以其价值全由效果决定的。凡试验不出什么效果的东西，必定不能影响于政治环境；既然不能影响于政治环境，我们就可以简直说是没有价值的东西。詹姆士（William James）说："凡真理都是我们能消化受用的，能考验的，能用旁证证明的，能稽核查实的，如果不能如此，便是假的。"我们也可以说凡是有真价值的政治学原理原则，都是能试验出其效果的；如果试验不出效果，便是没有价值的。世界上主张改革的政治家，就是天天在试验室中求生活。今天发明一种政制，如果到了明天不适用，马上就丢弃了，再找出一种新政制来试验。如今各处通行的代议政治、平民政治，所以能收效果，那一件不是从多年试验得来的。由此看来，实验的方法很有几层好处：（一）把政治原理认作假定的，使有随时修正的机会；（二）认定政治原理的价值，是由其自身效果决定的，凡没有效果的东西，都可认为没有价值。这就是实验方法的用处。

第四节　历史的方法

自从进化论发生之后，社会科学也受了极大的影响，无论是哲学家、政治学家，都有一个共同趋向，叫做历史的态度。凡研究一种学术，或一种制度，必定要远远的追究其怎样发生的，怎样变到现在的样子。譬如研究现在的社会问题，就该问为什么发生这种问题？研究十九世纪经济上的放任主义，就该问何以那时候的人要主张放任？先明白历史上所以发生社会问题的原因，然后才可以找出解决的方法；先知道古人曾拿过放任主义医治过经济上的什么病症，然后对于现在经济上的病症，才可以知道下药的方法。所以我们无论研究那种制度，必定要先明白三种情形：（一）这种制度是怎样发生的？（二）是怎样变到现在的样子？（三）设下这种制度的人到底是什么用意？制度本身到底有什么用处？这都是历史的方法中所研究的事件。

英国人常常说："英国的宪法是生长的，不是创造的。"这句话就可以证明无论何种制度，虽然离不掉人工的制造，但是这种人工的制造，并不是凭空无着，突然而有的；是随时改造，一步一步变到现在情形的。所以从历史上看来，各种制度似乎是一点一点生长起来的，不是制造出来的。我们对于无论什么政治制度，要想明白其现在的情状和将来的变迁，必定要对于这种政治制度从前情状和怎样变成现在的情状的种种原因，有个精密的观察，有系统的研究；万不可学那“断章取义”“断代为史”的办法。譬如研究中国的田赋，必定要把三代时候的井田制度，秦始皇以后田土私有制度，商鞅制阡陌，杨炎废租庸、作两税，魏孝文、唐太宗均田等法制，一一拿来研究，考察所以变制的原因，和历代沿革的线索，然后对于现行的田赋制度，才能说出病症，和怎样救济改正的方法。由此看来，我们要想研究政治制度，应该观察从前的政治运动和现在民族的政治生活，考求那些政治思想怎样发生，和发生后怎样影响于实际的制度。从这些情形之中找出一个进化的原由，和进化的路线，做现在或将来政治改革的指南针。这就是历史方法的用处。

第五节　心理学的方法

近来政治学的方法有一个很重要的趋向：就是从客观的政治论，变到主观的政治论。从前的政治学家多用生物学的或社会有机体说的方法，去解释社会现象，把社会看做自然会生长会发达的物事。就是用历史方法的，也有把历史看做客观的解释，说一切制度是自然生长发达的。直到近来，政治学者才趋到人的方面，说社会是人类精神造成的团体，历史是人类活动经过的陈迹。所以有许多人才拿心理学的方法来说明社会现象和社会制度。说政治是人造的，是为人造的。国家退到客体的地位，人进到主体的地位。由国家为人生目的说，变到国家为人生工具说。这也可算是政治哲学上一大革命。

这种趋势，从政治学方面说，虽然是政治学上的革命，但是从心理学方面说，也是心理学上的革命。从前只有“构造的心理学”（structural psychology），现在方才有“作动的心理学”（behavioristic psychology）。从前专注重个人的心理，现在才趋重于社会的心理。构造派心理学研究的方法，只注重分析一方面，研究构造心理的细碎的元素，说明心理与血的流行，呼吸的缓急，有什么关系，由心理发现出来的行为有什么法则。作动派的研究方法便不同了。他们是意识与作动并重，研究心理的生活与生理的生活，和意识与人的作动有什么关系。所以作动派的心理学大家詹姆士心理学的基本观念是：“凡认定未来的目标，而选择方法和工具以求达到这个目标，这种行动，就是心的作用表示。”照这个观念推论出来，人类的知识思想，都是心的作用，由这种知识思想认定人类生活未来的目标，选择一种制度，一种社会，做达到这个目标的方法和工具，都是心的作用表示。这心的作用表示，就是国家和社会所以成立的原因。由此可以知道人类生活现象都是心理作用的结果，人类的历史都是心理作用过去的陈迹，国家社会里面一切的制度都是心理作用的产儿，都是用来做达到人生目的的桥梁。所以用心理学的方法解释政治现象和政治制度，就是证明国家是为人类达到目的的工具，人是国家的主体，国家是为人而设的。这就是心理学方法的用处。

第六节　结论

把以上说过的各种方法合笼起来，除了生物学的社会有机体说的方法以外，如比较的、实验的、历史的、心理学的各方法，都是我们认为正当的方法。我以为应用的政治学，应该把人看作国家的主体，把一切政治看作人类心理作用的表征，用历史的研究法，把政治现象变迁进步的因果探求出来，抽出进化的原因，找到进化的路线，更把各国各时各种制度各种学说，用比较的方法研究其长短优劣，拿来做我们现在的人研究现在政治现象的政治制度的工具，做指导现在的人应付现在环境的方针。这是一个最难的题目，并不是一两个人所能做得到的，不过想大家知道这种趋向的大势，好向这个方向去研究罢了。

第三章　国家的性质

第一节　名词确定的重要

凡研究一种学问，第一步的入手方法是确定这种科学内所有重要名词的意义，初学的人必须十分注意这一层。大概一种科学的原理原则差不多都是包括在各该科学内重要名词之中的。例如研究经济学者，非先把“价值”“价格”等类的概念预先确定，实在很难免发生自相矛盾的结论。在同一个时候，同一个地方研究经济学的人，为什么有许多人研究的结果，变成极端的守旧派，有许多人又主张社会主义、无政府主义、及种种急激的学说？这些人所研究的材料是完全相同的，为什么结果差得这样远呢？照我看起来，其主要原因就在各派的人是从完全不相同的“价值”概念入手，所以他们所得到的原理原则就大不相同了。政治学也是这样的，所以各种的政治学说、政治学理，也是完全发源于不相同的“国家”的概念。但是在政治学中，确定名词这一层却是更加困难，因此便更加重要。这是因为下边的几种理由：

（一）我们平常说话所用的言语，有许多字的意义是很宽泛的，往往一个字可作两义或数义的解说。人民讨论政治问题的时候，就用这种普通的名词来表示他们的意见。所有日常用的普通名词因之就逐渐混入政治学之内。所以政治学上的名词很难确定。

（二）演说或写报纸文章的时候，因为文辞的关系，或别的作用，有许多人往往故意用了许多很好听的政治名词，把真正的意义设法藏起来，加入他们自己不确当的并且有作用的意义。例如“共和”“民治主义”“中央集权”“自由”“地方自治”等种种名词，均能用来表示很好的或很不好的主义与制度，全看用这种名词的人的作用究竟是什么样。

（三）在法律上、外交上、行政上，政治名词有一定不变的意义。所以同样一个名词，平常用起来，有很宽泛的意义，在法律上、外交上、行政上，又有十分严密的意义，在政治学上用起来，其意义不能十分严密，又不能十分宽泛。

（四）因为政治制度与政治事实，时常变迁，所以政治名词万不能有十分确定的永远不变的意义。例如国家这一个名词，在希腊时代的意义与此刻的意义就完全不同。

因有这种种原因，所以研究政治学更要格外注意各种名词的意义。虽则定义——因为不能包括各种名词所含蓄的意义——是很靠不住的，各人有各人的定义，各时代有各时代的定义；但是为我们初学的人设想，定义实在是一种入门方法。

第二节　什么是国家

无论什么人，一定有一个名字，这名字就是各人在社会中的特别记号；每一个人除了他自己单独用的名字之外，还有一个姓，这个姓是各人与同一家族的人共同用的，是各家族在社会上的特别记号。如果我们于名姓之外再找什么区别，那末，我们就可以看出每一大群人民有种种不同的地方，有体格与肤色方面的不同，也有精神上与别方面的不同。这种种特别情形又可以把大群人民分为几个大类，各有各的特别记号。

世界人类都是有色人种，所以最显而易见的区别是人类的肤色，我们可以依照人类身体上颜色的不同，把全世界人民分做四大种族：（一）黑种，（二）黄种或蒙古种，（三）红种或亚美利加种，（四）白种或高加索种。种族的基础原来建设在环境与血统之上。但交通发达之后，人民往往从这一洲迁移那一洲，又从那一洲迁移这一洲，同时又往往与异种人民结婚，打破原来的旧血统，另外造成一种新血统。所以现今世界人民并不是被天然的界限分做四个大种族，却是被别的势力连成几十个较小的种类，叫做民族。民族是由种族中分出来的。孙中山先生在他的《民族主义》第一讲里边说：“我们研究许多不相同的人种，所以能结合成种种相同民族的道理，自然不能不归功于血统、生活、语言、宗教、和风俗习惯这五种力。这五种力是天然进化而成的，不是用武力征服得来的。”

世界人民除了由这种天然力造成的民族种族之外，另外又由别种势力组织几十个团体，叫做国家。国家是政治学的中心问题，同时又是政治学中最难解答而最不能不解答的问题。国家究竟是什么？这一个问题，历代学者都各有各人的极不相同的答案。有人说，国家是自然的生长物；有人说，是一个阶级压迫其他阶级的组织；又有人说，是社会契约的结果。宗教家说是神造的，法理学家又说是法律创造的。有人说是道德生活的团体，又有人说是盗贼的团体。有人说是人类最高的目的，又有人说是达到目的的一个方法。有人说是人类的福音，又有人说是人类的仇敌。有人说是人类必不可缺的东西，又有人说是绝对不必要的东西。从这几个例，我们就可以看出学者们对于这国家的观念的错乱。国家在历史上所发生的种种变化及现今各国状况的复杂，当然很容易使学者们无所适从，没有方法确定国家的根本性质，同时又加上他们自己思想的观念，无怪在政治学史上，我们可以找出各种各样的国家学说。

我们现在讨论国家的性质，最好的方法是丢开从前一切的旧观念，不要把国家抬得太高，也不要把国家看得太轻，专从社会方面立脚，说明社会的国家观。从社会方面立脚来观察国家的性质，自然可以看出国家既不是自然的生长物，也不是法律的创造品；既不是天公生成的，也不是个人手造的。因为在现在的世界上，绝对没有纯粹孤立的个人，只有做社会之一员的个人。个人所以有个人的能力与特性，都是社会养成的。个人并不是有机体的一个官能，也不为无机体的一个机械。换句话说，他并不是全体的一部份，却是一个缩小形状的全体。人与人的群集生活，并不像堆积许多鹅卵石在一块，却像丝丝相连的一个细网子，这条线牵连那条线，没有一条线不与别条线发生关系。

凡人类因为有一种需要与一定的目的而组织的团体，均可以叫做社会。如因血统关系而组织的社会，叫做家族；因宗教关系而组织的团体，叫做教会；因生计关系而组织的社会，或叫做组合，或叫做城市。国家也是人类社会中的一种，是由政治关系而组织的。这几种社会在历史上常常互相冲突，各争各的势力。有时候家族社会得势，把宗教政治经济等社会压在家族势力之下，便成了古代宗法的国家。有时候宗教社会得势，把家族政治经济等社会压在宗教势力之下，便成了宗教的国家。有时候经济社会得势，就是国家也常被其所操纵，人民只知有经济势力，不知有政治的势力，欧美各国的经济社会差不多就有这种情形。这许多社会同时并立，往往生出许多冲突，一方得势，一方失势，久而久之，必生出偏枯不平的气象，人民间往往因之而大起纷扰。国家的目的，就想维持全体人民的和平秩序，裁判各社会间的争议，使各社会皆有平等发展的机会。国家是应人群需要而生的，人群天天发达，家族的能力有许多事办不了，宗教的迷信有许多事维持不住，经济的分配有时候不得平均，所以国家的权力才因之扩大。近来国家权力，可以支配一切社会，这种权力并不是无意得来的，确是因为适应人类需要而逐渐扩充的。这就是人类所以需要国家，国家所以建立在各种社会之上的原因。

照普通的观念，国家与别种社会不同的地方，就是国家有一种特别权力，为别种社会所没有的。从有历史以来，人民总是在一种权力之下的。这种权力的性质虽时时更变，并且因时代情形的不同，时时显出各种各样的状况，但在这性质不同形式各异的权力之中，我们可以找出一个共同的作用，为各时期各种国家所公有的。我们一定要除去所有不紧要的要素及因时因地情形不同而发生的变化，国家的真正意义才能发现，国家与别种团体不同之处才能显露。这样分析起来国家的要素就有四种：（一）有为公共目的而活动的一群人民，（二）占定地球上一定的土地，（三）有表示与执行公共意志的机关，（四）只受一个最高统治权的支配。简单说起来，就是人民、土地、组织与主权。

如果没有一定的土地，虽然有一群人民存在，像犹太人一样，散处在各国，自己没有一定组织，一定的国土，便不能算是一个国家。至于无人民的一块空地不能成为国家，那就更不用说了。如果有人民又有土地，却没有表示与执行公共意志的机关，如一群无结合的人民，散在荒岛中间，那是自然世界，也不能算做国家。假使单有人民、有土地、有组织，但没有一种最高的统治权，只可以算是别国的属地，或一个国家中的地方政府，也不能算做国家。所以凡是国家都得要有这四种必不可少的要素。

古代“国”字的观念与现在很有些不同地方。在古时，国与邦有大小的分别，《周礼注》说：“大曰邦，小曰国。”小国虽然受大国的支配，做大国的属国，但仍把他当做国看待。又西域人民有“筑城为守者”，便叫“城郭国”，有“不立城以马上为国”者，叫做“行国”。前者以地为国，后者以人为国。古代希腊时候的生活都在城市之中，所以他们的政治也只就是城市政治，他们的国家就是城市国家。罗马初期也是这样的。那时候所谓罗马国，就是单说罗马城，意大利其他的省份都不包括在内。欧洲直到中世纪时候，这国家观念才扩张起来，从城市国家观念，变到全土的国家观念。意大利政治文学中首先用“国家”这名词来表示凡在城市统治权以下所有的属地。后来到了十六与十七世纪之间，英法德文字中通用的“国家”这个字，才包含现在通行的意义。

但“国家”这名词的意义，不但古代与现在不同，就在现今的时候，这名词也常常含有许多特别的意义。比方我们说德国法国英国，便含有邦土的意义；把国家与教会对说，便含有组织的意思；把个人与国家对举，便含着单独个人与总合群体相对的意思。又如说国立学校、国有铁路，便含有特别机关的意思。并且国家这名词又时常与政府民族社会等名词相混。我们且把这些名词的区别略为说一说，更可以表现国家的性质。

第三节 国家与社会的区别

国家是人类为满足需要兴趣而组织的团体，社会也是人类为满足需要兴趣而组织的团体，目的大概相同。但是社会只有人与人的关系，和人所在的土地无关，所以社会成立不限定要占据一定的疆土。人民如果没有一定的疆土，便不能成为国家。例如华侨的商会，可以设在外国，犹太人民虽然遍于世界，却不能称为国家，就是这个道理。再社会中的社员，没有国籍的限制，国家中的国民却限定属于本国国籍的人民。照这样看来，社会的范围以世界为限，国家的范围以国界为限。社会是人类的团体，国家只是民族的团体。例如学校和公司可由中外人员共同组织，国家的机关却不能和外国人共同组织，就是这层意思。再国家单是政治的组织，社会却不限于政治的一方面。所以研究社会，是包括研究宗教、实业、教育、技艺……等在内。国家无论对内对外，必有最高无上的权力，没有最高无上的权力，便不能称为国家。社会对内虽然有支配的权力，但总要在国家权力支配之下。若认为有必要干涉的时候，无论那种社会都要受国家指挥命令的。这就是国家和社会的区别。

第四节 国家与民族的区别

民族不是国家，上边已经约略提及，关于这一层，孙中山先生在他的《民族主义》第一讲里边说得很透切，他说："民族和国家，是有一定界限的。我们要把他来分别清楚，有什么方法呢？最适当的方法，是民族和国家根本上是用什么力造成的？简单的分别，民族是由于天然力造成的，国家是用武力造成的。用中国的政治历史来证明，中国人说王道是顺乎自然，换句话说，自然力便是王道，用王道造成的团体，便是民族；武力就是霸道，用霸道造成的团体，便是国家。"

孙中山先生又说："主义是一种思想、一种信仰和一种力量。"所以民族主义也就"是一种思想一种信仰和一种力量"，假使把民族与国家从人民一方面相对照起来，我们就可以说，民族如同宗教一样，是主观的，国家是客观的。民族是心理的，国家是政治的，民族是心理上的一种态度，国家是法律上的一种状况。民族是一种精神上的产业，国家是一种可以执行的义务。民族是感想生活方面的一种方法，国家是与现今生活方法分不开的一个要件。以上所举是民族与国家的主要区别。

第五节　国家与政府的区别

国家与政府这两个名词也不能混杂的。一个国家总得要有一个政府的，一群没有政府的人民只能算是暴民，不能称为国家。政府是国家的机关，是行使国家主权的工具。国家是抽象的名词，政府是具体的组织。政府虽是国家最重要的要素，但我们不能说政府就是国家。比方说脑筋是人身最重要的一部份，但我们总不能说脑筋就算是人身。在从前专制时代，人家往往把君主当做国家，所以把法国路易第十四"我就是国家"的话，时常引来作政府就是国家的证据。如果政府与国家没有分别，那末，朝代更换，国家也就要更变了。但在事实上，政府的组织更改，与国家的存在毫不相干；国家有永久的性质，政府并不是不朽的，——时时因革命，或因朝代断绝，或用别的法律手续而更变，但国家并不同时因之而灭亡或受别的影响。

国家是包括一个政治社会所有的人民，政府只包括一部份的人民——中央，地方，与殖民政府机关中的立法、行政、与司法人员。不过"立法""行政""司法"这几个名词，须要用广义的解说才对。例如选民团，选举官吏的时候，就是行使行政的职权，用创制权（initiative）、复决权（referendum）的时候，就是行使立法权，做陪审官（jury）的时候，就变成司法的一部份。各级行政官吏上至大总统，下至马路上站岗的巡警，均是政府的一部份。除了这种常设的机关，有许多国家还有一种特别机关行使一种特别职权，如制定或修改宪法的会义，这种特别机关，也是政府的一部份。

第九章　国家的学理基础

第一节　政治学理的重要

政治学的材料，是从历史方面积聚起来的。有两种历史，与政治学的关系更加密切：一种是政治制度史，一种是政治学说史。国家的进化就是从这两方面——一方面是客观的政治制度，一方面是人民对于国家发表的主观理想——发展的。这种主观理想就是政治学说。政治学说并不是人民凭空臆造出来的，是根据于当时客观的政治情形和政治制度所表示的理论。所以政治制度与政治学说有极密切的关系：有什么样的政治制度，才能发生什么样的政治学说。上古时代有上古时代的政治学说，中世纪有中世纪的政治学说，现今时代有现今时代的政治学说。政治学说可以表明各种政治制度的确实意义，又可以说明各时期的政治情形为什么是这样的。所以政治学说就是一时期的精神与情形的指示表。比方我们考究从前的英国的清教运动（Puritan Movement），如果我们不先明白当时的政治理想，万不能懂得这种运动的真正意义；又如我们考究欧洲中世纪的历史，如果我们不先晓得当时人民对于教会与国家的关系所发表的种种理论，就万不能详细明白那时候的实在情形。

政治学说非但是由当时的政治情形发生的，并且又能影响以后的政治发展。所以政治学说是政治制度的结果，同时又是发生政治制度的原因。政治制度变更了，政治学说也因之变更，同时那新变更的政治学说又能改变旧的政治制度。理想离不了实在的情形，实在的情形又离不了理想，所以我们研究政治学，必须从两方面入手：一方面须观察各种政治制度是怎样来的，怎样变更的，又一方面须明晰人民对于各种制度所发表的各种理论，与这种理论对于政治发展的影响。政治学说是国家学理的基础（theoretical basis of the state），这种学说有三种作用：（一）说明国家的起原，（二）说明国家的实用，（三）提倡一种理想的国家。

第二节　神权说

这派学说本来没有科学的价值，但在古代政治学史上却很占一个重要的位置，有许多制度，都是受这种学说影响的，所以不能不叙一叙。这派学说，不是说国家是神建设的，就是说由神的命令建设的，因为是神的命令，所以不得不绝对服从，欧洲自中古以前，政治上大概都受这种学说的影响。因为政教不分，所以那时候必定把国家的权力看做上帝的命令。东方如土耳其诸国，都把宗教的经典当做国家的法律。希伯来人直说国家是上帝手造的。希腊人虽然承认国家是根据于人类天性自然发生的，但他们却把天性看作神界的东西，所以由人性建设的国家，便是上帝间接建设的国家。到了罗马，人民才更进一步，实际上把政权和神权分开，说法律是国家创造的，其最终的权力是属于罗马的人民，这是古代国家观念的一大进步。

教会本来迷信上帝，所以基督教为其教理设想，不能不说国家是上帝创造的。当初基督教会不过单管精神上的事务，后来竟想不分僧俗等事，使一切政权都归他们掌管；后来又乘中古乱世，把教会的势力扩张起来，连人民的俗事，社会的安宁，诸侯的纷争，都要由他们管理裁判；末了更借政治的权力，实行支配人民的道德信仰，因而发生一千多年的政教冲突。政权教权，两不相下，教会中人把罗马教皇比作日球，把国王比作月球，说月球的光明都是由日球的光明印出来的。他们这个比喻，想证明国王权力是由教皇权力方面得来的。换句话说，就是主张教皇神权说。到了中世纪的末期，教皇的权力虽然渐渐衰弱，但神权说的迷信仍未消灭。有许多人又说帝王的主权是由上帝方面直接得来的，并不是由教皇方面转来的。十六世纪宗教改革的结果，神权同政权更分不开，所以又发生一种君权神授说。宗教改革家如路得（Luther）等皆主张国家神权说，但同时那反对宗教改革的旧教派，反说国家是人为的，不是神造的。第十七世纪前半期，英王詹姆司一世，和查理士一世，法王路易十四世，都想拿君权神授说来保持国家的安宁。詹姆司一世说：如有人说上帝有那件事不能做，便是无神，便是不敬；如有人说君主那件事能做，那件事不能做，便是大逆不道。路易十四世说：我辈帝王都是全圣全能的上帝所生的映像。到了这个时代，政治上的争点已经不在教皇与皇帝，不在国家与教会，转在治者与被治者之间了。所争的问题，并不是政权从何而来的问题，乃是政权应该归于何人，应该用什么方法使用的问题。从十三世纪以后，已经有一种民约说，或说政治的主权是绝对让与的，或说是委任的，有时并可以撤回。民约说的势力渐渐大了，欧洲各国的君主反借教会的帮助，宣告弑君废君的叛逆罪。法国与别国忠诚的教士，都一律反对民约说与自然法。就在近古，还有非尔莫（Filmer）与鲍秀（Bossuet）两个人出来著书极力主张君权神授说。但自法国革命以后，神权说大受打击，普通人民心理上虽然还有这种迷信，但在政治哲学上再没有人公然主张神权说了。

神权说本有两个目的：（一）承认国家一切权力是正当的，（二）把事实上统治的人看作上帝委任的，使大家都承认他所行使的政权是正当的。不过自科学家的眼光看起来，只承认这种迷信的学说在历史上占很大的势力，有统一政权的效果，绝不能承认这种学说就是国家真正的起原。大概无神论家没有不把神权说与自然法说看作一样的。如果说一切权力是从上帝得来的，那么，个人的权力当然同国家的权力一样，也是从上帝得来的了。就是圣书中所说的"神的法则"，有许多地方也必定要由人类的经验判断而定。就说国家终极的基础是在上帝罢，然政权的运用全在人类手中，到底政权应该归于那个人，绝没有标准可以指定。所以英王查理士第一说，他是适合上帝意旨的，同时清教徒也说，他们是适合上帝意旨的，所以敢把查理士杀了，建设一个共和制度。照这样说来，你有你的神意，我有我的神意，是一场打不明白的官司。如果想解决这种问题，必定要借重势力；一借重势力，那个势力大，政权就归那个，结果便把神权说的根本推翻了。如果把国家都看作适合神意的，无论国家要做何事，都是正当的，结果便没有人为的余地，善政恶政只有听天由命罢了，如想改造国家便是逆天。这便是神权说最大的毛病。所以说神权说是国家的起原，不但事实上没有这一回事，便是想拿神道设教，借此巩固政权，也没有多大的效果。所以神权说在现在科学的政治学上，可算一点位置也没有了。

第三节　强权说

把国家的基础放在宗教上，便是神权说；把国家的基础放在势力上，便是强权说。神权说以盲从神意为个人服从国家的理由；强权说以盲从武力为个人服从国家的理由。主张强权说的人以为一切古代的法律都是给强者支配弱者的利器，以弱者服从强者为天然的法则，为当然的义务。强权说的目的只想承认国家权力为正当，并不是说明国家的起原。古代的国家虽然有一两国是单由强力统一成功的，但这是一两国特别的情形，并不是普通的原则；因为强权和正义相反，是非善恶的标准，都由强权的程度决定。一方面强迫人家服从强者的命令，不使人家有自由意志，所以政治不能进步；一方面因为谁有强力谁可得势，所以容易发生革命的危险，强权之下无义务。个人的服从是势所不得不然的，不是理所当然的。治者和被治者之间，没有道德的关系，只要他有力量可以推翻治者，便可以推翻。结果便不能不承认革命为正当。卢梭说："强力是物质的势力，其作用绝不能成为道德的势力。屈从强力是不得不然的行为，不是愿意的行为，又有什么义务的意思呢？……"照这样看来，权力的根据专在强力，倘若又有一个强力可以把原有的强力打倒，立刻便可以继承其权力。所以从强权说的政府，只是有实力的政府，并不是正当的政府。谁有实力，谁便有对于政府革命的权利，必定使政府不能安固。强权说的本意原想把国家基础造得稳固些，结果反不啻把国家稳固的基础完全取消了。所以强权说不但不是国家的起原，也并不能保持国家的基础。

第四节　民约说

神权说是把国家的基础放在神意上，强权说是把国家的基础放在权力上，都不是使国家根本安固的法子。民约说便不是这样，把国家的基础放在人民的意志上。这便是国家起原说的一层进步。这种学说，当十八世纪在英法意德各国政治思想上与政治制度上，发生很大的影响，所以不得不略为详细一说。

民约说本分两种：（一）政府契约说，（二）社会契约说。政府契约说，是说治者与被治者定下合同，把政权托付于特别的人手里。社会契约说是说社会中各个人彼此相互定下合同，组成一个政治团体，把政权委托或让给特别的人所有。政府契约是全体社会同被治者订立的，社会契约是社会中的各个人彼此互相订定的。政府契约是在已成立的政治社会之中建设一个特别政府，社会契约是从自然世界之中建设一个政治社会。一个代表特别政府制度的学说，一个代表国家起原的学说。就时候说，社会契约在先，政府契约在后。以学说说，政府契约说在先，社会契约说在后。中古的契约说，大概都是政府契约说，到了十六世纪宗教改革以后，社会契约说才大大的发达。

政府契约说　这种学说发生很早，希腊的柏拉图（Plato）书中便用这种理论，《旧约》（*Old Testament*）书中也有许多神同人约的纪事。大卫（David，King of Israel）曾在神前同国内长老定约。中世纪阿来刚（Aragon）国王被选之后，对于国内贵族行宣誓礼，都是君臣定约的意思。罗马契约法的原理，就含有这种契约说的观念。罗马帝国的法律家多把皇帝同人民的关系看做契约的，说皇帝的大权，当初是由共和时代的人民绝对让给他的。就是中古的封建制度，大家也说是以君臣的契约做基础，君主同诸侯的关系，全靠契约维持。大概中世纪是契约说势力很大的时代，但是这种契约说都不是说政治社会的起原，单说人民同执政官的关系。在十六七世纪无论赞成绝对主权论的人，反对绝对主权论的人，都说主权的本源在人民，君主的主权是由人民定下契约让给他的。当时所争论的，单是这种契约的性质和范围，有一派人说君主的主权是人民委托的，必定要合乎委任的目的才能行使，如果滥用主权便可把他撤将回来。苏来次（Suarez）便是主张前说的人。他把国家的起原，看作同小儿的产生一样。他说人生出之后，对于自己身体便有绝对的自由权，国家也是这样，做父亲的只能生儿子的身体，至于自由、理性、能力，都是上帝赋与的。要生儿子，或不要生儿子，都听他自便，但是既生之后，便不能不承认儿子有完全的权力，完全的自由。社会要造国家，或不要造国家，也都听其自便，但是既已造成了，便不能不受国家的管束。苏来次的结论，主张国家有绝对的性质，可以抛弃他的主权，或把主权让给别人。格老秀斯（Grotius）又引被征服的人民为赎回生命，而做政治的奴隶为例，说人民可以无条件的把主权让给别人。同这一派人反对的，都说主权是依契约委托于君主之手的。委托的时候，有一定的目的，如果不依委托的目的滥用主权，可以撤收回来。人民主权是不能让人的。便能让人，也必定拿社会公共的福祉为条件，定下行使主权的范围。人民对于无正当名义的暴君，无论在自然权利上，或政治权利上都可以反抗的。对于有正当名义的暴君，有的主张只有集合的团体有反抗的权利，在个人只能服从；有的主张无论如何都要服从。这便是政府契约说的派别。

社会契约〈说〉　政府契约说是说在已经成立的政治社会之中，建设一个特别政府。说到这个地方自然有个先决的问题，就是未定政府契约以前政治社会到底是怎样组织起来的。上古时代，神权之说最盛，有许多人都说社会是上帝直接创造的。普通的人如亚里士多德之类，又说社会是人类天性的产物，天性又是上帝的产物，所以说社会是上帝间接创造的。直到十六世纪以后，欧洲大陆才有奥色斯（Althusius），英国才有浩克尔（Hooker）著书，讲到社会契约说。从这种学说中演绎出来，更进步更详细的便是英国的浩布思（Hobbes 1588—1679）、洛克（Locke 1623—1704）、法国卢梭（Rousseau 1712—1778）三家的社会契约说。

浩布思的自然世界观　浩布思于西历一千六百五十一年著《巨灵》（*Leviathan*）一书，主张社会契约说。他说在自然世界之中，人的才能、智识、身体，都是平等的，而且个个人都永远不断的希望有大权大力。因才识平等，所以才互相仇视，因为互相仇视，所以才常起战争，那时的战争并不是有组织的战争，不过是各人同各人乱战罢了。自然世界之中，没有实业，没有技艺，没有文字，没有社会，常有生命的危险，人的生活是孤独的、可怜的、污秽的，好像畜生一样的，朝生暮死，毫没有人生的兴趣。没有社会，所以没有公共的势力；没有公共的势力，所以没有法律；没有法律，所以没有善恶是非。那时的人类大概有三种情形：（一）为满足个人的嗜欲，彼此战争，（二）彼此都恐怕有人得到势力，高居他们之上，（三）彼此都想自己得到势力，高居他人之上。生在这个世界之中的人，大概都有一种不能忍受的痛苦，这种不能忍受的痛苦，便是订立社会契约的原因。

洛克的自然世界观　洛克理想中的自然世界，和浩布思大不相同。他说自然世界是个完全自由的世界，自己要怎么做，便怎么做，只受自然法的限制，并不要别人的帮助。在这世界中的人，一切平等，一切自由，但并不是放纵自恣毫无管束的。因为自然世界是有自然法管理的，有理性指挥人类的行为，并不是一个兽欲横行的世界。所以没有人可以妨害别人的生命、身体、自由、和财产。因为没有公共的机关执行自然法，所以人人自己有执行自然法的权利。自然法并不是限制人性自由的，是跟随人性自由而来的。人人对于自己的财产生命，都有绝对的自由权，都想行使绝对的自由权，所以不免侵犯他人自由的事件，人人要做自己的法庭，人人要做自己的警察。因为有种种不便当不安稳的情形发生，又因为自己判决自己的案子，总要搀杂感情在内，所以才订立社会的契约。

卢梭的自然世界观　卢梭理想中的自然世界，也是个极平等自由的极乐国。他说人类是生而自由的。自然世界之中，什么都是公共的，如果不得别人许可，便不能占为自己所有。人生在这个境界之中，要怎样便怎样，一点不受人为的法律拘束，一受人为的法律拘束，不能完全自由。所以就是相约而成国家，人民也定要保持得住他们天然自由权。

浩布思的契约说　浩布思既说自然世界是个不安不幸的痛苦世界，人类既觉得这种无法律的世界不好，必定要想造一个有法律的世界。所以那时的人，彼此互定契约，把自己的主权让给一个人或一个团体。由这种一致结合而成立的政治团体，便是国家，受这主权的人，便是君主。契约未成立之先主权本是各个人所有的，到了既成契约之后，主权便绝对为君主所有。人民的天然权利，早已永远消灭了。主权既为君主所有，如果不得君主许可，便不得废除君主制度，或再同别人定约，把主权转让别人。因为君主是在契约之上的，契约是人民同人民合定的，不是人民同君主合定的，所以君主的行为不受契约的拘束。无论做什么事，不能说是违反契约，因为君主的权力不是由契约得来的，所以毫无限制，人民的服从，也不是由契约规定的，所以也没有一定的限度。这就是因为契约是人民同人民合定的，不是同君主合定的原故。

洛克的契约说　洛克以为自然世界是很平等，很自由的，不过没有公共的权力，单靠各人自己裁判，管理各人的事体。因为各人的观察，各人的利益不同，必定免不掉自私自利，所以总想设立一个公共的权力。洛克虽然也说社会的契约是政府成立的本源，但他只说是个人随意定约，单把几种权力和权利通给政府，不是把一切的权力和权利通同让给政府的。除了几种权力和权利以外，所有剩下来的自由和权利仍为个人所有。国家是为保存已有的权利而设的。就是定下契约之后，这些权利仍然为个人所有，和在自然世界中一样。换句话说，就是统治者的权力，并不是绝对的独立于个人和个人权利之外的，是受个人自然权利限制的。统治者的权力是委托的，如果用之不得当，可由委托的人收将回来的。依洛克的见解，国家是由个人以契约组织起来的。契约的目的就是国家权力的范围。倘若执政的人破坏契约的目的，人民当然有反抗的权利。因为国家是为保护人民生命财产自由而设的，国家能尽这种任务，便是正当的，不能尽这种任务，或干涉任务以外的事体，便是越权。个人对于这种越权的事情，不但可以反抗，就是发起改造政府的革命也是当然的权利，因为洛克把政策的组织看作委托的行为，无论立法权行政权司法权都受国家的目的和个人的权利限制。政府存在的时候，立法权是最高权，行政权与司法权都附属在其底下。但是政府一旦解散，国家的最高权则在人民手中。归总一句话，浩布思把国家同政府看作一样，都是绝对无限制的，洛克却反对主权无限制说，一国中无论那种权力，都是有限制的，就是革命时候的人民权利也要受自然法的限制。

卢梭的契约说　卢梭的契约说，在近代政治史上占了很大的势力。法国的大革命便是他鼓吹的功劳，他把人民主权的原理发挥到了极点，把国家的主权看作同人民的权力一样。政府只是执行国家意志的仆役，人民要怎样要求便要怎样做。国家是个人同个人定下契约组织起来的。当未定契约之先，人民在自然世界之中，各有自由自主的权力，到了组织国家的时候，乃把一部分自然的自主的权力抛弃。但是所谓抛弃，并不是绝对的让弃，不过使个人的自由意志服从社会的公共意志罢了。公共意志以公共利益为目的，由人民的直接议会发表。公共的权力可以委托于政府，公共意志不可委托于政府，只能常常在于人民手中。人民公共意志便是法律，便是国家的主权。真正的政治上主权者便是公民的全体。政府是什么呢？是为人民与主权者互相交通而设的中介团体，是委托他保护法律上的权利和法律上政治上的自由权。不但政府的权力受这样制限，并且无论何时都可由人民收回。人民集会之后，组织了主权的团体，政府的所有管辖权便马上消灭。政府是由个人同个人契约的结果而生的，是执行人民意志的仆役，人民可以随意限制变更或剥夺其的权力。因为人民的自由和自主权在既有契约以后和未有契约以前同是一样。人民服从现在的政府是他自己愿意的，如果不愿意，便不必服从。公共意志要由人民直接集会发表，代议政体不能发表真正的公共意志。例如英国人虽然自信是很自由的，但事实上只是选举议员的时候才有自由权，一旦选举过了，便仍然回到他们奴隶的地位。卢梭所说的公共意志，也并不是全体一致的，只是多数的。在议会中提出法律案，并不是叫人民赞成或反对，是看看这种法律到底适合人民的公共意志，或不合人民的公共意志。各人对于这类法律案，发表自己的意志，用人数表决来表明公共意志，如果同我相反的意志占多数，这只是证明我的意志错了。我所假定为公共意志的，不是公共意志罢了。个人对于公共意志应该服从的，如果不服从，便可以强迫他服从。所谓强迫，并不是剥夺个人的自由，乃是强迫他使他得到自由。在个人之上的强制权，只有这种公共意志。

以上所说的三家——浩布思、洛克、卢梭，——契约说，都是以契约为政治社会的起原。但是他们的结论各不相同，我们且把他们各人的异同拿来比较比较。

浩布思、洛克、卢梭都说政治社会的起原，是由于契约，但是浩布思的契约是各人同各人定约，不是人民同君主定约，君主是不受契约拘束的。洛克、卢梭则只认主权者的权力是委任的，是要受契约限制的。浩布思、卢梭都主张主权是绝对无限的。但是浩布思说主权当初虽然是人民所有的，一经定约让与之后，便归一人或一团体所有，人民永远没有收回的权利。卢梭却说主权永远在于人民，政府的权力只是受人民委托的，人民要何时收回便何时收回。浩布思把国家与政府，合而为一，说事实上的政府便是正当的政府，人民无论何时不能同他抵抗。卢梭却把国家同政府分得明明白白的。洛克虽然把国家的起原和政府的建设分开，但是他说国家的权利不受自然法的限制，便受社会目的的限制，似乎是主张国权限制说的。他以为国家的基础在契约，不得人民应允，不得征收租税。立法行政之权，不得委托同一个人或同一团体手中。这便是近世立宪政治的根本原则。洛克主张政府权力是有限的，卢梭也主张政府权力是有限的。洛克主张决定政权应该归何人行使，是人民的权利。卢梭也是主张如此。这是两人相同的。但是洛克只承认革命时候人民有最高的主权，到了平时，最高权在立法部而不在人民。卢梭却主张主权无论何时都在人民。如果实际上不在人民，便不是正当的国家。所以他承认改造政府是人民的正当权利。这又是他两人不同的地方。浩布思又有和洛克不同的地方，浩布思说：政府的变迁必定解散政治社会，归到无政府的境况。洛克说：这种变迁与政治社会没有关系，不过人民行使他们选任公仆的主权罢了。

契约说在政治史上的功绩，真算得顶大。近代国家的组织，和法律的观念，几几乎没有不受契约说影响的。国家法律承认人格的价值，自由权利的观念，就是契约说的效果。欧洲各国受这种学说的影响，就把旧国家变为新国家。美洲各邦受这种学说影响，便把殖民地变作自由独立的国家，法国革命是契约说鼓吹出来的，是更显而易见的事实。美国的独立宣言与各州宪法中的权利法典，都是以契约说做根据的。独立宣言中明明说人生有与生俱来不可割让的权利。新韩朴霞（New Hampshire）的宪法说："一切人都是生而自由平等的。一切政府的权利都由人民给予的，由人民允许而得到的，为公共福祉建设的。"马沙诸些（Massachusetts）宪法序文中也说："政治团体是由各人各自愿意结合的，这是一种社会契约。各个公民同全体人民，全体人民同各个公民用这种契约商定为公共幸福起见，通同要受某种法律管束。"北加罗尼纳（North Carolina）的宪法中也有"一切政权只在人民，只是由人民发生出来的"的话。可见得美国当独立的时候，普通的政治思想都以为人民生而自由平等的，政治团体是人民互相情愿自行结合的，法律只是人民允诺的结果，法律上的权利只是承认人类固有的自然权利。当时政治家如笛肯生（Dickinson）、甲富生（Jefferson）、曼狄生（Madison）等都主张社会契约说。笛肯生说："我们的自由不是从宪章上来的，因为宪章单是宣布已有的权利。"甲富生说：一时代有一时代的主张，这个时代不能拘束那个时代，以人生平均年限做基础计算，各种宪法各种法律到三十四年之后自然便会消灭。后来他更缩短到十九年。所以人家批评他，说照他的见解，国家的生命比马的生命还要短些。曼狄生虽然不像甲富生持极端的议论，但是他也说宪法和法律的效力是由于人民承认的。这就是美国思想家受契约说影响的结果。至于德国当卢梭之后，思想上也有许多受契约说的感化。康德（Kant）、斐希特（Fichte）等虽然不承认契约说是合于历史上的事实，但是却承认为很好的假设。康德说契约说是试验法律正当不正当的标准，必须得人民的允诺，才是正当的法律，不然便是不正当的。斐希特早年的著作把个人的权利扩张起来，比卢梭的个人权利范围还大，说无论何时人民都可以脱离国家。到了以后的著作，几几乎变成一个社会共产主义家，把国家的权限扩张很大。但是他总以契约说为理论的基础，惟在这个基础之上才可以把公道建筑起来。这是德国思想界受契约说的影响。

契约说在十七十八两世纪中，诚然占了很大的势力，但在十九世纪，历史学社会学渐渐发达，人人都从历史事实上追求国家的起原，把理想的契约说几几乎根本推翻了。当时几个学者如梅因（Sir Henry Maine）、边沁（Jeremy Bentham）、格林（T. H. Green）、白克尔（E. Burke）、伯伦智理（Bluntsehli）……等都下了许多不满意的批评。大概契约说的第一个错处，就是不合乎历史的事实。古来的国家不但没有由契约设立的证据，并且事实上有许多不由契约设立的证据，可以考求出来的。古代社会不是受团体的拘束，便是受习惯的拘束。各个人那能够发展个人性，那能够自由独立去互定契约呢？梅因说古代社会是一个受习惯拘束的社会，近代社会才是自由契约的社会。由此看来，契约说但可说是共和国家的起原，万不是原始国家的起原。古代人民当然是未开化的，未开化的社会只知服从习惯，断不会在他们祖宗他们团体所遗留下来的习惯之外，能新定条件，自由自主去表示意志。十七十八两世纪是一个梦想自由平等的时代，一二思想家不知不觉便把预先想好的自由平等的境界，推思到没有国家的原始社会上去，假定这是自然世界的情状，所以他们的结论才有契约说出现。我们现在研究契约说，只能承认这种理想有感动人类心理的效果，能拿玄想的世界为实在的世界开辟一个新境界，不能承认这种理想真是历史上实在有的事情才好。

契约说的第二个错处在误认法理的概念。契约说家多说在自然世界之中，人民皆受自然法的支配。所谓自然法大概有三个意义：（一）说自然法不过是原因结果的关系，（二）说自然法是生物的自然性，就是保持生存满足自然欲望的本能，（三）说自然法是由神或天的假定的命令，用以指导人类行为的。这几种的意义虽略有不同，然大致总说自然法是自然而然的，不要人力制定的。把自然法看得尊严，如老子庄子之类，必定看不起人类的文化，说文明的生活是不自然的。究竟自然法的解释全靠着人类的知识，实际拘束力全靠个人的良心。所以自然法只算得理想的法律，并不是实现的法律。这种道德法，在自然世界之中，既没有执行的机关，也没有公共势力可以帮助执行。各人用自己的势力去执行，结果必定归到优胜劣败的原则上去了。只有实力没有权利，便不啻把自然法根本推翻了。法律的效力是由人类公同认定的，人类没有公同结合以前，便没有法律的观念存在。自由是由法律维持起来的，在积极的方面，自己有自由行为的权利，在消极的方面，不妨害人家自由行为的权利。这样的自由，并不是没有执行法律的机关，没有公共承认的法律之自然社会所能实现的。如果崇尚不假人为的自然法，结果便不啻把法理的效力根本取消。这是契约说的法理概念不正当的缘故。

照这样看起来，契约说不是说明国家起原的，单是说明国家和个人权力的性质，讨论国家权力和个人的自由，怎样调和，怎样才能各不相害罢了。

第五节　有机体说

契约说把人类看作完全合理的动物，但人类也有许多地方仍然是过自然的本能的生活。把国家看作人类自然的本能的生活之结果，便是这种有机体说。

国家有机体说本是很早的理论。希腊的柏拉图把共和国比作一个大人，说最有纪律的共和国，其组织几几乎要同个人一样才好。个人的全身无论何处有痛苦自己都会觉得。社会分子如果要受伤害，社会全体也受影响。十八世纪的政治学者多受生物学的影响，所以国家有机体说，在这个时代非常时髦。到了法国革命的时代，契约说势力很大，一般学者都把国家看作人造的东西，有机体说便大受打击。但到了十九世纪中期，因为法国革命的反动，又有许多人主张有机体说。极端主张有机体说的便是伯伦智理。他说国家便是“人类有机体的偶像”。因为人类的天性除了个人的差别之外，还有协同一致的倾向。这种倾向渐渐发达，人民自然觉得是同一的民族，因而便发生同一民族的组织，发生协同生活的社会倾向。这种社会的倾向最初便是本能的无意识的发动。斯宾塞（Herbert Spencer）拿生物来比国家，把国家的全体看作同动物的有机体一样。把社会的生产看得同动物的营养一样，说是“保持的官能”。把社会的交通机关看得同人身的循环机关一样，说是“分泌的官能”。把国家的政府军队看得同动物的脑筋一样，说是“管理的官能”。总而言之，这派学说把国家看得同生物一样，说国家是自然生长的，是自然发达的。

这派学说也有几层好处：（一）把国家看做互相结合团体，可以巩固社会的团结力。（二）各部分各尽各的职务，可使社会达到分功〔工〕合作的境步。但是同时也有几层坏处：（一）把人民看作为社会方便而生的，离了团体，便没有独立的价值，其结果就是说个人无自己的目的。（二）各分子既然离了全体没有独立的价值，所以各分子毫没有自由独立的人格，因而也没有自由独立的意思〔识〕，单变作全体的机械。自人格的观念发生以后，人人心中都起了一个疑问，“为什么有自由独立人格的人类，偏要服从那不由自己意志而成的国家?”有机体说实在不能够解决这个问题。我们如果因为下列几层道理：（一）社会不是漠不相关的机械体，乃是互相结合的生活体；（二）社会必定各尽各的职务才能够互相帮助互相倚靠；（三）社会全部发达，全靠各部分能够各做各的事；固然可说社会有些像有机体，但是不能说社会便是有机体。因为有机体的构成分子，离了全体便没有独立的生命，国家社会的构成分子，就是离了全体，也可以独立生活的。有机体的构成分子自己没有目的，所以不能运动迁移，不能有自己独立的意识，国家社会的构成分子自己有自己的目的，所以能够运动迁移，能够有自己独立的意识。有机体的生长变迁是自然的，没有意识的，国家社会的生长变迁，全是人为的，是受意识支配的。国家社会单是人类精神的心理的结合，并不是物质的生理结合。有机体说不但根本错误，而且用自然的本能的几个字轻轻的把国家起原问题遮掩过去，只可算是“不解释的解释”罢了。

第六节　实利说（The Utilitarian Theory）

一直到十八世纪的末期，说国家发原的人不主张神权说，便主张契约说；不主张契约说，便主张神权说，只有英国的哲学的历史家侯模（Hume）既不信神权说，也不信契约说。他很指出这两种学说的许多错处，在这两种学说之外，大唱实利主义的政治学。他在卢梭的《民约论》出版（一七六二年）的十年前（一七五二年），就著论文，说实利主义的政治学为合理，不取法神权说与契约说的两种极端的主张。他以为如果照神权说者的主张，说万物都是神造的，一切势力都是从神而来的，那么上自帝王下至警察官都是上帝委任的，都有不可侵夺的权利。这样一来，事事借口神权，把政府的权力，看作神圣不可侵犯的势力，无论怎样专制的政府，人民都不能过问，如果过问，便是大逆不道。侯模对于这种极端的神权说是很不以为然的。

侯模对于契约说也只相信其有点理由，并不赞成那种极端的契约说。他以为如果人类当没有受过教育养成特异性质之先，肉体和精神的能力都大致平等，那么就是说最初人类互相同意，定下合同，服从一定的权力，似乎也很有理。这就是说在太古野蛮人中，只有人民是一切权利的来源，他们要得到平和秩序，愿意抛弃各个人的自然权利，从同辈中举出一位元首，听从他的命令。总而言之，一个人的权力有限，不能够使多数人服从，必得要有多数人的同意，必得有了和平秩序的利益，然后治者和被治者关系才可以成立。古代的政府很不容易建成稳固的基础。就是在战时，用武力去征服人，总不如深得人心的酋长用言语去劝谕人民的好。如果酋长单用强力压制，那么，不做到征服反抗者和强暴者的地步，政府还不能算是成立。当这个时候，野蛮人的知识决不能够公然的缔结契约。只由酋长的威权，随时应付，等到大家都知道有公利公益了，然后才可以渐渐的发生随意服从的习惯。这就是契约说中的真理。但是主张契约的人，总持极端的议论，不但说最初的政府，是根据人民同意成立的，并说就在十分文明的今日，政府的基础也是不能出乎契约之外的。他们以为人类就是在今日，如果遇到不由契约而来的君主或政府，便没有服从的义务。契约的条件，是要君主或政府施行善政，保障人民的权利。但是事实上究竟怎么样呢？一方面有一种君主，臣妾人民，不问他们应允不应允；一方面又有些人民盲从君主的势力，如同儿子服从父亲一般。这都是世间上普通的事实。相沿既久，又有谁知道君民之间还有契约存在呢？无论是历史上有记载的国家，或现在世界上存在的国家，差不多没有不是由于篡夺或征服而成立的。无论是由小国扩张变成大帝国，或是由大帝国分裂变成小王国，或因为植民移居等事，使世界的形势常常的变迁，但是他们的实现，只是由于势力，并没有一国的变迁是由人民互相同意自由结合的。就是实行选举制度的地方，所谓选举也没有什么效果。操选举胜败之权的，不是少数强有力的人，便是多数暴乱的人，都不能算是合法的。

凡新政府成立，无论用什么方法是都可以的，但同时那些忿懑不平的人民所以肯服从，只是由于怕惧，并不是由于同意。因为这样，所以君主也生猜疑心，时时刻刻的警备。如果人民方面微露出反叛的情形，便马上就用势力镇压，一点都不假借。可是经过几年，人民的忿懑不平之气渐渐的和缓，便养成服从的习惯。如果以为这种服从是人民互相定约自由允许的，便是大错。因为人民除掉服从现在的政府之外，再没有别的方法，所以他们的服从全是不得已的，并不是愿意的。他们个个人天天以劳力谋生，没有转入别的政府的自由，又没有移居别的土地的资力。还有什么契约？还有什么同意？只有不得已而服从一个法子。所以契约为政府的基础和人民服从的理由，事实上决没有这一回事体。

大概道德上的行为有两种：（一）是由人类本能而来的是先于义务的观念或公私的利益的。例如对于儿子的爱情，对于恩人的感激，对于可怜的人的同情，都属于这一类；（二）是不由人类本能而来，由义务的观念而生的。这种义务的观念是由人类社会的必要上发生的。如果不这样，社会便不能存立。例如尊重他人财产的正义，和遵守誓约的信义，都属于这一类，对于国家的义务观念也是这样。没有政府，社会便不能成立。政府没有人民的服从，也不能够支持。由此看来，政府的利益便是服从的义务成立的原因。所以政府的基础是建筑在实利上，并不是建筑在空架的契约上。我们为什么要遵守契约呢？答语便是："不服从契约，社会全不能成立。"所以人民服从政府，是由社会的实利实益的基础上来的。

由此看来，侯模是以实在的利益为国家成立的理由。换句话说，就是国家是为实利而发生的，实利便是国家所以发生和存在的原因。后来边沁（Bentham）的立法论，和奥斯庭（John Austin）的法理学，都是由侯模哲学上发源而来的。边沁说："人类固然要服从权力，或不得不服从权力；但是所以要服从，或不得不服从，并不是契约明示暗许的结果，乃是服从比较不服从利益多些。社会所以有服从，并不是遵守契约，乃是想达到最大幸福的方法。"这一派的学说，在前世纪占有很大的势力，但是我们对于实利说的批评，也同侯模自己对于契约说的批评一样。就是半开化或野蛮的人民，既没有互相定约建设国家的能力，又怎么能够知道国家的利益，自己觉得有服从的义务呢？这样智虑识见，又岂是野蛮人所能做得到的吗？所以侯模的学说，也和契约说一样，不合乎历史上国家发生的事实。所以这派学说只可表明国家所以存在的理由，并不能作为国家发生的理论。

第十章　主权与民权

第一节　国家的权力——主权

宗教家想教人家信仰上帝，所以把上帝说得活真活现的，认为有实在的本体，有实在的势力。从前的政治学者想教人家信仰国家，所以也把国家说得活真活现的，认为有实在的本体，有实在的最高权力。国家的最高权力叫做主权。他们想把国家看作高出于一切社会之上的唯一社会，所以也把国家的权力——主权——看作高出于一切社会权力之上的唯一权力。国家所以站在一切人类社会之上，就是由这种主权论抬高的。

在政治学史上，第一个人用这“主权”名词是法国的布丹（Jean Bodin）。他在一千五百七十六年所著的《共和篇》（*De la Republique*），才第一次把这名词介绍到政治学中。自从布丹以后，所有的学者都把主权看作政治学中最重要的一部份，并且主权的学说又在近代各国宪法与政治上发生极重大的影响。

主权这名词的定义也同国家的定义一样，几乎人各不同。第一个用这名词的布丹说：“主权是在公民与臣民之上的最高权，不受法律的限制。”依照布丹，主权有三种特别性质：（一）最高性，（二）永久性，（三）唯一不可分性。以后学者有把这意义充量发挥者，有略为修改者，到了最近时代，才有极力攻击者，把主权论看作完全是玄想的学说，根本上不承认其存在。关于这种种学理上的争论，我们可以不必讨论，我们只想从历史的事实上说明这主权论为什么发生的，以后又怎样变更的。

无论那种思想与学说，都是针对当时环境发生的，环境一旦改变，跟那种环境而来的思想学说，都没有存在的余地，也得跟了改变。所以思想学说本身的变迁进化，正和生物的变迁进化一样，也逃不出“适者生存”的公例。思想学说并没有绝对的好不好问题，只有适宜与不适宜当时环境的需要问题。这就是孙中山先生所说“大凡一种思想，不能说是好不好，只看他是合我们用不合我们用，如果合我们用便是好，不合我们用，便是不好，合乎全世界的用途便是好，不合全世界的用途便是不好”。

主权论的学说当然也逃不出这个公例。布丹破天荒的主权论所以发生在第十六世纪的欧洲大陆上，自然有历史上特别原因。欧洲大陆在中古时代是封建制度盛行的时期。那时旧血统的观念已经失去效力，新的民族统一观念正在萌芽时代。封建制度下的封主与臣仆的关系完全是人与人的关系，就是受恩深重的臣仆，以忠义心回敬封主的关系。在这个时代，罗马帝王只有一个普遍的帝王名称，封建诸侯各有各的封土，各有各的臣民，各国的国王只虚有其名位而已。

在十字军东征时候，封建贵族死亡不计其数，就是侥幸不死，也伤失了许多财产与兵士，所以他们万不能恢复从前的跋扈地位。还有许多贵族又在国内互相嫉妒，自相争斗，结果也是两败俱伤。又因为十字军东征以后，欧亚两方面的交通就灵便起来了，商务渐渐发达，城市又跟着商务日兴月盛起来。社会上有了商务，有了城市，财产便不能为贵族所专有。帮助贵族专横的两种武器——财产与武术——一因商务发达，商业阶级发生，一因火器发明，战术进步，都完全失掉效力。各国国王就利用这种时机，与人民联络起来，把封建贵族一个一个打倒，把国内土地渐渐儿统一起来，其结果就是一种新式的民族国家出现。

这种新政局乃是那时时势的天然出产品。因为贵族与平民相争，贵族与贵族相争，国王与贵族相争，教王又与国王相争，社会上扰乱的程度已经达到极点，人民的生命财产完全没有保障。在这种无政府状况之下过生活的人民，怎能够不希望有一个统一的君主出现；苦心救世的学问家又怎能够不把"国家""法律""秩序"……等观念说得格外的尊严，看得格外的神圣，好来救济这扰乱不堪的无政府状况呢！所以国王权力的扩张，实在是当时时势的需要。专制君主政体最先发现于法国，所以说明这种制度所根据的新学理，也最先发现于法国。其中最重要的新学说就是布丹所鼓吹的主权论。他的主权论在当时确实是适宜于环境的一种很好的学说，并且又发生很好的结果：一方面可以打破罗马帝国普遍国家的旧观念，推翻中古教会一尊的旧思想；又一方面可以使封建贵族不能够在他们管辖区域之内行使那种与国家同等的最高权力。依照当时的状况说起来，这主权论真可以算是诊察当时政治情形，明白当时政治趋向对症下药的神方。这就是主权论所以风行数年，成为政治学正统派思想中心的原因。

所以这主权论是君主专制时代的出产品。证明君主应当专权的学说。到了后来民权发达，各国政体从君主的改为民治的以后，这主权论的学说似乎是不能适用于新的政治组织，似乎是应当与神权说等同样的归入政治学说的古董堆里，不应当再占现代政治学中重要的地位。但事实上却不然。就在提倡民治主义的政治学，与各民治国的宪法中，我们还常看见“主权”这名词占了极重要的地位。

这是因为主权论自从布丹提倡以后，所有学者均奉之天经地义的真义，极力鼓吹，人民心目中就有一种根深蒂固的印象，以为君王的主权是神圣不可侵犯的。到了民治运动发生，一切政治状况改变后，他们心目中的印象还是存在。所以在英国革命与法国革命时代，欧洲方面确实有几个人听得了查理第一与路易第十六被人民所杀，就即吓死。主权论的学说确有一种玄妙的不可思议的势力。可是政治学者看见了君主制度推翻，君王被杀的事实，他们虽不至于吓死，但要他们从根本上推翻主权论的观念，也是不可能的事。他们还是保留那有神妙势力的“主权”这名词，再依照改变的政治状况，改变这名词的意义及其观念。在从前君主专制时代，主权是在君王手里，是大家所看得见的一种具体事实。在新发生的民治国家，君王是没有了，就是有君王的民治国，其权力也只等于从前大权的一个影子，所以政治学者就把这玄妙的主权归到一个玄妙的抽象的国家身上，说主权是国家所有的。这样一改变，政治学者就把从前抬高君王地位的方法来抬高国家的地位。

凡政治上的真确事实往往很容易被几个名词遮盖住。我们心目中对于政治事实也往往为语言所蒙蔽。比方我们说起“日本”，我们就想到日本是一个单位，是一个总体。为避免重复起见，我们又往往用一个代名词“他”来代替一个国家。比方我们又说“日本已经派他的军队到山东来了”，我们非但觉得日本是一个总体，并且又有一个人性。所以在上次欧战的大战场上，从各国的兵士眼光看起来，他们是为法国英国或德国而战争的，法国英国德国并不是抽象的名词，完全是一种真实的人性。假使我们没有这类国家的专门名词，假使我们不说日本，说在东亚占据二十六万英方里区域海岛内居住的六千一百多万的男女与小孩；假使我们不说法国，说在中欧占据二十一万八千英方里区域内的三千八百〈万〉男女与小孩，那末，我们对于政治上的各种事实，就可以不必注意到那空洞的抽象的观念，立刻能使我们想到那有血有肉的无数男女；我们可以不必讨论那玄妙的国家主权，我们只须研究那事实上的人民权力，普通叫做民权。

第二节 人民的权力——民权

关于民权这两个字的意义，我们可以引用孙中山先生的话来解释。中山先生说：“甚么是民？大凡有团体有组织的众人就叫做民。什么是权呢？权就是力量，就是威势。……把民同权合拢起来说，民权就是人民的政治力量。……有管理众人之事的力量便是政权。今以人民管理政事，便叫民权。”

从历史上着想，民权运动是经过极长的极困难的时期，才发生出来的。孙中山先生把这一段长期历史分做四个时期：“第一个时期，是人同兽争，不是用权，是用气力；第二个时期，是人同天争，是用神权；第三个时期，是人同人争，国同国争，这个民族同那个民族争，是用君权；到了现在的第四个时期，国内相争，人民同君主相争，公理同强权争。到这个时代，民权渐渐发达，所以叫做民权时代。”

神权君权民权都是时代的出产品，只因政治上各时代的情形不同，所用的管理政治方法，也各不相同，“从前人类的智识未开，赖有圣君贤相去引导，在那个〈时候〉，君权是很有用的。君权没有发生以前，圣人以神道设教，去维持社会，在那个时候，神权也是很有用的。现在神权君权都是过去的陈迹。到了民权时代，就道理上讲起来，究竟为什么反对君主，一定要用民权呢？因为近来文明很进步，人类的智识很发达，发生了大觉悟，好比我们在做小孩子时候，便要父母提携，但是到了成人谋生的时候，便不能依靠父母，必要自己去独立。”

孙中山的民权观念完全是事实上人民积极管理政治的权力。从历史上着想，民权主义发达的原因大概不外乎两种。有时候人民因为实际上受到种种痛苦的压迫，所以不得不极力奋斗，把政治权力从少数人手里夺到多数人手里。有时候因为有一种抽象主义的思想的鼓吹，人民就有了理想上的信仰，以为一切政治权力是应当属于全体人民的，所以也就向这一种理想的目的极力进行，使之变成事实。

近代欧美各国民权运动史上有两个极重要的宣言，第一个是一千七百七十六年的美国《独立宣言》，第二种是一千七百九十一年法国的《人权宣言》。《独立宣言》说：

“我们看下列诸条真理是不待证而自明的；一切人都是生而平等的；上帝给各人几种不能割离的权利；那些权利中有生命、自由、与幸福的营求；政府是为保障那些权利而建设的，其正当的权力是从被治者的同意得到的。”

《人权宣言》说：

“人从出生以后，关于权利处都是平等的。

“政治社会的目的是保存人类自然的，不可侵犯的权利。这些权利是自由、财产、安全、抵抗压制。

“一切主权的根源在于国民。没有一个团体，没有一个人，能够使用那不是由主权明白授与的权力。

“一切公民都有亲身参与，或由代表参与制定法律的权利。在法律上，人人都是平等，都能同等授与一切荣典，一切职位，一切公共位置。

“无论何人不当因思想而被拘束，就是关于宗教的思想也不当被拘束。”

这两种民权运动宣言在欧美历史上是很重要的。美国革命与法国革命的原因一部份是因为实际痛苦的压迫，一部份是因为种种抽象主义的鼓吹，如“自然权利”之类。人民受到了实际痛苦的压迫，对于少数统治阶级才发生抵抗，才想把民众的实力当做一种铲除具体痛苦的利器，增加具体利益的工具。同时另外有一班思想家从人类实际的经验里抽出种种抽象的观念可以供给民权运动在理论方面的立足基础。这种抽象的观念就是上述两种宣言中所表示的，就是那种十八世纪“天赋人权”“自然权利”等类学说。

“天赋人权”与“自然权利”等学说是不可证实，亦不可反驳，信仰者要怎样解说就可怎样解说，要怎样应用就可怎样应用。所以现今的学者都不讲“天赋人权”，不讲“自然权利”了。可是这一种抽象的学说在历史上与事实上鼓吹民权发达的功绩实在不小，因为这类观念既简单又直接，很容易使普通人民懂得，很容易激动人民的感情。并且其意义的含糊，人类身分抬高，自由与平等作为人民应当有的权利，更使那“天赋人权”说，“自然权利”说有一种神渺的法力。所以人民受了实际痛苦的压迫，与少数统治者奋斗时候，他们心目中就把这种种抽象的观念作为他们理想的目的。美国《独立宣言》，法国《人权宣言》就是很好的例。总结以上所述，我们可以说近代民权运动的原动力一部份在于事实，一部份在于理想。

民权主义在实施方面还有一个重大问题，就是怎样可以使人民执行这种权力，怎样可以使人民有管理政治的能力。民权最大的保障是法律，所谓民权运动也只是要求法律承认人民在新环境之下所需要的一切权力。法律上的平等待遇，依法执行职权是法治精神的原则。从这种法治的原则，我们又可以推论出两种根本原则。第一种是司法的独立。法官执行职务，只有凭他们自己的天良。行政院方面不能因不赞成他们的判决，把他们更换；更不能因他们的判决得罪了任何人民，把他们出差。只有在这样状况之下，司法才能独立。保障民权最重要的条件就是保障那保护民权的法官。从法治精神推论出来的第二种原则就是分权的政治制度，特别是司法与行政的分立。假使执行法律的人就是解释法律的人，民权就失去保障。在历史上，凡执行与解释法律的权到了一个人或一个机关手里，其结果总是专制的。中国历史上那种专制政府也就是那不分权的政府。所以欧洲自从十八世纪民权运动发生，第一步的办法就是规定一种三权分立制度，使政府职权分配于行政立法司法三个机关，再使各机关互相钳制，得到一种平衡的趋势。第二步是抬高法官的地位，把司法一部份事务划出政治潮流，使法官能无所顾虑，公平正直的执行其职务。这是欧美各国保障民权的办法。

孙中山先生的民权主义也是一种分权的办法，可是比欧美各国的制度分得格外精密，格外完备。中山先生把“国家的政治大权，分开成两个：一个是政权，要把这个大权，完全交到人民的手内，要人民有充分的政权，可以直接去管理国事，这个政权，便是民权；一个是治权，要把这个大权，完全交到政府的机关之内，要政府有很大的力量治理全国事务，这个治权，便是政府权”。

中山先生的第二步办法是把政权与治权再行分拆开来，把欧洲式的三权制扩充到五权，人民的选举权，扩充到四权。他说：“在人民一方面的大权是要有四个权：这四个权是选举权、罢免权、创造权、复决权。在政府一方面，是要有五个权。这五个权是行政权、立法权、司法权、考试权、监察权。用人民的四个政权，来管理政府的五个治权，那才算是一个完全的民权政治机关。有了这样的政治机关，人民和政府的力量，才可以彼此平衡。”

《现代民治政体》译者序 (1931)

布赖斯在他的《现代民治政体》这一部书之中，把这一百多年来各种民治制度的状况和成绩详详细细地考验，完完备各〔备〕地描写出来。关于民治政府的主义和实际情形，这一部书要算是最重要的、最完备的。五十年以前，他是英国牛津大学的民法教授，当时他写了一本《神圣罗马帝国历史》，他在英国在欧洲大陆上的名望已经是不小了；在1888年，他又写了《美国平民政治》一书，差不多变成美国政治学者的领袖。从此以后，他曾经做过三次英国内阁中的阁员，英国驻美大使，并曾周游过世界各处。他无论到什么地方，总是详细考察各处的政治制度，研究各种制度的得失。在他的游历记载之中，除了《南非洲的观察》、《南美洲的观察》两部大书之外，还有许许多多的论文，散处于英美各杂志之中。那种著作均是极可靠的，极有价值的，是政治学学者所必不可缺少的材料。

所以布赖斯是最适宜于写现代民治制度这类书的一个学者。他的学问非常渊博，又熟悉过去的和现在的各种事实，明白各处人民的性情风俗，做过几次内阁阁员和大使，他确有极好的机会去研究民治制度的实际情形。《现代民治政体》就是他这几十年的游历和研究的结果。有人曾经说过：如果布赖斯在他的少年时候，就决意到了他年老的时候，写这样一部书，他也未必能够预备得更好，这样写出来的书也未必能够比他此刻所写的更好。

这一部书出版的那一年正是民治政体传播得极快的时候。布赖斯自己也说起，从1918年后欧洲发生了七个新国家，亚洲西部发生了三个新国家，均是采用民治制度的。此外，还有匈牙利、波兰、中国，其政体至今还未确定，不过总是趋向于民治一方面的。就是不把那三个国计算在内，世界上民治国家的数目也已经在这十五年之内，增加一倍了。

但是民治政体这名词是很难有确定的意义的，差不多是要说它有什么意义，就可以有什么意义，布赖斯说：

“这个名词在近年来是被人用得很广泛的；有用作指示一种社会现象的，也有用作指示一种心理状态的，也有用作指示一种社交的态度的。这个名词在现在几乎被一切爱憎的，道德的，或文字的，甚至于宗教的联想所掩覆了。但是其真正的意义的确是指‘用投票表示主权意志的全民统治’。”（原序内第ⅶ和ⅷ页）

我们也许可以提出疑问，民治政体究竟是否只有这样一个意义。但是著书的人对于他写的那一本书书名的内涵当有自由决定的特权，非别人所能干涉得到的。布赖斯对于民治政体的意义是说得很确定的。他说：

“本书用民治政体这名词是取其旧的、狭的定义；即指一种以合格公民之多数的意见为统治之政体，其合格公民必须占住民之大部分，最少四分之三，然后人民的实力约能与他们投票的权力相当。设以此为标准，则现代世界的民治国有不列颠联合王国、不列颠各自治领地、法兰西、意大利、葡萄牙、比利时、荷兰、丹麦、瑞典、挪威、希腊、北美合众国、阿根廷，也许智利和乌拉圭亦可算在内。”（原文第一册第22页）

照这一个定义，欧战以前的德意志、奥地利、匈牙利，和所有巴尔干半岛诸国（除希腊外）均不在民治政体的范围内。“至于欧洲新造诸国现在还不能讨论到，而中美和加勒比海岸诸共和国实在不是民治的国家。”

民治政体的意义这样解说后，范围这样规定后，布赖斯就把他这一部著作分做三大编。第一编是讨论民治政体之一般的原则，作为第二编的绪论。第一编里边的十五章所讨论的均是那种与民治政体极有关系的势力，差不多可以独立成一种著作，所以先将这种译文付印。第二编是叙述几个民治国家的实际情形。布赖斯一共选择六个民治国：两个欧洲旧国，即法兰西和瑞士；两个西半球新大陆国家，即美国和加拿大；两个南半球新国，即澳大利亚和新西兰。英国没有选列在内，因为他是一个英国的国民，“并且在立法部及内阁中过了四十年的政治生活，现在虽要竭力地至公至正批评本国的政治，世人也不能信其公正。”根据这六个民治国的实际情形，布赖斯就在第三编的二十三章内下他的结论和批评。至于这一部著作的性质和优点，是和他的《美国平民政治》相同。凡看过《平民政治》的原文或译本的读者大概总知道一些，所以不必在此序内多说。

我现在想把当初欧洲人民对于民治政体的希望和他们此刻在实际上所得的结果，约略比较比较。我国的知识阶级此刻对于宪法、国会、选举等制度恐怕还像当初欧洲人民那样的有一个大希望；我恐怕将来我们的失望也来必没有此刻欧洲人民那样的失望。所以特地提出这一层，请关心政治的人预先注意。

在18世纪的末年，革新运动正在风行于欧洲的时候，当时的思想家均以为：

“凡从前靠威权、刑罚而维持的统治权现在被剥夺了，‘理性’的统治即代之而起。……又以为‘理性’如得‘正义’的帮助和激动，而又继之以‘博爱’，就可以有改良世界的希望；因为人类天性的本身也能因之革新了。……在一个好政府之下——并且在理性的时代政府也可以不要——人类的天性不为邪恶的习气所熏染，就可以复原到天生的本质上去了。……这些信仰在当时都是极强的原动力，把民治政体的信仰几乎变成一种宗教。”（原文第一册第46页）

那一种理想的迷信早已消灭了。不过此刻还有许多人对于民治政体，还有极大的信仰，还存一种未未[①]的理想民治国的幻象。布赖斯也是这样一类的人物之一，所以他也把他的理想民治国的想像描写出来了。他说：

“在理想民治国之内，每个‘平常公民’对于公共事务都能严密地、永久地注意；人人非但以公共事务为职责，还视为很有关切。……选出的立法部一定全是公正能干的人所组成，大家各抱一种坦白无私的志愿为国家服务。……平等才能够发生人类团结的思想，改良行为的倾向，增加友爱的感情。”（原文第一册第48页）

这一段的原文把理想的人民政府描写到极点。在已过的一世纪之内，欧美地方确有很多人民抱这样一种观念。不过根据于这一百年之内的民治政府的成绩，像布赖斯自己所叙述的，现今民治政体的状况确实不是当初提倡的人所梦想得到的。布赖斯自己的用意也不过是想把那理想的希望和实际的情形互相对照罢了。布赖斯对于民治政体虽则还没有

① 原文如此，疑不确。——编者注

失去他原来的信仰，不过他并不是那感情用事的人，所以他叙述各种民治政体的时候，没有一些的偏见或成见，把确实的实际状况完完全全说出来。他这一部书就是讨论为什么民治政体的成绩不能像当初所希期的那样好，我们所希望于民治制度的究竟是什么。他所叙述的种种事实很可以使我们读者对于民治制度大失所望，不过他们自己总是没有失望，总是抱一种乐观主义，总是希望将来。这是很不容易的。

至于民治政体所以失败的理由，布赖斯也说得很多，我们可以略举几条。

“大概说起来，普通人民所想望的并不是自治，却是好政府。”（原文第二册第 51 页）

“从来人民要求，奋争或估计人民政府的价值，都不是把本身当作一种好制度，只把他当做一种铲除具体痛苦的利器，增进具体利益的手段。到了这些目的达到之后，他们对于人民政府本身的兴味也就因之减少了。”（原文第一册第 41 页）

“在当时，专制和特权的破坏为世界改造之第一步必须的办法，所以很容易把民治制度的理想抬得很高。凡从 1789 年以来煽动欧洲大陆几次革命的那种信仰和希望，由现在的眼光看起来，那一个人不说是可笑可叹呢？从前人是把人类自私心流露的孔道误认作自私心的本体，所以拼命从孔道上攻击，而不知断了旧孔道，还有新的孔道出现呢？”（原文第一册第 49 页）

“凡没有做到的事总不应该去希望，这是无论何人所看得到的。除非先把那种大家所知道的所承认为永久的人类天性的趋向改变之后，没有一种政体能有那哲学、宗教、知识普及、生活进步所不能达到的成绩。”（原文第一册第 534 页）

以上所引的几段完全是失望以后自己安慰自己的话。如果人民永不希望比那容易做得到的地步更多一些，他们恐怕还不能达到那容易达到的目的。但是无论如何，从前人对于民治政体的希望确是太大了，所以结果就大失所望，这是极容易看得到的。现今欧美各国均有了人民政府，这人民政府也不过是统治方法之一种，人民对于这样的统治方法，也是毫不关心的。绝对的完善制度至今还没有发现过，这民治制度和别种制度比较起来，自然有优点，不过也有弱点。

如有人以为这种话说得太利害，而发生疑问，他们只须去读布赖斯这部书的第二编，这一部分把那六个民治国的实际情形叙述得很完备，很详细。无论在什么地方，人民除非把政府“当做一种铲除具体痛苦的利器，增进具体利益的手段”外，他们对于政治上的事务，是全不关心的；无论在什么地方，人类天性的好坏是和在那从前的别种政体之下一样的；无论在什么地方，人类自私心的旧孔道打断了之后，就立刻发现了新的孔道。布赖斯有极精细的眼光，去搜索那种新孔道，并有无敌的笔法，去描摹那卑鄙的政治手段。比方 1792 年法国革命时候那种热心民治的人预知现今法国议员的情形，不晓得要发什么样一种感想。

“被选以后，议员最注意的就是保持他们的地位。……所以他们非但须注意于本区的利益，并且还须注意于区内居民的个人利益，对于那般在选举时候帮过忙的，尤须特别注意。选民所希望于议员所做的事务是非常之繁杂。议员必须为本区内之重要人物请领勋章，又须将他们的儿子或女婿提拔起来。议员又必须替其余一般人民代谋政府里的不重要位置，或贩卖烟卷的执照。选民自己又希望议员在巴黎替他们办各种各样的差使，甚而至于代雇一个奶妈子，或代买一顶雨伞。……

“这是奴隶的地位……。”(原文第一册第 250 页)

这是什么样一种状况！但是这并不是法国的特别情形，是各民治国的普通状况。民选的立法机关是民治制度中最主要的一部分，各国的立法机关既不能得人民的尊敬，又不能真正地为全体人民谋幸福，到处是有一种腐败的状况，那么，立法机关那种成绩就可以算是民治制度的成绩了。布赖斯在这一部书中再三声述，想使读者注意的，就是这民治政体也是和别种政体一样，并不是一种理想的制度。民治政体并不是一种自动的机械，也是一种人民的事务，也能同样地激动人民的良善性或劣性。民治制度并没有改变人类的性情，只不过更改了自私心发现的孔道罢了。现今的官吏用不着去向皇帝行三跪九叩首的大礼，去称臣称仆，不过在欧美的各民治国，他们还得要猜想一般民众的意志，像法国的议员们去替选民雇用奶妈子，或代买雨伞等类。我们中国虽则不能算有过民治政体的经验，不过从辛亥以后，人民也算举出过几届的国会议员。国会的短期成绩实在已经可以使我们寒心。我们的国会议员可以不必去替选民雇奶妈子，买雨伞，我国的选民还配不上使唤那神圣不可侵犯的议员，选民还没有那样大的权力和能力。不过我国的议员恐怕还替那般督军军人们做那些比雇奶妈子买雨伞等还要卑鄙的事务呢。

所以我想布赖斯这一部书是一种极重要的著作。我们读了之后，很可以详细明白民治政体的性质，和欧美民治国的实际情形，我们对于这一种政体也不必存一种极大的希望，免得将来有大失望。我们只须细心研究欧美民治国在实际上的缺点，然后再斟酌我们的情形，去改良那种欧美所通行的民治制度，如果大多数国人均能这样去做，我们或者也能规定一种较完善的政治制度。

张慰慈年谱简编

1890 年

1 月 22 日，张慰慈出生于江苏吴江。

1905 年

张慰慈就读于上海澄衷学堂，与胡适成为同学。

1910 年

张慰慈转入复旦公学读书。

1912 年

张慰慈赴美国艾奥瓦大学学习政治学。

1917 年

3 月，张慰慈博士毕业，与胡适一同归国，途经日本。

归国后，张慰慈留在北京大学法科担任教授，教授本科政治学选读、现代政治、政治学原理等课程，是中国最早一批政治学学者。

1918 年

12 月 22 日，张申府、周作人、高一涵等人联合创办《每周评论》，陈独秀担任主编，张慰慈积极参与其中。

1919 年

6 月 29 日至 7 月 20 日，张慰慈应李大钊之约，在《每周评论》上发表《俄国的新宪法》《俄国的土地法》《俄国的婚姻制度》《俄国遗产制度之废止》《俄国的新银行法》等介绍苏联社会主义革命的文章。并于8月10日发表《女子解放与家庭改组》，呼吁妇女解放与女权运动。

同年，张慰慈开始关注一战后德国的政治动向，并在研究系杂志《改造》上发表《德国新宪法中的联邦制度》，与同时期在上海介绍德国革命的张君劢遥相呼应。

1920年

张慰慈参与《新青年》杂志的撰稿工作，发表《最近德国政治变迁》《美国委员式的和经理式的城市政府》《美国城市自治的约章制度》等文章。这期间张慰慈专注研究城市问题，并发表大量文章，包括翻译《俄罗斯研究》一篇。

8月1日，《晨报》发表由李大钊、胡适、蒋梦麟等人撰写的《争自由的宣言》，呼吁言论、出版、集会、结社、书信秘密等基本自由，号召推行"人身保护法"，组织"公民选举监督团"等民权组织。张慰慈参与其中并署名。

1922年

5月7日，胡适创办《努力周报》，在第2期发表《我们的政治主张》，胡适、张慰慈、梁漱溟、王宠惠、汤尔和等16位学者、政要联合签名，提出"好人政府"主张。后胡适南下，张慰慈与高一涵成为该杂志的主要负责人。

1923年

10月，《努力周报》被迫停刊。此前张慰慈连载了大量关于北京市政问题的文章，包括《市政问题》《城市在文化史上所占的地位》等。他也针对欧洲的时局发表了系列文章，包括《英国最近政体情况》《制宪问题》《什么叫近东问题》《德国的经济议会》《欧洲的新国家》《普鲁士的宪法》《新旧国家立法部和行政部关系的比较》《德国的赔偿账》《罗尔问题》等，同时也发表了《什么是豫算》《多元的主权论》《政治改革的目的》《革命和政治改革》等，引发了巨大反响。

同年，张慰慈整理出版了《英国选举制度史》《政治概论》，作为北京大学政治学课程的教本。其中《政治概论》由胡适作序。

1924 年

张慰慈主要研究城市问题，在《北京大学社会学季刊》与《东方杂志》等学术杂志上发表《中世纪的民治主义和选举制度》《欧美城市和国家的关系》《二十年来美国城市政府改革》等关于城市治理的文章。

在此期间，张慰慈在《英国选举制度史》基础上，扩展大量英国政体研究成果，完成《英国政府纲要》，由商务印书馆出版。

12 月 13 日，《现代评论》在北京创刊，王世杰负责编辑，张慰慈参与其中。

1925 年

4 月，张慰慈作为中国代表赴欧参加国际劳工大会，临行前北大师生举办了盛大的欢送仪式。为此，张慰慈专门在《现代评论》第 2 卷 35、36 期连载《中国与国际劳工会议》一文，介绍劳工会议的重要意义；同时在《东方杂志》上发表《世界人口与粮食问题》，讨论人口与粮食问题。

10 月 1 日，徐志摩接管《晨报副刊》。《晨报副刊》创办于 1921 年，是民国“四大副刊”之一。徐志摩接管之后，张慰慈与其亲密合作，发表了大量引发巨大争议的文章。徐志摩接管后的《晨报副刊》，一方面继续发表大量文学创新的文章，另一方面也发表了大量仇视苏联的文章，其中就包括张慰慈发表在第 50 期的《我也来谈谈苏俄》，以及其所翻译的英国经济学家凯恩斯（时译为开痕司）的文章《论苏俄》。张慰慈在《晨报副刊》期间，影响最大的是所写的关于妇女与家庭的文章，包括《床的研究》《论妇女的智力》《巴尔沙克论婚姻》《夫妻间的政治手段》，以及译文《巴黎风光：夫妻间的策略》《妇女论》等。鲁迅在《华盖集·碎话》中曾提到此事：“叔本华先生以厌世名一时，近来中国的绅士们却独独赏识了他的《妇人论》。”

同年，张慰慈的市政研究基本成熟，除发表在《晨报七周年纪念增刊》的《市民与市政》与发表在《现代评论》第 2 卷第 33 期的《上海的租界》之外，还包括最终定稿出版的市政研究专著《市政制度》。该书由上海亚东图书馆印发，胡适作序。

同年，张慰慈在“东方文库”论文集《欧洲新宪法评述》中发表了论文《欧洲的新宪法》，此后逐渐转向政体与宪法研究。

1926 年

7 月，广东国民政府发起北伐战争，一路势如破竹，引发北京学人的热烈讨论。在此期间，张慰慈在《现代评论》发表《萨各和樊才第事件》，介绍美国司法史上著名的萨科案，胡适在文后发表大量关于人权的论断，谴责北伐过程中的暴力行为。

1926—1927 年间，张慰慈在《东方杂志》上发表大量文章，包括《国际劳工组织》、《俄国革命前后社会阶级状况的变迁》、《苏俄政府的经济政策》、《战后的欧洲农民——绿色国际》、《欧战前后的国际政治》（上下）、《战后的欧洲劳工阶级》、《战后的欧洲中等阶级》、《波兰的恢复及其最近的政治状况》、《波罗的海沿岸的几个新国家》、《英国的殖民地》、《革命以后的德国市政》、《民族主义与帝国主义》、《革命》等时评与社会分析文章。除分析国际国内的政治形势，这些文章尤其突出的特色是从政体研究转向了社会阶层分析。

1927 年

2 月，张慰慈辞去北大教职南下。在此期间张慰慈曾参与中华道路委员会编订《市政全书》的工作，发表两篇文章。

1929 年

3 月，张慰慈担任平奉铁路管理局总务处处长。

1930 年

张慰慈赴青岛特别市政府代理参事，后因胃病辞职休养。病愈后受聘安徽大学法学院。是年，安徽大学聘任杨亮功为校长，上任后立即在文学院、法学院、理学院延聘各领域专家学者任职，其中法学院就包括张慰慈等知名学者。张慰慈在安徽大学期间还曾担任该校图书馆馆长。

张慰慈在安徽大学期间，整理出版了他的三部最重要的政治学著作：《政治学大纲》《宪法》和《政治制度浅说》，系统地对比和阐述了西方政体的优劣，并希望借此有助于国民政府的政权建设。

1931 年

由于张慰慈的政治学著作影响颇大，故在 1930 年出版的三部著作基础上删减而成简便读本《政治学》，由商务印书馆出版。同年，张慰慈译成英国政治学家詹姆斯·布赖斯的《现代民治政体》。

1932 年

10 月至次年 1 月，张慰慈转而从政，担任铁道部秘书，并代行购料委员会调查主任。

同年，张慰慈参与创办中国政治学会，成为南京国民政府的重要幕僚。该会由杭立武、高一涵等人发起创办，是民国历史上最重要的学术与资政社团。后张慰慈长期连任前几届干事和理事，为政治学会的历届年会做出了重要贡献。

1933 年

12 月，张慰慈担任代理铁道部参事，后转升铁道部法规委员会副主任委员，并兼任铁道部法规委员会第六组副主任。

1934 年

7 月，张慰慈同李仙根、胡继贤等赴香港参加中英广九铁路修约会议。

1938 年

1 月 1 日，铁道部裁撤，张慰慈在翁文灏邀请下出任资源委员会购置室主任。

1940 年

张慰慈转去英国帝国化工公司，从事商务活动。

1943 年

3 月至次年 5 月，张慰慈归国担任经济部参事。

1945 年

6 月 27 日至次年，张慰慈担任战时生产局参事。

1949 年

建国后，张慰慈居住在上海，从事出版工作。

1976 年

3 月 26 日，张慰慈去世。

张慰慈的夫人孙令澜，又名孙孟禄，1899 年 7 月 12 日出生于江苏吴江石塘湾。孙令澜出身名门，从小接受良好教育，琴棋书画无所不通，在留学美国期间，专攻美术，与张大千、刘海粟、颜文樑、徐志摩、陆小曼等人交往密切。1961 年 1 月 14 日去世。

张慰慈共有三子，一个女儿夭折。长子张泽群，1922 年 10 月 30 日出生，毕业于浙江大学机械专业，赴英国留学后返国，曾在北京一机部工作，后调回上海自动化仪表研究所任高级工程师。1986 年 2 月 14 日去世。次子张泽民生于 1923 年 11 月 12 日，同济大学毕业后留在上海市粮食局工作，2014 年 11 月 5 日去世。三子张泽华毕业于复旦大学，1958 年失踪。

中国近代思想家文库

方东树、唐鉴卷	黄爱平、吴杰　编
包世臣卷	刘平、郑大华　主编
林则徐卷	杨国桢　编
姚莹卷	施立业　编
龚自珍卷	樊克政　编
魏源卷	夏剑钦　编
冯桂芬卷	熊月之　编
曾国藩卷	董丛林　编
左宗棠卷	杨东梁　编
洪秀全、洪仁玕卷	夏春涛　编
郭嵩焘卷	熊月之　编
王韬卷	海青　编
张之洞卷	吴剑杰　编
薛福成卷	马忠文、任青　编
经元善卷	朱浒　编
沈家本卷	李欣荣　编
马相伯卷	李天纲　编
王先谦、叶德辉卷	王维江、李骛哲、黄田　编
郑观应卷	任智勇、戴圆　编
马建忠、邵作舟、陈虬卷	薛玉琴、徐子超、陆烨　编
黄遵宪卷	陈铮　编
皮锡瑞卷	吴仰湘　编
廖平卷	蒙默、蒙怀敬　编
严复卷	黄克武　编
夏震武卷	王波　编
陈炽卷	张登德　编
汤寿潜卷	汪林茂　编
辜鸿铭卷	黄兴涛　编

康有为卷　张荣华　编
宋育仁卷　王东杰、陈阳　编
汪康年卷　汪林茂　编
宋恕卷　邱涛　编
夏曾佑卷　杨琥　编
谭嗣同卷　汤仁泽　编
吴稚晖卷　金以林、马思宇　编
孙中山卷　张磊、张苹　编
蔡元培卷　欧阳哲生　编
章太炎卷　姜义华　编
金天翮、吕碧城、秋瑾、何震卷　夏晓虹　编
杨毓麟、陈天华、邹容卷　严昌洪、何广　编
梁启超卷　汤志钧　编
杜亚泉卷　周月峰　编
张尔田、柳诒徵卷　孙文阁、张笑川　编
杨度卷　左玉河　编
王国维卷　彭林　编
黄炎培卷　余子侠　编
胡汉民卷　陈红民、方勇　编
陈撄宁卷　郭武　编
章士钊卷　郭双林　编
宋教仁卷　郭汉民、暴宏博　编
蒋百里、杨杰卷　皮明勇、侯昂妤　编
江亢虎卷　汪佩伟　编
马一浮卷　吴光　编
师复卷　唐仕春　编
刘师培卷　李帆　编
朱执信卷　谷小水　编
高一涵卷　郭双林、高波　编
熊十力卷　郭齐勇　编
任鸿隽卷　樊洪业、潘涛、王勇忠　编
张东荪卷　左玉河　编
丁文江卷　宋广波　编

钱玄同卷　张荣华　编
张君劢卷　翁贺凯　编
赵紫宸卷　赵晓阳　编
李大钊卷　杨琥　编
李达卷　宋俭、宋镜明　编
张慰慈卷　李源　编
晏阳初卷　宋恩荣　编
陶行知卷　余子侠　编
戴季陶卷　桑兵、朱凤林　编
胡适卷　耿云志　编
郭沫若卷　谢保成、魏红珊、潘素龙　编
卢作孚卷　王果　编
汤用彤卷　汤一介、赵建永　编
吴耀宗卷　赵晓阳　编
顾颉刚卷　顾潮　编
张申府卷　雷颐　编
梁漱溟卷　梁培宽、王宗昱　编
恽代英卷　刘辉　编
金岳霖卷　王中江　编
冯友兰卷　李中华　编
傅斯年卷　欧阳哲生　编
罗家伦卷　张晓京　编
萧公权卷　张允起　编
常乃悳卷　查晓英　编
余家菊卷　余子侠、郑刚　编
瞿秋白卷　陈铁健　编
潘光旦卷　吕文浩　编
朱谦之卷　黄夏年　编
陶希圣卷　陈峰　编
钱端升卷　孙宏云　编
王亚南卷　夏明方、杨双利　编
黄文山卷　赵立彬　编
雷海宗、林同济卷　江沛、刘忠良　编

贺麟卷	高全喜　编
陈序经卷	田彤　编
徐复观卷	干春松　编
巨赞卷	黄夏年　编
唐君毅卷	单波　编
牟宗三卷	王兴国　编
费孝通卷	吕文浩　编

图书在版编目（CIP）数据

中国近代思想家文库．张慰慈卷/李源编．—北京：中国人民大学出版社，2015.1

ISBN 978-7-300-20745-2

Ⅰ.①中… Ⅱ.①李… Ⅲ.①思想史-研究-中国-近代②张慰慈（1890～1976）-思想评论Ⅳ.①B250.5

中国版本图书馆CIP数据核字（2015）第024078号

中国近代思想家文库
张慰慈卷
李　源　编
Zhang Weici Juan

出版发行	中国人民大学出版社		
社　　址	北京中关村大街31号	**邮政编码**	100080
电　　话	010－62511242（总编室）		010－62511770（质管部）
	010－82501766（邮购部）		010－62514148（门市部）
	010－62515195（发行公司）		010－62515275（盗版举报）
网　　址	http://www.crup.com.cn		
经　　销	新华书店		
印　　刷	涿州市星河印刷有限公司		
开　　本	720 mm×1000 mm　1/16	**版　　次**	2015年5月第1版
印　　张	31.25插页2	**印　　次**	2025年4月第2次印刷
字　　数	501 000	**定　　价**	113.00元